抗日战争档案汇编编纂出版工作组织机构

编纂出版工作领导小组

组　长　陆国强

副组长　王绍忠　付　华　魏洪涛　刘鲤生

编纂委员会

主　任　陆国强

副主任　王绍忠

顾　问　杨冬权　李明华

成　员（按姓氏笔画为序排列）

于学蕴　于晓南　于晶霞　马忠魁　马俊凡　马振犊

王　放　王文铸　王建军　卢琼华　田洪文　田富祥

史晨鸣　代年云　白明标　白晓军　吉洪武　刘　钊

刘玉峰　刘灿河　刘忠平　刘新华　汤俊峰　孙　敏

苏东亮　杜　梅　李宁波　李宗春　吴卫东　何素君

张　军　张明决　陈念芜　陈艳霞　卓兆水　岳文莉

郑惠姿　赵有宁　查全洁　施亚雄　祝　云　徐春阳

郭树峰　唐仁勇　唐润明　黄凤平　黄远良　黄菊艳

梅　佳　龚建海　常建宏　韩　林　程潜龙　焦东华

童　鹿　蔡纪万　谭荣鹏　黎富文

编纂出版工作领导小组办公室

主　任　常建宏

副主任　孙秋浦　石　勇

成　员（按姓氏笔画为序排列）

李　宁　沈　岚　贾　坤

《满铁与七七事变档案汇编》编辑组

主　　任　何素君

副 主 任　里　蓉　王传国　欧　平　李云涛

执行主编　欧　平

副 主 编　丛龙海　王　琦

编纂人员　巩琢璐　赵春丽　张欣悦　张　虹　蔡　冰
　　　　　张慧颖　王　建　贾晟南

总序

为深入贯彻落实习近平总书记「让历史说话，用史实发言，深入开展中国人民抗日战争研究」的重要指示精神，国家档案局根据《全国档案事业发展「十三五」规划纲要》和《「十三五」时期国家重点档案保护与开发工作总体规划》的有关安排，决定全面系统地整理全国各级综合档案馆馆藏抗战档案，编纂出版《抗日战争档案汇编》（以下简称《汇编》）。

中国人民抗日战争是近代以来中国反抗外敌入侵第一次取得完全胜利的民族解放战争，开辟了中华民族伟大复兴的光明前景。这一伟大胜利，也是中国人民为世界反法西斯战争胜利、维护世界和平作出的重大贡献。加强中国人民抗日战争研究，具有重要的历史意义和现实意义。

全国各级档案馆保存的抗战档案，数量众多，内容丰富，全面记录了中国人民抗日战争的艰辛历程，是研究抗战历史的珍贵史料。一直以来，全国各级档案馆十分重视抗战档案的开发利用，陆续出版公布了一大批抗战档案，对揭露日本帝国主义侵华罪行，讴歌中华儿女勠力同心、不屈不挠抗击侵略的伟大壮举，弘扬伟大的抗战精神，引导正确的历史认知，发挥了积极作用。特别是国家档案局组织有关方面共同努力和积极推动，「南京大屠杀档案」被联合国教科文组织评选为「世界记忆遗产」，列入《世界记忆名录》，捍卫了历史真相，在国际上产生了广泛而深远的影响。

全国各级档案馆馆藏抗战档案开发利用工作虽然取得了一定的成果，但是，在档案信息资源开发的系统性和深入性方面仍显不足。正如习近平总书记所指出的：「同中国人民抗日战争的历史地位和历史意义相比，同这场战争对中华民族和世界的影响相比，我们的抗战研究还远远不够，要继续进行深入系统的研究。」「抗战研究要深入，就要更多通过档案、资料、事实、当事人证词等各种人证、物证来说话。要加强资料收集和整理这一基础性工作，全面整理我国各地抗战档案、照片、资料、实物等……」

国家档案局组织编纂《汇编》，对全国各级档案馆馆藏抗战档案进行深入系统地开发，是档案部门贯彻落实习近平总书

记重要指示精神，推动深入开展中国人民抗日战争研究的一项重要举措。本书的编纂力图准确把握中国人民抗日战争的历史进程、主流和本质，用详实的档案全面反映一九三一年九一八事变后十四年抗战的全过程，反映中国共产党在抗日战争中的中流砥柱作用以及中国人民抗日战争在世界反法西斯战争中的重要地位，反映国共两党「兄弟阋于墙，外御其侮」进行合作抗战、共同捍卫民族尊严的历史，反映各民族、各阶层及海外华侨共同参与抗战的壮举，展现中国人民抗日战争的伟大意义，以历史档案揭露日本侵华暴行，揭示日本军国主义反人类、反和平的实质。

编纂《汇编》是一项浩繁而艰巨的系统工程。为保证这项工作的有序推进，国家档案局制订了总体规划和详细的实施方案，明确了指导思想、工作步骤和编纂要求。为保证编纂成果的科学性、准确性和严肃性，国家档案局组织专家对选题进行全面论证，对编纂成果进行严格审核。

各级档案馆高度重视并积极参与到《汇编》工作之中，通过全面清理馆藏抗战档案，将政治、军事、外交、经济、文化、宣传、教育等多个领域涉及抗战的内容列入选材范围。入选档案包括公文、电报、传单、文告、日记、照片、图表等多种类型。在编纂过程中，坚持实事求是的原则和科学严谨的态度，对所收录的每一件档案都仔细鉴定、甄别与考证，维护档案文献的真实性，彰显档案文献的权威性。同时，以《汇编》编纂工作为契机，以项目谋发展，用实干育人才，带动国家重点档案保护与开发，夯实档案馆基础业务，提高档案人员的业务水平，促进档案馆各项事业的发展。

守护历史，传承文明，是档案部门的重要责任。我们相信，编纂出版《汇编》，对于记录抗战历史，弘扬抗战精神，发挥档案留史存鉴、资政育人的作用，更好地服务于新时代中国特色社会主义文化建设，都具有极其重要的意义。

抗日战争档案汇编编纂委员会

编辑说明

「满铁」全称南满洲铁道株式会社，是日本在华最大的殖民侵略机构。满铁于一九〇六年在日本东京成立，一九〇七年迁往大连，一九四五年随着日本战败退出了历史舞台。在其存续的四十年间，满铁「假会社之名，行机关之实」，始终活跃在日本侵华行动的最前沿，扮演着极不光彩的角色。一九三七年七七事变爆发，日本发动全面侵华战争。满铁紧随其后，为侵华日军的军事行动准备了条件，提供了铁路运力、物资、情报、资金、人员等全方位的援助与支撑。

本书选用的辽宁省档案馆馆藏满铁档案，真实记录了满铁在七七事变爆发前后在中国境内搜集情报，在战争爆发后派员直接或间接参与战事的有关情况，包括派遣无线电通讯人员、测量绘图人员、铁道施工人员、战地摄影人员、翻译、医生、法律专家等专业技术人员，就日军取得所谓「战果」拍发贺电及慰问电，对受伤士兵发放慰问品、伤亡士兵发放抚慰金，以各种名目资助侵华战争等内容。这些档案，揭示了满铁并不只是一个铁路经营公司和开发机构，而是一个打着企业的招牌，干着侵略勾当的日本国策执行机构，同时也记录了日本帝国主义侵华的累累罪行。

全书收录的文件均据辽宁省档案馆藏满铁档案原件全文影印，未做删节，如有缺页，为档案自身缺页。档案的形成时间起自一九三七年，迄至一九四一年，按照「机构—时间」体例编排，全书共分二十一类，各类内按时间排序。

文件标题由编者重新拟定。标题中，人物名称使用通用名；日伪机构名称在不影响理解的前提下保持历史原貌，或者使用符合汉语表述习惯的通用名；历史地名沿用当时名称。档案形成时间不完整或不准确的，作了补充或订正。形成时间只有年代的档案，排在该年末；只有年代、月份而没有日期的排在该月末。

为便于读者使用，在中文总目录后，附有对应的日文目录。

书中使用规范的简化字。限于篇幅，本书不作注释。

由于时间紧，档案公布量大，编者水平有限，在编辑过程中可能存在疏漏之处，考订难免有误，欢迎方家斧正。

编　者

二〇一八年五月

总目录

总序
编辑说明

第一册

一、临时北支事变事务局

临时北支事变事务局整理的《北支事变相关满铁社员名簿》及《临时北支事变事务局本部（铁道联络员除外）名簿》（一九三七年八月十九日）……〇〇三
临时北支事变事务局整理的《中国驻军派遣社员名簿》（一九三七年八月十九日）……〇一九

二、北支事务局

北支事务局庶务班长关于雇员在侦察敌情时在张家口南部殉职事致总裁室东亚课长、人事课长的电文（一九三七年八月二十八日）……〇三九
北支事务局人事班长关于请将已故今井职员的户籍副本附在死亡补助金请求书上提交给人事课长事致总裁室东亚课长的电文（一九三七年八月二十八日）……〇四一
北支事务局长关于感谢吊唁殉职社员事致支那驻屯军副官的函（一九三七年八月三十日）……〇四二
北支事务局长关于丰台救护班抵达天津事致总裁室东亚课长的电文（一九三七年八月三十日）……〇四三

北支事务局长关于丰台救护班班长久木田等七人及山口医生于二十九日抵达天津事致总裁室东亚课长的电文（一九三七年八月三十日）……〇四四
北支事务局长关于弘报课写真班荒木于本日归来如有必要请安排延长其出差时间事致总裁室东亚课长的电文（一九三七年八月三十日）……〇四五
北支事务局长关于请尽快派遣五名打字员事致总裁室东亚课长的电文（一九三七年八月三十日）……〇四六
北支事务局长关于送交与七七事变相关的满铁社员配置表事致总裁室东亚课长、人事课长的函（一九三七年八月三十日）……〇四七
附：七七事变相关的满铁社员配置表……〇四八
北支事务局长关于请联系相关方面停止发送草席事致总裁室东亚课长的电文（一九三七年八月三十日）……〇五〇
北支事务局长关于本日收到北宁铁路面粉高粱货款事致总裁室东亚课长、财务部长、铁道总局长的电文（一九三七年八月三十日）……〇五一
北支事务局长关于民团所购面粉品质差请调查这批面粉的出售商及残次原因事致总裁室东亚课长的电文（一九三七年八月三十日）……〇五二
北支事务局长关于文书课派出之佣员奥山因患脚气归任事致总裁室东亚课长的电文（一九三七年八月三十一日）……〇五四
北支事务局长关于北支事务局调查班长阿部赴大连商讨事务事致总裁室东亚课长的电文（一九三七年八月三十一日）……〇五五
北支事务局庶务班长关于三十一日平安抵达事致总裁室东亚课长、产业部庶务课长、总裁室庶务课长的电文（一九三七年八月三十一日）……〇五六
北支事务局人事班长关于人事班长菊田等三十一人财务班长伊藤等三十九人抵达天津事致总裁室东亚课长、铁道总局人事课长、总裁室人事课长的电文（一九三七年八月三十一日）……〇五七
北支事务局长关于请求发送民团所订购食盐事致总裁室东亚课长的电文（一九三七年八月三十一日）……〇五八
北支事务局长关于北宁铁路总务处长石蒋麟即将赴大连与总裁、宇佐美理事面谈事致总裁室东亚课长的电文（一九三七年八月三十一日）……〇五九

北支事务局长关于北宁管理局总务司长石蒋麟、温世珍赴大连请安排其入住大和旅馆事致总裁室庶务课长的电文
（一九三七年八月三十一日）……〇六〇
北支事务局长关于请紧急派遣五名打字员事致总裁室东亚课长的电文（一九三七年九月一日）……〇六一
北支事务局阪谷理事关于支那驻屯军参谋长通知请协助兴中公司收购塘沽永利化学工业事致总裁室东亚课长、
产业部次长的电文（一九三七年九月三日）……〇六二
北支事务局长关于通州殉职社员岩崎氏等五人遗骨预计六日送达大连请予以安排事致总裁室东亚课长的电文
（一九三七年九月四日）……〇六四
北支事务局长关于五名打字员已平安抵达以及如果佣员林北山归任请派遣人接替事致总裁室东亚课长、
文书课长的电文（一九三七年九月四日）……〇六五
北支事务局长关于于四日平安抵达事致总裁室东亚课长的电文（一九三七年九月四日）……〇六六
北支事务局长关于购买卡车事致总裁室东亚课长的电文（一九三七年九月四日）……〇六七
北支事务局长关于驻屯军宪兵少佐询问借用汽船事致总裁室东亚课长的电文（一九三七年九月五日）……〇六八
北支事务局庶务主任关于石原次长、田所参与以及总裁之子平安抵达事致总裁室东亚课长、庶务课长的电文
（一九三七年九月五日）……〇六九
北支事务局庶务主任关于课长有贺五日乘天津丸赴任事致总裁室东亚课长、庶务课长、人事课长的电文
（一九三七年九月五日）……〇七〇
北支事务局长关于文书课打字员林北山等三人于八日乘长平丸归任事致总裁室东亚课长、人事课长、
文书课长的电文（一九三七年九月六日）……〇七一
北支事务局调查班长关于发送华北地图二百张事致总裁室东亚课长的电文（一九三七年九月六日）……〇七二
北支事务局人事班长关于北支事务局次长到任事致总裁室东亚课长、人事课长、铁道总局人事课长的电文
（一九三七年九月六日）……〇七三
北支事务局长关于通知弘报课中玉多四郎、川崎保藏行程事致总裁室东亚课长、弘报课长的电文
（一九三七年九月六日）……〇七四

北支事务局庶务班长关于上海事务所长伊藤于七日离开天津预计八日抵达大连事致总裁室东亚课长、人事课长的电文（一九三七年九月六日）……○七五
北支事务局人事班长关于推进平绥线南口公交改良计划请求派遣工务班要员事致总裁室东亚课长、产业部长的电文（一九三七年九月七日）……○七六
北支事务局庶务班长关于上海事务所长伊藤于本日离开天津事致总裁室东亚课长、庶务课长的电文（一九三七年九月七日）……○七七
北支事务局长关于请发送预防霍乱注射液五千份事致总裁室东亚课长、地方部卫生课长的电文（一九三七年九月七日）……○七八
北支事务局长关于请立即派弘报课员编辑七七事变宣传画报及宣抚用照片帖事致总裁室东亚课长、人事课长的电文（一九三七年九月八日）……○七九
北支事务局长关于华北派遣社员延期参加语言能力测试事致地方部学务课长、总裁室东亚课长的电文（一九三七年九月八日）……○八○
北支事务局长关于营口医院护士ビョウケイサイ于七日平安抵达事致总裁室东亚课长、人事课长、营口医院长的电文（一九三七年九月八日）……○八一
北支事务局长关于弘报课佣员稻叶三郎于十日乘天津丸归任事致总裁室东亚课长、人事课长、弘报课长的电文（一九三七年九月八日）……○八二
北支事务局长关于北支事务局弘报班长水谷于十日乘天津丸赴大连事致总裁室东亚课长、弘报课长的电文（一九三七年九月八日）……○八三
北支事务局长关于人事课雇员栈敷何三郎患病请安排接替人员事致总裁室东亚课长、人事课长的电文（一九三七年九月八日）……○八四
北支事务局长关于转军宣传部通知弘报课员拍摄的禁止发表之照片番号事致总裁室东亚课长的电文（一九三七年九月八日）……○八五

北支事务局长关于紧急发送四份华北地图事致总裁室东亚课长、人事课长的电文（一九三七年九月八日）……○八六
北支事务局调查班长关于补送华北地图四百份事致总裁室东亚课长的电文（一九三七年九月八日）……○八七
北支事务局长关于军方请求派五名打字员事致总裁室东亚课长、人事课长的电文（一九三七年九月九日）……○八八
北支事务局长关于铁道工场雇员桑木忠一归任事致总裁室东亚课长、人事课长、大连铁道工场的电文（一九三七年九月九日）……○八九
北支事务局长关于文书课打字员山下ミチ子、绳谷スミ子、山野ヒロ子于七日平安抵达事致总裁室东亚课长、人事课长的电文（一九三七年九月九日）……○九○
北支事务局长关于请求向救护班派遣药剂员和事务员各一名事致总裁室东亚课长、人事课长的电文（一九三七年九月九日）……○九一
北支事务局长关于华北方面军参谋长出面请求派遣男子十七名及印刷工三名事致总裁室东亚课长、人事课长的电文（一九三七年九月九日）……○九二
北支事务局长关于北平特务机关长请求派遣电气及自来水调查员事致总裁室东亚课长、人事课长的电文（一九三七年九月十日）……○九三
北支事务局庶务班长关于收件人为弘报课员菅野的纸包已于当地送交给其本人事致总裁室东亚课长的电文（一九三七年九月十日）……○九四
北支事务局长关于大同、沧州、保定等地被攻陷请向天津驻屯军发放慰问金事致满铁总裁的电文（一九三七年九月二十五日）……○九五
北支事务局长关于请速商议发放慰问金事致总裁室文书课长的电文（一九三七年十月一日）……○九七
北支事务局长关于向华北方面军发放慰问金事致总裁室文书课长的电文（一九三七年十月四日）……○九八
北支事务局长关于送交雇佣船只契约书及雇佣乘组人员契约书事致总裁室东亚课长的函（一九三七年十月二十一日）……○九九
附：西尾部队本部财务部与南满州铁道株式会社北支事务局租赁发动机船合同契约书……一○○

北支事务局长关于划分军方及满铁应负担七七事变费用中人事费事致财务部长的函（一九三七年十月二十二日）…………一〇六
北支事务局长关于宇佐美理事提出支给关东军前线慰问金之意见事致总裁室庶务课长的函
（一九三七年十月二十二日）…………一一〇
北支事务局长关于通知部分地区应增发出差补贴事致总裁室庶务课长的函（一九三七年十一月六日）…………一一二
北支事务局长关于向列车相撞事故遇难士兵赠予抚恤金事致总裁室庶务课长的函（一九三七年十一月十五日）…………一一四
附：列车相撞概要及伤亡人员清单诊断书…………一一七
北支事务局财务班长关于整理七七事变经费一案请通知有关方面事致财务部长的电文（一九三八年一月十一日）…………一三八
北支事务局长关于整理短期派遣者派遣津贴事致财务部长的电文（一九三八年一月三十一日）…………一三九
北支事务局调查室主事关于提交华北重要矿物资源应急调查案及附表事致满铁地质调查所长的函
（一九三八年二月十六日）…………一四一
附：华北重要矿物资源应急调查案…………一四三
北支事务局财务班长关于北支事务局固有会计账目整理事致财务部长、总裁室庶务课长的电文
（一九三八年二月二十六日）…………一五七
北支事务局财务班长关于整理七七事变经费事致财务部长的电文（一九三八年三月四日）…………一五八
北支事务局财务班长关于向华北方面运送所需用度物品之运费给予事致财务部长、用度部长、铁道总局长的电文
（一九三八年三月四日）…………一六一

三、东京支社

东京支社长、总裁庶务课长关于战死伤病死亡军人抚恤金支给额事的往来公文…………一六五
东京支社长致总裁室庶务课长、人事课长的电文（一九三七年七月十三日）…………一六五
总裁室庶务课长致东京支社长的电文（一九三七年七月十四日）…………一六七
总裁室庶务课长关于七七事变阵亡、负伤人员吊唁及抚慰的商议草案（一九三七年七月二十四日）…………一六九
总裁室庶务课长关于七七事变阵亡人员抚恤金参照标准致东京支社长的函（一九三七年七月三十一日）…………一七六

东京支社业务课长关于参谋本部トコウ少佐二十三日赴天津事致总裁室东亚课长的电文（一九三七年八月二十一日）……一八〇
东京支社长关于关东军司令部请求借阅有关上海中立案的调查研究资料事致总裁室东亚课长的电文（一九三七年八月二十九日）……一八一
东京支社长关于拟建塘沽运输公司事致总裁室东亚课长的函（一九三七年九月一日）……一八二
东京支社日高雪关于调查物资供需事致东京支社加藤健的电文（一九三七年十月六日）……一八五
东京支社财务课长关于请告知营口安东军用土地使用状态事致财务部主计课长的电文（一九三七年十一月六日）……一八六
东京支社大桥关于计划变更事致财务部长的电文（一九三七年十二月十一日）……一八七
东京支社浜本关于华北汽车公司贷款之件政府许可已申请完毕拟于五日发送贷款计划变更申请书和说明资料事致东京支社预算系主任熊本的电文（一九三八年二月四日）……一八八
东京支社业务课长关于华北汽车公司贷款及补助金交付之件已获第三委员会承认预计将获对满事务局承认事致总裁室东亚课长的电文（一九三八年二月二十四日）……一八九
东京支社财务课长关于华北汽车公司贷款事致总裁室东亚课长的电文（一九三八年三月三十日）……一九〇

四、北平事务所

北平事务所长关于太原小岛、松下等人将赴天津请通知相关人员事致总裁室东亚课长的电文（一九三七年七月十六日）……一九三
北平事务所长关于感谢对所员进行的训话与慰问事致满铁总裁的电文（一九三七年八月十日）……一九四
北平事务所长关于无法与青岛方面进行无线电通信及第五五号电报请与海军取得联络事致总裁室东亚课长的电文（一九三七年八月二十八日）……一九五
北平事务所长关于停止置办小林部队支部所需军用草席事致总裁室东亚课长的电文（一九三七年八月二十八日）……一九六
北平事务所庶务班长关于张太汽车公司雇员芝田浜次郎殉职申请补助金事致总裁室东亚课长、人事课长的电文（一九三七年八月二十八日）……一九七

北平事务所伊藤武雄关于特务机关长请求派遣电气自来水管道方面的技术人员事致总裁室东亚课长的电文（一九三七年八月二十九日） …… 一九九
北平事务所长关于请紧急配备无线电事致总裁室东亚课长的电文（一九三七年九月三日） …… 二〇〇

五、青岛驻在员

青岛在勤员关于请送武器事致总裁室东亚课长的函（一九三七年八月十五日） …… 二〇三
青岛驻在员与总裁室东亚课长、天津事务所长关于请求筹备无线电及安排相关技术人员的往来电文 …… 二〇四
青岛在勤员致总裁室东亚课长电（一九三七年八月十五日） …… 二〇四
总裁室东亚课长致青岛驻在员等电（一九三七年八月十七日） …… 二〇五
青岛驻在员关于报告青岛驻在员办公地点事致总裁室东亚课长的电文（一九三七年八月十五日） …… 二〇六
青岛驻在员关于总领事请求援助山东居留民撤退事致总裁室东亚课长、福祉课长的电文（一九三七年八月十六日） …… 二〇七
青岛驻在员关于申请免除借用货车使用费事致总裁室东亚课长的电文（一九三七年八月十八日） …… 二〇八
青岛驻在员关于撤走淄川以及旭华煤矿的日本工作人员交给中国方面经营事致总裁室东亚课长的电文（一九三七年八月十九日） …… 二〇九
青岛驻在员关于事务所迁移事致总裁室东亚课长的电文（一九三七年八月十九日） …… 二一一
青岛驻在员关于此番向山东出兵是满铁进驻山东的最佳时机事致总裁室东亚课长的电文（一九三七年八月二十日） …… 二一二
青岛驻在员关于请转告天津借与胶济线路的货车已于青岛集结事致总裁室东亚课长的电文（一九三七年八月二十日） …… 二一四
青岛驻在员、总裁室东亚课长关于请求运送汽车并派遣日本人驾驶员的相关电文 …… 二一五
青岛驻在员致总裁室东亚课长电（一九三七年八月二十日） …… 二一五
青岛驻在员致总裁室东亚课长电（一九三七年八月二十四日） …… 二一六
青岛在勤员致总裁室东亚课长电（一九三七年八月二十五日） …… 二一七
青岛驻在员关于催促筹备无线电及安排相关技术人员事致总裁室东亚课长的电文（一九三七年八月二十一日） …… 二一八

青岛驻在员关于请支给事变花费五千日元事致总裁室东亚课长的电文（一九三七年八月二十一日）……二二九
青岛在勤员关于对山东时局之意见事致总裁室东亚课长的信（一九三七年八月二十二日）……二三〇
天津无线电转青岛关于收到手枪四把事致总裁室东亚课长的电文（一九三七年八月二十三日）……二三三
青岛在勤员关于送交资料事致田中海军武官、谷荻陆军武官的函（一九三七年八月二十四日）……二三四
附：时局参考资料之一《青岛码头经营组织的现状》……二三五
青岛驻在员关于经由朝鲜银行汇款事致总裁室东亚课长、会计课长的电文（一九三七年八月二十四日）……二四二
天津无线电转青岛驻在员关于特务机关长通告要求日本男子一律撤离事致总裁室东亚课长的电文（一九三七年八月二十五日）……二四三
青岛驻在员关于请求寄送干电池事致总裁室东亚课长的电文（一九三七年八月二十五日）……二四四
青岛驻在员关于委托介绍日本人司机请速回电事致总裁室东亚课长的电文（一九三七年八月二十五日）……二四五
青岛驻在员关于青岛居留民撤离事致总裁室东亚课长的电文（一九三七年八月二十八日）……二四六

六、上海事务所

上海事务所长关于汇报共产党等领导的上海市各界抗日后援会之详细情况致总裁室弘报课长的函（一九三七年七月二十九日）……二四九
上海事务所长关于报送华北战况的特别报道事致总裁室弘报课长的函（一九三七年八月三日）……二五五
附：华北战况的特别报道……二五六
上海事务所长关于中国政府正在斡旋购买汽油事致总裁室弘报课的电文（一九三七年八月三日）……二六五
上海事务所长关于报告各地驻在员撤离完毕事致总裁室东亚课长的电文（一九三七年八月五日）……二六七
上海事务所长关于各地驻在员撤离后之安置事致总裁室东亚课长的电文（一九三七年八月六日）……二六八
上海事务所长关于撤离职员家属事致总裁室东亚课长、人事课长的电文（一九三七年八月七日）……二六九
上海事务所长关于汉口、南京两地撤侨事致总裁室东亚课长的电文（一九三七年八月七日）……二七〇

上海事务所长关于汉口、南京驻在员到达上海事致总裁室东亚课长、福祉课长的电文（一九三七年八月十日）……二七一
上海事务所长关于闸北日本人墓地附近枪声频繁市内便衣队屡次活动事致总裁室东亚课长、人事课长的电文（一九三七年八月十三日）……二七二
上海事务所长关于报告七七事变给上海经济界带来的影响事致产业部长的函（一九三七年八月十三日）……二七四
附一：七七事变给上海经济界带来的影响第一报告……二七五
附二：七七事变给对中贸易带来的影响……二八七
上海事务所长关于通告时局事致总裁室东亚课长、人事课长的电文（一九三七年八月十三日）……二九一
天津无线电转上海事务所关于正金银行附近遭到猛烈空袭所员全员安全事致铁道总局长、总裁室东亚课长的电文（一九三七年八月十四日）……二九三
上海事务所长关于报告便衣队遭到包围袭击及空袭后所员全员安全事致总裁室庶务课长的电文（一九三七年八月十四日）……二九四
上海事务所长与总裁室东亚课长、庶务课长等关于请求急运自卫用手枪弹药的一组电文……二九五
上海事务所长致总裁室东亚课长、庶务课长电（一九三七年八月十六日）……二九五
用度部购买课长致上海事务所长电（一九三七年八月十八日）……二九七
上海事务所长关于报告前往出云号军舰三名社员安危状况事致总裁室弘报课长的函（一九三七年八月十七日）……三〇〇
上海事务所长关于慰问负伤所员事致总裁室东亚课长的电文（一九三七年八月十八日）……三〇一
上海事务所长关于报告所员撤离事致总裁室东亚课长、人事课长的函（一九三七年八月十九日）……三〇二
上海事务所长与总裁室东亚课长、庶务课长关于当地无法购买无线电设备的往来电文……三〇四
上海事务所长致总裁室弘报课长电（一九三七年八月二十日）……三〇四
总裁室庶务课长致上海事务所长电（一九三七年八月二十六日）……三〇五
总裁室庶务课长致总局电气课长电（一九三七年八月二十六日）……三〇六
总裁室庶务课长致上海事务所长电（一九三七年八月二十六日）……三〇八

上海事务所庶务课长关于通知职员赴任事致总裁室东亚课长的电文（一九三七年八月二十一日）……三〇九
上海事务所长关于中止派遣司机事致总裁室东亚课长、庶务课长的电文（一九三七年八月二十一日）……三一〇
上海事务所长关于报告大连号平安到达事致总裁室东亚课长、大连埠头长的电文（一九三七年八月二十二日）……三一一
上海事务所长关于委托回送拖船事致总裁室东亚课长的电文（一九三七年八月二十四日）……三一二
上海事务所长关于向与七七事变相关的各机关派遣社员事致总裁室东亚课长、人事课长的电文
（一九三七年八月二十五日）……三一三
上海事务所七七事变委员会记录（一九三七年八月二十六日）……三一六
上海事务所长关于粮食分配事致总裁室东亚课长的电文（一九三七年八月二十六日）……三二七
附一：兴中公司粮食分配明细书……三二九
附二：国际运输粮食分配明细书……三三〇
上海事务所长关于请派摄影摄像人员事致总裁室东亚课长的电文（一九三七年八月二十七日）……三三一
上海事务所长关于委托寄送金井家内手枪及子弹事致总裁室东亚课长的电文（一九三七年八月二十七日）……三三二
上海事务所长关于请求回复「光录号」旅顺出港时间事致总裁室东亚课长的电文（一九三七年八月二十八日）……三三三
上海事务所长关于询问经「大连号」派遣的汽车司机工资情况事致总裁室东亚课长、庶务课长的电文
（一九三七年八月二十九日）……三三四
上海事务所前岛正道关于七七事变后的金融状况以及发展前景的展望（要点）（一九三七年八月）……三三五
上海事务所长关于枪支运入许可证事致总裁室东亚课长的函（一九三七年九月一日）……三六一
上海事务所长关于通知职员归任日期事致总裁室东亚课长的电文（一九三七年九月一日）……三六二
上海事务所长关于询问弘报课派遣社员到达时间事致总裁室东亚课长的电文（一九三七年九月二日）……三六三
上海事务所长经天津发出关于栗屋参事提出申请事致总裁室东亚课长的电文（一九三七年九月七日）……三六四
上海事务所长代理关于商谈事务申请出差大连、东京事致总裁室东亚课长、人事课长的电文（一九三七年九月七日）……三六五
上海事务所长关于弘报课员来沪赴任事致总裁室东亚课长的电文（一九三七年九月十二日）……三六六

上海事务所长关于购入毛毯事致总裁室东亚课长的电文（一九三七年九月十二日）……三六七
上海事务所长关于报告三井、三菱会社捐赠状况事致总裁室东亚课长的电文（一九三七年九月十七日）……三六八
上海事务所长与总裁室东亚课长、庶务课长等关于建议满铁向民团捐款的往来电文……三六九
上海事务所长致总裁室东亚课长电（一九三七年九月二十四日）……三六九
总裁室东亚课长等致上海事务所长电（一九三七年九月二十四日）……三七〇
上海事务所长关于报告各要员访问上海事致总裁室东亚课长的电文（一九三七年九月二十七日）……三七一
上海事务所长关于制作七七事变相关影像资料事致总裁室东亚课长的函（一九三七年十月一日）……三七二
上海事务所长关于请求发送无线电机事致总裁室弘报课长的电文（一九三七年十月三十日）……三七四
上海事务所长与总裁室东亚课长关于委托购买并运送一万包烟草的相关公文……三七五
上海事务所长致总裁室东亚课长电（一九三七年十一月五日）……三七五
总裁室庶务课长致上海事务所长电（一九三七年十一月六日）……三七六
上海事务所长致总裁室东亚课长电（一九三七年十一月七日）……三七七
总裁室庶务课稿（一九三七年十一月八日）……三七八
上海事务所庶务课长致总裁室东亚课长电（一九三七年十一月十二日）……三八〇
上海事务所长致总裁室庶务课长电（一九三七年十二月一日）……三八一
上海事务所长关于埠头扩大保有问题事致总裁室弘报课长的电文（一九三七年十一月七日）……三八二
上海事务所长关于要员驻沪必要性致总裁室弘报课长的电文（一九三七年十一月九日）……三八三
上海事务所庶务课长关于向因七七事变分居职员家属发放居住金事致总裁室东亚课长的函
（一九三七年十一月二十四日）……三八四
上海事务所长产关于购买手枪事致总裁室东亚课长的电文（一九三七年十二月十一日）……三八六
上海事务所长关于请求急运卡车事致总裁室东亚课长的电文（一九三七年十二月十二日）……三八七
上海事务所长关于发放一九三七年度上半期奖金事致总裁室东亚课长的函（一九三七年十二月二十日）……三八八

上海事务所长关于通知开始无线电通讯时间事致总裁室庶务课长的电文（一九三七年十二月二十日）……三八九
上海事务所长关于收到社员护身用手枪事致总裁室东亚课长的电文（一九三七年十二月二十四日）……三九〇
上海事务所长关于无线电通讯运行试验时间另行通知事致总裁室庶务课长的电文（一九三七年十二月二十八日）……三九一
上海事务所长关于通知进行无线电通讯运行试验日期致总裁室东亚课长的电文（一九三八年一月五日）……三九二
上海事务所长关于通知无线联络试验正式开始事致总裁室庶务课长的电文（一九三八年一月七日）……三九三
上海事务所长关于委托购买并运送宣抚班特务机关派遣社员护身用手枪事致总裁室东亚课长的电文（一九三八年一月八日）……三九四
上海事务所长关于通知无线通讯代码事致总裁室庶务课长的电文（一九三八年一月十二日）……三九五
上海事务所长关于委托购买无线电相关器材事致总裁室东亚课长、铁道研究所长的电文（一九三八年一月二十二日）……三九七
上海事务所长关于发放派遣津贴事致财务部长的电文（一九三八年二月十八日）……三九八
上海事务所长关于寄送兴亚院华中联络部长发来之感谢信事致满铁总裁大村的函（一九四一年一月二日）……四〇〇
附：兴亚院华中联络部长发来的感谢信……四〇一

第二册

七、天津事务所

天津事务所长关于请发送九一八事变后金融等各方面材料并请派遣相关负责人员事致总裁室弘报课长的电文（一九三七年七月十一日）……〇〇三
天津事务所长关于通报满铁本社社员及天津事务所职员各三名出差情况事致弘报课长的电文（一九三七年七月十一日）……〇〇四
天津事务所长关于报告驻外社员避难状况事致总裁室东亚课长的电文（一九三七年七月十二日）……〇〇五

天津事务所长关于北平事务所长称事务繁重请给弘报系增员事致总裁室东亚课长、弘报课长的电文
（一九三七年七月十二日）……〇〇六
天津事务所长关于请派员处理战时国际法相关业务事致产业部长、总裁室东亚课长的电文
（一九三七年七月十二日）……〇〇七
天津事务所长关于军方要求提交接管交通、财务及金融各机关之具体方案以及人员名单事致总裁室弘报课长、
东亚课长、产业部庶务课长的电文（一九三七年七月十三日）……〇〇八
天津事务所长关于请转告天津事务所庶务课长神崎立即归任事致总裁室东亚课长的电文（一九三七年七月十四日）……〇一〇
天津事务所长关于请派出精通司法事务之职员事致总裁室东亚课长的电文（一九三七年七月十六日）……〇一一
天津事务所长关于请派遣内科医生两名及九名以上护理人员事致总裁室东亚课长的电文
（一九三七年七月十六日）……〇一二
天津事务所长关于传达张家口驻在员发来报告事致总裁室东亚课长的电文（一九三七年七月十六日）……〇一四
天津事务所长与总裁室弘报课长关于请求印刷华北地图的往来电文……〇一六
天津事务所长致总裁室弘报课长电（一九三七年七月十六日）……〇一六
总裁室东亚课长致天津事务所长电（一九三七年七月十七日）……〇一七
天津事务所长关于撤回华北各地驻在员事致总裁室弘报课长的电文（一九三七年七月十六日）……〇一八
天津事务所长关于撤离当地日本居民事致总裁室东亚课长的电文（一九三七年七月十六日）……〇一九
天津事务所长关于日本居民撤回张家口事致总裁室东亚课长的电文（一九三七年七月十六日）……〇二〇
天津事务所长为请尽快派遣医生和护士致总裁室东亚课长的电文（一九三七年七月十六日）……〇二一
天津事务所人员名簿（一九三七年七月十七日）……〇二三
天津事务所长关于请提醒来天津者注意事项事致总裁室东亚课长的电文（一九三七年七月十七日）……〇三八
天津事务所长关于满铁社员活动状况事致总裁室东亚课长的电文（一九三七年七月十七日）……〇四〇
天津事务所长关于报与兴中公司所属公司之间的联系事致总裁室东亚课长的函（一九三七年七月十七日）……〇四一
天津事务所长关于通知撤回松井驻在员事致总裁室东亚课长的电文（一九三七年七月十七日）……〇四二

天津事务所长关于通知举行已故田代中将遗体告别仪式事致总裁室弘报课长的电文（一九三七年七月十七日）……○四三
天津事务所长关于追加向军方派遣人员事致总裁室东亚课长、人事课长的电文（一九三七年七月十七日）……○四四
天津事务所长关于请派出资料联络人员事致总裁室东亚课长、产业部庶务课长的电文（一九三七年七月十七日）……○四六
满铁七七事变派遣人员名单（一九三七年七月十七日）……○四七
天津事务所长关于根据七七事变情况拟定向军方派遣职员人数事致总裁室东亚课长的函（一九三七年七月十七日）……○五二
天津事务所长关于华北各地驻在员已撤离并命令青岛、济南各社员撤离事致总裁室东亚课长的电文
（一九三七年七月十八日）……○五六
天津事务所长关于田代前司令官遗体运送事致总裁室东亚课长的电文（一九三七年七月十八日）……○五七
天津事务所长关于设置七七事变临时事务局事致总裁室东亚课长、文书课长的函（一九三七年七月十九日）……○五八
附：七七事变临时事务局人员编制表……○五九
天津事务所长关于寄送紧急通报联络分担表事致总裁室东亚课长的函（一九三七年七月十九日）……○六○
附：紧急通报联络分担表……○六一
天津事务所长关于请负责处理天津事务所与满铁本社联络相关事致总裁室东亚课长的函（一九三七年七月十九日）……○七八
天津事务所长、总裁室东亚课长关于购买及配送大米事的往来电文……○七九
天津事务所长致总裁室东亚课长电（一九三七年七月十九日）……○七九
总裁室东亚课长致天津事务所长电（一九三七年七月十九日）……○八○
天津事务所长关于驻张家口日本居民已撤离事致总裁室东亚课长的电文（一九三七年七月十九日）……○八一
天津事务所长关于事务繁忙请准增加所员十名事致总裁室东亚课长的电文（一九三七年七月十九日）……○八二
天津事务所长关于请派遣处理时局事务人员事致总裁室东亚课长的函（一九三七年七月十九日）……○八四
天津事务所长关于拟将横山参事派往济南事致总裁室东亚课长的电文（一九三七年七月十九日）……○八六
天津事务所长关于请派遣松尾职员事致总裁室东亚课长的函（一九三七年七月十九日）……○八七
天津事务所长关于宪兵队请派遣社员查验通信物品事致总裁室东亚课长的电文（一九三七年七月十九日）……○八八

天津事务所长关于报告派遣人员住宿及救护班状况事致总裁室东亚课长、铁道总局长的电文（一九三七年七月十九日）……〇九〇
天津事务所长关于成立出版联盟支部事致总裁室东亚课长的函（一九三七年七月二十日）……〇九二
天津事务所长关于报告北宁与满铁输送班之间的关系事致总裁室东亚课长的函（一九三七年七月二十日）……〇九四
天津事务所长关于驻外办事员撤离报告事致总裁室东亚课长的电文（一九三七年七月二十日）……〇九七
天津事务所长关于通知撤回太原出差人员事致总裁室东亚课长的函（一九三七年七月二十日）……〇九八
附：太原有关事变形势及撤离情况报告书……〇九九
山本骏平关于天津事务所设置时局事务所及胶济出借车辆事致天津事务所转交伊藤香象的函（一九三七年七月二十日）……一〇七
天津事务所长关于请派员充任军特种班辅助人员事致总裁室东亚课长的函（一九三七年七月二十日）……一一〇
天津事务所长关于请派遣打字员事致总裁室东亚课长的电文（一九三七年七月二十日）……一一二
天津事务所长关于要求调派大连大和酒店日本人雇员河井正二来所充任司机事致总裁室东亚课长的电文（一九三七年七月二十二日）……一一三
天津事务所长关于向中国驻屯军赠送慰问品事致总裁室东亚课长、产业部庶务课长的函（一九三七年七月二十三日）……一一四
天津事务所长关于向天津总领事馆派遣社员事致总裁室东亚课长的函（一九三七年七月二十三日）……一一六
天津事务所长关于告知打字员两名业已到任事致总裁室东亚课长的电文（一九三七年七月二十三日）……一一八
天津事务所长与总裁室东亚课长、锦县铁路局、铁道总局长关于将患病职员送往锦县或大连医院治的往来电文……一一九
天津事务所长致总裁室东亚课长等电（一九三七年七月二十三日）……一一九
总裁室东亚课长致天津事务所长电（一九三七年七月二十四日）……一二一
天津事务所长关于阪谷理事与部队司令官会面事致总裁室东亚课长的函（一九三七年七月二十四日）……一二二
天津事务所长关于成立京津物资供给对策委员会事致总裁室东亚课长的函（一九三七年七月二十六日）……一二三
天津事务所长关于报告七七事变派遣人员宿舍入住状况事致总裁室东亚课长的电文（一九三七年七月二十六日）……一二四

天津事务所长关于阪谷理事等当地干部之动向事致总裁室东亚课长函（一九三七年七月二十六日）……一二六
天津事务所长关于七七事变有扩大倾向请安排十名懂汉语人员随时候命事致总裁室东亚课长的电文（一九三七年七月二十七日）……一二七
天津事务所长关于决定购买大米地点及结算方式事致总裁室东亚课长、产业部商工课长的电文（一九三七年七月二十七日）……一二八
天津事务所长关于驻北平社员撤回大使馆区域事致总裁室东亚课长的电文（一九三七年七月二十七日）……一三〇
天津事务所长关于请立即发送天津民团追加购入的粮食事致总裁室东亚课长的电文（一九三七年七月二十八日）……一三一
天津事务所长与总裁室东亚课长、地方部卫生课长关于派遣外科医生和防疫助手以及护理人员的相关电文……一三三
天津事务所长致总裁室东亚课长等电（一九三七年七月二十八日）……一三三
天津事务所长致总裁室东亚课长等电（一九三七年七月二十八日）……一三五
附：派遣员名单……一三六
天津事务所长关于报告派遣社员身体健康状况事致总裁室东亚课长的电文（一九三七年七月二十八日）……一三七
天津事务所长与总裁室东亚课长关于派遣悬挂广告气球专业人员将乘飞机抵达的往来电文……一三八
天津事务所长致总裁室东亚课长电（一九三七年七月二十八日）……一三八
总裁室东亚课长致天津事务所长电（一九三七年七月二十八日）……一三九
天津事务所长致总裁室东亚课长电（一九三七年七月二十九日）……一四〇
总裁室东亚课长致天津事务所长电（一九三七年七月二十九日）……一四一
天津事务所长与总裁室东亚课长、山海关站长关于派遣悬挂广告气球专业人员改乘军用列车抵达的往来电文……一四二
总裁室东亚课长致天津事务所长、山海关站长的电（一九三七年七月二十九日）……一四二
山海关站长致总裁室东亚课长、天津事务所长的电（一九三七年七月三十一日）……一四三
总裁室东亚课长致天津事务所长的电（一九三七年七月三十一日）……一四四
天津事务所长致总裁室东亚课长的电（一九三七年八月一日）……一四六

天津事务所长关于汇报所员及派遣职员均平安事致总裁室东亚课长的电文（一九三七年七月二十九日）……一四七
天津事务所长关于汇报派遣职员均暂时待命事致总裁室东亚课长的电文（一九三七年七月二十九日）……一四九
天津事务所长关于通知添田武夫今早向张北出发事致总裁室东亚课长的电文（一九三七年七月二十九日）……一五〇
天津事务所长关于张家口侨民撤回情况事致总裁室东亚课长的电文（一九三七年七月二十九日）……一五一
天津事务所长关于已被美国领事救出均平安无事请转达大连汽船会社事致总裁室东亚课长的电文
（一九三七年七月三十日）……一五三
天津事务所长关于派赴北宁人员及留守人员之状况事致总裁室东亚课长的电文（一九三七年七月三十日）……一五四
天津事务所长关于市内仍保持警戒状态并询问无人房屋事致总裁室东亚课长的电文（一九三七年七月三十日）……一五六
天津事务所长关于驻中国日军参谋长要求派员前往松井机关充任天津军顾问事致总裁室东亚课长的电文
（一九三七年七月三十日）……一五八
总裁室东亚课长关于调查大连汽船受损程度事致天津事务所长的电文（一九三七年七月三十一日）……一五九
天津事务所长关于民团粮食装载等事致总裁室东亚课长的电文（一九三七年七月三十一日）……一六〇
总裁室东亚课长关于请向兴中社长表示感谢事致天津事务所长的电文（一九三七年七月三十一日）……一六二
天津事务所长关于请派遣汉语翻译及护士事致总裁室东亚课长的电文（一九三七年七月三十一日）……一六三
天津事务所长关于转达商工课长永田的归任日期事致总裁室东亚课长的电文（一九三七年八月一日）……一六四
天津事务所长关于从天津对外邮寄事致总裁室东亚课长的电文（一九三七年八月一日）……一六五
天津事务所长关于报告时局情报事致总裁室弘报课长的电文（一九三七年八月一日）……一六六
天津事务所长关于在天津烧毁机密文件事致总裁室东亚课长的电文（一九三七年八月一日）……一六七
天津事务所长关于文件送达顺序事致总裁室东亚课长的电文（一九三七年八月一日）……一六八
天津事务所长关于补充天津居留民粮食事总裁室东亚课长的电文（一九三七年八月一日）……一七〇
天津事务所长关于山口、芦泽二人之消息事致总裁室东亚课长的电文（一九三七年八月一日）……一七二
天津事务所长关于萱岛部队占领冀东政府，七名社员安否不详事致总裁室东亚课长的电文（一九三七年八月一日）……一七四
天津事务所长关于申请搭乘塘沽至天津间军用列车事致总裁室东亚课长的电文（一九三七年八月一日）……一七六

天津事务所长关于天津至山海关间通车事致总裁室东亚课长的电文（一九三七年八月一日）……一七七
天津事务所长关于请派遣纯碱工业技术员充任工场监工事致总裁室东亚课长的电文（一九三七年八月一日）……一七八
天津事务所长关于汇报天津至山海关间列车明日恢复运行事致总裁室东亚课长的电文（一九三七年八月一日）……一七九
天津事务所长关于调查派往通州的员工情况事致总裁室东亚课长的电文（一九三七年八月一日）……一八〇
天津事务所长关于询问在通州社员安危事致总裁室东亚课长的电文（一九三七年八月一日）……一八一
天津事务所长关于成立铁道运输班事务所事致总裁室东亚课长的函（一九三七年八月一日）……一八三
北平事务所长及相关出差人员驻留北京者名单（一九三七年八月二日）……一八四
天津事务所长关于时局日趋常态化需统一执行各项命令事致总裁室东亚课长的电文（一九三七年八月二日）……一八八
天津事务所长关于员工乘坐飞机事宜事致总裁室东亚课长的电文（一九三七年八月二日）……一八九
天津事务所长关于运送民团粮食事致总裁室东亚课长的电文（一九三七年八月二日）……一九〇
天津事务所长关于川越大使到访大连事致总裁室东亚课长的电文（一九三七年八月二日）……一九一
天津事务所长、总裁室东亚课长关于垫付悬挂广告气球人员旅费事的文件……一九二
总裁室东亚课稿（一九三七年八月二日）……一九二
总裁室东亚课长致天津事务所长的函（一九三七年八月二日）……一九四
总裁室东亚课稿（一九三七年八月六日）……一九六
总裁室东亚课长致天津事务所长的函（一九三七年八月六日）……一九八
天津事务所长关于派遣铁路施工及财务负责人两名事致总裁室东亚课长的电文（一九三七年八月二日）……一九九
天津事务所长关于汇报所员近期工作及天津市内情况事致总裁室东亚课长的电文（一九三七年八月二日）……二〇〇
天津事务所长关于汇报二十九日事件中路警队员死伤情况事致总裁室东亚课长的电文（一九三七年八月二日）……二〇二
天津事务所长关于阪谷理事、古山交通课长明日归连事致总裁室东亚课长的电文（一九三七年八月二日）……二〇三
天津事务所长关于请在塘沽配备无线电装置事致总裁室东亚课长的电文（一九三七年八月三日）……二〇四
天津事务所长关于向在北平居住的日本人分配粮食事致总裁室东亚课长的电文（一九三七年八月三日）……二〇五

天津事务所长关于天津粮食缺乏请安排配送事致总裁室东亚课长的电文（一九三七年八月三日）……二〇七
天津事务所长关于与部队第四课开会讨论经济及应急办法事致总裁室东亚课长的电文（一九三七年八月三日）……二〇八
天津事务所长关于济南驻在员撤离事致总裁室东亚课长的电文（一九三七年八月三日）……二〇九
天津事务所内山本关于报乘当日第一趟列车顺利抵达天津事致总裁室东亚课长的电文（一九三七年八月三日）……二一〇
天津事务所长关于军方使用密码电报请求派员协助工作事致总裁室东亚课长、文书课长的电文
（一九三七年八月三日）……二一一
天津事务所长关于汇报天津、奉天间列车明日恢复运行事致总裁室东亚课长的电文（一九三七年八月三日）……二一二
天津事务所长关于因物资购买困难请派遣合作社员工事致总裁室东亚课长的电文（一九三七年八月三日）……二一三
天津事务所庶务课长关于矿业课森井、小田，农林课春原等人抵津事致总裁室东亚课长的电文
（一九三七年八月三日）……二一四
天津事务所长关于大连铁道工场桑木等十六人平安抵达事致总裁室东亚课长的电文（一九三七年八月三日）……二一五
天津事务所长关于报告在通州员工安危情况事致总裁室东亚课长的电文（一九三七年八月三日）……二一六
天津事务所长关于已转达总裁探望电报事致总裁室东亚课长的电文（一九三七年八月三日）……二一八
天津事务所长关于请向天津特务机关派遣金融负责人事致总裁室东亚课长的电文（一九三七年八月四日）……二一九
天津事务所长关于长岭机关长回复社员中与机关有关人员事致总裁室东亚课长的电文
（一九三七年八月四日）……二二〇
天津事务所长关于请派外科医生和技术助手各一名事致总裁室东亚课长的电文（一九三七年八月四日）……二二一
天津事务所长关于请速派遣抚顺医院医生宫尾及助手矢板事致总裁室东亚课长的电文（一九三七年八月四日）……二二二
天津事务所长关于特别派遣雇员清水明患病请派员接替工作事致总裁室东亚课长的电文（一九三七年八月四日）……二二三
天津事务所长关于报告第一次顾问部扩大会议内容概要事致总裁室东亚课长的函（一九三七年八月四日）……二二四
附：第一次顾问部扩大会议内容概要……二二五
天津事务所长关于民团缴纳粮食事致总裁室东亚课长的电文（一九三七年八月四日）……二三四
天津事务所长关于拟从大连购买氢气瓦斯事致总裁室东亚课长的电文（一九三七年八月五日）……二三六

天津事务所长关于北平、通州新情况的调查事致总裁室东亚课长的电文（一九三七年八月五日）……二三七
天津事务所长与总裁室东亚课长关于请求收购粮食并向北宁铁路局运送的相关文件……二三九
天津事务所长致总裁室东亚课长电（一九三七年八月五日）……二三九
天津事务所长致总裁室东亚课长电（一九三七年八月五日）……二四一
天津事务所长关于请安排天津社员购买面粉事致总裁室东亚课长的电文（一九三七年八月五日）……二四二
天津事务所长关于告知民团粮食已抵达天津事致总裁室东亚课长的电文（一九三七年八月五日）……二四三
天津事务所长关于请告知高粱、小米、大米的市场售价事致总裁室东亚课长的电文（一九三七年八月五日）……二四四
天津事务所长关于部队特派人员薪金问题事致总裁室人事课长的电文（一九三七年八月五日）……二四五
天津事务所长关于请派无线电通信员六名事致总裁室东亚课长的电文（一九三七年八月五日）……二四六
天津事务所长关于通州殉职在职社员高桥余庆等四人葬礼拟于大连举行事致总裁室东亚课长、人事课长的电文
（一九三七年八月五日）……二四七
天津事务所长关于北平事务所长汇报派遣部队留学生全部安全并向人事课学务课转达事致总裁室东亚课长的电文
（一九三七年八月五日）……二四八
天津事务所长关于催促负责悬挂宣传热气球人员火速来津事致总裁室东亚课长的电文（一九三七年八月五日）……二四九
天津事务所长关于报告社员高桥余庆等五人在通州七七事变后通州事件中殉职事致总裁室东亚课长、人事课长的电文
（一九三七年八月五日）……二五〇
天津事务所长关于济南驻在员请派遣通晓计划经济人员及翻译事致总裁室东亚课长的电文（一九三七年八月六日）……二五一
天津事务所长与总裁室东亚课长关于殉职社员高桥余庆之牌位被送达天津的相关文件……二五二
天津事务所长致总裁室东亚课长电（一九三七年八月六日）……二五二
天津事务所长致总裁室东亚课长电（一九三七年八月六日）……二五三
天津事务所长致总裁室东亚课长电（一九三七年八月六日）……二五四
天津事务所长关于请在北平设立无线电所事致总裁室东亚课长的电文（一九三七年八月六日）……二五五

天津事务所长与总裁室东亚课长关于请求寄送广告用气球及附属品的相关电文 …… 二五六
天津事务所长致总裁室东亚课长电（一九三七年八月六日）…… 二五六
天津事务所长致总裁室东亚课长电（一九三七年八月六日）…… 二五七
天津事务所长关于天津特务机关工作事宜事致总裁室东亚课长、弘报课长、产业部庶务课长的函
（一九三七年八月六日）…… 二五八
天津事务所山本关于天津陆军机关由军司令官直接管辖事致总裁室东亚课长的电文（一九三七年八月七日）…… 二五九
天津事务所长关于回复北平、天津间并无通信机关事致总裁室东亚课长的电文（一九三七年八月七日）…… 二六〇
天津事务所第二届物资对策委员会议概要（一九三七年八月七日）…… 二六一
天津事务所长关于北宁铁路局局长陈觉生与军方会面延期事致总裁室东亚课长的电文（一九三七年八月七日）…… 二七五
天津事务所长关于请派遣厨师事致总裁室东亚课长、铁道总局长的电文（一九三七年八月七日）…… 二七六
天津事务所调查课长关于寻找在通州遇难之同事遗骨事致满铁总裁、总裁室东亚课长、人事课长函
（一九三七年八月七日）…… 二七七
天津事务所长关于请派遣产业部庶务课业务系主任大上末广事致总裁室东亚课长的电文（一九三七年八月八日）…… 二八三
天津事务所长关于请速派唐山—通州线施工人员携带相关资料赴津事致总裁室东亚课长、铁道总局长的电文
（一九三七年八月八日）…… 二八四
天津事务所长与总裁室东亚课长、人事课长关于司机末永熊太郎派往军方工作不幸殉职的相关文件 …… 二八五
天津事务所长致总裁室东亚课长电（一九三七年八月八日）…… 二八五
天津事务所长致总裁室东亚课长、人事课长电（一九三七年八月八日）…… 二八七
天津事务所长关于驻在员高桥余庆材料已由通州事件幸存社员华北汽车公司办事员神谷光带回事
致总裁室东亚课长的电文（一九三七年八月八日）…… 二八八
天津事务所长关于殉职人员应予表彰事致总裁室东亚课长的电文（一九三七年八月八日）…… 二八九
天津事务所长关于殉职人员应予追认职位事致人事课长、总裁室东亚课长的电文（一九三七年八月八日）…… 二九〇

天津事务所长关于电影制作所胶片到后送往军宣传部请转告总裁室庶务课事致总裁室东亚课长的电文（一九三七年八月八日）……二九一
天津事务所庶务课长关于运送民团所需粮食事致总裁室东亚课长的电文（一九三七年八月八日）……二九二
天津事务所长关于天津民团的信用程度事致总裁室东亚课长的电文（一九三七年八月八日）……二九四
天津事务所长关于北宁铁路局局长陈觉生与参谋长会面事致总裁室东亚课长的电文（一九三七年八月八日）……二九五
天津事务所长关于应对时局变化商谈人事调整事致总裁室东亚课长的电文（一九三七年八月九日）……二九六
天津事务所长关于调查冀东贸易船舶事致总裁室东亚课长的电文（一九三七年八月九日）……二九七
天津事务所长关于请与调查冀东船舶一案相关各方取得联系事致总裁室东亚课长的电文（一九三七年八月九日）……二九九
天津事务所庶务课长关于军方请求捐赠华北地图事致总裁室东亚课长的电文（一九三七年八月九日）……三〇一
天津事务所长关于企划部相关人员活动事宜致总裁室东亚课长的函（一九三七年八月九日）……三〇二
天津事务所长关于寄送民团粮食相关文件事致总裁室东亚课长的电文（一九三七年八月九日）……三〇三
天津事务所长关于已向正金银行支付费用以及合同书和收据发送给总裁室东亚课事致总裁室东亚课长、财务部长、铁道总局长的电文（一九三七年八月九日）……三〇四
天津事务所关于请求派遣继任课员事致总裁室东亚课长的电文（一九三七年八月九日）……三〇五
天津事务所长关于通州国际运输情况事致总裁室东亚课长的电文（一九三七年八月九日）……三〇六
天津事务所长关于陈觉生有意辞去冀察政府委员一职事致总裁室东亚课长、铁道总局长的电文（一九三七年八月九日）……三〇八
天津事务所长关于陈觉生来访及北宁工作人员薪金授受问题事致总裁室东亚课长的电文（一九三七年八月九日）……三〇九
天津事务所长关于七七事变以来业务激增请派员援助日满商事事致总裁室东亚课长的电文（一九三七年八月九日）……三一〇
天津事务所长庶务课长关于请派遣测绘员协助军方接收整理财产事致总裁室东亚课长的电文（一九三七年八月九日）……三一一

天津事务所长关于在天津增设和在塘沽、北平新设无线电设备请配置相关人员事致总裁室东亚课长的电文（一九三七年八月九日）……三一二
天津事务所长关于请派遣男性打字员事致总裁室东亚课长的电文（一九三七年八月九日）……三一三
天津事务所长关于派遣人事课员千田泷义居归任请安排继任人员事致总裁室东亚课长、人事课长的电文（一九三七年八月九日）……三一四
天津事务所长关于打字员行李申请免税事致总裁室东亚课长的电文（一九三七年八月九日）……三一五
天津事务所长关于通州试验场职员殉职一案已向北宁局汇报并建议支出慰问金事致总裁室东亚课长的电文（一九三七年八月九日）……三一六
天津事务所长关于殉职社员的遗发抵津后已送交军方管理事致总裁室东亚课长的电文（一九三七年八月九日）……三一七
天津事务所长关于已故社员高桥余庆等人告别式拟于当地东本愿寺举行事致总裁室东亚课长、人事课长、福祉课长的电文（一九三七年八月九日）……三一八
天津事务所长关于请与已故职员岩崎、小山，雇员今井之家属联络事致总裁室东亚课长、福祉课长的电文（一九三七年八月九日）……三一九
天津事务所长关于殉职人员将举行共同葬礼事致总裁室东亚课长、人事课长的电文（一九三七年八月九日）……三二〇
天津事务所长关于坂谷理事安全抵津事致总裁室庶务课长、东亚课长、产业部庶务课长的电文（一九三七年八月九日）……三二二
总裁室人事课长关于通知铁路施工及财务人员已于本日乘列车派往天津运输班事致天津事务所长、总裁室东亚课长的电文（一九三七年八月十日）……三二三
天津事务所长关于请告知调查华北河川职员之姓名和来津日期事致总裁室东亚课长、人事课长的电文（一九三七年八月十日）……三二四
天津事务所长关于请求提供华北河流详细资料事致总裁室东亚课长、人事课长的电文（一九三七年八月十日）……三二五
天津事务所长关于请将第三十三号的电文亲自转交兴中公司事致总裁室东亚课长的电文（一九三七年八月十日）……三二七
天津事务所长关于追加及确认购买物品事致总裁室东亚课长的电文（两份）（一九三七年八月十日）……三二八

天津事务所长关于池田中佐希望与总裁面谈事致总裁室东亚课长的电文（一九三七年八月十日）……三三〇
天津事务所长关于请转告新京满洲国产业部拓务局技师池田泰次郎遇难人员家属在津一切安好事致总裁室东亚课长的电文（一九三七年八月十日）……三三一
天津事务所长关于请转告新京满洲国交通部调查科本庄秀一遇难人员家属在津一切安好事致总裁室东亚课长的电文（一九三七年八月十日）……三三二
天津事务所长关于请求在天津增设无线电机事致总裁室东亚课长的电文（一九三七年八月十一日）……三三三
天津事务所调查课长关于报送第二届物资对策委员会议记录的文件（一九三七年八月十一日）……三三四
附：第二届物资对策委员会会议记录……三三五
天津事务所长关于请求提供平绥线及相关交通路线资料事致总裁室东亚课长的电文（一九三七年八月十一日）……三四九
天津事务所长关于铁道总局、计画课长与部队参谋就通州、唐山之间铁路铺设问题进行恳谈事致总裁室东亚课长、铁道总局长的电文（一九三七年八月十一日）……三五〇
天津事务所长关于请安排橘三先生来津事致总裁室东亚课长的电文（一九三七年八月十一日）……三五二
天津事务所长关于转告伪满洲国产业部林务局速派职员从军事致总裁室东亚课长的电文（一九三七年八月十一日）……三五三
天津事务所长请转告在大连家属通州事件、廊坊事件殉职人员追悼会以及护送遗骨相关事宜致总裁室东亚课长的电文（一九三七年八月十一日）……三五四
天津事务所长关于通知池田中佐行程事致总裁室东亚课长的电文（一九三七年八月十一日）……三五五
天津事务所长与总裁室东亚课长关于派遣三名打字员业已到任的相关文件……三五六
天津事务所长致总裁室东亚课长电（一九三七年八月十二日）……三五六
天津事务所长致总裁室东亚课长电（一九三七年八月十二日）……三五七
天津事务所长关于通州事件牺牲者高桥余庆等五人遗骨明日由天津丸运往大连事致总裁室东亚课长的电文（一九三七年八月十二日）……三五八
天津事务所长关于慰问班人员归任事致总裁室东亚课长的电文（一九三七年八月十二日）……三五九

天津事务所长关于请向国际运输公司传达民团粮食费用结算等事致总裁室东亚课长的电文（一九三七年八月十二日）……三六〇
天津事务所长关于请安排消费组发送员工用品事致总裁室东亚课长、消费组合总主事的电文（一九三七年八月十二日）……三六一
天津事务所长关于向香月司令官赠送慰问品事致总裁室东亚课长的电文（一九三七年八月十二日）……三六二
天津事务所长关于通知慰问班一行及社员会联合会长等人行程事致总裁室东亚课长的电文（一九三七年八月十二日）……三六三
天津事务所长关于国防妇女会购买军需慰问品事致总裁室东亚课长的电文（一九三七年八月十二日）……三六四
天津事务所长致满铁总裁感谢电（一九三七年八月十二日）……三六六
天津事务所长关于报告通州殉职社员葬礼相关事致总裁室东亚课长、人事课长、福祉课长的函（一九三七年八月十三日）……三六七
天津事务所长关于收购井陉煤矿事致总裁室东亚课长的电文（一九三七年八月十三日）……三七〇
天津事务所长关于葬礼时间决定后请速通知日本内地家属事致总裁室东亚课的电文（一九三七年八月十三日）……三七二
天津事务所长关于请替换参加军务的留学生事致总裁室东亚课长、人事课长的电文（一九三七年八月十三日）……三七三
天津事务所长关于葬礼时间决定后请速通知内地家属事致总裁室东亚课长的电文（一九三七年八月十三日）……三七五
天津事务所长关于通知职员现下联络方式事致总裁室东亚课长、产业部交通课长的电文（一九三七年八月十三日）……三七六
天津事务所长关于因飞机停航产业部平参事将乘列车离津事致总裁室东亚课长的电文（一九三七年八月十四日）……三七七
天津事务所长关于二十一日将赴连参加通州殉职社员葬礼事致总裁室东亚课长的电文（一九三七年八月十四日）……三七八
天津事务所长关于请将池田先生因飞机误期延迟赴任一事转告产业部次长奥村事致总裁室东亚课长的电文（一九三七年八月十四日）……三七九
天津事务所长关于报告北平守城情况事致总裁室东亚课长的函（一九三七年八月十四日）……三八〇
天津事务所长关于因人员增多请求速发大米事致总裁室东亚课长的电文（一九三七年八月十四日）……三八一
天津事务所长关于请立即安排天津国防妇女会购买慰问品申请事致总裁室东亚课长的电文（一九三七年八月十四日）……三八二
天津无线电台关于上海事务所报称上海遭遇空袭全员在正金大厦避难事致总裁室东亚课长、铁道总局长的电文（一九三七年八月十四日）……三八三

天津事务所内山本关于接收井陉煤矿一案后续情况事致总裁室东亚课长的电文（一九三七年八月十四日）……三八四

第三册

七、天津事务所

天津事务所长关于石桥参事就任天津陆军机关员并兼任治安维持会顾问事致总裁室东亚课长的电文（一九三七年八月十五日）……〇〇三
天津事务所长关于报告外派人员的情况事致总裁室东亚课长的电文（一九三七年八月十五日）……〇〇四
天津事务所关于民团粮食本日装车发往北平事致总裁室东亚课长的电文（一九三七年八月十五日）……〇〇五
天津事务所长关于阪谷理事等决定与中国金融机构人员会面事致总裁室东亚课长的电文（一九三七年八月十五日）……〇〇六
天津事务所救护班关于营口医院派遣护士业已到任事致总裁室东亚课长、地方部卫生课长、营口医院长的电文（一九三七年八月十五日）……〇〇七
天津事务所长关于确认通州殉职社员情况应通知陆军省事致总裁室东亚课长的电文（一九三七年八月十五日）……〇〇八
天津事务所长关于请转告总裁及产业部次长奥村池田中佐明日乘船去连事致总裁室东亚课长的电文（一九三七年八月十五日）……〇一〇
天津事务所长关于阪谷理事与十河兴中社长一同拜访参谋长就华北金融问题提出对策事致总裁室东亚课长的电文（一九三七年八月十五日）……〇一一
天津事务所长关于向中国驻军派遣社员事致中国驻军司令部参谋长函（一九三七年八月十六日）……〇一二
天津事务所长关于两名打字员将乘火车归任事致总裁室东亚课长、文书课长的电文（一九三七年八月十六日）……〇一三
天津事务所庶务课长关于请继续派遣打字员事致总裁室东亚课长、文书课长的电文（一九三七年八月十六日）……〇一四
天津事务所长关于请派遣产业部庶务课雇员紫原コウ事致总裁室东亚课长的电文（一九三七年八月十六日）……〇一五

天津事务所长关于请安排职员溪友吉家属住宿事致总裁室东亚课长、福祉课长的电文（一九三七年八月十六日）……〇一六

天津事务所长关于通州殉职员工葬礼一事请回复谢电事致总裁室东亚课长的电文（一九三七年八月十六日）……〇一七

天津庶务课长关于福祉课要求支付通州殉职员工葬礼费用事致总裁室东亚课长、福祉课长、会计课长的电文
（一九三七年八月十六日）……〇一八

天津事务所长关于殉职社员遗物运输事宜事致总裁室东亚课长的电文（一九三七年八月十六日）……〇一九

天津事务所长关于弘报课员菅野川崎于十五日返回天津事致总裁室东亚课长的电文（一九三七年八月十六日）……〇二一

天津庶务课长关于产业部交通课职员麦俊雄需要延长出差时日事致总裁室东亚课长的电文（一九三七年八月十六日）…〇二二

天津事务所长关于外派北平的弘报课员菅野等人已经归任事致总裁室东亚课长的电文（一九三七年八月十六日）……〇二三

天津庶务课长关于宇佐美理事、杉委员长等乘十六日上午列车返回任职事致总裁室东亚课长的电文
（一九三七年八月十六日）……〇二四

天津事务所长关于请通知七七事变派遣记者行动相关资料事致社员会干事长的电文（一九三七年八月十六日）……〇二五

天津事务所长关于安排国防妇女会申请购买慰问品事致总裁室东亚课长的电文（一九三七年八月十六日）……〇二六

天津事务所长关于已故职员岩崎家属撤离事致总裁室东亚课长的电文（一九三七年八月十六日）……〇二七

天津事务所长关于撤回天津在职社员家属事致总裁室东亚课、人事课、福祉课长的函（一九三七年八月十六日）……〇二九

天津事务所长关于派遣天津的大连保安区长尾正因母亲过世委托转发电报事致总裁室东亚课长的电文
（一九三七年八月十六日）……〇三二

天津事务所长关于天津、北平间的无线通信已开通日文电报事致总裁室东亚课长的电文（一九三七年八月十七日）……〇三三

天津事务所长关于大奉石油及满洲石油本社请求使用社内电报事致总裁室东亚课长的电文（一九三七年八月十七日）…〇三四

天津事务所所长关于请转告产业部交通课长速送连云港调查报告书事致总裁室东亚课长的电文
（一九三七年八月十七日）……〇三五

天津事务所长关于请将民团粮食款项及发货相关事宜转达国际附业课长事致总裁室东亚课长的电文
（一九三七年八月十七日）……〇三六

天津庶务课长关于请安排池田男与松冈洋右总裁面谈事致总裁室东亚课长、庶务课长的电文（一九三七年八月十七日）……〇三七
天津事务所长关于职员家属归国事致总裁室东亚课长、福祉课长的电文（一九三七年八月十七日）……〇三八
天津事务所长关于天津特务机关请求对天津—塘沽、天津—太沽之间公路改建及铺砌项日进行立案事致总裁室东亚课长的电文（一九三七年八月十七日）……〇三九
天津事务所长关于请转告产业部交通课星田主任整理陇海线铁路现状调查事致总裁室东亚课长的电文（一九三七年八月十七日）……〇四一
天津事务所长关于军需品卸货事致总裁室东亚课长的电文（一九三七年八月十七日）……〇四二
天津事务所长关于请经由青岛总领事馆向日高参事官转发感谢电事致总裁室东亚课长的电文（一九三七年八月十七日）……〇四三
天津事务所长关于因医疗机构不足请暂缓派遣带病社员事致总裁室东亚课长转卫生课长的电文（一九三七年八月十七日）……〇四四
天津事务所长关于请派遣日本人护士且能兼作翻译及外科助手事致总裁室东亚课长转卫生课长的电文（一九三七年八月十七日）……〇四五
天津事务所长关于通州殉职员工葬礼要准备北宁局长名义花环事致总裁室东亚课长的电文（一九三七年八月十七日）……〇四七
天津事务所长关于送交通州殉职员工记录事致总裁室弘报课长、东亚课长的电文（一九三七年八月十七日）……〇四八
天津事务所长关于通知坂谷理事无法参加董事会事致总裁室东亚课长的电文（一九三七年八月十七日）……〇五〇
天津事务所长关于池田永康男等职员业已抵津事致总裁室东亚课长的电文（一九三七年八月十七日）……〇五一
天津事务所长关于拟定派遣人员住宿状况列表事致总裁室东亚课长函（一九三七年八月十八日）……〇五二
天津事务所长关于将赴连参加所员殉职葬礼事致总裁室东亚课长的电文（一九三七年八月十八日）……〇五四
天津事务所长关于中村幸次因病被天津事务所收容，预计十天后归任事致总裁室东亚课长、人事课长的电文（一九三七年八月十八日）……〇五五

天津事务所长关于阪谷、十河与银行公会代表、天津三家银行负责人开会研究天津金融界的稳定问题事致总裁室东亚课长的电文（一九三七年八月十八日）……〇五六
天津事务所长关于通知中村幸次病情状况事致总裁室弘报课长、人事课长的电文（一九三七年八月十八日）……〇五八
天津事务所庶务课长关于询问天津东机局营房延长线工程费结算负责部门等问题事致总裁室东亚课长、铁道总局长的电文（一九三七年八月十八日）……〇五九
天津事务所长关于阪谷、十河同天津银行代表团会谈事致总裁室东亚课长的函（一九三七年八月十九日）……〇六三
附：阪谷、十河两家同天津银行代表团会谈情况……〇六四
天津事务所长关于请派遣十名庶务课职员事致总裁室东亚课长的电文（一九三七年八月十九日）……〇六五
天津事务所长关于说明殉职社员功绩事致总裁室东亚课长的电文（一九三七年八月十九日）……〇六六
天津事务所长关于通知坂谷理事本日前往北平事致总裁室东亚课长的电文（一九三七年八月十九日）……〇六八
天津事务所长关于电影班山口、芦泽等人从北平返回天津事致总裁室东亚课长的电文（一九三七年八月十九日）……〇六九
天津事务所长关于报告雇员川崎和荒木行程事致总裁室东亚课长的电文（一九三七年八月十九日）……〇七〇
天津事务所庶务课长关于伊藤所长十九日乘车赴连请派车迎接事致总裁室东亚课长的电文（一九三七年八月十九日）……〇七一
天津事务秘长关于报告雇员川崎等人行程事致总裁室东亚课长的电文（一九三七年八月十九日）……〇七二
天津事务所庶务课长关于悼词业已发送如未收到请联系所长事致总裁室东亚课长的电文（一九三七年八月二十日）……〇七三
天津事务所长关于通知坂谷理事返回大连时间变更事致总裁室东亚课长的电文（一九三七年八月二十日）……〇七四
天津事务所长关于通知坂谷理事返回大连时间确定后再行联络事致总裁室东亚课长的电文（一九三七年八月二十日）……〇七五
天津事务所长关于通知弘报课员菅野等人行程事致总裁室东亚课长的电文（一九三七年八月二十日）……〇七六
天津事务所长关于产业部前田マサノリ申请延长出差时间事致总裁室东亚课长的电文（一九三七年八月二十日）……〇七七
天津事务所长关于北平事务所长等就任北平地方维持会顾问事致总裁室东亚课长的电文（一九三七年八月二十日）……〇七八
天津事务所长关于请将拍摄地点改为八达岭事宜转告总裁室庶务课及电影制作所芥川事致总裁室东亚课长的电文（一九三七年八月二十日）……〇七九

天津事务所庶务课长关于请安排池田男与总裁面谈事致总裁室东亚课长、藤井秘书、产业部庶务课长的电文
（一九三七年八月二十日）……〇八〇
天津事务所长关于庶务课雇员及其家属撤回日本国内事致总裁室东亚课长、福祉课长的电文（一九三七年八月二十日）……〇八一
天津事务所长关于天津陆军机关请求对天津附近公路改建情况进行调查事致总裁室东亚课长的电文
（一九三七年八月二十日）……〇八二
天津事务所长关于北宁铁路局员八月份薪资贷款事致总裁室东亚课长、财务部长、铁道总局长的电文
（一九三七年八月二十日）……〇八三
天津事务所长关于公开上映华北时局方面电影须经军方审查事致总裁室东亚课长的电文（一九三七年八月二十一日）……〇八四
中国驻军参谋长关于北古口至通州铁路建设工程招募壮丁事致冀东防共自治政府代理长官的电文
（一九三七年八月二十一日）……〇八六
天津事务所长关于军方要求向北平特务机关及天津治安维持会派遣三名社员事致总裁室东亚课长的电文
（一九三七年八月二十一日）……〇八七
天津事务所长关于转发关东军司令官及冀东政府长官所发唁电事致总裁室东亚课长的电文（一九三七年八月二十一日）……〇八九
天津事务所长关于通知阪谷理事返回大连时间事致总裁室东亚课长的电文（一九三七年八月二十一日）……〇九〇
天津事务所长关于告知薪金贷款额明细事致财务部长的电文（一九三七年八月二十二日）……〇九一
天津事务所长关于派驻青岛人员请求配枪及安排司机事致总裁室东亚课长的电文（一九三七年八月二十二日）……〇九二
天津事务所长关于转述青岛驻在员有关请求发送手枪之电报事致总裁室东亚课长的电文（一九三七年八月二十二日）……〇九三
天津事务所长关于转述青岛驻在员有关重要电文无回复之电报事致总裁室东亚课长的电文
（一九三七年八月二十二日）……〇九四
天津事务所庶务课长关于职员配属状况事致总裁室东亚课长、天津事务所长的电文（一九三七年八月二十三日）……〇九五
天津事务所长关于寄送七七事变相关满铁社员配置表事致总裁室人事课长、东亚课长的函
（一九三七年八月二十三日）……〇九六

附：七七事变相关满铁社员配置表……○九七
天津事务所长关于军方指定北平特务机关配属人员事致总裁室东亚课长的电文（一九三七年八月二十三日）……○九九
天津事务所长关于报告与青岛驻在员间无线电通讯联络已完备事致总裁室东亚课长的电文（一九三七年八月二十三日）……一〇一
天津事务所长关于支付北平民会所需粮食费用、交付国防妇人会及天津民团所需粮食物资等事致总裁室东亚课长的电文（一九三七年八月二十三日）……一〇三
天津事务所长关于请求将租借货车集中至青岛事致总裁室东亚课的电文（一九三七年八月二十三日）……一〇四
天津事务所长关于拟设丰台救护班请派内科医生两名、助手十二名、护士若干名事致总裁室东亚课长的电文（一九三七年八月二十三日）……一〇五
天津事务所长关于请向天津派遣精通教育行政的人员事致总裁室东亚课长的电文（一九三七年八月二十三日）……一〇六
天津事务所长关于军方请派遣精通公司经营及财务管理人员前往北平特务机关事致总裁室东亚课长的电文（一九三七年八月二十三日）……一〇七
天津事务所长关于请派员协助天津事务所业务事致总裁室东亚课长的电文（一九三七年八月二十四日）……一〇八
天津事务所长关于通州殉职社员遗产将送还家属事致总裁室东亚课长、福祉课长的电文（一九三七年八月二十四日）……一〇九
天津事务所长关于通知总裁室电影制作所职员山口、芦泽等人行程事致总裁室东亚课长的电文（一九三七年八月二十四日）……一一〇
天津事务所长关于弘报课员及产业部庶务课员申请延长出差时间并请暂付旅费事致总裁室东亚课长的电文（一九三七年八月二十四日）……一一一
天津事务所长关于通知雇员菅野赴南口时间事致总裁室东亚课长的电文（一九三七年八月二十四日）……一一二
天津事务所长关于任命工藤武男为北平事务所长事致总裁室东亚课长的电文（一九三七年八月二十四日）……一一三
天津事务所长关于人员功绩事致总裁室人事课长的函（一九三七年八月二十四日）……一一四

附：功绩事项照会函……一一五
天津事务所长关于转达派驻青岛人员请求提供关于山东交通、港湾等产业开发相关草拟文件事致总裁室东亚课长的电文（一九三七年八月二十四日）……一一六
天津事务所长关于青岛驻在员申请资金对象变更事致总裁室东亚课长、青岛驻在员的电文（一九三七年八月二十四日）……一一七
天津事务所长关于通知电影制作所四名职员出差情况事致总裁室东亚课长的电文（一九三七年八月二十五日）……一一八
天津事务所长关于板垣部队队长向该所职员发放感谢状事致总裁室人事课长的函（一九三七年八月二十五日）……一一九
天津事务所长关于转述青岛驻在员有关日本既定方针不变之电报事致总裁室东亚课长、弘报课长的电文（一九三七年八月二十五日）……一二〇
天津事务所庶务课长关于北宁铁路薪金及面粉、高粱货款事致总裁室东亚课长、财务部长、铁路总局长的电文（一九三七年八月二十五日）……一二一
天津事务所长关于请派员协助编写七七事变满铁功绩调查书事致总裁室东亚课长的电文（一九三七年八月二十五日）……一二三
天津事务所长关于请派事务及铁路系统专员各一名协助编写七七事变满铁功绩调查书事致总裁室东亚课长的电文（一九三七年八月二十五日）……一二四
天津事务所长关于弘报课职员秋山ヨウソウ申请延长出差时间并请暂付旅费事致总裁室东亚课长的电文（一九三七年八月二十五日）……一二五
天津事务所长、总裁室东亚课长请转告坂谷理事速来天津事致总裁室东亚课长的电文（一九三七年八月二十六日）……一二六
天津事务所长关于总裁室庶务课员星野、栗山申请延长出差时间并请暂付旅费事致总裁室东亚课长的电文（一九三七年八月二十六日）……一二七
天津事务所长关于汇报同所员平安抵津事致总裁室东亚课长的电文（一九三七年八月二十六日）……一二八
天津事务所长关于向总裁室电影制作所运送胶片事致总裁室东亚课长的电文（一九三七年八月二十六日）……一二九
天津事务所长关于报告寄往总裁室电影制作所之胶片抵达大连事致总裁室东亚课长的电文（一九三七年八月二十六日）……一三〇

天津事务所长关于在大连举行通州殉职人员葬礼承蒙费心事致总裁室东亚课长、人事课长、福祉课长的感谢电（一九三七年八月二十六日）……一三一
天津事务所长关于日本银行申请与中华民国的银行融资事致总裁室东亚课长的电文（一九三七年八月二十六日）……一三二
天津事务所长关于建设事务所转移至北平事致铁道总局长、总裁室东亚课长的电文（一九三七年八月二十六日）……一三三
天津事务所长关于请求筹备野战建筑用草席事致总裁室东亚课长的电文（一九三七年八月二十六日）……一三五
北平出差报告书（一九三七年八月二十六日）……一三六
天津事务所长关于已结算当地国防妇女会慰问品费用事致总裁室东亚课长的电文（一九三七年八月二十七日）……一四〇
天津事务所长关于处理撤离山东日侨所需租借货车问题事致总裁室东亚课长的电文（一九三七年八月二十七日）……一四一
天津事务所长关于鲁大公司高专务火车坠亡事致总裁室东亚课长的电文（一九三七年八月二十七日）……一四三
天津事务所长关于内蒙张太汽车公司职员柴田滨次郎战死事致总裁室东亚课长、人事课长的电文（一九三七年八月二十七日）……一四四
天津事务所长关于胶济铁路租借货车处理事致总裁室东亚课长的电文（一九三七年八月二十七日）……一四五
天津事务所长关于日满商事转达军用煤炭相关意见事致总裁室东亚课长的电文（一九三七年八月二十七日）……一四七
天津事务所长关于军用炭购买价格事致总裁室东亚课长的电文（一九三七年八月二十七日）……一四八
天津事务所长关于订正柴田滨次郎战死时间事致总裁室东亚课长、人事课长的电文（一九三七年八月二十七日）……一五〇
天津事务所长关于向阵亡者柴田滨次郎家属发送唁电事致总裁室东亚课长的电文（一九三七年八月二十七日）……一五一
天津事务所长关于总领事向青岛侨民发出撤回之命令事致总裁室东亚课长的电文（一九三七年八月二十八日）……一五三
天津事务所长关于六名派遣雇员业已到任事致总裁室东亚课长的电文（一九三七年八月二十九日）……一五四
天津事务所长关于通知弘报课摄影班一色达夫行程事致总裁室东亚课长、弘报课长的电文（一九三七年八月二十九日）……一五五
天津事务所小川关于通州事务所租借冀东政府大楼事致总裁室东亚课长的电文（一九三七年八月三十日）……一五六

八、关东军

关东军铁道线区司令官关于七七事变爆发准备派遣工作人员及分配器材事致满铁总裁的函（一九三七年七月九日）……一五九

关东军参谋长、满铁总裁关于军方询问奉天传染病院使用情况的往来文件……一六〇

关东军参谋长致满铁总裁函（一九三七年八月六日）……一六〇

满铁总裁致关东军参谋长函（一九三七年八月七日）……一六一

关东军参谋长关于向华北派遣铁路工作人员事致满铁总裁的函（一九三七年八月十六日）……一六二

关东军参谋长关于向华北追加派遣人员及资材事致满铁总裁的函（一九三七年八月十九日）……一六三

关东军参谋长关于向华北派遣满铁高级社员事致满铁总裁的函（一九三七年八月十九日）……一六五

关东军参谋长关于请向张北派遣奉天医科大学外科医生十名事致满铁副总裁的电文（一九三七年八月二十一日）……一六六

关东军参谋长关于请奉天医科大学向张北派遣救护班事致满铁副总裁的函（一九三七年八月二十七日）……一六七

九、满铁总裁

满铁总裁关于感谢北平事务所所员为七七事变效力事致北平事务所长的电文（一九三七年七月十三日）……一七三

木原顾问、满铁总裁关于希望满铁继续慰问并吊唁派往华北将兵的往来文件……一七四

木原顾问致满铁总裁函（一九三七年七月二十七日）……一七四

木原顾问致满铁总裁函（一九三七年八月六日）……一七六

满铁总裁致木原顾问函（一九三七年八月十二日）……一八〇

满铁总裁关于向通州遇难殉职社员进行慰问吊唁事致东拓总裁及驻中国军队顾问的电文（一九三七年八月五日）……一八一

满铁总裁关于派理事中西慰问日军表达感谢事致第三舰队司令长官上海特别陆战队司令官等的电文（一九三七年九月十八日）……一八二

满铁总裁关于向战斗在上海的日军表达感谢向战死者表示哀悼事致第三舰队司令部上海特别陆战队司令官等的函（一九三七年九月二十日）……一八四

满铁总裁松冈洋右关于赠送苹果以示慰问事致伤病将兵的慰问信（一九三七年十月五日）……一八六
附一：接收华北伤兵之满洲陆军医院并院长名册及苹果箱数清单……一八七
附二：接收伤兵之日本本土陆海军医院名册及苹果箱数清单……一八九
满铁总裁关于祝贺日军占领太原事致寺内军司令官的电文（一九三七年十一月八日）……一九一
满铁总裁关于祝贺日军占领南京事致军司令官松井第三舰队司令长官谷川等的电文（一九三七年十二月十一日）……一九二
满铁总裁关于祝贺日军占领南京事致总理大臣军令部次长参谋次长等的函（一九三七年十二月）……一九三
满铁总裁关于祝贺日军占领徐州事致华北方面军司令官寺内华中方面军司令官等的电文（一九三八年五月二十日）……一九四
满铁总裁关于祝贺日军占领汉口事致华北方面军司令官寺内华中方面军司令官等的电文（一九三八年十月二十五日）……一九五
满铁总裁关于祝贺日军占领广东汉口事致古庄华南方面军司令官、军舰妙高盐泽司令长官的电文（一九三八年十月二十七日）……一九六

十、总裁室人事课

总裁室人事课长关于专科以上毕业的新员工实习工资支付办法事致总裁室庶务课长、总裁室东亚课长的函（一九三七年七月八日）……一九九
总裁室人事课长关于禁止赴华北、北满地区旅行事致总裁室庶务课长的电文（一九三七年七月十二日）……二〇二
总裁室人事课长关于通知派遣社员姓名事致天津事务所长、总裁室东亚课长的电文（一九三七年七月二十一日）……二〇三
派遣社员名簿（一九三七年七月二十二日）……二〇五
总裁室人事课长关于向军部特种班派遣辅助人员事致天津事务所长的电文（一九三七年七月二十六日）……二三九
总裁室人事课长关于已派遣厨师五名及追加四名请与输送班联络事致天津事务所长、总裁室东亚课长的电文（一九三七年八月九日）……二四〇
总裁室人事课长关于告知出差行程事致天津事务所长、总裁室东亚课长的电文（一九三七年八月九日）……二四一
总裁室人事课长关于派遣铁路工程会计相关人员事致天津事务所长、总裁室东亚课长的电文（一九三七年八月十日）……二四二
总裁室人事课长关于派遣产业部交通课课员事致天津事务所长、总裁室东亚课长的电文（一九三七年八月十二日）……二四三

总裁室人事课长关于打字员以及南和江、有马春子工作交接事致天津事务所长、总裁室东亚课长、文书课长的电文（一九三七年八月十三日）……二四四
总裁室人事课长关于护士田中丰继任者十六日乘船从大连出发事致天津事务所长、总裁室东亚课长的电文（一九三七年八月十六日）……二四五
总裁室人事课长关于负责资料工作的庶务课雇员齐藤勉十八日乘船从大连出发事致总裁室东亚课长的电文（一九三七年八月十七日）……二四六
总裁室人事课长关于久田光三等三人十八日乘船从大连出发事致天津事务所长、天津运输班、总裁室东亚课长等的电文（一九三七年八月十八日）……二四七
总裁室人事课长关于中村幸次的替任者人事课雇员今日乘船从大连出发事致总裁室东亚课长的电文（一九三七年八月二十日）……二四八
总裁室人事课长关于派遣产业部交通课员阪田常雄事致天津事务所长、总裁室东亚课长的电文（一九三七年八月二十三日）……二四九
总裁室人事课长关于向张北紧急派遣四名护士担任救护班工作人员事致抚顺医院长、卫生课长的电文（一九三七年八月二十六日）……二五〇
总裁室人事课长关于请派遣六名医生与抚顺医院四名护士同赴张北事致医大学长、卫生课长的电文（一九三七年八月二十六日）……二五一
总裁室人事课长关于近期选派雇员事致天津事务所长、总裁室东亚课长、产业部庶务课长等的电文（一九三七年八月二十六日）……二五二
总裁室人事课长关于弘报课佐佐秀与等延长出差时间及费用事致天津事务所长、总裁室东亚课长、庶务课长的电文（一九三七年八月二十六日）……二五三
总裁室人事课长关于天津在职社员及当下华北派遣社员伙食补助事致北支事务局长、铁道总局长的函（一九三七年八月三十一日）……二五四

总裁室人事课长关于根据军方委托内定派遣两名社员事致总裁室东亚课长、北支事务局长的电文（一九三七年九月二日）……二五六
总裁室人事课长关于本日派出产业部职员秋山政夫事致总裁室东亚课长、北支事务局长、产业部长的电文（一九三七年九月三日）……二五八
总裁室人事课长关于渊上金丸替任者弘报课员野坂俊二前往天津事致总裁室东亚课长、北支事务局长、弘报课长的电文（一九三七年九月九日）……二五九
总裁室人事课长关于因七七事变招募社员以外工作人员工资等项事致总裁室庶务课长的函（一九三七年九月十一日）……二六〇
总裁室人事课长关于通知七七事变派遣员工患病处理办法事致总裁室庶务课长的函（一九三七年九月十五日）……二六三
总裁室人事课长关于通知战时充当日本红十字会救护员之社员身份及工资情况事致总裁室庶务课长的函（一九三七年十月六日）……二六五
总裁室人事课长关于七七事变相关社员工资处理办法事致总裁室庶务课长的函（一九三七年十月十一日）……二六七
总裁室人事课长关于修改七七事变相关社员工资处理办法事致总裁室庶务课长的函（一九三七年十月十三日）……二七五
总裁室人事课长关于修改七七事变相关社员工资处理办法部分条款事致总裁室庶务课长的函（一九三七年十月二十六日）……二七七
总裁室人事课长关于为战时充当日本红十字会救护员之社员家属办理乘车证及其他线路车船优惠证事致总裁室庶务课长的函（一九三七年十月二十九日）……二八一
总裁室人事课长关于修改七七事变相关社员工资处理办法部分条款事致总裁室庶务课长的函（一九三七年十月三十日）……二八二
总裁室人事课长关于通知派遣社员津贴支付办法事致总裁室庶务课长的函（一九三七年十月三十日）……二八四
总裁室人事课长关于参加上海方面战事大捷庆祝活动人员接待办法事致总裁室庶务课长的函（一九三七年十月三十日）……二八五
总裁室人事课长关于修改派遣社员津贴支付办法事致总裁室庶务课长的函（一九三七年十一月十五日）……二八六

总裁室人事课长关于修改七七事变相关社员工资处理办法部分条款事致总裁室庶务课长的函
（一九三七年十一月十八日） …… 二八七
总裁室人事课长关于北支事务局兼职社员因公外出时根据七七事变相关社员薪酬处理方法支付薪酬事致总裁室庶务课长
的电文（一九三七年十二月四日） …… 二九〇
总裁室人事课长关于修改专科以上学历新员工实习工资支付办法事致总裁室庶务课长的函（一九三七年十二月八日） …… 二九一
总裁室人事课长关于通知服兵役社员身份认定及工资处理办法事致总裁室庶务课长的函
（一九三七年十二月二十四日） …… 二九二
总裁室人事课长关于规定因业务需要离岗社员之考勤办法事致总裁室庶务课长的函（一九三七年十一月二十四日） …… 二九四
总裁室人事课长关于向华北派遣宣抚人员支付派遣津贴事致财务部长、其他各部部长的电文
（一九三八年一月十六日） …… 二九五
总裁室人事课长关于通知离职（死亡）人员处理办法事致总裁室庶务课长的函（一九四〇年二月九日） …… 二九七
附：离职（死亡）人员联络事项 …… 二九八

十一、总裁室东亚课

总裁室东亚课一九三七年度社员体检报告书相关要求（一九三七年四月三十日） …… 三〇一
总裁室东亚课一九三七年度社员体检报告书（一九三七年五月） …… 三〇二
在天津事务所的总裁室东亚课长关于通知于十五日返回大连事致总裁室东亚课长的电文（一九三七年七月十四日） …… 三〇五
总裁室东亚课长关于事态严重时保全天津、北平公共设施事致天津事务所长的函（一九三七年七月十七日） …… 三〇六
总裁室东亚课长关于天津事务所请求连络事致铁道总局长的电文（一九三七年七月三十日） …… 三〇八
总裁室东亚课长、天津事务所长等关于时局严峻望为国效力事的往来电文 …… 三一〇
总裁室东亚课长致天津事务所长电（一九三七年七月三十一日） …… 三一〇
总裁室庶务课长致总裁室东亚课长电（一九三七年八月十二日） …… 三一一

总裁室东亚课长、财务部会计课长关于请安排管区驻在员及其家属撤离并发放补贴事致上海事务所长的函
（一九三七年八月三日）……三一二
总裁室东亚课长关于管区驻在员归国应发放补贴事致上海事务所长的电文（一九三七年八月三日）……三一四
总裁室人事课长、东亚课长关于举办葬礼悼念高桥余庆等六名殉职者事致天津事务所长的电文
（一九三七年八月十四日）……三一五
总裁室东亚课长关于送交粮食及枪支事致上海事务所长的电文（一九三七年八月十九日）……三一七
总裁室东亚课长关于发放满铁社员自卫用枪炮火药的文件（一九三七年八月二十日）……三一八
总裁室东亚课长关于通州殉职社员追认军队编制事致天津事务所长的电文（一九三七年八月二十一日）……三二〇
总裁室东亚课长关于开具手枪借用证书事致满铁运动会射击部干事的函（一九三七年八月二十一日）……三二一
在天津事务所的总裁室东亚课长关于东亚课长宫本归任事致总裁室东亚课长的电文（一九三七年八月二十六日）……三二二
在天津事务所的总裁室东亚课长关于请转告中西理事来津事件已办妥明日返回事致总裁室东亚课长的电文
（一九三七年八月二十六日）……三二三
总裁室东亚课长关于七艘摩托艇离港事致北支事务局长的电文（一九三七年十月六日）……三二四
总裁室东亚课长、北支事务局长、抚顺煤炭庶务课长等关于接收井陉煤矿的往来电文……三二五
　总裁室东亚课长致北支事务局长电（一九三七年十月七日）……三二五
　总裁室东亚课长致北支事务局长电（一九三七年十月八日）……三二六
　总裁室东亚课长致北支事务局长电（一九三七年十月九日）……三二七
　总裁室东亚课长致抚顺煤炭庶务课长电（一九三七年十月二十九日）……三二九
　兴中□□致总裁室东亚课长电（一九三七年十一月十七日）……三三〇
总裁室东亚课长关于自动巡航艇因故障延迟出港事致北支事务局长的电文（一九三七年十月十二日）……三三一
总裁室东亚课长关于光禄丸机关长替任者十一日从大连坐船出发事致上海事务所长的电文（一九三七年十月十三日）……三三二
总裁室东亚课长关于派遣胶济铁路事务管理人员及技术人员事致北支事务局长的电文（一九三七年十月二十一日）……三三三

总裁室东亚课长关于询问磁县待接收人数及告知华北矿山接收计划书正在制订中事致北支事务局长的电文
（一九三七年十一月六日）……三三四
总裁室总东亚课长关于请斡旋大汽轮船首航及要员派驻上海等事致上海事务所长的电文（一九三七年十一月九日）……三三五
总裁室东亚课长关于请准备支付第二批船只租借费、船员工资、修理费等事致北支事务局财务班长的电文
（一九三七年十二月一日）……三三六
总裁室东亚课长关于请尽快支付摩托艇及六艘自动巡航艇之租借费、船员工资、修理费等事致北支事务局财务班长
的电文（一九三七年十二月三日）……三三八
总裁室东亚课长关于今日宝珠丸等六艘船只费用已支付完毕事致北支事务局财务班长的电文
（一九三七年十二月七日）……三四〇
总裁室东亚课长关于上海事务所长建议在南京、苏州、杭州配备驻在员事致东京支社长的电文
（一九三七年十二月八日）……三四一
总裁室东亚课一系关于请派遣运营南京水电项目技术人员事致东京支社长转总裁室东亚课长的电文
（一九三七年十二月十日）……三四二
总裁室东亚课关于购买社员防身用手枪事的文件（一九三七年十二月十五日）……三四四
总裁室东亚课长关于请给交通会社四名派遣员工安排宿舍及办事处事致北支事务局转华北汽车公司总经理的电文
（一九三七年十二月十六日）……三四五
总裁室东亚课长关于配发社员防身用手枪事致上海事务所长的函（一九三七年十二月十七日）……三四六
总裁室东亚课关于购进两辆宣抚工作用卡车事的文件（一九三七年十二月十七日）……三四八
总裁室东亚课长关于请整理购进宣抚工作用卡车所需费用事致上海事务所长的电文（一九三七年十二月十七日）……三五〇
总裁室东亚课关于借用压路机事致上海事务所的电文（一九三七年十二月十七日）……三五一
总裁室东亚课关于军方希望满铁暂管南京水电事致东京支社长转总裁室东亚课长的电文
（一九三七年十二月二十日）……三五二

总裁室东亚课长关于交通会社派遣员工二十一日出发事致北支事务局转华北汽车公司经理的电文（一九三七年十二月二十一日）……三五三
总裁室东亚课长关于因朝香宫居于南京军方请求督促恢复水电供应并增派宣抚班事致东京支社长转总裁室东亚课长的电文（一九三七年十二月二十四日）……三五四
总裁室东亚课长关于请由当地警察向大连警察署长报告满铁进口社员配枪一案事致上海事务所长的电文（一九三八年一月十八日）……三五六
总裁室东亚课关于请速交功绩调查书事致东京支社转山本总裁室东亚课长的电文（一九三八年七月十四日）……三五七
总裁室东亚课长关于请速以书面形式报告玉置章等三名职员七七事变功绩事致上海事务所长的电文（一九三八年七月二十五日）……三五八
总裁室东亚课长关于回复委托调查船员一案事致大连码头事务所长的函（一九三八年十月十日）……三五九
附：船员履历调查书及乘组明细表……三六〇

第四册

十二、总裁室文书课

总裁室文书课职员藤田康忠军事功绩调查资料（一九三七年七月七日）……〇〇三
总裁室文书课职员内田初雄军事功绩调查资料（一九三七年七月七日）……〇〇七
总裁室文书课职员松田和夫军事功绩调查资料（一九三七年七月七日）……〇一五
总裁室文书课职员盐川荒雄军事功绩调查资料（一九三七年七月七日）……〇二〇
总裁室文书课职员内田周市军事功绩调查资料（一九三七年七月七日）……〇二八
总裁室文书课职员上野一洋军事功绩调查资料（一九三七年七月七日）……〇三三

总裁室文书课职员池田繁次郎军事功绩调查资料（一九三七年七月七日）……〇三六
总裁室文书课职员汤地利市军事功绩调查资料（一九三七年七月七日）……〇三八
总裁室文书课职员长谷好平军事功绩调查资料（一九三七年七月七日）……〇四三
总裁室文书课职员安村忠臣军事功绩调查资料（一九三七年七月七日）……〇四八
总裁室文书课职员奥山勤军事功绩调查资料（一九三七年七月七日）……〇五四
总裁室文书课职员黑木强军事功绩调查资料（一九三七年七月七日）……〇五七
总裁室文书课职员矢彦泽丰军事功绩调查资料（一九三七年七月七日）……〇六四
总裁室文书课职员井上二郎军事功绩调查资料（一九三七年七月七日）……〇七五
总裁室文书课职员高田精作军事功绩调查资料（一九三七年七月七日）……〇八二
总裁室文书课职员北山トキ军事功绩调查资料（一九三七年七月七日）……一〇五
总裁室文书课职员富永坚志军事功绩调查资料（一九三七年七月七日）……一〇八
总裁室文书课职员四本木操军事功绩调查资料（一九三七年七月七日）……一一五
总裁室文书课职员岩崎一子军事功绩调查资料（一九三七年七月七日）……一二〇
总裁室文书课职员小野信子军事功绩调查资料（一九三七年七月七日）……一二八
总裁室文书课职员有马春子军事功绩调查资料（一九三七年七月七日）……一三五
总裁室文书课职员妹尾满喜子军事功绩调查资料（一九三七年七月七日）……一四二
总裁室文书课职员佐藤クニ军事功绩调查资料（一九三七年七月七日）……一四九
总裁室文书课职员濑川ミツエ军事功绩调查资料（一九三七年七月七日）……一五五
总裁室文书课职员大房喜美子军事功绩调查资料（一九三七年七月七日）……一五九
总裁室文书课职员宇都宫绢子军事功绩调查资料（一九三七年七月七日）……一六四
总裁室文书课职员须志田美代军事功绩调查资料（一九三七年七月七日）……一七一
总裁室文书课职员松田ハツ子军事功绩调查资料（一九三七年七月七日）……一七七

总裁室文书课职员林わし子军事功绩调查资料（一九三七年七月七日）……一八四
总裁室文书课职员上野きよ军事功绩调查资料（一九三七年七月七日）……一九〇
总裁室文书课职员新田アキヨ军事功绩调查资料（一九三七年七月七日）……一九六
总裁室文书课职员野本ヤスエ军事功绩调查资料（一九三七年七月七日）……二〇三
总裁室文书课职员山本早苗军事功绩调查资料（一九三七年七月七日）……二一〇
总裁室文书课职员安部节子军事功绩调查资料（一九三七年七月七日）……二一六
总裁室文书课职员渡边富久军事功绩调查资料（一九三七年七月七日）……二二一
总裁室文书课职员小山タエ子军事功绩调查资料（一九三七年七月七日）……二二六
总裁室文书课职员北冈辉子军事功绩调查资料（一九三七年七月七日）……二三三
总裁室文书课职员桥爪福子军事功绩调查资料（一九三七年七月七日）……二三九
总裁室文书课职员谷崎秀子军事功绩调查资料（一九三七年七月七日）……二四四
总裁室文书课职员长野ノリ军事功绩调查资料（一九三七年七月七日）……二五一
总裁室文书课职员佐佐木照子军事功绩调查资料（一九三七年七月七日）……二五七
总裁室文书课职员渡边ミサオ军事功绩调查资料（一九三七年七月七日）……二六四
总裁室文书课职员高桥喜代子军事功绩调查资料（一九三七年七月七日）……二七〇
总裁室文书课职员最上キクノ军事功绩调查资料（一九三七年七月七日）……二七八
总裁室文书课职员三町三鶴子军事功绩调查资料（一九三七年七月七日）……二八四
总裁室文书课职员山下美智子军事功绩调查资料（一九三七年七月七日）……二八九
总裁室文书课职员小野妙子军事功绩调查资料（一九三七年七月七日）……二九五
总裁室文书课职员古馆房子军事功绩调查资料（一九三七年七月七日）……二九九
总裁室文书课职员北山睦子军事功绩调查资料（一九三七年七月七日）……三〇三
总裁室文书课职员寺田美保子军事功绩调查资料（一九三七年七月七日）……三一〇

总裁室文书课职员藤原正子军事功绩调查资料（一九三七年七月七日）……三一四
总裁室文书课职员山野ヒロ子军事功绩调查资料（一九三七年七月七日）……三二一
总裁室文书课职员川崎节子军事功绩调查资料（一九三七年七月七日）……三二五
总裁室文书课职员宇泽寿子军事功绩调查资料（一九三七年七月七日）……三三〇
总裁室文书课职员野村よし子军事功绩调查资料（一九三七年七月七日）……三三五
总裁室文书课职员宫川富美子军事功绩调查资料（一九三七年七月七日）……三三九
总裁室文书课职员能美政子军事功绩调查资料（一九三七年七月七日）……三四五
总裁室文书课职员森胁梅野军事功绩调查资料（一九三七年七月七日）……三五一
总裁室文书课职员江头千代子军事功绩调查资料（一九三七年七月七日）……三五四
总裁室文书课职员驹見とみ军事功绩调查资料（一九三七年七月七日）……三五五
总裁室文书课职员衣笠三重子军事功绩调查资料（一九三七年七月七日）……三五九
总裁室文书课职员冈山美代军事功绩调查资料（一九三七年七月七日）……三六三
总裁室文书课职员泷川与市军事功绩调查资料（一九三七年七月七日）……三六九
总裁室文书课职员山内定子军事功绩调查资料（一九三七年七月七日）……三七一
总裁室文书课职员布施ハナ军事功绩调查资料（一九三七年七月七日）……三七四
总裁室文书课职员木下ワセ军事功绩调查资料（一九三七年七月七日）……三七五
总裁室文书课职员百武以志枝军事功绩调查资料（一九三七年七月七日）……三七六
总裁室文书课职员秋满律子军事功绩调查资料（一九三七年七月七日）……三七七
总裁室文书课职员铃木静子军事功绩调查资料（一九三七年七月七日）……三八〇
总裁室文书课职员山口ツル子军事功绩调查资料（一九三七年七月七日）……三八三
总裁室文书课职员渡边妙子军事功绩调查资料（一九三七年七月七日）……三八八
总裁室文书课职员上村米子军事功绩调查资料（一九三七年七月七日）……三九二

第五册

十二、总裁室文书课

总裁室文书课职员后藤静子军事功绩调查资料（一九三七年七月七日）……〇〇三
总裁室文书课职员米北美须子军事功绩调查资料（一九三七年七月七日）……〇〇五
总裁室文书课职员山本嘉与子军事功绩调查资料（一九三七年七月七日）……〇〇七
总裁室文书课职员厚田美惠子军事功绩调查资料（一九三七年七月七日）……〇一〇
总裁室文书课职员山内カズ军事功绩调查资料（一九三七年七月七日）……〇一二
总裁室文书课职员甲斐美利子军事功绩调查资料（一九三七年七月七日）……〇一五
总裁室文书课职员前フミ军事功绩调查资料（一九三七年七月七日）……〇二〇
总裁室文书课职员渡边贞子军事功绩调查资料（一九三七年七月七日）……〇二六
总裁室文书课职员西上床ハナ军事功绩调查资料（一九三七年七月七日）……〇二九
总裁室文书课职员宫本富美子军事功绩调查资料（一九三七年七月七日）……〇三二
总裁室文书课职员濑户口タマ军事功绩调查资料（一九三七年七月七日）……〇三五
总裁室文书课职员泽田エツ子军事功绩调查资料（一九三七年七月七日）……〇四〇
总裁室文书课职员柴田妙子军事功绩调查资料（一九三七年七月七日）……〇四三
总裁室文书课职员西纪子军事功绩调查资料（一九三七年七月七日）……〇四五
总裁室文书课职员闺谷きみ军事功绩调查资料（一九三七年七月七日）……〇四八
总裁室文书课职员西村惠美子军事功绩调查资料（一九三七年七月七日）……〇五〇
总裁室文书课职员山本久子军事功绩调查资料（一九三七年七月七日）……〇五三
总裁室文书课职员牛岛キン子军事功绩调查资料（一九三七年七月七日）……〇五六
总裁室文书课职员川原百代军事功绩调查资料（一九三七年七月七日）……〇五九

总裁室文书课职员久保田清子军事功绩调查资料（一九三七年七月七日）……〇六一
总裁室文书课职员平汤静子军事功绩调查资料（一九三七年七月七日）……〇六二
总裁室文书课职员松原芳江军事功绩调查资料（一九三七年七月七日）……〇六四
总裁室文书课职员面川秀子军事功绩调查资料（一九三七年七月七日）……〇六七
总裁室文书课职员水野弘子军事功绩调查资料（一九三七年七月七日）……〇七〇
总裁室文书课职员井上美惠子军事功绩调查资料（一九三七年七月七日）……〇七三
总裁室文书课职员谷口ハツ子军事功绩调查资料（一九三七年七月七日）……〇七五
总裁室文书课长关于时局联络办法事致总裁室庶务课长的函（一九三七年七月十二日）……〇七七
总裁室文书课长关于时局工作事致总裁室庶务课长的函（一九三七年七月十四日）……〇八一
总裁室文书课长关于山海关与天津事务所间开通无线电通讯事致总裁室东亚课长、总裁室弘报课长、总裁室人事课长等的电文（一九三七年七月十五日）……〇八四
总裁室文书课长关于转移铁道总局联络事务室事致总裁室东亚课长、弘报课长、庶务课长等的电文（一九三七年七月十五日）……〇八五
总裁室文书课长关于紧急电报处理办法事致总裁室庶务课长的电文（一九三七年七月十六日）……〇八六
总裁室文书课长关于与天津进行无线电联络事致总裁室庶务课长的函（一九三七年七月二十日）……〇八八
总裁室文书课长关于设置总社时局事务联络委员会事致总裁室庶务课长的函（一九三七年七月二十一日）……〇八九
附：总社时局事务联络委员会内部规定……〇九〇
总裁室文书课长关于送华北铁路电报码对照表事致总裁室庶务课长的函（一九三七年七月二十四日）……〇九三
附：华北铁路电报码对照表……〇九四
总裁室文书课长关于从法理角度观察七七事变事致总裁室东亚课长的函（一九三七年八月二十四日）……〇九五
附：从法理角度观察七七事变的报告……〇九六
总裁室文书课长关于铁路动员事致铁道总局长的函（一九三七年九月十一日）……一〇六

附：关东军司令官关于满铁须协助军队在华北方面作战事致满铁总裁的函 …… 一〇七
总裁室文书课长关于关东军野战铁道司令部支部名称变更事致总裁室庶务课长的函（一九三七年九月十三日）…… 一〇九
附一：野战铁道司令官关于名称变更事致满铁总裁的函 …… 一一〇
附二：野战铁道司令官关于补充更名部队事致满铁副总裁的函 …… 一一一
总裁室文书课长关于送华北处置方案（泉哲氏个人想法）事致总裁室东亚课长的函（一九三七年九月十五日）…… 一一二
附：华北处置方案（泉哲氏个人想法）…… 一一三
总裁室文书课长关于请准备提交满铁社员相关天皇御览文件事致铁道总局长、北支事务局长的电文
（一九三七年十月八日）…… 一一六
总裁室文书课长关于使用信鸽进行北京丰台间通信联络事致总裁室庶务课长的函（一九三七年十月二十九日）…… 一一八
总裁室文书课长关于天皇御览文件一事军部参谋长发来通知事致总裁室庶务课长的函（一九三七年十一月十一日）…… 一二〇
附：关东军参谋长关于天皇御览文件事致总裁室庶务课长的函 …… 一二一

十三、总裁室庶务课

七七事变日志（一九三七年七月十二日至八月三日）…… 一二五
七七事变相关日志（人事相关）（一九三七年七月十四日至十月十一日）…… 一五〇
总裁室庶务课长关于制定中国驻在人员派遣人员与其家族成员之间联络办法事致总裁室东亚课长的函
（一九三七年七月十五日）…… 一八三
总裁室庶务课长关于通知增加军事相关密码（常用）表收件人事致总裁室东亚课长的函（一九三七年七月十五日）…… 一八六
总裁室庶务课长关于要求高桥平次尽快返回会社事致天津事务所转总裁室庶务课员高桥平次的电文
（一九三七年八月四日）…… 一八八
总裁室庶务课长财务部会计课长关于决定向七七事变伤亡士兵捐赠慰问金三万日元事致天津事务所
庶务课长的电文（一九三七年八月六日）…… 一八九

总裁室庶务课长关于送广告气球附带品事致天津事务所长的电文（一九三七年八月七日）……一九一
总裁室庶务课长关于抚恤金中包含海军部分事致天津事务所长的电文（一九三七年八月九日）……一九二
总裁室庶务课长关于无线电新设费用由天津事务所支付事致铁道总局长的电文（一九三七年八月十一日）……一九三
总裁室庶务课长关于送广告气球事致天津事务所长的电文（一九三七年八月十二日）……一九五
总裁室庶务课长关于请求在天津增设无线电设备事致铁道总局长的电文（一九三七年八月十二日）……一九六
总裁室庶务课长关于送上海所需品事致上海事务所长的电文（一九三七年八月十五日）……一九八
总裁室庶务课关于通州殉职社员葬礼安排事的文件（一九三七年八月十六日）……二〇〇
总裁室庶务课长关于请支付无线电新设费用事致天津事务所长的电文（一九三七年八月十八日）……二〇三
总裁室庶务课长关于请拒绝大华及满洲石油使用社内电报事致天津事务所长的电文（一九三七年八月十八日）……二〇五
总裁室庶务课长关于请答复大华石油请求使用社内电报事致工务局电气课长的电文（一九三七年八月十八日）……二〇六
总裁室庶务课关于向日军第三舰队将士赠送慰问金事的文件（一九三七年八月二十三日）……二〇八
总裁室庶务课长关于七七事变相关出差人员报告事致总裁室人事课长的函（之十九）（一九三七年八月二十六日）……二一〇
总裁室庶务课长关于七七事变相关出差人员报告事致总裁室人事课长的函（之二十）（一九三七年八月二十七日）……二一二
总裁室庶务课长关于七七事变相关出差人员报告事致总裁室人事课长的函（之二十二）（一九三七年八月三十一日）……二一四
总裁室庶务课长关于高级社员定期加薪事致总裁室东亚课长的函（一九三七年八月三十一日）……二一七
总裁室庶务课长关于请向丰台输送班分发满洲日日新闻报事致北支事务局长的电文（一九三七年九月二日）……二一九
总裁室庶务课关于向日军陆军将士赠送慰问金的文件（一九三七年九月四日）……二三〇
总裁室庶务课长关于七七事变相关出差人员报告事致总裁室人事课长的函（之二十四）（一九三七年九月四日）……二三三
总裁室庶务课长关于在北平设置无线电事致铁道总局电气课长的电文（一九三七年九月四日）……二三四
总裁室庶务课长关于垫付悬挂广告气球人员旅费事致北支事务局长的电文（一九三七年九月十一日）……二三五
总裁室庶务课长财务部会计课长关于请正在上海出差的理事中西支付前线将士慰问金四万日元事致上海事务所庶务课长的电文（一九三七年九月十五日）……二三六

总裁室庶务课长关于已在北平设置无线电事致北平事务所长的电文（一九三七年九月十六日）……二二七
总裁室庶务课长关于七七事变相关出差人员报告事致总裁室人事课长的函（之二十八）（一九三七年九月二十日）……二二八
总裁室庶务课长关于送广告气球用氢气罐事致北支事务局长的电文（一九三七年九月二十日）……二三〇
总裁室庶务课关于捐助上海居留民事的文件（一九三七年九月二十四日）……二三一
总裁室庶务课长关于七七事变相关出差人员报告事致总裁室人事课长的函（之二十九）（一九三七年九月二十七日）……二三三
总裁室庶务课关于赠送前线将士慰问金的文件（一九三七年十月四日）……二三五
总裁室庶务课长财务部会计课长关于决定捐赠天津驻屯军慰问金七万日元事致北支事务局长的电文（一九三七年十月四日）……二三七
总裁室庶务课长、东京支社庶务课长关于调查收容伤病士兵处所的往来电文……二三八
总裁室庶务课长致东京支社庶务课长电（一九三七年十月五日）……二三八
东京支社庶务课长致总裁室庶务课长电（一九三七年十月七日）……二三九
东京支社庶务课长致总裁室庶务课长电（一九三七年十月八日）……二四〇
总裁室庶务课长关于向关东军捐赠前线慰问金之意见事致北支事务局长的电文（一九三七年十月十六日）……二四六
总裁室庶务课长关于慰问七七事变中陆海军伤病将兵及送慰问品事的文件（一九三七年十月十九日）……二四七
附一：接收慰问品医院及苹果箱数清单……二五二
附二：运送苹果之货物运输委托书等……二五三
总裁室庶务课长关于请速回复关于前线慰问金事致北支事务局长的电文（一九三七年十月二十一日）……二七九
总裁室庶务课关于向察哈尔、绥远出动的日军赠送慰问金事的文件（一九三七年十月二十三日）……二八〇
总裁室庶务课长关于决定向派往察哈尔、绥远的关东军赠送慰问金二万日元事致北支事务局长的电文（一九三七年十月二十五日）……二八二
总裁室庶务课长关于感谢协助军事运输事致朝鲜总督府铁道总局长、庶务课长的函（一九三七年十月二十八日）……二八三

总裁室庶务课长、东京支社庶务课长关于慰问伤兵的往来文件 …… 二八五
总裁室庶务课长致东京支社庶务课长函（一九三七年十一月九日） …… 二八五
东京支社庶务课长致总裁室庶务课长函（一九三七年十一月二十六日） …… 二八七
总裁室庶务课长、日满商事京城支社长等关于委托及感谢赠送慰问苹果的文件 …… 二八八
总裁室庶务课长致日满商事京城支社长的函（一九三七年十一月二十日） …… 二八八
总裁室庶务课长致日满商事京城支社长的函（一九三七年十一月二十七日） …… 二九〇
总裁室庶务课关于向因列车事故死亡的出征士兵送吊唁金事的文件（一九三七年十一月二十五日） …… 二九二
总裁室庶务课关于批准满铁社报刊登外务大臣感谢信事的文件（一九三七年十一月三十日） …… 二九五
总裁室庶务课长关于慰问社员及军队事致中西理事的函（一九三七年十二月四日） …… 二九七
总裁室庶务课长关于向上海方面运送慰问品请免运费事致大连汽船株式会社庶务课长的函（一九三七年十二月十日） …… 二九九
总裁室庶务课长关于拨款购买波长计和万用表事致上海事务所庶务课长的电文（一九三八年一月二十八日） …… 三〇一
总裁室庶务课长关于停止寄送报纸事致北支事务局长的电文（一九三八年四月二十二日） …… 三〇二
总裁室庶务课长关于汉口陷落公报发电至各司令事致秘书的电文（一九三八年十月二十六日） …… 三〇三
总裁室庶务课长、东京支社庶务课长、新京支社庶务课长关于表彰私有财产捐赠者的相关文件 …… 三〇四
总裁室庶务课长致东京支社庶务课长函（一九四〇年二月十四日） …… 三〇四
总裁室庶务课长致新京支社庶务课长函（一九四〇年三月二日） …… 三〇六
总裁室庶务课长关于送交军事功绩调查资料事致新京保养院长的函（一九四〇年三月二日） …… 三〇八

十四、总裁室福祉课

总裁室福祉课长关于向七七事变派遣单身社员提供宿舍及住房津贴事致总裁室庶务课长的函（一九三七年十月二日） …… 三一三

总裁室福祉课长、人事课长关于为因七七事变应征入伍社员制定特殊救济方案事致总裁室庶务课长的函（一九三七年十月二十五日）……三一四

十五、铁道总局

财务局长关于社线、国线转乘站设施及作业合理化事致总裁室文书课长的函（一九三七年五月十日）……三一九

山海关运输班长关于山海关运输班迁至原北宁铁路办公楼重新开展业务事致总裁室文书课长的电文（一九三七年七月二十日）……三二三

铁道总局长关于设立联络机关事致奉天铁道事务所长、锦县铁路局长的函（一九三七年七月三十一日）……三二四

铁道总局嘱托将校关于派遣员乘坐军用列车一案已经向塘沽停车场司令部办理事致人事课长的电文（一九三七年八月三日）……三二五

铁道总局福祉课长关于总裁代理前往天津慰问伤病兵派遣社员事致总裁室东亚课长的电文（一九三七年八月四日）……三二六

铁道总局福祉课长关于慰问华北派遣伤病兵及日满社员北宁铁路局员工相关报告事致总裁室东亚课长的函（一九三七年八月五日）……三二七

附：慰问品内容明细……三三〇

总裁室文书课长、东亚课长、财务部长关于购买面粉事致铁道总局长的电文（一九三七年八月五日）……三三四

天津联络班关于修护平汉铁路占领区事致铁道总局长、奉天联络本部长的函（一九三七年八月七日）……三三五

铁道总局财务局长关于发送粮食事致天津事务所联络班长输送班长、嶺顾问、文书课长、东亚课长、财务部长的电文（一九三七年八月七日）……三三七

铁道总局人事课长关于向华北派遣人员事致天津事务所长、总裁室人事课长、东亚课长的电文（一九三七年八月十日）……三四〇

天津运输班关于军方命令天津运输班由铁道监部领导事致本社联络本部的电文（一九三七年八月十一日）……三四一

铁道总局财务局长关于购买粮食价格事致总裁室东亚课长、天津事务所、天津联络班、天津输送班长、文书课长、财务部长的电文（一九三七年八月十一日）……三四二
铁道总局长关于增设天津无线电事致总裁室庶务课长的电文（一九三七年八月十三日）……三四四
铁道总局长关于回复塘沽北平无线电设施事致总裁室庶务课长的电文（一九三七年八月十三日）……三四五
铁道总局长关于发往华北电报的处理方法事致总裁室文书课长的电文（一九三七年八月十六日）……三四六
铁道总局文书课长关于野战铁道司令部向奉天转移事致直属各课长、各局长、输送委员会委员长等的函（一九三七年八月十九日）……三四九
附：野战铁道司令官关于野战铁道司令部向奉天转移事致铁道总局长的函……三五〇
天津运输班派遣员赤塚关于设立塘沽站密码区事致总裁室文书课长的电文（一九三七年八月二十日）……三五一
铁道总局财务局第一财务课长、会计课长关于向北宁铁路局办事员发放八月份薪资事致财务部长、总裁室东亚课长、天津事务所长的电文（一九三七年八月二十一日）……三五二
铁道总局长关于请交涉租用北安建筑事务所房屋事致天津事务所长、总裁室庶务课长的电文（一九三七年八月二十四日）……三五四
丰台运输班长关于开设丰台运输班并开展业务致总裁室文书课长的电文（一九三七年八月二十五日）……三五五
铁道总局长关于暂缓交涉新设建设事务所房屋租用事致总裁室东亚课长、天津事务所请转交天津事务所长、小川建设局员的电文（一九三七年八月二十六日）……三五六
铁道总局长关于废除联络总部及其他临时设立联络机关事致直属各课长、各局长、输委委员长等的函（一九三七年八月二十八日）……三五八
铁道总局长关于回复上海无线电设施事致总裁室庶务课长、铁道研究所长、岩武研究所调查役的电文（一九三七年八月二十八日）……三六〇
铁道总局长要求向华北输送人员及资源事致北支事务局长的函（一九三七年八月二十八日）……三六二

铁道总局文书课长关于丰台运输班长申请寄送社报及满洲日日新闻报事致总裁室文书课长的电文（一九三七年八月二十八日）……三六三
铁道总局长关于废除联络机关事致奉天铁道事务所长、锦县铁路局长的函（一九三七年八月三十日）……三六四
铁道总局长关于向驻上海海军部派遣黑岛丸事致总裁室东亚课长的电文（一九三七年九月十日）……三六五
关于派遣黑岛丸至上海一事详情（一九三七年九月十日）……三六七
铁道总局、工务局电气课长关于北平无线电一案请交由北支事务局处理事致总庶务课长的电文（一九三七年九月十六日）……三六八
铁道总局财务局第一财务课长关于追加整理七七事变相关各项费用事致各铁道事务所庶务课长、各铁路局财务处长、北鲜铁道事务所财务课长、各铁道工厂长、各建设事务所长、各食堂营业所负责人、奉天铁路学院长、哈尔滨林业所长、北满铁路残务整理事务所长、生计所的函（一九三七年九月二十八日）……三六九
铁道总局财务局第一财务课长关于报华北各铁路的财务要点事致财务部长的函（一九三七年十月七日）……三七九
附一：华北各铁路财务要点……三八〇
附二：通州—古北口铁路建设财务要点……三八六
铁道总局财务局第一财务课长关于报铁路省派遣员工医疗费用处理方案事致地方部卫生课长、大连医院长、奉天医科大学附属医院长、各建设事务所长的函（一九三七年十一月十三日）……三八九
铁道总局长关于设置无线电装置之人员派遣费应由上海事务所负担致总裁室庶务课长的电文（一九三七年十二月十三日）……三九一
铁道总局工务局长关于上海事务所无线电设施及应用事致总裁室庶务课长的函（一九三七年十二月二十九日）……三九三
附一：上海事务所无线电设施及应用相关处理要点……三九五
附二：与上海开始无线电联络计划表……三九七
铁道总局、工务局电气课长关于上海事务所无线电施工完成事致总裁室庶务课长的电文（一九三八年一月八日）……三九八

铁道总局财务局第一财务课长关于华中地区事变经费处理方法事致各铁道局财务课长、北鲜铁道事务所财务课长、总局各决算附属各所长的函（一九三八年三月十五日）……三九九
铁道总局财务局第一财务课长关于华北地区安抚班成员及临时派遣员的经费处理事宜事致各铁道局长、北鲜铁道事务所长、总局各决算附属各所长的函（一九三八年三月十五日）……四〇〇

第六册

十六、经理部

财务部长关于整理华北汽车公司派遣社员特殊薪金事致天津事务所庶务课长的函（一九三七年七月二日）……〇〇三
财务部长关于购买联络用跨斗事致天津事务所长的电文（一九三七年七月二十八日）……〇〇七
财务部长关于购买无线电整流机事致天津事务所长的电文（一九三七年七月三十日）……〇〇八
财务部长关于七七事变费用旬报事致总裁室庶务课长、铁道总局财务局长、天津事务所庶务课长的函（一九三七年八月五日）……〇〇九
财务部长关于制定特殊生产资料制造的整理科目事致中央试验所长的函（一九三七年八月十九日）……〇一一
财务部长关于北支事务局设置特殊会计相关账目整理事致各决算分管所长的函（一九三七年九月四日）……〇一三
财务部长关于设置北支事务局掌管会计科目事致各预决算分管所长、全铁出纳各所长的函（一九三七年九月四日）……〇二三
财务部长关于发送七七事变费用概算额事致在东京支社佐佐木理事的电文（一九三七年九月十日）……〇二八
财务部主计课长关于送交七七事变相关派遣人员数量日报事致在东京支社佐佐木理事的函（一九三七年九月十六日）……〇二九
财务部长关于整理设置北支事务局相关账目事致各决算分管所长的函（一九三七年九月十六日）……〇三一
附：另项津贴发放比率清单……〇三四
财务部长关于汇报七七事变费用概算额事致在东京支社佐佐木理事的函（一九三七年九月二十日）……〇三五

附：七七事变费用概算调查（截至一九三七年九月十日）……〇三六
财务部主计课关于北支事务局设置特殊会计之账单整理方法说明事致各决算分管所长的函七（一九三七年九月二十一日）……〇三七
财务部长关于请回复送交铁道总局预算之时日事致铁道总局财务局长的电文（一九三七年九月二十二日）……〇四七
财务部长关于购买汽车事致奉天铁道总局佐藤理事的函（一九三七年十月八日）……〇四八
财务部庶务课长关于整理北宁铁路管理局办事员薪资垫款事致北支事务局财务班长的函（一九三七年十月十三日）……〇四九
财务部主计课关于协商北支事务局会计事务事的函（一九三七年十月十六日）……〇五三
财务部主计课长关于送七七事变费用支出概算调查表事致北支事务局财务班长的函（一九三七年十月二十七日）……〇六三
财务部主计课长关于送交截至一九三七年九月三十日七七事变费用概算书事致东京支社财务课长的函（一九三七年十月二十七日）……〇六五
财务部长关于军方与满铁分别负担七七事变费用中人事费事致北支事务局长的函（一九三七年十一月四日）……〇六七
财务部主计课长关于送交截至一九三七年十月十日七七事变费用概算书事致东京支社财务课长的函（一九三七年十一月八日）……〇七一
财务部主计课长关于安东营口军用地使用状态一案明日使用航空邮件发送事致东京支社财务课长的电文（一九三七年十一月八日）……〇七三
财务部主计课长关于告知军用地图制作完成时间事致东京支社财务课长的电文（一九三七年十一月十五日）……〇七四
财务部主计课长关于送交截至一九三七年十月二十日七七事变费用概算书事致东京支社财务课长的函（一九三七年十一月二十七日）……〇七五
财务部主计课长关于送交七七事变费相关通牒事致北支事务局财务班长的函（一九三七年十一月三十日）……〇七七
财务部长关于政府已决定一九三八年度应向满铁拨款数目事致东京支社财务课长的电文（一九三七年十二月一日）……〇七九
财务部主计课长关于请送交一九三七年度社线、地线、国线列车运行表各五份事致铁道总局运输局长、第一财务课长的电文（一九三七年十二月四日）……〇八一

财务部主计课长关于请送交满铁所辖铁路图三十份事致铁道总局资料课长、第一财务课长的电文
（一九三七年十二月四日）……………………〇八二
用度部长关于借与中大铁道用铁轨以及附属品事致铁道总局次长佐藤、财务部长的函（一九三七年十二月七日）……〇八三
财务部主计课长关于送交截至一九三七年十月三十日七七事变费用概算书事致东京支社财务课长的函
（一九三七年十二月十一日）……………………〇八四
财务部主计课长关于送交使用华北诸铁路财务要领事致上海事务所长的函（一九三七年十二月十四日）……〇八六
铁道总局财务局局长、铁道总局第一财务课课长等关于敦促军方支付满铁垫付七七事变经费会谈资料
（一九三七年十二月二十一日）……………………〇八八
财务部长关于处理七七事变费用事致各决算分管负责人、地方部善后工作处理委员会委员长的函
（一九三七年十二月二十九日）……………………〇九二
财务部长关于处理七七事变费用事致北支事务局财务班长的电文（一九三八年一月十二日）……〇九九
牡丹江铁道局、财务课会计系长关于处理七七事变费用事致财务部长的电文（一九三八年一月十七日）……一〇一
北支事务局财务班长关于调查向军方支出垫付金额事致财务部主计课长的电文（一九三八年一月十八日）……一〇二
财务部长关于向派往华北的宣抚班员支付津贴事致牡丹江铁道局财务课会计系长的电文（一九三八年一月十八日）……一〇三
财务部长关于整理派往华北方面的宣抚班员以及临时派遣员经费事致各决算分管所长、地方部残务
整理委员会委员长的函（一九三八年一月二十二日）……………………一〇四
附一：薪金津贴明细书……………………一〇九
附二：旅费预付款明细书……………………一一〇
附三：决算负责部门清单……………………一一一
财务部主计课长关于报告向军方垫付金额明细事致北支事务局财务班长的电文（一九三八年一月二十二日）……一一二
附：华北方面截至一九三七年十二月三十一日七七事变费用概算调查表（一九三八年一月二十二日）……一一四
财务部主计课长关于报告向军方垫付金额明细事致北支事务局财务班长的函（一九三八年一月二十二日）……一一五

财务部长关于整理华中方面事变费用事致各决算分管所长、地方部残务整理委员会委员长的函（一九三八年一月二十二日）……一一七
附一：另项津贴发放比率清单……一二二
附二：决算负责部门清单……一二三
财务部主计课第二预算系关于物资需求报告书可提交至大藏省事致东京支社财务部驻在员室熊本政之的电文（一九三八年一月二十四日）……一二四
财务部长关于处理华北方面临时派遣员费用事致各决算分管所长、地方部残务整理委员会委员长的函（一九三八年二月三日）……一二五
财务部长关于处理短期派遣员津贴事致北支事务局长的电文（一九三八年二月五日）……一二七
财务部长关于请求关东军支付满铁垫付七七事变费用事致北支事务局财务班长的电文（一九三八年二月七日）……一二九
财务部主计课前川原一关于向大藏省提交物资需求报告书事致东京支社财务部驻在员室杉一诚的电文（一九三八年二月二十二日）……一三一
财务部长关于送华北方面七七事变费用概算调查事致东京支社财务课长的函（一九三八年二月二十三日）……一三二
附：华北方面截至一九三八年一月三十一日七七事变费用概算调查表（一九三八年二月二十三日）……一三四
财务部长关于华北方面临时派遣社员性质事致各决算分管所长、地方部残务整理委员会委员长的函（一九三八年二月二十四日）……一三五
财务部长关于请处理七七事变费用账务事致各决算分管所长、地方部残务整理委员会委员长的函（一九三八年三月五日）……一三八
财务部主计课长关于不认同新线改良费用金额并请汇总会社及军方意见事致财务部长的电文（一九三八年三月九日）……一四二
用度部长关于一九三八年度用度部配给物品的配给单价以及其他花费事致财务部庶务课长的函（一九三八年三月二十八日）……一四四

财务部主计课长、总裁室庶务课长关于特别运输相关的预付款预收款以及派遣医疗班相关的预付款事致北支事务局财务班长的电文（一九三八年三月二十九日）……一五〇
财务部主计课长关于特别运输相关的预付款事致北支事务局财务班长的函（一九三八年三月三十一日）……一五一

十七、地方部

地方部卫生课长关于送交社员体检报告书事致总裁室东亚课长的函（一九三七年七月七日）……一五七
附：社员体检报告书……一五八
地方部卫生课长关于请派遣医师二名、护士九名事致总裁室庶务课长的电文（一九三七年七月十七日）……一六〇
地方部七七事变期间派遣至军方翻译人员名单（一九三七年七月）……一六一
兴城医院院长关于事变相关事项报告事致地方部长、卫生课长的函（一九三七年八月三日）……一六二
地方部长向总裁室东亚课长通报事变相关事项（一九三七年八月十三日）……一六五
附：兴城医院关于事变相关事项报告（二）……一六六
兴城医院长关于报告兴城医院一九三七年八月十三日现状事致地方部卫生课长的电文（一九三七年八月十六日）……一六八
兴城医院长关于报告兴城医院一九三七年八月十六日现状事致地方部卫生课长的电文（一九三七年八月十七日）……一六九
地方部长向总裁室东亚课长通报兴城医院事变相关事项（一九三七年八月二十日）……一七〇
附：兴城医院关于事变相关事项报告（三）……一七一
兴城医院长关于报告兴城医院一九三七年八月十八日现状事致卫生课长的电文（一九三七年八月二十日）……一七三
地方部长关于关东军请求向共立医院申请空床事致奉天地方事务所长的函（一九三七年八月）……一七四
总裁室人事课长、地方部卫生课长关于华北派遣社员接种牛痘并注射伤寒疫苗事致总裁室庶务课长的函（一九三七年九月二日）……一七五
地方部长关于向张北方面派遣人员事致总裁室东亚课长的函（一九三七年九月二日）……一七六

附一：抚顺医院长关于向张北派遣护士事致总裁室人事课长、地方部卫生课长的电文
（一九三七年八月二十七日）……一七七
附二：医科大学校长关于借用十名医生事致地方部长的电文（一九三七年八月二十日）……一七八
地方部学务课长关于因七七事变不能参加考试的人员安排特别考试事致总裁室东亚课长、北支事务局
的电文（一九三七年九月九日）……一七九
总裁室人事课长、地方部卫生课长关于华北派遣社员接种牛痘并注射牛痘、霍乱及伤寒疫苗事致总裁室庶务课长
的函（一九三七年九月二十八日）……一八〇

十八、产业部

产业部商工课长关于报告重要特产物检查费相关协商概要事致产业部长的函（一九三七年六月二十六日）……一八五
产业部长关于军方行动计划需保密事致地质调查所长的函（一九三七年七月二十日）……一九〇
附：关东军参谋长关于军方行动计划保密相关注意事项事致满铁副总裁的函（一九三七年七月二日）……一九一
产业部长关于更改时局相关业务联络方式事致总裁室庶务、人事、文书、东亚课长的函（一九三七年七月二十二日）……一九二
产业部庶务课长关于保护供水、供电系统事致天津事务所长的函（一九三七年七月二十四日）……一九三
附：计划书……一九四
产业部庶务课长关于处理有关七七事变往返文书事致地质调查所长的函（一九三七年八月二十七日）……二〇三
产业部长关于提交七七事变调查表事致地质调查所长的函（一九三七年十一月一日）……二〇四
产业部庶务课人事系关于请提交分居家族调查书事致地质调查所的函（一九三八年二月二十六日）……二〇五
附：村田熊雄之分居家族调查书……二〇六
产业部长关于移交总裁室文书课关于防范间谍之通知事致地质调查所长的函（一九三八年三月二十三日）……二〇七
附：总裁室文书课关于防范间谍之通知……二〇八

十九、地质调查所

地质调查所长关于规定汇编分发办法事致总裁室文书课长的函（一九三七年八月三日）……二一三

附：购读相关文件费用通知书……二一四

地质调查所长关于申请安装长途电话事致产业部庶务课长的函（一九三七年九月二十一日）……二一五

地质调查所长关于提交专任指导委员牛丸周太郎对新入社员小贯义男吉田善亮实习报告的审查书事致产业部长的函（一九三七年九月二十一日）……二一八

附：专任指导委员牛丸周太郎对于新入社员实习报告的审查书……二一九

地质调查所长关于第七十三次日本国议会说明材料事致产业部庶务课长的函（一九三七年十一月二日）……二二一

附：地质调查所业务说明资料……二二二

地质调查所长关于送交所长事务接管书事致产业部长的函（一九三七年十一月二十二日）……二三五

附：事务接管书……二三六

地质调查所长福田连关于回复地质调查所实验研究机关调查报告事致大陆科学院长的函（一九三八年一月十日）……二四四

地质调查所庶务系长野村稔人关于送地质调查所要览事致大陆科学院小笠隆夫的函（一九三八年一月十一日）……二四八

二十、其他机关

华北派遣多田部队财务部关于满铁派遣员给养额的调查书（一九三七年七月）……二五一

华北派遣多田部队财务部关于满铁派遣员粮秣交付额的调查书（一九三七年七月）……二五四

天津特务机关目前的业务（一九三七年八月三日）……二六七

天津居留民团长关于感谢给天津居留民配发粮食及其他副食品事致总裁室东亚课长的感谢信（一九三七年八月九日）……二七三

陆军运输部大连办事处与满铁会社大连铁道事务所之雇佣船只契约书（一九三七年八月十一日）……二七五

中央试验所长关于申请制定特殊产品制造相关整理科目事致财务部长的函（一九三七年八月十四日）……二八一

附：特殊产品整理科目表……二八二

总裁室弘报课关于决定派松井石根大将出任上海派遣军司令官的电话记录（一九三七年八月十七日）……二八三
天津联合会关于送交登载《协和》原稿事致社员会编辑部的函（一九三七年八月十九日）……二八四
天津特务机关业务分担表（一九三七年八月二十日）……二八五
满铁理事中西敏宪关于请批准枪炮火药类携带许可申请事致大连警察署长久下沼英的函（一九三七年八月二十日）……二八七
上海无线电关于修改天津事务所庶务课长发二十七号电事致总裁室东亚课长、用度部长的电文
（一九三七年八月二十三日）……二八八
联络员多伦关于已收到慰问品并表示感谢事致总裁、铁道总局长的电文（一九三七年八月二十四日）……二八九
用度部计划课关于代理发行粮食及手枪申请券事致上海事务所的函（一九三七年八月二十八日）……二九〇
鲁大公司秀村务关于报告行程事致总裁室东亚课长宫本的电文（一九三七年八月二十九日）……二九二
青岛特务机关长关于暂时返还满铁所派从事宣传、谍报工作之社员事致总裁室东亚课长的函
（一九三七年八月三十日）……二九三
满铁理事中西敏宪关于运送手枪子弹申报单事致大连警察署长久下沼英的函（一九三七年九月十六日）……二九四
大连铁道事务所长关于送交租用大连丸合约事致总裁室东亚课长、铁道总局财务局会计课大连在勤员、
大连埠头长的函（一九三七年九月十六日）……二九五
附：租用合约……二九六
佐佐木理事关于申请办理奉山线及滨绥线各线路加筑工程正式预算手续事致财务部长的电文
（一九三七年九月二十五日）……二九九
青岛居留民团参事会长关于感谢帮助青岛居留民撤退事致松冈洋右的感谢信（一九三七年十月六日）……三〇〇
大连市长关于传达外务大臣感谢帮助在华日本人归国事致满铁总裁的函（一九三七年十月二十日）……三〇一
附：外务大臣致对满事务局总裁的感谢信……三〇二
支那驻屯军司令部关于感谢发放抚恤金事致满铁总裁的函（一九三七年十月）……三〇三

关东州厅长官官房庶务课长关于感谢七七事变协助撤离在华居留民众事致总裁室庶务课长的函
（一九三七年十一月二十九日）……三〇四
弘报委员会关于一九三七年十二月三日在日满军人会馆召开弘报委员会会议事致满铁的函
（一九三七年十一月二十九日）……三〇五
附一：弘报委员会干事会编制表……三〇七
附二：一九三八年预算相关文件……三一〇
在京（东京）大桥关于申请煤炭液化工厂计划变更事致财务部长的电文（一九三七年十二月八日）……三五〇
满铁理事中西敏宪关于手枪子弹输出及转让许可申请书事致大连警察署长今村矩八的函（一九三七年十二月十五日）……三五二
附：手枪编号……三五四
满铁用度部仓库课关于手枪子弹暂时领取证事致上海事务所庶务课的文件（一九三七年十二月十七日）……三五五
伊藤武雄关于申请持枪许可书事致日本总领事馆警察署的函（一九三七年十二月二十二日）……三五七
满铁理事中西敏宪关于报手枪运送完成事致大连警察署长今村矩八的函（一九三八年一月十一日）……三五九
满铁理事中西敏宪关于请批准枪械火药类转让申请事致大连警察署长今村矩八的函（一九三八年一月十八日）……三六〇
满铁理事中西敏宪关于请批准枪械火药类运送申请事致大连警察署长今村矩八的函（一九三八年一月十八日）……三六一
华北派遣军山口部队本部功绩调查班关于请调查船员事致北支事务局长的函（一九三八年七月五日）……三六二
财团法人日本防空协会要览（一九三九年四月二十八日）……三六四
二十一、附录
（一）关东军感谢信
驻满洲国特命全权大使植田谦吉关于感谢在满铁腹地修建土木教育卫生设施事致满铁的感谢信
（一九三七年十一月二十六日）……三九三
关东军司令官植田谦吉关于感谢七七事变期间连通通州铁路事致满铁的感谢信（一九三八年二月二十八日）……三九四

关东军司令官植田谦吉关于感谢发放抚恤金事致满铁总裁松冈洋右的感谢信（一九三九年四月二十二日）……三九五
附：关东军开具收到抚恤金之收据……三九六
关东军司令官梅津美治郎关于感谢发放抚恤金事致满铁总裁大村卓一的感谢信（一九四〇年二月二日）……三九七
关东军司令官梅津美治郎关于感谢协助军运辅助战备事致满铁的感谢信（一九四一年十月三十日）……三九八
关东军司令官植田谦吉关于感谢向华北内蒙出兵牺牲将士发放抚恤金事致满铁总裁松冈洋右的感谢信（时间不详）……三九九

（二）陆军感谢信

上海派遣军参谋长关于感谢发放抚恤金事致满铁总裁松冈洋右的感谢信（一九三七年九月二十七日）……四〇一
德川部队长德川好敏关于感谢发放慰问品事致满铁总裁松冈洋右的感谢信（一九三七年十月十七日）……四〇二
陆军大臣杉山元关于感谢向陆军医院伤兵发放苹果事致满铁总裁松冈洋右的感谢信（一九三七年十一月六日）……四〇三
陆军大臣杉山元关于感谢七七事变期间发放慰问品事致满铁的感谢信（一九三七年十一月）……四〇四
北支那方面军司令官寺内寿一关于感谢七七事变期间连通平津铁路事致满铁的感谢信（一九三八年二月二十八日）……四〇五
陆军大臣板垣征四郎关于感谢七七事变期间发放慰问品事致满铁的感谢信（一九三八年六月至一九三九年七月）……四〇六
北支派遣军最高指挥官杉山元关于感谢七七事变期间协助宣抚工作事致满铁的感谢信（一九三九年八月二十九日）……四一三
陆军大臣畑俊六关于感谢七七事变期间发放慰问品事致满铁的感谢信（一九三九年九月至一九四〇年三月）……四一四
陆军大臣东条英机关于感谢七七事变期间发放慰问品事致满铁的感谢信（一九四〇年十月）……四二〇
陆军大臣东条英机关于感谢捐献国防耗材事致满铁的感谢信（一九四一年四月）……四二一
陆军大臣东条英机关于感谢七七事变期间发放抚恤金事致满铁总裁大村卓一的感谢信（一九四一年八月）……四二二

（三）海军感谢信

第三舰队司令长官关于感谢七七事变期间慰问将兵事致满铁总裁松冈洋右的感谢信（一九三七年十月十八日）……四二四
上海海军特别陆战队司令官大川内传七关于感谢支援战斗慰问将兵事致满铁总裁松冈洋右的感谢信（一九三七年十一月十日）……四二五

海军省财务局抚恤金出纳石渕知定关于收到抚恤金并开具收据事致满铁总裁松冈洋右的感谢信
（一九三八年二月十二日）……四二七
海军大臣米内光政关于感谢七七事变期间发放慰问品事致满铁总裁松冈洋右的感谢信（一九三七年十一月）……四二八
海军大臣米内光政关于感谢七七事变期间发放慰问品事致满铁总裁松冈洋右的感谢信（一九三八年六月）……四二九
海军大臣米内光政关于感谢七七事变期间发放抚恤金事致满铁总裁松冈洋右的感谢信（一九三九年四月）……四三〇
海军大臣吉田善吾关于感谢七七事变期间发放慰问品事致满铁的感谢信（一九三九年十一月）……四三一
海军大臣吉田善吾关于感谢提供石油液化气事致满铁的感谢信（一九四〇年四月二十七日）……四三二
海军大臣吉田善吾关于感谢七七事变期间发放抚恤金事致满铁总裁大村卓一的感谢信（一九四〇年五月）……四三三

（四）医院感谢信

哈尔滨陆军医院长中野织治关于感谢向住院将兵赠送苹果事致满铁总裁松冈洋右的感谢信
（一九三七年十一月二十日）……四三五
姬路陆军医院长牛田纯一关于感谢探望慰问住院将兵事致满铁总裁松冈洋右的感谢信（一九三七年十一月二十日）……四三六
附：领到苹果之收据……四三七
龙山陆军医院长宇野光风关于感谢慰问七七事变住院将兵事致满铁总裁松冈洋右的感谢信
（一九三七年十一月二十二日）……四三八
附：领到苹果之收据……四三九
承德陆军医院长三浦大三郎关于感谢向住院将兵赠送苹果事致满铁总裁松冈洋右的感谢信
（一九三七年十一月二十四日）……四四〇
陆军医院长小仓关于感谢向住院将兵赠送苹果事致满铁总裁松冈洋右的感谢信（一九三七年十一月二十四日）……四四一
新站陆军医院长上牧猛关于感谢向住院将兵赠送礼品事致满铁总裁松冈洋右的感谢信（一九三七年十一月二十六日）……四四二
海城陆军医院长长冈正人关于感谢向住院将兵赠送慰问品事致满铁总裁松冈洋右的感谢信
（一九三七年十一月二十七日）……四四三

佳木斯陆军医院长木村虎次郎关于感谢向住院将兵赠送苹果事致满铁总裁松冈洋右的感谢信（一九三七年十一月二十七日）……四四四
勃利陆军医院长关于感谢向住院将兵赠送苹果事致满铁总裁松冈洋右的感谢信（一九三七年十二月二日）……四四五
海军医院长关于感谢慰问住院将兵事致满铁总裁松冈洋右的感谢信（一九三七年十二月十二日）……四四六
绥芬河陆军医院长关于感谢慰问住院将兵事致满铁总裁松冈洋右的感谢信（一九三七年十二月十三日）……四四七
中国驻军医院长千田恒关于感谢慰问住院将兵事致满铁总裁松冈洋右的感谢信（一九三八年一月二十日）……四四八
附：领到苹果之收据……四四九
临时东京第一陆军医院长三木良英关于感谢慰问住院将兵事致满铁总裁松冈洋右的感谢信（一九三八年七月七日）……四五〇
柳树屯陆军医院长高桥正高关于感谢向住院将兵敬献菊花事致满铁的感谢信（一九四〇年十月七日）……四五一
后记

総目録

第一冊

一、臨時北支事変事務局

「北支事変関係満鉄社員名簿」、「臨時北支事変事務局（除鉄道連絡員本部）名簿」
（臨時北支事変事務局調）（一九三七年八月十九日）……〇〇三
「支那駐屯軍派遣社員名簿」（臨時北支事変事務局調）（一九三七年八月十九日）……〇一九

二、北支事務局

敵情偵察中の雇員、張家口南方にて殉職（電文、北支事務局庶務班長→総裁室東亜課長・人事課長）
（一九三七年八月二十八日）……〇三九
故今井職員の戸籍謄本を死亡給与金請求書に添付の上人事課長に提出依頼（電文、北支事務局人事班長→総裁室東亜課長）
（一九三七年八月二十八日）……〇四一
「殉職社員慰霊祭ニ関スル件礼状」（北支事務局長→支那駐屯軍副官）（一九三七年八月三十日）……〇四二
豊台救護班天津着の件（電文、北支事務局長→総裁室東亜課長）（一九三七年八月三十日）……〇四三
豊台救護班久木田班長以下七名山口医員二十九日着津（電文、北支事務局長→総裁室東亜課長）
（一九三七年八月三十日）……〇四四

荒木弘報課写真班員は本日帰着する予定、延期必要あれば手配乞う（電文、北支事務局長→総裁室東亜課長）
（一九三七年八月三十日）……○四五
タイピスト五名至急派遣依頼（電文、北支事務局長→総裁室東亜課長）（一九三七年八月三十日）……○四六
「北支事変関係満鉄社員配置表送付ノ件」（北支事務局長→総裁室東亜課長・人事課長）
（一九三七年八月三十日）……○四七
附：北支事変関係満鉄社員配置表……○四八
アンペラ送付中止方至急連絡依頼（電文、北支事務局長→総裁室東亜課長）（一九三七年八月三十日）……○五〇
北寧鉄路から麦粉高粱代金は本日にて入金済み（電文、北支事務局長→総裁室東亜課長、経理部長、鉄道総局長）
（一九三七年八月三十日）……○五一
民団麦粉品質不良につき購入所及び不良原因を調べ方返信依頼（電文、北支事務局長→総裁室東亜課長）
（一九三七年八月三十日）……○五二
文書課より派遣中の傭員奥山は脚気のため帰任した（電文、北支事務局長→総裁室東亜課長）（一九三七年八月三十一日）……○五四
阿部北支事務局調査班長は事務打合のため赴連（電文、北支事務局長→総裁室東亜課長）（一九三七年八月三十一日）……○五五
三十一日無事着（電文、北支事務局庶務班長→総裁室東亜課長、産業部庶務課長、総裁室庶務課長）
（一九三七年八月三十一日）……○五六
菊田人事班長以下三十一名と伊藤経理班長以下三十九名着津（電文、北支事務局人事班長→総裁室東亜課長、
鉄道総局人事課長、総裁室人事課長）（一九三七年八月三十一日）……○五七
民団が注文した食塩を発送依頼（電文、北支事務局長→総裁室東亜課長）（一九三七年八月三十一日）……○五八
北寧鉄路総務処長石蔣麟宇佐美理事に面談の為赴連（電文、北支事務局長→総裁室東亜課長）
（一九三七年八月三十一日）……○五九
北寧管理局総務司長石蔣麟、温世珍大連に向うヤマトホテル手配依頼（電文、北支事務局長→総裁室庶務課長）
（一九三七年八月三十一日）……○六〇

タイピスト五名至急派遣依頼（電文、北支事務局長→総裁室東亜課長）（一九三七年九月二日）……〇六一
支那駐屯軍参謀長より興中公司の塘沽永利化学工業買収に積極援助の通牒
（電文、北支事務局阪谷理事→総裁室東亜課長、産業部次長）（一九三七年九月三日）……〇六二
通州殉職社員岩崎氏以下五名の遺骨六日着連の予定手配乞う（電文、北支事務局長→総裁室東亜課長）
（一九三七年九月四日）……〇六四
タイピスト五名無事着、傭員林北山帰任すれば交替派遣乞う（電文、北支事務局長→総裁室東亜課長・文書課長）
（一九三七年九月四日）……〇六五
局長四日無事着（電文、北支事務局長→総裁室東亜課長）（一九三七年九月四日）……〇六六
トラック購入に関する件（電文、北支事務局長→総裁室東亜課長（一九三七年九月四日））……〇六七
駐屯軍憲兵少佐より汽艇借受打診（電文、北支事務局長→総裁室東亜課長）（一九三七年九月五日）……〇六八
石原次長、田所参与及び総裁令息無事着（電文、北支事務局庶務主任→総裁室東亜課長・庶務課長）
（一九三七年九月五日）……〇六九
有賀課長五日天津丸にて赴任（電文、北支事務局庶務主任→総裁室東亜課長・庶務課長・人事課長）
（一九三七年九月五日）……〇七〇
文書課タイピスト林北山三名八日発長平丸にて帰任（電文、北支事務局長→総裁室東亜課長・人事課長・文書課長）
（一九三七年九月六日）……〇七一
北支地図二〇〇枚送付依頼（電文、北支事務局調査班長→総裁室東亜課長）（一九三七年九月六日）……〇七二
北支事務局次長着任（電文、北支事務局人事班長→総裁室東亜課長・人事課長、鉄道総局人事課長）
（一九三七年九月六日）……〇七三
弘報課中玉多四郎川崎保蔵の行程通知（電文、北支事務局長→総裁室東亜課長・弘報課長）
（一九三七年九月六日）……〇七四

伊藤上海事務所長七日離津八日大連着の予定（電文、北支事務局庶務班長→総裁室東亜課長・人事課長）
（一九三七年九月六日）……○七五
平綏線南口バス改造計画に伴う工務班要員派遣要請（電文、北支事務局人事班長→総裁室東亜課長、産業部長）
（一九三七年九月七日）……○七六
伊藤上海事務所長本日離津（電文、北支事務局庶務班長→総裁室東亜課長・庶務課長）
（一九三七年九月七日）……○七七
コレラ予防注射液五千人分送付乞う（電文、北支事務局長→総裁室東亜課長、地方部衛生課長）
（一九三七年九月七日）……○七八
北支事変画報及び宣撫用写真帖編集の弘報課員派遣要請（電文、北支事務局長→総裁室東亜課長・人事課長）
（一九三七年九月八日）……○七九
北支派遣社員語学検定試験延期受験の件（電文、北支事務局長→地方部学務課長、総裁室東亜課長）
（一九三七年九月八日）……○八〇
営口医院看護手ビヨウケイサイ七日無事着（電文、北支事務局長→総裁室東亜課長・人事課長、営口医院長）
（一九三七年九月八日）……○八一
弘報課傭員稲葉三郎十日発天津丸にて帰任（電文、北支事務局長→総裁室東亜課長・人事課長・弘報課長）
（一九三七年九月八日）……○八二
水谷北支事務局弘報班長十日発天津丸にて赴連（電文、北支事務局長→総裁室東亜課長・弘報課長）
（一九三七年九月八日）……○八三
人事課雇員サジキ何三郎病気の為交替派遣乞う（電文、北支事務局長→総裁室東亜課長・人事課長）
（一九三七年九月八日）……○八四
軍宣伝部より弘報課員が撮影した写真の番号を発表厳禁に関する通知（電文、北支事務局長→総裁室東亜課長）
（一九三七年九月八日）……○八五

北支地図四部至急送付乞う（電文、北支事務局長→総裁室東亜課長・人事課長）（一九三七年九月八日）…………○八六
北支地図四〇〇部追送依頼（電文、北支事務局調査班長→総裁室東亜課長）（一九三七年九月八日）…………○八七
軍方面よりタイピスト五名派遣要請（電文、北支事務局長→総裁室東亜課長・人事課長）（一九三七年九月九日）…○八八
鉄道工場雇員桑木忠一帰任（電文、北支事務局長→総裁室東亜課長・人事課長、大連鉄道工場）
（一九三七年九月九日）…………○八九
文書課タイピスト山下ミチ子、縄谷スミ子、山野ヒロ子七日無事着（電文、北支事務局長→総裁室東亜課長・人事課長）
（一九三七年九月九日）…………○九〇
救護班に薬剤員事務員各一名派遣要請（電文、北支事務局長→総裁室東亜課長・人事課長）
（一九三七年九月九日）…………○九一
北支方面軍参謀長斡旋依頼の男性十七名印刷工三名派遣要請（電文、北支事務局長→総裁室東亜課長・人事課長）
（一九三七年九月九日）…………○九二
北平特務機関長より電気及水道調査員派遣要請（電文、北支事務局長→総裁室東亜課長・人事課長）
（一九三七年九月十日）…………○九三
弘報課員菅野宛送付の紙包は当地にて本人に交付せり（電文、北支事務局庶務班長→総裁室東亜課長）
（一九三七年九月十日）…………○九四
大同、滄州、保定陥落にあたり天津駐屯軍への慰問金申請（電文、北支事務局長→満鉄総裁）
（一九三七年九月二十五日）…………○九五
慰問金申請の件、至急御詮議乞う（電文、北支事務局長→総裁室文書課長）（一九三七年十月一日）…………○九七
「北支方面軍ニ対スル慰問金ノ件」（電文、北支事務局長→総裁室文書課長）（一九三七年十月四日）…………○九八
「傭船契約書及乗組員雇傭契約書送付ノ件」（北支事務局長→総裁室東亜課長）（一九三七年十月二十一日）…………○九九
附：西尾部隊本部経理部と南満洲鉄道株式会社北支事務局賃貸船の契約書…………一〇〇
「支那事変費中人件費ノ軍、満鉄負担区分ニ関スル件」（北支事務局長→経理部長）（一九三七年十月二十二日）…一〇六

関東軍への陣中見舞金に関する宇佐美理事意見（北支事務局長→総裁室庶務課長）（一九三七年十月二十二日）……一一〇
「割増派遣手当支給上地域ノ指定及割増手当ニ関スル件」（北支事務局長→総裁室庶務課長）
（一九三七年十一月六日）……一一二
「列車衝突事故ニ依ル死亡兵ニ対スル弔慰金」（北支事務局長→総裁室庶務課長）（一九三七年十一月十五日）……一一四
附：列車衝突事故概要、傷亡診断書等の書類……一一七
支那事変費整理について関係箇所に通知要請（電文、北支事務局経理班長→経理部長）（一九三八年一月十一日）……一三八
「短期派遣者派遣手当整理方ノ件」（電文、北支事務局長→経理部長）（一九三八年一月三十一日）……一三九
「北支重要鉱物資源応急調査案並附表送付ノ件」（北支事務局調査室主事→満鉄地質調査所長）
（一九三八年二月十六日）……一四一
附：北支重要鉱物資源応急調査案及び附表……一四三
「北支事務局固有会計勘定整理ニ関スル件」（電文、北支事務局経理班長→経理部長、総裁室庶務課長）
（一九三八年二月二十六日）……一五七
「支那事変費整理ニ関スル件」（電文、北支事務局経理班長→経理部長）（一九三八年三月四日）……一五八
「北支方面向ケ用度物品割掛率ニ関スル件」（電文、北支事務局経理班長→経理部長、用度部長、鉄道総局長）
（一九三八年三月四日）……一六一

三、東京支社

戦死及び傷病死亡軍人に対する弔慰金額の件に関する往復電文……一六五
（電文、東京支社長→総裁室庶務課長・人事課長）（一九三七年七月十三日）……一六五
（電文、総裁室庶務課長→東京支社長）（一九三七年七月十四日）……一六七
「北支事変戦死傷者弔慰ニ関スル件」（総裁室庶務課長）（一九三七年七月二十四日）……一六九
「陣中見舞金贈呈ノ件（案）」（総裁室庶務課長→東京支社長）（一九三七年七月三十一日）……一七六

参謀本部トコウ少佐二十三日赴津の件（電文、東京支社業務課長→総裁室東亜課長）（一九三七年八月二十一日）……一八〇
軍司令部より上海中立案に関する調査研究借覧依頼の件（電文、東京支社長→総裁室東亜課長）
（一九三七年八月二十九日）……一八一
「塘沽運輸公司ニ関スル件」（電文、東京支社長→総裁室東亜課長）（一九三七年九月　日）……一八二
「物資需給調査ノ件」（電文、東京支社日高雪→東京支社加藤健）（一九三七年十月六日）……一八五
営口、安東軍用土地使用状態知らせ請う（電文、東京支社経理課長→経理部主計課長）（一九三七年十一月六日）……一八六
計画変更に関する件（電文、東京支社大橋→経理部長）（一九三七年十二月十一日）……一八七
華北汽車公司貸金の件政府認可申請済み、貸金計画変更申請書及び説明資料五日送る
（電文、東京支社浜本→東京支社熊本予算系主任）（一九三八年二月四日）……一八八
華北汽車公司資金貸付並補助金交付の件第三委員会承認済み、対満事務局の認可を得る見込
（電文、東京支社業務課長→総裁室東亜課長）（一九三八年二月二十四日）……一八九
華北汽車公司資金貸付に関する件（電文、東京支社経理課長→総裁室東亜課長）（一九三八年三月三十日）……一九〇

四、北平事務所

太原小島松下各員天津に向う予定関係者に伝え乞う（電文、北平事務所長→総裁室東亜課長）
（一九三七年七月十六日）……一九三
所員への訓辞慰問に感謝（電文、北平事務所長→満鉄総裁）（一九三七年八月十日）……一九四
青島方面と無電交信不可能及び五五号電に付き海軍と連絡乞う（電文、北平事務所長→総裁室東亜課長）
（一九三七年八月二十八日）……一九五
小林部隊支部宛軍用アンペラ斡旋の件取り止め乞う（電文、北平事務所長→総裁室東亜課長）
（一九三七年八月二十八日）……一九六

張太汽車公司雇員芝田浜次郎殉職給与金申請の件（電文、北平事務所庶務班長→総裁室東亜課長・人事課長）
（一九三七年八月二十八日）……一九七
特務機関長より電気水道技術者派遣依頼（電文、北平事務所伊藤武雄→総裁室東亜課長）
（一九三七年八月二十九日）……一九九
無電至急手配乞う（電文、北平事務所長→総裁室東亜課長）（一九三七年九月三日）……二〇〇

五、青島駐在員

「武器送付方依頼ニ関スル件」（青島在勤員→総裁室東亜課長）（一九三七年八月十五日）……二〇三
無電及び技術員用意要請の往復電文……二〇四
（電文、青島在勤員→総裁室東亜課長）（一九三七年八月十五日）……二〇四
（電文、総裁室東亜課長→天津事務所長、青島駐在員）（一九三七年八月十七日）……二〇五
青島駐在員勤務場所報告の件（電文、青島駐在員→総裁室東亜課長）（一九三七年八月十五日）……二〇六
総領事より山東方面居留民の引揚援助依頼（電文、青島駐在員→総裁室東亜課長・福祉課長）
（一九三七年八月十六日）……二〇七
貸付貨車使用料免除申請の件（電文、青島駐在員→総裁室東亜課長）（一九三七年八月十八日）……二〇八
淄川及び旭華炭砿の邦人従業員を引揚、中方に経営を任せる（電文、青島駐在員→総裁室東亜課長）
（一九三七年八月十九日）……二〇九
事務所移転の件（電文、青島駐在員→総裁室東亜課長）（一九三七年八月十九日）……二一一
今回の山東出兵は満鉄にとって進出の好機（電文、青島駐在員→総裁室東亜課長）（一九三七年八月二十日）……二一二
天津から膠済貸付の貨車は青島まで集結済み（電文、青島駐在員→総裁室東亜課長）（一九三七年八月二十日）……二一四
自動車輸送及び日本人運転手派遣要請の件……二一五
（電文、青島駐在員→総裁室東亜課長）（一九三七年八月二十日）……二一五

（電文、青島駐在員→総裁室東亜課長）（一九三七年八月二十四日）……………………………二一六
（電文、青島在勤員→総裁室東亜課長）（一九三七年八月二十五日）……………………………二一七
無電と無電技術者用意督促の件（電文、青島駐在員→総裁室東亜課長）（一九三七年八月二十一日）……………二一八
事変費五〇〇〇円送付乞う（電文、青島駐在員→総裁室東亜課長）（一九三七年八月二十　日）……………二一九
山東時局に対する意見書（青島在勤員→総裁室東亜課長）（一九三七年八月二十一日）……………………二三〇
青島より転電、拳銃四丁到着す（電文、天津無線転電→総裁室東亜課長）（一九三七年八月二十三日）……………二三三
「資料送付ノ件」（青島在勤員→田中海軍武官、谷萩陸軍武官）（一九三七年八月二十四日）……………二三四
附：時局参考資料ソノ一『青島埠頭経営組織ノ現況』……………………………二三五
朝鮮銀行経由送金の件（電文、青島駐在員→総裁室東亜課長、会計課長）（一九三七年八月二十四日）……………二四二
青島駐在員より、特務機関長は軍関係会社に日本人男子の引揚を通告（電文、天津無線転電→総裁室東亜課長）
（一九三七年八月二十五日）……………………………二四三
乾電池輸送依頼の件（電文、青島駐在員→総裁室東亜課長）（一九三七年八月二十五日）……………二四四
日本人運転手紹介依頼の件（電文、青島駐在員→総裁室東亜課長）（一九三七年八月二十五日）……………二四五
青島居留民引揚の件（電文、[青島駐在員]→総裁室東亜課長）（一九三七年八月二十八日）……………二四六

六、上海事務所

共産党の指導を受ける上海市各界抗敵後援会の内情（上海事務所長→総裁室弘報課長）
（一九三七年七月二十九日）……………………………二四九
北支戦況に関する特別報道を送付の件（上海事務所長→総裁室弘報課長）（一九三七年八月三日）……………二五五
附：北支戦況に関する特別報道……………………………二五六
「国民政府ノガソリン購入ニ就テ」（電文、上海事務所長→総裁室弘報課長）（一九三七年八月三日）……………二六五
各地駐在員引揚完了報告の件（電文、上海事務所長→総裁室東亜課長）（一九三七年八月五日）……………二六七

各地駐在員引揚後の処置に関する件（電文、上海事務所長→総裁室東亜課長）（一九三七年八月六日）……二六八
職員家族引揚の件（電文、上海事務所長→総裁室東亜課長・人事課長）（一九三七年八月七日）……二六九
漢口、南京邦人引揚の件（電文、上海事務所長→総裁室東亜課長）（一九三七年八月七日）……二七〇
漢口、南京駐在員上海着の件（電文、上海事務所長→総裁室東亜課長・福祉課長）（一九三七年八月十日）……二七一
閘北日本人墓地付近に銃声盛ん、市中は便衣隊活動（電文、上海事務所長→総裁室東亜課長・人事課長）（一九三七年八月十三日）……二七二
「北支事変ノ上海経済界ニ及ボセル影響（第一）」（上海事務所長→産業部長）（一九三七年八月十三日）……二七四
附一：北支事変ノ上海経済界ニ及ボセル影響（第一報）……二七五
附二：北支事変の対支貿易上への影響……二八七
時局通告の件（電文、上海事務所長→総裁室東亜課長・人事課長）（一九三七年八月十三日）……二九一
上海事務所より連絡、正金銀行付近に猛烈なる空爆を受けたる所員全員無事（電文、天津無線転電→鉄道総局長、総裁室東亜課長）（一九三七年八月十四日）……二九三
包囲攻撃空襲受けたる所員全員無事（電文、上海事務所長→総裁室庶務課長）（一九三七年八月十四日）……二九四
自衛用拳銃と弾丸等急送依頼の件……二九五
（電文、上海事務所長→総裁室東亜課長・庶務課長）（一九三七年八月十六日）……二九五
（電文、用度部購買課長→上海事務所長）（一九三七年八月十八日）……二九七
軍艦出雲に出向の社員三名安否報告の件（電文、上海事務所長→総裁室弘報課長）（一九三七年八月十七日）……三〇〇
負傷所員見舞いの件（電文、上海事務所長→総裁室東亜課長）（一九三七年八月十八日）……三〇一
「所員引揚報告ノ件」（上海事務所長→総裁室東亜課長・人事課長）（一九三七年八月十九日）……三〇二
無電機現地購入不可能の往復電文……三〇四
（電文、上海事務所長→総裁室弘報課長）（一九三七年八月二十日）……三〇四

（電文、総裁室庶務課長→上海事務所長）（一九三七年八月二十六日）……三〇五
（電文、総裁室庶務課長→総局電気課長）（一九三七年八月二十六日）……三〇六
（電文、総裁室庶務課長→上海事務所長）（一九三七年八月二十六日）……三〇八
職員赴任通知の件（電文、上海事務所庶務課長→総裁室東亜課長）（一九三七年八月二十一日）……三〇九
運転手派遣取り止めの件（電文、上海事務所長→総裁室東亜課長・庶務課長）（一九三七年八月二十一日）……三一〇
大連丸無事到着報告の件（電文、上海事務所長→総裁室東亜課長、大連埠頭長）（一九三七年八月二十二日）……三一一
曳船回送依頼の件（電文、上海事務所長→総裁室東亜課長）（一九三七年八月二十四日）……三一二
「事変関係各機関ニ社員派遣ノ件」（上海事務所長→総裁室東亜課長・人事課長）
（一九三七年八月二十五日）……三一三
「事変委員会記録」（上海事務所）（一九三七年八月二十六日）……三一六
「食糧品分配ニ関スル件」（上海事務所長→総裁室東亜課長）（一九三七年八月二十六日）……三一七
附一：興中公司分配食糧品明細書……三二九
附二：国際運輸分配食糧品明細書……三三〇
写真及び活動撮影者派遣要請（電文、上海事務所長→総裁室東亜課長）（一九三七年八月二十七日）……三三一
金井宅にある拳銃と弾丸送付依頼の件（電文、上海事務所長→総裁室東亜課長）（一九三七年八月二十七日）……三三二
「光録丸」旅順出航時刻回答要請の件（電文、上海事務所長→総裁室東亜課長）（一九三七年八月二十八日）……三三三
「大連丸」にて派遣の自動車運転手に対する給与の件（電文、上海事務所長→総裁室東亜課長・庶務課長）
（一九三七年八月二十九日）……三三四
「事変後ノ金融状勢並ニ前途ノ見透（要領）」（上海事務所前島正道）（一九三七年八月）……三三五
「拳銃輸入許可証ニ関スル件」（上海事務所長→総裁室東亜課長）（一九三七年九月一日）……三六一
職員帰任日程通知の件（電文、上海事務所長→総裁室東亜課長）（一九三七年九月一日）……三六二
弘報課より派遣社員到着時刻照会の件（電文、上海事務所長→総裁室東亜課長）（一九三七年九月二日）……三六三

栗屋参事より申出の件（電文、天津経由上海事務所長→総裁室東亜課長）（一九三七年九月七日）……三六四
事務打合いの為大連東京へ出張申出の件（電文、上海事務所長代理→総裁室東亜課長・人事課長）
（一九三七年九月七日）……三六五
弘報課員来滬赴任の件（電文、上海事務所長→総裁室東亜課長）（一九三七年九月十二日）……三六六
毛布購入の件（電文、上海事務所長→総裁室東亜課長）（一九三七年九月十二日）……三六七
三井、三菱会社から上海時局に対する寄付状況報告の件（電文、上海事務所長→総裁室東亜課長）
（一九三七年九月十七日）……三六八
民団に対する寄付の往復電文……三六九
（電文、上海事務所長→総裁室東亜課長）（一九三七年九月二十四日）……三六九
（電文、総裁室東亜課長→上海事務所長）（一九三七年九月二十四日）……三七〇
各要員上海訪問報告の件（電文、上海事務所長→総裁室東亜課長）（一九三七年九月二十七日）……三七一
「支那事変活動写真製作ニ関スル件」（上海事務所長→総裁室東亜課長）（一九三七年十月一日）……三七二
無線電信機発送依頼の件（電文、上海事務所長→総裁室弘報課長）（一九三七年十月三十日）……三七四
煙草壱万パック購入送付の件……三七五
（電文、上海事務所長→総裁室東亜課長）（一九三七年十一月五日）……三七五
（電文、総裁室庶務課長→上海事務所長）（一九三七年十一月六日）……三七六
（電文、上海事務所長→総裁室東亜課長）（一九三七年十一月七日）……三七七
（総裁室庶務課稿）（一九三七年十一月八日）……三七八
（電文、上海事務所庶務課長→総裁室東亜課長）（一九三七年十一月十二日）……三八〇
（電文、上海事務所長→総裁室庶務課長）（一九三七年十二月一日）……三八一
埠頭拡大保有問題に関する件（電文、上海事務所長→総裁室弘報課長）（一九三七年十一月七日）……三八二
重役駐滬の必要性に関する件（電文、上海事務所長→総裁室弘報課長）（一九三七年十一月九日）……三八三

「事変ニ伴フ別居家族ニ対スル住宅料支給ニ関スル件」（上海事務所庶務課長→総裁室東亜課長）
（一九三七年十一月二十四日）……三八四
「拳銃購入の件」（電文、上海事務所長→総裁室東亜課長）（一九三七年十二月十一日）……三八六
トラック急送依頼の件（電文、上海事務所長→総裁室東亜課長）（一九三七年十二月十二日）……三八七
「昭和十二年度上半期賞与金支給方ノ件」（上海事務所長→総裁室東亜課長）（一九三七年十二月二十日）……三八八
無電交信開始時刻通知の件（電文、上海事務所長→総裁室庶務課長）（一九三七年十二月二十日）……三八九
「社員護身用拳銃に関する件」（電文、上海事務所長→総裁室東亜課長）（一九三七年十二月二十四日）……三九〇
無電行進試験開始時刻を別に通知する（電文、上海事務所長→総裁室庶務課長）（一九三七年十二月二十八日）……三九一
無電行進試験実施に関する件（電文、上海事務所→総裁室庶務課長）（一九三八年一月五日）……三九二
無電連絡試験開始時刻通知の件（電文、上海事務所長→総裁室庶務課長）（一九三八年一月七日）……三九三
宣撫班特務機関派遣社員護身用拳銃購入送付依頼の件（電文、上海事務所長→総裁室東亜課長）
（一九三八年一月八日）……三九四
無電通信暗号を通知の件（電文、上海事務所長→総裁室庶務課長）（一九三八年一月十一日）……三九五
無電設備周辺機器購入依頼の件（電文、上海事務所長→総裁室東亜課長、鉄道研究所長）（一九三八年一月二十二日）……三九七
「派遣手配支給方ニ関スル件」（電文、上海事務所長→経理部長）（一九三八年二月十八日）……三九八
「興亜院華中連絡部長官ヨリノ感謝状送付ノ件」（上海事務所→大村満鉄総裁）（一九四一年二月三日）……四〇〇
附：興亜院華中連絡部長官ヨリノ感謝状……四〇一

第二冊

七、天津事務所

満洲事変直後の金融など関係資料送付並びその担当者を派遣要請（電文、天津事務所長→総裁室弘報課長）
（一九三七年七月十一日）……〇〇三
本社員と天津事務所職員各三名出張状況通知の件（電文、天津事務所長→弘報課長）
（一九三七年七月十一日）……〇〇四
出先社員避難状況報告の件（電文、天津事務所長→総裁室東亜課長）（一九三七年七月十二日）……〇〇五
北平事務所長より事務繁劇のため弘報係増員申出（電文、天津事務所長→総裁室東亜課長・弘報課長）
（一九三七年七月十二日）……〇〇六
戦時国際法関係の者派遣要請（電文、天津事務所長→産業部長、総裁室東亜課長）
（一九三七年七月十二日）……〇〇七
軍は交通、財務及び金融機関接収の具体案作成、派遣可能人員編成表提出要求
（天津事務所長→総裁室弘報課長・東亜課長、産業部庶務課長）（一九三七年七月十三日）……〇〇八
天津事務所庶務課長神崎着連後至急帰任要請の件（電文、天津事務所長→総裁室東亜課長）（一九三七年七月十四日）……〇一〇
法律専門の社員を派遣要請（電文、天津事務所長→総裁室東亜課長）（一九三七年七月十六日）……〇一一
内科医二名並び看護婦九名以上派遣要請（電文、天津事務所長→総裁室東亜課長）
（一九三七年七月十六日）……〇一二
張家口駐在員よりの報告伝達の件（電文、天津事務所長→総裁室東亜課長）（一九三七年七月十六日）……〇一四
北支地図印刷依頼の往復電文……〇一六
（電文、天津事務所長→総裁室弘報課長）（一九三七年七月十六日）……〇一六
（電文、総裁室東亜課長→天津事務所長）（一九三七年七月十七日）……〇一七

「北支各地駐在員引揚ノ件」（電文、天津事務所長→総裁室弘報課長）（一九三七年七月十六日）……〇一八
当地の居住民引揚に関する件（電文、天津事務所長→総裁室東亜課長）（一九三七年七月十六日）……〇一九
居住民張家口に引揚の件（電文、天津事務所長→総裁室東亜課長）（一九三七年七月十六日）……〇二〇
「医員及看護婦派遣ノ件」（電文、天津事務所長→総裁室東亜課長）（一九三七年七月十六日）……〇二一
所員名簿（天津事務所）（一九三七年七月十七日）……〇二三
「入津者ニ注意方依頼ノ件」（電文、天津事務所長→総裁室東亜課長）（一九三七年七月十七日）……〇三八
「満鉄社員ノ活動状況ニ関スル件」（電文、天津事務所長→総裁室東亜課長）（一九三七年七月十七日）……〇四〇
「興中公司以下ノ傍系会社ノ連繫ノ件」（天津事務所長→総裁室東亜課長）（一九三七年七月十七日）……〇四一
「松井駐在員引上通知ノ件」（電文、天津事務所長→総裁室東亜課長）（一九三七年七月十七日）……〇四二
故田代中将告別式挙行通知の件（電文、天津事務所長→総裁室弘報課長）（一九三七年七月十七日）……〇四三
軍へ追加派遣予定人員（電文、天津事務所長→総裁室東亜課長・人事課長）（一九三七年七月十七日）……〇四四
資料連絡者派遣要請（電文、天津事務所長→総裁室東亜課長、産業部庶務課長）（一九三七年七月十七日）……〇四六
「北支事変派遣者ノ件」（満鉄）（一九三七年七月十七日）……〇四七
「事変進展ニ依ル所属社員トシテ予定セラレアル数ノ件」（天津事務所長→総裁室東亜課長）
（一九三七年七月十七日）……〇五二
北支各地駐在員引揚終了、青島、済南方面社員に引揚検討指令（電文、天津事務所長→総裁室東亜課長）
（一九三七年七月十八日）……〇五六
田代前司令官の遺骨見送りの件（電文、天津事務所長→総裁室東亜課長）（一九三七年七月十八日）……〇五七
「臨時北支事変事務局設置ノ件」（天津事務所長→総裁室東亜課長・文書課長）（一九三七年七月十九日）……〇五八
附：臨時事変事務局編成表……〇五九
非常通報連絡分担表送付の件（天津事務所長→総裁室東亜課長）（一九三七年七月十九日）……〇六〇
附：非常通報連絡分担表……〇六一

「天津事務所ト対本社連絡ニ関スル件」（天津事務所長→総裁室東亜課長）（一九三七年七月十九日）……〇七八
米の購入及び配送を依頼する往復電文……〇七九
（電文、天津事務所長→総裁室東亜課長）（一九三七年七月十九日）……〇七九
（電文、総裁室東亜課長→天津事務所長）（一九三七年七月十九日）……〇八〇
張家口居留民引揚済みの件（電文、天津事務所長→総裁室東亜課長）（一九三七年七月十九日）……〇八一
事務多忙のため所員十名増員要請（電文、天津事務所長→総裁室東亜課長）（一九三七年七月十九日）……〇八二
「時局事務係員派遣方依頼ノ件」（天津事務所長→総裁室東亜課長）（一九三七年七月十九日）……〇八四
横山参事派遣先済南なり（電文、天津事務所長→総裁室東亜課長）（一九三七年七月十九日）……〇八六
「松尾職員派遣依頼ノ件」（天津事務所長→総裁室東亜課長）（一九三七年七月十九日）……〇八七
憲兵隊より通信物件検閲の社員派遣依頼（電文、天津事務所長→総裁室東亜課長）（一九三七年七月十九日）……〇八八
派遣員宿舎及び救護班の状況報告（電文、天津事務所長→総裁室東亜課長、鉄道総局長）
（一九三七年七月十九日）……〇九〇
「プレスユニオン支部設立ノ件」（天津事務所長→総裁室東亜課長）（一九三七年七月二十日）……〇九二
「北寧ト満鉄輸送班トノ関係ニ関スル報告ノ件」（天津事務所長→総裁室東亜課長）（一九三七年七月二十日）……〇九四
「駐在員引揚報告」（電文、天津事務所長→総裁室東亜課長）（一九三七年七月二十日）……〇九七
「太原出張員引揚事情通知ノ件」（天津事務所長→総裁室東亜課長）（一九三七年七月二十日）……〇九八
附：太原ニ於ケル事件関係状勢ト引揚事情報告書……〇九九
「天津事務所ノ時局事務所設置案、膠済貸借車両ノ件」（山本駿平→天津事務所気付伊藤香象）
（一九三七年七月二十日）……一〇七
「軍特種班補助者派遣依頼ノ件」（天津事務所長→総裁室東亜課長）（一九三七年七月二十日）……一一〇
「タイピスト派遣依頼ノ件」（電文、天津事務所長→総裁室東亜課長）（一九三七年七月二十日）……一一二
大連ヤマトホテル傭員河井正二を運転手として派遣乞う（電文、天津事務所長→総裁室東亜課長）
（一九三七年七月二十二日）……一一三

「支那駐屯軍ニ対シ陣中見舞品贈呈ノ件」（天津事務所長→総裁室東亜課長、産業部庶務課長）
（一九三七年七月二十三日）……一一四
「社員ヲ天津総領事館ニ派遣ニ関スル件」（天津事務所長→総裁室東亜課長）（一九三七年七月二十三日）……一一六
派遣タイピスト二名到着（電文、天津事務所長→総裁室東亜課長）（一九三七年七月二十三日）……一一八
派遣職員罹病者を錦県と大連の病院に送還手配依頼の往復電文……一一九
（電文、天津事務所長→総裁室東亜課長、錦県鉄路局長、鉄道総局長）（一九三七年七月二十三日）……一一九
（電文、総裁室東亜課長→天津事務所長）（一九三七年七月二十四日）……一二一
「阪谷理事軍司令官会見ニ関スル件」（天津事務所長→総裁室東亜課長）（一九三七年七月二十四日）……一二二
「京津物質供給対策委員会結成ノ件」（天津事務所長→総裁室東亜課長）（一九三七年七月二十六日）……一二三
派遣員宿舎状況（電文、天津事務所長→総裁室東亜課長）（一九三七年七月二十六日）……一二四
「阪谷理事其ノ他当地幹部動静ニ関スル件」（天津事務所長→総裁室東亜課長）（一九三七年七月二十六日）……一二六
事変拡大の傾向、漢文資格者十名派遣待機要請（電文、天津事務所長→総裁室東亜課長）
（一九三七年七月二十七日）……一二七
白米購入及び支払い方法の件（電文、天津事務所長→総裁室東亜課長、産業部商工課長）
（一九三七年七月二十七日）……一二八
在北平社員大使館区域に引揚（電文、天津事務所長→総裁室東亜課長）（一九三七年七月二十七日）……一三〇
天津民団の追加に購入する食糧を至急発送乞う（電文、天津事務所長→総裁室東亜課長）（一九三七年七月二十八日）……一三一
外科医及び防疫助手と看護婦を派遣要請の件……一三三
（電文、天津事務所長→総裁室東亜課長、地方部衛生課長）（一九三七年七月二十八日）……一三三
（電文、天津事務所長→総裁室東亜課長、地方部衛生課長）（一九三七年七月二十八日）……一三五
附：派遣者名表……一三六
「派遣社員衛生状態報告ニ関スル件」（電文、天津事務所長→総裁室東亜課長）（一九三七年七月二十八日）……一三七

アドバルーン掲揚者を飛行機にて派遣方の往来電報 …… 一三八
（電文、天津事務所長→総裁室東亜課長）（一九三七年七月二十八日） …… 一三八
（電文、総裁室東亜課長→天津事務所長）（一九三七年七月二十八日） …… 一三九
（電文、天津事務所長→総裁室東亜課長）（一九三七年七月二十九日） …… 一四〇
（電文、総裁室東亜課長→天津事務所長）（一九三七年七月二十九日） …… 一四一
派遣アドバルーン掲揚者が軍用列車便乗方に関する往来電報 …… 一四二
（電文、総裁室東亜課長→天津事務所長、山海関駅長）（一九三七年七月二十九日） …… 一四二
（電文、山海関駅長→総裁室東亜課長、天津事務所長）（一九三七年七月三十一日） …… 一四三
（電文、総裁室東亜課長→天津事務所長）（一九三七年七月三十一日） …… 一四四
（電文、天津事務所長→総裁室東亜課長）（一九三七年八月一日） …… 一四六
所員及派遣員同無事（電文、天津事務所長→総裁室東亜課長）（一九三七年七月二十九日） …… 一四七
派遣社員待機の報告（電文、天津事務所長→総裁室東亜課長）（一九三七年七月二十九日） …… 一四九
添田武夫今朝張北出発の件（電文、天津事務所長→総裁室東亜課長）（一九三七年七月二十九日） …… 一五〇
「張家口居留民ノ引揚模様」（電文、天津事務所長→総裁室東亜課長）（一九三七年七月二十九日） …… 一五一
米国領事に救出され一同無事の旨大連汽船会社への伝言依頼（電文、天津事務所長→総裁室東亜課長）
（一九三七年七月三十日） …… 一五三
北寧派遣者及残留者の状況（電文、天津事務所長→総裁室東亜課長）（一九三七年七月三十日） …… 一五四
市内厳重警戒続けて各留守宅について照会（電文、天津事務所長→総裁室東亜課長）（一九三七年七月三十日） …… 一五六
支那駐屯軍参謀長より天津軍嘱託として松井機関に配属人員派遣要請（電文、天津事務所長→総裁室東亜課長）
（一九三七年七月三十日） …… 一五八
大連汽船損害程度調査の件（電文、総裁室東亜課長→天津事務所長）（一九三七年七月三十一日） …… 一五九
民団食糧積載の件（電文、天津事務所長→総裁室東亜課長）（一九三七年七月三十一日） …… 一六〇

興中社長へ感謝の意伝達の件（電文、総裁室東亜課長→天津事務所長）（一九三七年七月三十一日）……………………一六二
支那語通訳者と看護婦派遣要請（電文、天津事務所長→総裁室東亜課長）（一九三七年七月三十一日）……………………一六三
商工課長永田帰任時期伝達の件（電文、天津事務所長→総裁室東亜課長）（一九三七年八月一日）……………………一六四
天津より外部への郵便に関する件（電文、天津事務所長→総裁室東亜課長）（一九三七年八月　日）……………………一六五
「時局情報」（電文、天津事務所長→総弘報課長）（一九三七年八月一日）……………………一六六
天津に焼却せる機密文書に関する件（電文、天津事務所長→総裁室東亜課長）（一九三七年八月一日）……………………一六七
文書の配達順序に関する件（電文、天津事務所長→総裁室東亜課長）（一九三七年八月一日）……………………一六八
天津居留民食料補充の件（電文、天津事務所長→総裁室東亜課長）（一九三七年八月一日）……………………一七〇
「山口、芦沢両氏消息ニ関スル件」（電文、天津事務所長→総裁室東亜課長）（一九三七年八月一日）……………………一七二
萱島部隊冀東政府を占領、社員七名安否不明（電文、天津事務所長→総裁室東亜課長）（一九三七年八月一日）……一七四
塘沽天津間軍用列車便乗要請の件（電文、天津事務所長→総裁室東亜課長）（一九三七年八月一日）……………………一七六
天津山海関間通車の件（電文、天津事務所長→総裁室東亜課長）（一九三七年八月一日）……………………一七七
工場監視の為曹達工業関係技術者派遣要請（電文、天津事務所長→総裁室東亜課長）（一九三七年八月一日）……………一七八
明日天津山海関間列車恢復の件報告（電文、天津事務所長→総裁室東亜課長）（一九三七年八月一日）……………………一七九
通州へ派遣社員の状況調査依頼（電文、天津事務所長→総裁室東亜課長）（一九三七年八月一日）……………………一八〇
「在通州社員安否」（電文、天津事務所長→総裁室東亜課長）（一九三七年八月一日）……………………一八一
「鉄道運輸班事務所開設ノ件報告」（天津事務所長→総裁室東亜課長）（一九三七年八月二日）……………………一八三
北平事務所並関係出張者在平者名簿（一九三七年八月二日）……………………一八四
時局持久の傾向、社務完遂に統一的執行の要あり（電文、天津事務所長→総裁室東亜課長）（一九三七年八月二日）……一八八
社員の飛行機利用に関する件（電文、天津事務所長→総裁室東亜課長）（一九三七年八月二日）……………………一八九
民団食糧品運送の件（電文、天津事務所長→総裁室東亜課長）（一九三七年八月二日）……………………一九〇
川越大使大連行に関する件（電文、天津事務所長→総裁室東亜課長）（一九三七年八月二日）……………………一九一

「アドバールン掲揚者旅費立替拂ノ件」（総裁室東亜課長↓天津事務所長）……一九二
（総裁室東亜課）（一九三七年八月二日）……一九二
（総裁室東亜課長↓天津事務所長）（一九三七年八月二日）……一九四
（総裁室東亜課）（一九三七年八月六日）……一九六
（総裁室東亜課長↓天津事務所長）（一九三七年八月六日）……一九八
鉄道工事経理担当二名派遣要請（電文、天津事務所長↓総裁室東亜課長）（一九三七年八月二日）……一九九
近く所員及天津市内現状の報告（電文、天津事務所長↓総裁室東亜課長）（一九三七年八月二日）……二〇〇
二九日事件にて路警隊員死傷者報告（電文、天津事務所長↓総裁室東亜課長）（一九三七年八月二日）……二〇二
阪谷理事、古山交通課長明日帰連（電文、天津事務所長↓総裁室東亜課長）（一九三七年八月二日）……二〇三
塘沽に無電設置手配依頼の件（電文、天津事務所長↓総裁室東亜課長）（一九三七年八月三日）……二〇四
北平在留邦人の食糧品配給に関する件（電文、天津事務所長↓総裁室東亜課長）（一九三七年八月三日）……二〇五
天津食糧品欠乏に付送付依頼の件（電文、天津事務所長↓総裁室東亜課長）（一九三七年八月三日）……二〇七
経済、応急対策の為軍第四課と会議（電文、天津事務所長↓総裁室東亜課長）（一九三七年八月三日）……二〇八
「済南駐在員引揚ノ件」（電文、天津事務所長↓総裁室東亜課長）（一九三七年八月三日）……二〇九
開通第一回列車にて無事着津（電文、天津事務所内山本↓総裁室東亜課長）（一九三七年八月三日）……二一〇
軍事関係暗号電報使用者派遣方依頼の件（電文、天津事務所長↓総裁室東亜・文書課長）
（一九三七年八月三日）……二一一
天津奉天間列車明日回復の件（電文、天津事務所長↓総裁室東亜課長）（一九三七年八月三日）……二一二
物資購入困難に付組合員派遣方依頼の件（電文、天津事務所長↓総裁室東亜課長）（一九三七年八月三日）……二一三
鉱業課森井、小田、農林課春原諸氏着津（電文、天津事務所庶務課長↓総裁室東亜課長）
（一九三七年八月三日）……二一四
大連鉄道工場桑木以下十六員無事着（電文、天津事務所長↓総裁室東亜課長）（一九三七年八月三日）……二一五
「通州駐在社員安否ノ件」（電文、天津事務所長↓総裁室東亜課長）（一九三七年八月三日）……二一六

総裁より見舞電に付続電（電文、天津事務所長→総裁室東亜課長）（一九三七年八月三日）……二一八
天津特務機関に金融担当者派遣乞う（電文、天津事務所長→総裁室東亜課長）（一九三七年八月四日）……二一九
長嶺機関長より社員中機関に関係せる者の件（電文、天津事務所長→総裁室東亜課長）
（一九三七年八月四日）……二二〇
外科医及技術助手各一名派遣要請（電文、天津事務所長→総裁室東亜課長）（一九三七年八月四日）……二二一
撫順病院宮尾医員矢板技術助手派遣方依頼の件（電文、天津事務所長→総裁室東亜課長）（一九三七年八月四日）……二二二
特殊派遣職員清水明患病に付交替者至急派遣乞う（電文、天津事務所長→総裁室東亜課長）（一九三七年八月四日）……二二三
「第一回顧問部拡大会議事概要報告ノ件」（天津事務所長→総裁室東亜課長）（一九三七年八月四日）……二二四
附：第一回顧問部拡大会議事概要……二二五
民団納入食糧品に関する件（電文、天津事務所長→総裁室東亜課長）（一九三七年八月四日）……二三四
大連から水素瓦斯購入の件（電文、天津事務所長→総裁室東亜課長）（一九三七年八月五日）……二三六
北平通州新情況の調査（電文、天津事務所長→総裁室東亜課長）（一九三七年八月五日）……二三七
食糧品の仕入れ北寧鉄路局に輸送依頼の件……二三九
（電文、天津事務所長→総裁室東亜課長）（一九三七年八月五日）……二三九
（電文、天津事務所長→総裁室東亜課長）（一九三七年八月五日）……二四一
天津社員は麦粉購入斡旋方依頼の件（電文、天津事務所長→総裁室東亜課長）（一九三七年八月五日）……二四二
民団食糧品天津到着通知の件（電文、天津事務所長→総裁室東亜課長）（一九三七年八月五日）……二四三
高粱、粟、白米の相場知らせ乞う（電文、天津事務所長→総裁室東亜課長）（一九三七年八月五日）……二四四
「軍嘱託ノ社員給額取扱方ノ件」（天津事務所長→総裁室人事課長）（一九三七年八月五日）……二四五
無電通信士六名派遣要請（電文、天津事務所長→総裁室東亜課長）（一九三七年八月五日）……二四六
通州殉職在勤社員高橋余慶以下四名大連にて社葬執行予定（電文、天津事務所長→総裁室東亜課長・人事課長）
（一九三七年八月五日）……二四七

北平事務所長より軍に派遣した留学生は全員無事の電を人事課学務課へも転電乞う
（電文、天津事務所長→総裁室東亜課長）（一九三七年八月五日）……二四八
アドバルーン取扱者至急来津方手配乞う（電文、天津事務所長→総裁室東亜課長）（一九三七年八月五日）……二四九
社員高橋余慶以下五名通州事件に於て殉職の件（電文、天津事務所長→総裁室東亜課長・人事課長）
（一九三七年八月五日）……二五〇
済南駐在員より計画経済を通じる者及通訳派遣方依頼の件（電文、天津事務所長→総裁室東亜課長）
（一九三七年八月六日）……二五一
殉職社員高橋余慶の位牌着津の件……二五二
（電文、天津事務所長→総裁室東亜課長）（一九三七年八月六日）……二五二
（電文、天津事務所長→総裁室東亜課長）（一九三七年八月六日）……二五三
（電文、天津事務所長→総裁室東亜課長）（一九三七年八月六日）……二五四
北平に無電所新設依頼の件（電文、天津事務所長→総裁室東亜課長）（一九三七年八月六日）……二五五
アドバルーン及附属品送付方依頼の件……二五六
（電文、天津事務所長→総裁室東亜課長）（一九三七年八月六日）……二五六
（電文、天津事務所長→総裁室東亜課長）（一九三七年八月六日）……二五七
「天津特務機関ニ関スル件」（天津事務所長→総裁室東亜・弘報課長、産業部庶務課長）
（一九三七年八月六日）……二五八
天津陸軍機関は軍司令官に直属機関なり（電文、天津事務所山本→総裁室東亜課長）（一九三七年八月七日）……二五九
北平天津間通信機関なし返事の件（電文、天津事務所長→総裁室東亜課長）（一九三七年八月七日）……二六〇
「第二回物質対策委員会議事要録」（一九三七年八月七日）……二六一
陳覚生と軍方会見延期の件（電文、天津事務所長→総裁室東亜課長）（一九三七年八月七日）……二七五
「料理人派遣方依頼ノ件」（電文、天津事務所長→総裁室東亜課長、鉄道総局長）（一九三七年八月七日）……二七六

「通州ニ遭難セル吾等カ同僚ノ遺骸ヲ尋ネテ」送付ノ件（天津事務所調査課長→満鉄総裁、総裁室東亜課長・人事課長）
（一九三七年八月七日）……二七七
産業部庶務課業務係主任大上末廣派遣要請（電文、天津事務所長→総裁室東亜課長）（一九三七年八月八日）……二八三
唐山—通州線施工の資料と関係者至急出津の件（電文、天津事務所長→総裁室東亜課長、鉄道総局長）
（一九三七年八月八日）……二八四
運転手末永熊太郎軍嘱托として殉職に関する件（電文、天津事務所長→総裁室東亜課長・人事課長）……二八五
（電文、天津事務所長→総裁室東亜課長）（一九三七年八月八日）……二八五
（電文、天津事務所長→総裁室東亜課長・人事課長）（一九三七年八月八日）……二八七
高橋余慶の書類は通州事件の生存社員華北汽車公司辦事員神谷光より無事持帰え
（電文、天津事務所長→総裁室東亜課長）（一九三七年八月八日）……二八八
殉職人員表彰に関する件（電文、天津事務所長→総裁室東亜課長）（一九三七年八月八日）……二八九
殉職人員の職位登格要請（電文、天津事務所長→人事課長、総裁室東亜課長）（一九三七年八月八日）……二九〇
ネガ着次第すぐ軍宣伝部宛送付の旨を総裁室庶務課映画製作所に伝達依頼（電文、天津事務所長→総裁室東亜課長）
（一九三七年八月八日）……二九一
民団依頼食糧輸送に関する件（電文、天津事務所庶務課長→総裁室東亜課長）（一九三七年八月八日）……二九二
民団信用程度に関する件（電文、天津事務所長→総裁室東亜課長）（一九三七年八月八日）……二九四
北寧鉄路局長陳覚生は参謀長に会見（電文、天津事務所長→総裁室東亜課長）（一九三七年八月八日）……二九五
時局に対応すべき人事調整相談に関する件（電文、天津事務所長→総裁室東亜課長）（一九三七年八月九日）……二九六
「冀東貿易船舶取調ノ件」（電文、天津事務所長→総裁室東亜課長）（一九三七年八月九日）……二九七
冀東貿易船舶取調の件関係箇所と連絡乞う（電文、天津事務所長→総裁室東亜課長）
（一九三七年八月九日）……二九九
軍より北支地図寄贈依頼の件（電文、天津事務所庶務課長→総裁室東亜課長）（一九三七年八月九日）……三〇一

「企画部関係者活動ニ関スル件」（天津事務所長→総裁室東亜課長）（一九三七年八月九日）……三〇二
民団食料品に関する文書送付の件（電文、天津事務所長→総裁室東亜課長）（一九三七年八月九日）……三〇三
正金銀行に支払い済契約書と領収書写し総裁室東亜課宛送付す（電文、天津事務所長→総裁室東亜課長、経理部長、鉄道総局長）、（一九三七年八月九日）……三〇四
後任課員派遣乞う（電文、天津事務所長→総裁室東亜課長）（一九三七年八月九日）……三〇五
「国際運輸通州消息」（電文、天津事務所長→総裁室東亜課長）（一九三七年八月九日）……三〇六
陳覚生冀察政府委員として辞したき意向（電文、天津事務所長→総裁室東亜課長、鉄道総局長）（一九三七年八月九日）……三〇八
陳覚生来訪、北寧従業員給料資金の件（電文、天津事務所長→総裁室東亜課長）（一九三七年八月九日）……三〇九
日満商事より北支事変以来業務激増の為援助を依頼（電文、天津事務所長→総裁室東亜課長）（一九三七年八月九日）……三一〇
軍の接収したる支那側財産の整理に付測量できる社員派遣方依頼の件（電文、天津事務所庶務課長→総裁室東亜課長）（一九三七年八月九日）……三一一
天津・塘沽・北平に無電機新増設に関し人員手配要請の件（電文、天津事務所長→総裁室東亜課長）（一九三七年八月九日）……三一二
男性タイピスト派遣方依頼の件（電文、天津事務所長→総裁室東亜課長）（一九三七年八月九日）……三一三
人事課員千田瀧義帰任し後任派遣乞う（電文、天津事務所長→総裁室東亜課長・人事課長）（一九三七年八月九日）……三一四
携行タイプライターの荷造り無税に関する件（電文、天津事務所長→総裁室東亜課長）（一九三七年八月九日）……三一五
通州試験場員殉職の件を北寧局宛通告し北寧局より見舞金支出の意向あり（電文、天津事務所長→総裁室東亜課長）（一九三七年八月九日）……三一六
通州殉職社員の遺髪は着津次第軍に移管する（電文、天津事務所長→総裁室東亜課長）（一九三七年八月九日）……三一七
故社員高橋余慶諸氏の告別式は当地東本願寺で施行予定（電文、天津事務所長→総裁室東亜課長・人事課長・福祉課長）（一九三七年八月九日）……三一八

故岩崎職員、小山職員、今井雇員の遺族と連絡乞う（電文、天津事務所長→総裁室東亜課長・福祉課長）
（一九三七年八月九日）……三一九

殉職社員には合同葬儀を行うに関する件（電文、天津事務所長→総裁室東亜課長・人事課長）（一九三七年八月九日）……三二〇

坂谷理事無事着津（電文、天津事務所長→総裁室庶務課長・東亜課長、産業部庶務課長）
（一九三七年八月九日）……三二二

鉄道工事経理関係者は本日列車にて天津運輸址に派遣す（電文、総裁室人事課長→天津事務所長、
総裁室東亜課長）（一九三七年八月十日）……三二三

北支河川の調査を行う職員の名前と来津期日について照会（電文、天津事務所長→総裁室東亜課長・人事課長）
（一九三七年八月十日）……三二四

北支河川の詳細資料送付依頼の件（電文、天津事務所長→総裁室東亜課長・人事課長）
（一九三七年八月十日）……三二五

第三三電は興中会社に御手渡乞う（電文、天津事務所長→総裁室東亜課長）（一九三七年八月十日）……三二七

購入品の確認と追加依頼（電文、天津事務所長→総裁室東亜課長）（一九三七年八月十日）……三二八

「池田中佐総裁面談希望ノ件」（電文、天津事務所長→総裁室東亜課長）（一九三七年八月十日）……三三〇

遭難人員の家族は天津無事滞在の旨を新京満洲国産業部拓務局技師池田泰次郎に伝達依頼（電文、
天津事務所長→総裁室東亜課長）（一九三七年八月十日）……三三一

遭難人員の家族は天津無事滞在の旨を新京満洲国交通部調査科本庄秀一に伝達依頼（電文、
天津事務所長→総裁室東亜課長）（一九三七年八月十日）……三三二

天津に無電機増設依頼の件（電文、天津事務所長→総裁室東亜課長）（一九三七年八月十一日）……三三三

「第二回物質対策委員会議事要録送付ノ件」（天津事務所調査課）（一九三七年八月十一日）……三三四

附：第二回物質対策委員会議事要録……三三五

平綏線と関係交通路に関する資料送付依頼の件（電文、天津事務所長→総裁室東亜課長）（一九三七年八月十一日）……三四九

通州唐山間鉄道敷設に関し鉄道総局計画課長は軍参謀と懇談（電文、天津事務所長→総裁室東亜課長、鉄道総局長）（一九三七年八月十一日）……三五〇
橘三氏の来津方依頼の件（電文、天津事務所長→総裁室東亜課長）（一九三七年八月十一日）……三五二
至急局員従軍派遣要請の旨を満洲国産業部林務局に伝達依頼（電文、天津事務所長→総裁室東亜課長）（一九三七年八月十一日）……三五三
通州、廊坊事件殉職職員の追悼会及遺骨護送の旨を在連遺族に伝達依頼（電文、天津事務所長→総裁室東亜課長）（一九三七年八月十一日）……三五四
池田中佐の行程を通知の件（電文、天津事務所長→総裁室東亜課長）（一九三七年八月十一日）……三五五
派遣タイピスト三名到着の件……三五六
（電文、天津事務所長→総裁室東亜課長）（一九三七年八月十二日）……三五六
（電文、天津事務所長→総裁室東亜課長）（一九三七年八月十二日）……三五七
通州事変犠牲者高橋余慶以下五名の遺骨は明日天津丸で赴連（電文、天津事務所長→総裁室東亜課長）（一九三七年八月十二日）……三五八
慰問班成員帰任の件（電文、天津事務所長→総裁室東亜課長）（一九三七年八月十二日）……三五九
民団食料品決済の旨を国際運輸公司に伝達依頼の件（電文、天津事務所長→総裁室東亜課長）（一九三七年八月十二日）……三六〇
消費組合に社員用品の発送依頼（電文、天津事務所長→総裁室東亜課長、消費組合総主事）（一九三七年八月十二日）……三六一
香月軍司令官に陣中見舞品贈呈の件（電文、天津事務所長→総裁室東亜課長）（一九三七年八月十二日）……三六二
慰問班成員、社員会連合会長行程を通知の件（電文、天津事務所長→総裁室東亜課長）（一九三七年八月十二日）……三六三
国防婦人会より軍慰問品購入斡旋方依頼（電文、天津事務所長→総裁室東亜課長）（一九三七年八月十二日）……三六四
「天津事務所長謝電」（電文、天津事務所長→総裁）（一九三七年八月十二日）……三六六

「通州殉職社員葬儀ニ関スル件」（電文、天津事務所長→総裁室東亜課長・人事課長・福祉課長）
（一九三七年八月十三日）……三六七
井陉炭鉱買取に関する件（電文、天津事務所長→総裁室東亜課長）（一九三七年八月十三日）……三七〇
葬儀日取り決定次第内地の遺族に通報依頼（電文、天津事務所長→総裁室東亜課）（一九三七年八月十三日）……三七二
軍務に従う留学生の交替に関する件（電文、天津事務所長→総裁室東亜課長・人事課長）（一九三七年八月十三日）……三七三
葬儀日取り決定次第内地の遺族に通報依頼（電文、天津事務所長→総裁室東亜課長）（一九三七年八月十三日）……三七五
目前職員連絡方を通知の件（電文、天津事務所長→総裁室東亜課長、産業部交通課長）（一九三七年八月十三日）……三七六
飛行機欠航の為産業部平参事は列車にて離津（電文、天津事務所長→総裁室東亜課長）（一九三七年八月十四日）……三七七
通州殉職社員の葬儀には二十一日赴連出席を通知の件（電文、天津事務所長→総裁室東亜課長）
（一九三七年八月十四日）……三七八
池田氏は飛行機の都合により延期赴任の旨を産業部次長奥村に伝達依頼の件（電文、天津事務所長→総裁室東亜課長）
（一九三七年八月十四日）……三七九
「北平籠城中ノ事情報告ノ件」（天津事務所長→総裁室東亜課長）（一九三七年八月十四日）……三八〇
人員増加に依り白米の積出手配依頼の件（電文、天津事務所長→総裁室東亜課長）（一九三七年八月十四日）……三八一
天津国防婦人会が慰問品購入至急手配依頼の件（電文、天津事務所長→総裁室東亜課長）（一九三七年八月十四日）……三八二
上海事務所より上海空爆を受け全員正金ビルに避難中の報告（電文、天津無電→総裁室東亜課長、鉄道総局長）
（一九三七年八月十四日）……三八三
井陘炭砿接収の件に付続電（電文、天津事務所内山本→総裁室東亜課長）（一九三七年八月十四日）……三八四

第三冊

七、天津事務所

石橋参事は天津陸軍機関員・治安維持会顧問就任に関する件（電文、天津事務所長→総裁室東亜課長）（一九三七年八月十五日）……〇〇三
派遣社員の状況報告（電文、天津事務所長→総裁室東亜課長）（一九三七年八月十五日）……〇〇四
民団食糧は本日貨車積み北平向け発送予定（電文、天津事務所→総裁室東亜課長）（一九三七年八月十五日）……〇〇五
阪谷理事等は支那側金融機関と会見することが決まり（電文、天津事務所長→総裁室東亜課長）（一九三七年八月十五日）……〇〇六
営口医院派遣看護婦到着（電文、天津事務所救護班→総裁室東亜課長、地方部衛生課長、営口医院長）（一九三七年八月十五日）……〇〇七
通州事変殉職社員確認し陸軍省に通知必要（電文、天津事務所長→総裁室東亜課長）（一九三七年八月十五日）……〇〇八
池田中佐は明日乗船貴地に向うの旨を総裁と産業部次長奥村に伝達依頼（電文、天津事務所長→総裁室東亜課長）（一九三七年八月十五日）……〇一〇
阪谷理事と十河興中社長は参謀長を訪問し北支金融に関する商談の件（電文、天津事務所長→総裁室東亜課長）（一九三七年八月十五日）……〇一一
「支那駐屯軍ニ社員派遣ノ件」（天津事務所長→支那駐屯軍司令部参謀長）（一九三七年八月十六日）……〇一二
タイピスト二人列車にて帰任（電文、天津事務所長→総裁室東亜課長・文書課長）（一九三七年八月十六日）……〇一三
タイピスト引続派遣依頼の件（電文、天津事務所庶務課長→総裁室東亜課長・文書課長）（一九三七年八月十六日）……〇一四
天津事務所へ産業部庶務課雇員紫原コウ派遣方依頼の件（電文、天津事務所長→総裁室東亜課長）（一九三七年八月十六日）……〇一五
職員溪友吉家族の社宅配慮依頼（電文、天津事務所長→総裁室東亜課福祉課長）（一九三七年八月十六日）……〇一六

通州殉職社員葬儀終了の上は謝電依頼（電文、天津事務所長→総裁室東亜課長）（一九三七年八月十六日）……〇一七
福祉課より通州殉職社員葬儀費支払要請の件（電文、天津庶務課長→総裁室東亜課長・福祉課長・会計課長）
（一九三七年八月十六日）……〇一八
殉職社員遺物輸送の件（電文、天津事務所長→総裁室東亜課長）（一九三七年八月十六日）……〇一九
弘報課員菅野川崎十五日帰津（電文、天津事務所長→総裁室東亜課長）（一九三七年八月十六日）……〇二一
産業部交通課職員麦俊雄出張延期要請（電文、天津庶務課長→総裁室東亜課長）（一九三七年八月十六日）……〇二二
北平外出の弘報課員菅野等すでに帰任の件（電文、天津事務所長→総裁室東亜課長）（一九三七年八月十六日）……〇二三
宇佐美理事、杉委員長十六日午前発通車にて帰任の件（電文、天津庶務課長→総裁室東亜課長）
（一九三七年八月十六日）……〇二四
「北支事変派遣記者ノ行動通報依頼ノ件移牒」（電文、天津事務所長→社員会幹事長）（一九三七年八月十六日）……〇二五
国防婦人会より依頼購入した慰問品に付き手配要請（電文、天津事務所長→総裁室東亜課長）
（一九三七年八月十六日）……〇二六
故岩崎職員の遺族引揚の件（電文、天津事務所長→総裁室東亜課長）（一九三七年八月十六日）……〇二七
「天津在勤社員家族引揚ニ関スル件」（天津事務所長→総裁室東亜課・人事課・福祉課長）
（一九三七年八月十六日）……〇二九
天津に派遣中の大連保安区長尾正より母死亡の為転電方依頼（電文、天津事務所長→総裁室東亜課長）
（一九三七年八月十六日）……〇三二
天津北平間和文電報開通の件（電文、天津事務所長→総裁室東亜課長）（一九三七年八月十七日）……〇三三
大奉火油と満州石油本社より社内電報利用申出の件（電文、天津事務所長→総裁室東亜課長）
（一九三七年八月十七日）……〇三四
産業部交通課長に伝えて連雲港調査報告書至急送付要請（電文、天津事務所長→総裁室東亜課長）
（一九三七年八月十七日）……〇三五

民団食料代金及び発送状況に付き国際附業課長に伝言要請（電文、天津事務所長→総裁室東亜課長）（一九三七年八月十七日）……〇三六

池田男と松岡総裁に面談方手配要請（電文、天津庶務課長→総裁室東亜課長・庶務課長）（一九三七年八月十七日）……〇三七

職員家族帰国の件（電文、天津事務所長→総裁室東亜課長・福祉課長）（一九三七年八月十七日）……〇三八

天津—塘沽、天津—太沽間道路改築及び舗装に関し天津特務機関より立案依頼（電文、天津事務所長→総裁室東亜課長）（一九三七年八月十七日）……〇三九

産業部交通課星田主任に伝えて隴海線の現状調査を取纏め乞う（電文、天津事務所長→総裁室東亜課長）（一九三七年八月十七日）……〇四一

「軍需品陸揚ニ関スル件」（電文、天津事務所長→総裁室東亜課長）（一九三七年八月十七日）……〇四二

青島総領事館気付日高参事官宛の電文送信依頼（電文、天津事務所長→総裁室東亜課長）（一九三七年八月十七日）……〇四三

新京医療機関不充分以て今後持病社員は派遣を見合わす（電文、天津事務所長→総裁室東亜課長経由衛生課長）（一九三七年八月十七日）……〇四四

日本人看護手通訳を兼ね得る外科助手派遣方依頼の件（電文、天津事務所長→総裁室東亜課長経由衛生課長）（一九三七年八月十七日）……〇四五

通州殉職社員葬儀に際し北寧局長名義の花環の用意乞う（電文、天津事務所長→総裁室東亜課長）（一九三七年八月十七日）……〇四七

通州殉職社員記録発送に関する件（電文、天津事務所長→総裁室弘報課長・東亜課長）（一九三七年八月十七日）……〇四八

坂谷理事は重役会議に出席不能を通知の件（電文、天津事務所長→総裁室東亜課長）（一九三七年八月十七日）……〇五〇

池田永康等着津の件（電文、天津事務所長→総裁室東亜課長）（一九三七年八月十七日）……〇五一

「時局派遣社員宿舎状況報告ノ件」（天津事務所長→総裁室東亜課長）（一九三七年八月十八日）……〇五二

殉職所員葬儀参列の為天津事務所長赴連の件（電文、天津事務所長→総裁室東亜課長）（一九三七年八月十八日）……〇五四
中村幸次病気で天津事務所に収容せり十日後帰任予定の件（電文、天津事務所長→総裁室東亜課長・人事課長）
（一九三七年八月十八日）……〇五五
阪谷理事、十河両氏は銀行公会代表、天津三銀行支配人と会談当地金融界の安定に関する件（電文、
天津事務所長→総裁室東亜課長）（一九三七年八月十八日）……〇五六
中村幸次氏病気状況通知の件（電文、天津事務所長→総裁室弘報課長・人事課長）（一九三七年八月十八日）……〇五八
「天津東機局兵舎至ル引込線工事費整理ニ関シ勘定管掌箇所其ノ他照会ノ件」（電文、
天津事務所長→総裁室東亜課長、鉄道総局長）（一九三七年八月十八日）……〇五九
「阪谷、十河両氏天津銀行団代表ト会談ノ件」（天津事務所長→総裁室東亜課長）（一九三七年八月十九日）……〇六三
附：阪谷、十河両氏天津銀行団代表と会談状況……〇六四
庶務職員十名派遣要請（電文、天津事務所長→総裁室東亜課長）（一九三七年八月十九日）……〇六五
殉職社員功績説明の件（電文、天津事務所長→総裁室東亜課長）（一九三七年八月十九日）……〇六六
本日坂谷理事北平に向う通知の件（電文、大津事務所長→総裁室東亜課長）（一九三七年八月十九日）……〇六八
映画班山口、芦沢一行北平より帰津（電文、天津事務所長→総裁室東亜課長）（一九三七年八月十九日）……〇六九
雇員川崎と荒木の行程報告の件（電文、天津事務所長→総裁室東亜課長）（一九三七年八月十九日）……〇七〇
伊藤所長十九日列車にて赴連、迎え車乞う（電文、天津事務所庶務課長→総裁室東亜課長）（一九三七年八月十九日）……〇七一
雇員川崎一行の行程報告の件（電文、天津事務所長→総裁室東亜課長）（一九三七年八月十九日）……〇七二
弔辞発送せるも未着ならば所長に連絡乞う（電文、天津事務所庶務課長→総裁室東亜課長）（一九三七年八月二十日）……〇七三
坂谷理事の帰連時刻変更の件（電文、天津事務所長→総裁室東亜課長）（一九三七年八月二十日）……〇七四
坂谷理事帰連時刻確認の上再電（電文、天津事務所長→総裁室東亜課長）（一九三七年八月二十日）……〇七五
弘報課員菅野一行の行程通知の件（電文、天津事務所長→総裁室東亜課長）（一九三七年八月二十日）……〇七六
産業部前田マサノリは出張延期要請（電文、天津事務所長→総裁室東亜課長）（一九三七年八月二十日）……〇七七

北平事務所長各員北平地方維持会顧問就任に関する件（電文、天津事務所長→総裁室東亜課長）
（一九三七年八月二十日）……〇七八
撮影場所八達嶺に変更の旨を総裁室庶務課と映画製作所芥川に伝達依頼の件（電文、天津事務所長→総裁室東亜課長）
（一九三七年八月二十日）……〇七九
池田男は総裁との面談に付き手配要請の件（電文、天津事務所庶務課長→総裁室東亜課長、藤井秘書、産業部庶務課長）
（一九三七年八月二十日）……〇八〇
庶務課雇員及び家族内地に引揚の件（電文、天津事務所長→総裁室東亜課長・福祉課長）（一九三七年八月二十日）……〇八一
天津陸軍機関より天津付近道路改修調査依頼（電文、天津事務所長→総裁室東亜課長）
（一九三七年八月二十日）……〇八二
北寧鉄路局員八月分給料資金賃付の件（電文、天津事務所長→総裁室東亜課長、経理部長、鉄道総局長）
（一九三七年八月二十日）……〇八三
北支時局映画の公開映写は軍の検閲を要す（電文、天津事務所長→総裁室東亜課長）（一九三七年八月二十一日）……〇八四
「北古口—通州鉄道建設工事人夫徴傭ニ関スル件」（支那駐屯軍参謀長→冀東防共自治政府長官代理）
（一九三七年八月二十一日）……〇八六
軍より北平特務機関及び天津治安維持会に社員三名派遣方依頼の件（電文、天津事務所長→総裁室東亜課長）
（一九三七年八月二十一日）……〇八七
軍司令官及び冀東政府長官より弔電送付に関する件（電文、天津事務所長→総裁室東亜課長）
（一九三七年八月二十一日）……〇八九
阪谷理事帰連時刻通知の件（電文、天津事務所長→総裁室東亜課長）（一九三七年八月二十一日）……〇九〇
給料資金賃付金委細報告（電文、天津事務所長→経理部長）（一九三七年八月二十二日）……〇九一
青島駐在員よりピストル入手依頼及び運転手派遣要請（電文、天津事務所長→総裁室東亜課長）
（一九三七年八月二十二日）……〇九二
青島駐在員よりピストル依頼の電あり転電す（電文、天津事務所長→総裁室東亜課長）（一九三七年八月二十二日）……〇九三

青島駐在員より重要ある電を返事ずの電あり転電す（電文、天津事務所長→総裁室東亜課長）
（一九三七年八月二十二日）……〇九四
職員配属状況の件（電文、天津事務所庶務課長→総裁室東亜課長、天津事務所長）（一九三七年八月二十三日）……〇九五
「北支事変関係満鉄社員配置表送付ノ件」（天津事務所長→総裁室人事課長・東亜課長）
（一九三七年八月二十三日）……〇九六
附：北支事変関係満鉄社員配置表……〇九七
軍より北平特務機関配属者指名に関する件（電文、天津事務所長→総裁室東亜課長）（一九三七年八月二十三日）……〇九九
青島駐在員当所間無電交信完備の報告（電文、天津事務所長→総裁室東亜課長）
（一九三七年八月二十三日）……一〇一
北平民会用食糧品の代金支払い完了、国防婦人会と天津民団用食糧物資引渡済（電文、
天津事務所長→総裁室東亜課長）（一九三七年八月二十三日）……一〇三
貸付中の貨車が青島に集結要請の件（電文、天津事務所長→総裁室東亜課長）（一九三七年八月二十三日）……一〇四
豊台救護班設置のため内科医二名、助手十二名、看護婦適当員数派遣要請（電文、天津事務所長→総裁室東亜課長）
（一九三七年八月二十三日）……一〇五
天津へ教育行政に明るき人物派遣方依頼の件（電文、天津事務所長→総裁室東亜課長）（一九三七年八月二十三日）……一〇六
軍より北平特務機関へ会社経営及経理の経験ある者派遣要請（電文、天津事務所長→総裁室東亜課長）
（一九三七年八月二十三日）……一〇七
天津事務所の業務補助の為人員派遣要請（電文、天津事務所長→総裁室東亜課長）（一九三七年八月二十四日）……一〇八
通州殉職社員家族に遺産返却の件（電文、天津事務所長→総裁室東亜課長・福祉課長）
（一九三七年八月二十四日）……一〇九
総裁室映画製作所員山口、芦沢一行の行程通知の件（電文、天津事務所長→総裁室東亜課長）
（一九三七年八月二十四日）……一一〇

弘報課員と産業部庶務課員二名出張延期、旅費仮払要請の件（電文、天津事務所庶務課長→総裁室東亜課長）（一九三七年八月二十四日）……一一一
南口へ向う雇員菅野の出発時期通知の件（電文、天津事務所長→総裁室東亜課長）（一九三七年八月二十四日）……一一二
工藤武男北平事務所長に任命の件（電文、天津事務所長→総裁室東亜課長）（一九三七年八月二十四日）……一一三
「功績ニ関スル件」（天津事務所長→総裁室人事課長）（一九三七年八月二十四日）……一一四
附：功績事項照会の件……一一五
青島駐在員より山東の交通・港湾他産業開発に関する立案書類送付依頼（電文、天津事務所長→総裁室東亜課長）（一九三七年八月二十四日）……一一六
青島駐在員資金要求宛変更の件（電文、天津事務所長→総裁室東亜課長、青島駐在員）（一九三七年八月二十四日）……一一七
映画製作所所員四名出張状況通知の件（電文、天津事務所長→総裁室東亜課長）（一九三七年八月二十五日）……一一八
「板垣部隊長ヨリ社員ニ対スル感謝状ノ件」（天津事務所長→総裁室人事課長）（一九三七年八月二十五日）……一一九
青島駐在員より日本の既定方針変らずの電あり転電す（電文、天津事務所長→総裁室東亜課長・弘報課長）（一九三七年八月二十五日）……一二〇
北寧鉄路給料と麦粉高梁代金の件（電文、天津事務所庶務課長→総裁室東亜課長、経理部長、鉄路総局長）（一九三七年八月二十五日）……一二一
北支事変満鉄関係功績調査書製作の為職員派遣要請の件（電文、天津事務所長→総裁室東亜課長）（一九三七年八月二十五日）……一二三
駐屯軍より北支事変満鉄関係功績調書製作のため事務及び鉄道系統専任者各一名派遣依頼（電文、天津事務所長→総裁室東亜課長）（一九三七年八月二十五日）……一二四
弘報課職員秋山ヨウソウ出張延期及び旅費仮払要請の件（電文、天津事務所長→総裁室東亜課長）（一九三七年八月二十五日）……一二五
早速来津の旨を坂谷理事に伝達要請の件（電文、天津事務所長、総裁室東亜課長→総裁室東亜課長）（一九三七年八月二十六日）……一二六

総裁室庶務課員星野、栗山の出差期間延長及び旅費立替払依頼の件（電文、天津事務所長→総裁室東亜課長）
（一九三七年八月二十六日） …… 一二七
弊職は所員一同無事着津（電文、天津事務所長→総裁室東亜課長）（一九三七年八月二十六日） …… 一二八
総裁室映画製作所宛のフィルム託送の件（電文、天津事務所長→総裁室東亜課長）（一九三七年八月二十六日） …… 一二九
総映画製作所宛「フィルム」着連報告の件（電文、天津事務所長→総裁室東亜課長）
（一九三七年八月二十六日） …… 一三〇
通州殉職社員葬儀挙行に関し御尽力に感謝の意伝達の件（電文、天津事務所長→総裁室東亜課長・人事課長・福祉課長）
（一九三七年八月二十六日） …… 一三一
日本側銀行は中華民国側銀行に融通希望（電文、天津事務所長→総裁室東亜課長）（一九三七年八月二十六日） …… 一三二
建設事務所北平に移設（電文、天津事務所長→鉄道総局長、総裁室東亜課長）（一九三七年八月二十六日） …… 一三三
「野戦建築用アンペラ手配依頼ノ件」（電文、天津事務所長→総裁室東亜課長）（一九三七年八月二十六日） …… 一三五
「北平出張報告書」（一九三七年八月二十六日） …… 一三六
国防婦人会慰問品の代金決済完了（電文、天津事務所長→総裁室東亜課長）（一九三七年八月二十七日） …… 一四〇
山東在留国人引揚に関連する貸付貨車処置の件（電文、天津事務所長→総裁室東亜課長）（一九三七年八月二十七日） …… 一四一
魯大高専務が汽車から堕落逝去の件（電文、天津事務所長→総裁室東亜課長）（一九三七年八月二十七日） …… 一四三
内蒙（張太汽車公司）職員柴田濱次郎戦死（電文、天津事務所長→総裁室東亜課長・人事課長）
（一九三七年八月二十七日） …… 一四四
膠済貸付貨車処置に関する件（電文、天津事務所長→総裁室東亜課長）（一九三七年八月二十七日） …… 一四五
日満商事より軍用石炭意見伝言の件（電文、天津事務所長→総裁室東亜課長）（一九三七年八月二十七日） …… 一四七
軍用石炭購買価格に関する件（電文、天津事務所長→総裁室東亜課長）（一九三七年八月二十七日） …… 一四八
柴田濱次郎戦死時刻改訂の件（電文、天津事務所長→総裁室東亜課長・人事課長）（一九三七年八月二十七日） …… 一五〇
戦死者柴田濱次郎の家族に渡す弔電（電文、天津事務所長→総裁室東亜課長）（一九三七年八月二十七日） …… 一五一

青島居留民全部引揚るように総領事より命令発した（電文、天津事務所長→総裁室東亜課長）
（一九三七年八月二十八日）……一五三
派遣傭員六名到着（電文、天津事務所長→総裁室東亜課長）（一九三七年八月二十九日）……一五四
弘報課写真班一色達夫の行程通知の件（電文、天津事務所長→総裁室東亜課長・弘報課長）
（一九三七年八月二十九日）……一五五
通州事務所より冀東政府建物借受の件（電文、天津事務所にて小川→総裁室東亜課長）（一九三七年八月三十日）……一五六

八、关东军

「北支事変ニ伴フ満鉄従事員及器材ノ派遣準備ニ関スル件」（関東軍鉄道線区司令官→満鉄総裁）
（一九三七年七月九日）……一五九
軍方より奉天伝染病方の件照会に関する往復文書……一六〇
関東軍参謀長→満鉄総裁（一九三七年八月六日）……一六〇
満鉄総裁→関東軍参謀長（一九三七年八月七日）……一六一
「北支派遣鉄道従事員ニ関スル件」（関東軍参謀長→満鉄総裁）（一九三七年八月十六日）……一六二
「北支ニ対シ人員資材派遣追送ニ関スル件」（関東軍参謀長→満鉄総裁）（一九三七年八月十九日）……一六三
「北支へ満鉄高級社員派遣ニ関スル件」（関東軍参謀長→満鉄総裁）（一九三七年八月十九日）……一六五
張北へ奉天医科大学外科医十名派遣依頼（電文、関東軍参謀長→満鉄副総裁）（一九三七年八月二十二日）……一六六
「奉天医科大学ヨリ張北へ救護班ヲ派遣相成度件」（関東軍参謀長→満鉄副総裁）（一九三七年八月二十七日）……一六七

九、満鉄総裁

北支事変の為北平事務所所員の尽瘁に感謝（電文、満鉄総裁→北平事務所長）（一九三七年七月十三日）……一七三
北支派兵引続き慰問弔慰依頼に関する往復文書……一七四
木原顧問→満鉄総裁（一九三七年七月二十七日）……一七四

満鉄総裁→木原顧問（一九三七年八月六日）……一七六
満鉄総裁→木原顧問（一九三七年八月十二日）……一八〇
通州に於ける遭難・殉職社員への慰問弔慰に深謝（電文、満鉄総裁→東拓総裁、支那駐屯軍顧問）
（一九三七年八月五日）……一八一
皇軍の苦労に感謝の為、社を代表し中西理事を派遣（電文、満鉄総裁→第三艦隊司令長官、上海特別陸戦隊司令官等）
（一九三七年九月十八日）……一八二
上海に於ける皇軍の奮闘に感謝し、英霊に哀悼の意を表す（満鉄総裁→第三艦隊司令長官、上海特別陸戦隊司令官等）
（一九三七年九月二十日）……一八四
慰問の微意を表し林檎を贈る（挨拶状、満鉄総裁松岡洋右→傷病将兵）（一九三七年十月五日）……一八六
附一：満洲陸軍病院・院長名、林檎箱数……一八七
附二：内地陸海軍病院名簿、林檎箱数……一八九
皇軍の太原占領を祝す（電文、満鉄総裁→寺内軍司令官）（一九三七年十一月八日）……一九一
南京占領に祝し将兵慰問の電（電文、満鉄総裁→松井軍司令官、長谷川第三船隊司令長官等）
（一九三七年十二月十一日）……一九二
南京占領の祝辞（満鉄総裁→総理大臣、軍令部次長・参謀次長等）（一九三七年十二月）……一九三
徐州占領に祝し将兵慰問の電（電文、満鉄総裁→寺内北支方面軍司令官、中支方面軍司令官等）
（一九三八年五月二十日）……一九四
漢口占領に祝し将兵慰問の電（電文、満鉄総裁→寺内北支方面軍司令官、中支方面軍司令官等）
（一九三八年十月二十五日）……一九五
広東漢口占領に祝し将兵慰問の電（電文、満鉄総裁→古荘南支方面軍司令官、軍艦妙高塩沢司令長官）
（一九三八年十月二十七日）……一九六

十、総裁室人事課

「専門学校以上卒業新入社員ニ対スル実習手当支給方ノ件」（総裁室人事課長→総裁室庶務課長・東亜課長）（一九三七年七月八日）……一九九

北支・北満地方旅行を禁止（電文、総裁室人事課長→総裁室庶務課長）（一九三七年七月十二日）……二〇二

派遣社員名前の通知（電文、総裁室人事課長→天津事務所長、総裁室東亜課長）（一九三七年七月二十一日）……二〇三

派遣社員名簿（一九三七年七月二十二日）……二〇五

軍特種班補助者派遣の件（電文、総裁室人事課長→天津事務所長）（一九三七年七月二十六日）……二三九

料理人五名派遣済み及び追加四名は輸送班に連絡依頼（電文、総裁室人事課長→天津事務所長、総裁室東亜課長）（一九三七年八月九日）……二四〇

出張日程通知の件（電文、総裁室人事課長→天津事務所長、総裁室東亜課長）（一九三七年八月九日）……二四一

鉄道工事経理関係者派遣の件（電文、総裁室人事課長→天津事務所長、総裁室東亜課長）（一九三七年八月十日）……二四二

産業部交通課員派遣の件（電文、総裁室人事課長→天津事務所長、総裁室東亜課長）（一九三七年八月十二日）……二四三

タイピスト及び南和江と有馬春子交替の件（電文、総裁室人事課長→天津事務所長、総裁室東亜課長・文書課長）（一九三七年八月十三日）……二四四

看護婦田中豊の交代者十六日大連発船（電文、総裁室人事課長→天津事務所長、総裁室東亜課長）（一九三七年八月十六日）……二四五

資料担当者庶務課雇員斉藤勉代十八日大連発船（電文、総裁室人事課長→総裁室東亜課長）（一九三七年八月十七日）……二四六

久田光三等三人十八日大連発船（電文、総裁室人事課長→天津事務所長、天津輸出班、総裁室東亜課長等）（一九三七年八月十八日）……二四七

中村幸次の交替者人事課雇員本日大連発船（電文、総裁室人事課長→総裁室東亜課長）（一九三七年八月二十日）……二四八

産業部交通課員阪田常雄派遣の件（電文、総裁室人事課長→天津事務所長、総裁室東亜課長）
（一九三七年八月二十三日）……二四九
教護班要員として看護手四名張北へ至急派遣手配乞う（電文、総裁室人事課長→撫順医院長、衛生課長）
（一九三七年八月二十六日）……二五〇
教護班要員として貴学医員六名と撫順医院看護手四名派遣乞う（電文、総裁室人事課長→医大学長、衛生課長）
（一九三七年八月二十六日）……二五一
近く雇員人選配属の電（電文、総裁室人事課長→天津事務所長、総裁室東亜課長、産業部庶務課長等）
（一九三七年八月二十六日）……二五二
弘報課佐々秀與等出張延期及旅費に関する件（電文、総裁室人事課長→天津事務所長、
総裁室東亜課長・庶務課長）（一九三七年八月二十六日）……二五三
「天津在勤社員及時局ノ為北支派遣社員ニ対スル食事社給ニ関スル件」（総裁室人事課長→北支事務局長、鉄道総局長）
（一九三七年八月三十一日）……二五四
軍より依頼の二名派遣内定（電文、総裁室人事課長→総裁室東亜課長、北支事務局長）
（一九三七年九月二日）……二五六
産業部職員秋山政夫本日派遣す（電文、総裁室人事課長→総裁室東亜課長、北支事務局長、産業部長）
（一九三七年九月三日）……二五八
淵上金丸の交替者弘報課員職員野坂俊二赴津（電文、総裁室人事課長→総裁室東亜課長、北支事務局長、弘報課長）
（一九三七年九月九日）……二五九
「支那事変ノ為召集ヲ受ケタル社員外従業員ノ給与其ノ他ニ関スル件」（総裁室人事課長→総裁室庶務課長）
（一九三七年九月十一日）……二六〇
「支那事変ノ為派遣中疾病ニ罹リタル者取扱方ニ関スル件」（総裁室人事課長→総裁室庶務課長）
（一九三七年九月十五日）……二六三

「日本赤十字社救護員タル社員ニシテ戦時召集ニ応シタル者ノ身分及給与ニ関スル件」
（総裁室人事課長→総裁室庶務課長）（一九三七年十月六日）……二六五
「支那事変関係社員給与取扱方ノ件」（総裁室人事課長→総裁室庶務課長）（一九三七年十月十一日）……二六七
「支那事変関係社員給与取扱方ノ件中訂正ノ件」（総裁室人事課長→総裁室庶務課長）（一九三七年十月十三日）……二七五
「支那事変関係社員給与取扱方ノ件中一部改正ノ件」（総裁室人事課長→総裁室庶務課長）
（一九三七年十月二十六日）……二七七
「日本赤十字社救護員タル社員ニシテ戦時召集ニ応シタル者同家族ニ対スル乗車証並他線乗車船賃割引証取扱ニ関スル件」
（総裁室人事課長→総裁室庶務課長）（一九三七年十月二十九日）……二八一
「支那事変関係社員給与取扱方ノ件中一部改正ノ件」（総裁室人事課長→総裁室庶務課長）
（一九三七年十月三十日）……二八二
派遣手当支給方の通知（総裁室人事課長→総裁室庶務課長）（一九三七年十月三十日）……二八四
「上海方面戦捷祝賀行事ニ参加スル者ノ取扱方ノ件」（総裁室人事課長→総裁室庶務課長）
（一九三七年十月三十日）……二八五
「派遣手当支給ニ関スル件中改訂ノ件」（総裁室人事課長→総裁室庶務課長）（一九三七年十一月十五日）……二八六
「支那事変関係社員給与取扱方ノ件中一部改正ノ件」（総裁室人事課長→総裁室庶務課長）
（一九三七年十一月十八日）……二八七
北支事務局兼務社員にして兼務用務の為旅行したる場合は支那事変関係社員給与取扱方の件を準用
（電文、総裁室人事課長→総裁室庶務課長）（一九三七年十二月四日）……二九〇
「専門学校以上卒業新入社員ニ対する実習手当支給方ノ件中一部改正ノ件」（総裁室人事課長→総裁室庶務課長）
（一九三七年十二月八日）……二九一
「兵役関係社員ノ身分並給与取扱ニ関スル件」（総裁室人事課長→総裁室庶務課長）
（一九三七年十二月二十四日）……二九二

「社員会用務ノ為社務を離レタル社員ニ対シ出勤扱ノ件」（総裁室人事課長→総裁室庶務課長）
（一九三七年十二月二十四日）……二九四
「北支派遣宣撫班員派遣手当支給方ノ件」（電文、総裁室人事課長→経理部長、外各部部長）
（一九三八年一月十六日）……二九五
退職（死亡）者取扱方の通知（総裁室人事課長→総裁室庶務課長）（一九四〇年二月九日）……二九七
附：退職（死亡）者ノ連絡事項……二九八

十一、総裁室東亜課

一九三九年度社員健康診断成績報告書に関する規則（総裁室東亜課）（一九三七年四月三十日）……三〇一
一九三九年度社員健康診断成績報告書（総裁室東亜課）（一九三七年五月）……三〇二
十五日帰連（電文、天津事務所にて総裁室東亜課長→総裁室東亜課長）（一九三七年七月十四日）……三〇五
「時局拡大ノ場合天津北平ノ公共設備保全ニ関スル件」（総裁室東亜課長→天津事務所長）（一九三七年七月十七日）……三〇六
天津事務所より連絡依頼の件（電文、総裁室東亜課長→鉄道総局長）（一九三七年七月三十日）……三〇八
時局重大邦家の為奮闘の祈りに関する往復電文……三一〇
電文、総裁室東亜課長→天津事務所長（一九三七年七月三十一日）……三一〇
電文、総裁室庶務課長→総裁室東亜課長（一九三七年八月十二日）……三一一
管内駐在員及びその家族引揚・手当て支出の手配依頼（総裁室東亜課長、経理部会計課長→上海事務所長）
（一九三七年八月三日）……三一二
管内駐在員引揚に必要な手当て支出（電文、総裁室東亜課長→上海事務所長）（一九三七年八月三日）……三一四
殉職者高橋余慶以下六名の葬儀に関する件（電文、総裁室人事課長、東亜課長→天津事務所長）
（一九三七年八月十四日）……三一五
食糧品及拳銃の送付に関する件（電文、総裁室東亜課長→上海事務所長）（一九三七年八月十九日）……三一七

「社員自衛用社給銃砲火薬類名義人ニ関スル件」（総裁室東亜課長）（一九三七年八月二十日）…………三一八
「通州殉職社員軍属任命ニ関スル件」（電文、総裁室東亜課長→天津事務所長）（一九三七年八月二十一日）…………三二〇
拳銃借用証書（総裁室東亜課長→満鉄運動会射撃部幹事）（一九三七年八月二十一日）…………三二一
東亜課長宮本帰任に関する件（電文、天津事務所にて総裁室東亜課長→総裁室東亜課長）（一九三七年八月二十六日）…三二二
来津の用件が処置済み、明日戻りに付き中西理事に伝達依頼（電文、
天津事務所にて総裁室東亜課長→総裁室東亜課長）（一九三七年八月二十六日）…………三二三
モーターポート七只出港に関する件（電文、総裁室東亜課長→北支事務局長）（一九三七年十月六日）…………三二四
井陘炭鑛接収に関する往復電文…………三二五
電文、総裁室東亜課長→北支事務局長（一九三七年十月七日）…………三二五
電文、総裁室東亜課長→北支事務局長（一九三七年十月八日）…………三二六
電文、総裁室東亜課長→北支事務局長（一九三七年十月九日）…………三二七
電文、総裁室東亜課長→撫順炭砿庶務課長（一九三七年十月二十九日）…………三二九
電文、興中□□→総裁室東亜課長（一九三七年十月十二日）…………三三〇
自力廻航船故障生じるため出港遅れ（電文、総裁室東亜課長→北支事務局長）（一九三七年十月十二日）…………三三一
光録丸機関長交替者十一日大連発船（電文、総裁室東亜課長→上海事務所長）…………三三二
膠済鉄道管理に伴う事務技術者派遣の件（電文、総裁室東亜課長→北支事務局長）（一九三七年十月二十一日）…………三三三
磁県接収に必要なる人数の問い及び北支鉱山接収計画書作成中の通知（電文、総裁室東亜課長→北支事務局長）
（一九三七年十一月六日）…………三三四
大汽就航及重役駐滬等のこと斡旋依頼（電文、総裁室東亜課長→上海事務所長）（一九三七年十一月九日）…………三三五
第二回分雇船料、船員給料、修理費等の支給手配要請（電文、総裁室東亜課長→北支事務局経理班長）
（一九三七年十二月一日）…………三三六
モーターポート特に自力廻航せる六隻の雇船料、船員給料、修理費等の支給手配要請（電文、
総裁室東亜課長→北支事務局経理班長）的电文（一九三七年十二月三日）…………三三八

本日宝珠丸六隻の支給完了（電文、総裁室東亜課長↓北支事務局経理班長）
（一九三七年十二月七日）……三四〇
上海事務所長より南京蘇州杭州に駐在員配置の進言（電文、総裁室東亜課長↓東京支社長）
（一九三七年十二月八日）……三四一
南京の電気水道経営の技術員派遣依頼（電文、総裁室東亜課一系↓東京支社長気付総裁室東亜課長）
（一九三七年十二月十日）……三四二
「社員護身用拳銃購入ニ関スル件」（総裁室東亜課）（一九三七年十二月十五日）……三四四
交通会社よりの派遣員四名宿舎及事務室の手配要請（電文、総裁室東亜課長↓北支事務局気付華北汽車公司総経理）
（一九三七年十二月十六日）……三四五
社員護身用拳銃の配布（総裁室東亜課長↓上海事務所長）（一九三七年十二月十七日）……三四六
「宣撫工作用トラック二輛購入ノ件」（総裁室東亜課）（一九三七年十二月十七日）……三四八
宣撫工作用トラック購入の費用整理依頼（電文、総裁室東亜課長↓上海事務所長）（一九三七年十二月十七日）……三五〇
「地均シローラー動車貸与ノ件」（電文、総裁室東亜課↓上海事務所）（一九三七年十二月十七日）……三五一
軍より南京の電気水道経営を満鉄にて運転希望（電文、総裁室東亜課↓東京支社長気付総裁室東亜課長）
（一九三七年十二月二十日）……三五二
交通会社よりの派遣員二十一日出発（電文、総裁室東亜課長↓北支事務局気付華北汽車公司総経理）
（一九三七年十二月二十一日）……三五三
軍より朝香宮南京滞在のため電気水道の復興督促及び宣撫班追加派遣の依頼（電文、
総裁室東亜課長↓東京支社長気付総裁室東亜課長）（一九三七年十二月二十四日）……三五四
当地警察より満鉄社員護身用ピストル輸入の旨を大連警察署長に報告依頼（電文、総裁室東亜課↓上海事務所）
（一九三八年一月十八日）……三五六
功績納書至急御送付（電文、総裁室東亜課↓東京支社気付山本総裁室東亜課長）（一九三八年七月十四日）……三五七

職員玉置章等三名の支那事変に関する功績事項書面至急回報乞う（電文、総裁室東亜課長→上海事務所長）（一九三八年七月二十五日）……三五八
船員調査の件依頼回報（総裁室東亜課長→大連埠頭事務所長）（一九三八年十月十日）……三五九
附：船員調査身許書及び乗組内訳表……三六〇

第四冊

十二、総裁室文書課

軍事功績調査資料（総裁室文書課職員藤田康忠）（総裁室文書課）（一九三七年七月七日）……〇〇三
軍事功績調査資料（総裁室文書課職員内田初雄）（総裁室文書課）（一九三七年七月七日）……〇〇七
軍事功績調査資料（総裁室文書課職員松田和夫）（総裁室文書課）（一九三七年七月七日）……〇一五
軍事功績調査資料（総裁室文書課職員塩川荒雄）（総裁室文書課）（一九三七年七月七日）……〇二〇
軍事功績調査資料（総裁室文書課職員内田周市）（総裁室文書課）（一九三七年七月七日）……〇二八
軍事功績調査資料（総裁室文書課職員上野一洋）（総裁室文書課）（一九三七年七月七日）……〇三三
軍事功績調査資料（総裁室文書課職員池田繁次郎）（総裁室文書課）（一九三七年七月七日）……〇三六
軍事功績調査資料（総裁室文書課職員湯地利市）（総裁室文書課）（一九三七年七月七日）……〇三八
軍事功績調査資料（総裁室文書課職員長谷好平）（総裁室文書課）（一九三七年七月七日）……〇四三
軍事功績調査資料（総裁室文書課職員安村忠臣）（総裁室文書課）（一九三七年七月七日）……〇四八
軍事功績調査資料（総裁室文書課職員奥山勤）（総裁室文書課）（一九三七年七月七日）……〇五四
軍事功績調査資料（総裁室文書課職員黑木强）（総裁室文書課）（一九三七年七月七日）……〇五七
軍事功績調査資料（総裁室文書課職員矢彦澤豊）（総裁室文書課）（一九三七年七月七日）……〇六四

軍事功績調査資料（総裁室文書課職員井上二郎）（総裁室文書課）（一九三七年七月七日）……〇七五
軍事功績調査資料（総裁室文書課職員高田精作）（総裁室文書課）（一九三七年七月七日）……〇八二
軍事功績調査資料（総裁室文書課職員北山トキ）（総裁室文書課）（一九三七年七月七日）……一〇五
軍事功績調査資料（総裁室文書課職員冨永堅志）（総裁室文書課）（一九三七年七月七日）……一〇八
軍事功績調査資料（総裁室文書課職員四本木操）（総裁室文書課）（一九三七年七月七日）……一一五
軍事功績調査資料（総裁室文書課職員岩崎一子）（総裁室文書課）（一九三七年七月七日）……一二〇
軍事功績調査資料（総裁室文書課職員小野信子）（総裁室文書課）（一九三七年七月七日）……一二八
軍事功績調査資料（総裁室文書課職員有馬春子）（総裁室文書課）（一九三七年七月七日）……一三五
軍事功績調査資料（総裁室文書課職員妹尾満喜子）（総裁室文書課）（一九三七年七月七日）……一四二
軍事功績調査資料（総裁室文書課職員佐藤クニ）（総裁室文書課）（一九三七年七月七日）……一四九
軍事功績調査資料（総裁室文書課職員瀬川ミツエ）（総裁室文書課）（一九三七年七月七日）……一五五
軍事功績調査資料（総裁室文書課職員大房喜美子）（総裁室文書課）（一九三七年七月七日）……一五九
軍事功績調査資料（総裁室文書課職員宇都宮絹子）（総裁室文書課）（一九三七年七月七日）……一六四
軍事功績調査資料（総裁室文書課職員須志田美代）（総裁室文書課）（一九三七年七月七日）……一七一
軍事功績調査資料（総裁室文書課職員松田ハツ子）（総裁室文書課）（一九三七年七月七日）……一七七
軍事功績調査資料（総裁室文書課職員林わし子）（総裁室文書課）（一九三七年七月七日）……一八四
軍事功績調査資料（総裁室文書課職員上野きよ）（総裁室文書課）（一九三七年七月七日）……一九〇
軍事功績調査資料（総裁室文書課職員新田アキヨ）（総裁室文書課）（一九三七年七月七日）……一九六
軍事功績調査資料（総裁室文書課職員野本ヤスエ）（総裁室文書課）（一九三七年七月七日）……二〇三
軍事功績調査資料（総裁室文書課職員山本早苗）（総裁室文書課）（一九三七年七月七日）……二一〇
軍事功績調査資料（総裁室文書課職員安部節子）（総裁室文書課）（一九三七年七月七日）……二一六
軍事功績調査資料（総裁室文書課職員渡邊冨久）（総裁室文書課）（一九三七年七月七日）……二二一

軍事功績調査資料（総裁室文書課職員小山タエ子）（総裁室文書課）（一九三七年七月七日）……二二六
軍事功績調査資料（総裁室文書課職員北岡輝子）（総裁室文書課）（一九三七年七月七日）……二三三
軍事功績調査資料（総裁室文書課職員橋爪福子）（総裁室文書課）（一九三七年七月七日）……二三九
軍事功績調査資料（総裁室文書課職員谷崎秀子）（総裁室文書課）（一九三七年七月七日）……二四四
軍事功績調査資料（総裁室文書課職員長野ノリ）（総裁室文書課）（一九三七年七月七日）……二五一
軍事功績調査資料（総裁室文書課職員佐佐木照子）（総裁室文書課）（一九三七年七月七日）……二五七
軍事功績調査資料（総裁室文書課職員渡邊ミサオ）（総裁室文書課）（一九三七年七月七日）……二六四
軍事功績調査資料（総裁室文書課職員高橋喜代子）（総裁室文書課）（一九三七年七月七日）……二七〇
軍事功績調査資料（総裁室文書課職員㝡上キクノ）（総裁室文書課）（一九三七年七月七日）……二七八
軍事功績調査資料（総裁室文書課職員三町三鶴子）（総裁室文書課）（一九三七年七月七日）……二八四
軍事功績調査資料（総裁室文書課職員山下美智子）（総裁室文書課）（一九三七年七月七日）……二八九
軍事功績調査資料（総裁室文書課職員小野妙子）（総裁室文書課）（一九三七年七月七日）……二九五
軍事功績調査資料（総裁室文書課職員古舘房子）（総裁室文書課）（一九三七年七月七日）……二九九
軍事功績調査資料（総裁室文書課職員北山睦子）（総裁室文書課）（一九三七年七月七日）……三〇三
軍事功績調査資料（総裁室文書課職員寺田美保子）（総裁室文書課）（一九三七年七月七日）……三一〇
軍事功績調査資料（総裁室文書課職員藤原正子）（総裁室文書課）（一九三七年七月七日）……三一四
軍事功績調査資料（総裁室文書課職員山野ヒロ子）（総裁室文書課）（一九三七年七月七日）……三二一
軍事功績調査資料（総裁室文書課職員川崎節子）（総裁室文書課）（一九三七年七月七日）……三二五
軍事功績調査資料（総裁室文書課職員宇澤壽子）（総裁室文書課）（一九三七年七月七日）……三三〇
軍事功績調査資料（総裁室文書課職員野村よし子）（総裁室文書課）（一九三七年七月七日）……三三五
軍事功績調査資料（総裁室文書課職員宮川富美子）（総裁室文書課）（一九三七年七月七日）……三三九
軍事功績調査資料（総裁室文書課職員能美政子）（総裁室文書課）（一九三七年七月七日）……三四五

軍事功績調査資料（総裁室文書課職員森脇梅野）（総裁室文書課）（一九三七年七月七日）……三五一
軍事功績調査資料（総裁室文書課職員江頭千代子）（総裁室文書課）（一九三七年七月七日）……三五四
軍事功績調査資料（総裁室文書課職員駒見とみ）（総裁室文書課）（一九三七年七月七日）……三五五
軍事功績調査資料（総裁室文書課職員衣笠三重子）（総裁室文書課）（一九三七年七月七日）……三五九
軍事功績調査資料（総裁室文書課職員岡山美代）（総裁室文書課）（一九三七年七月七日）……三六三
軍事功績調査資料（総裁室文書課職員瀧川與市）（総裁室文書課）（一九三七年七月七日）……三六九
軍事功績調査資料（総裁室文書課職員山内定子）（総裁室文書課）（一九三七年七月七日）……三七一
軍事功績調査資料（総裁室文書課職員布施ハナ）（総裁室文書課）（一九三七年七月七日）……三七四
軍事功績調査資料（総裁室文書課職員木下ワセ）（総裁室文書課）（一九三七年七月七日）……三七五
軍事功績調査資料（総裁室文書課職員百武以志枝）（総裁室文書課）（一九三七年七月七日）……三七六
軍事功績調査資料（総裁室文書課職員秋満律子）（総裁室文書課）（一九三七年七月七日）……三七七
軍事功績調査資料（総裁室文書課職員鈴木静子）（総裁室文書課）（一九三七年七月七日）……三八〇
軍事功績調査資料（総裁室文書課職員山口ツル子）（総裁室文書課）（一九三七年七月七日）……三八三
軍事功績調査資料（総裁室文書課職員渡邊妙子）（総裁室文書課）（一九三七年七月七日）……三八八
軍事功績調査資料（総裁室文書課職員上村米子）（総裁室文書課）（一九三七年七月七日）……三九二

第五冊

十二、総裁室文書課

軍事功績調査資料（総裁室文書課職員後藤靜子）（総裁室文書課）（一九三七年七月七日）……〇〇三
軍事功績調査資料（総裁室文書課職員米北美須子）（総裁室文書課）（一九三七年七月七日）……〇〇五

軍事功績調査資料（総裁室文書課職員山本嘉與子）（総裁室文書課）（一九三七年七月七日）……〇〇七
軍事功績調査資料（総裁室文書課職員厚田美恵子）（総裁室文書課）（一九三七年七月七日）……〇一〇
总軍事功績調査資料（総裁室文書課職員山内カズ）（総裁室文書課）（一九三七年七月七日）……〇一二
軍事功績調査資料（総裁室文書課職員甲斐美利子）（総裁室文書課）（一九三七年七月七日）……〇一五
軍事功績調査資料（総裁室文書課職員前フミ）（総裁室文書課）（一九三七年七月七日）……〇二〇
軍事功績調査資料（総裁室文書課職員渡邊貞子）（総裁室文書課）（一九三七年七月七日）……〇二六
軍事功績調査資料（総裁室文書課職員西上床ハナ）（総裁室文書課）（一九三七年七月七日）……〇二九
軍事功績調査資料（総裁室文書課職員宮本冨美子）（総裁室文書課）（一九三七年七月七日）……〇三二
軍事功績調査資料（総裁室文書課職員瀬戸口タマ）（総裁室文書課）（一九三七年七月七日）……〇三五
軍事功績調査資料（総裁室文書課職員澤田エツ子）（総裁室文書課）（一九三七年七月七日）……〇四〇
軍事功績調査資料（総裁室文書課職員柴田妙子）（総裁室文書課）（一九三七年七月七日）……〇四三
軍事功績調査資料（総裁室文書課職員西紀子）（総裁室文書課）（一九三七年七月七日）……〇四五
軍事功績調査資料（総裁室文書課職員閏谷きみ）（総裁室文書課）（一九三七年七月七日）……〇四八
軍事功績調査資料（総裁室文書課職員西村恵美子）（総裁室文書課）（一九三七年七月七日）……〇五〇
軍事功績調査資料（総裁室文書課職員山本久子）（総裁室文書課）（一九三七年七月七日）……〇五三
軍事功績調査資料（総裁室文書課職員牛島キン子）（総裁室文書課）（一九三七年七月七日）……〇五六
軍事功績調査資料（総裁室文書課職員川原百代）（総裁室文書課）（一九三七年七月七日）……〇五九
軍事功績調査資料（総裁室文書課職員久保田清子）（総裁室文書課）（一九三七年七月七日）……〇六一
軍事功績調査資料（総裁室文書課職員平湯静子）（総裁室文書課）（一九三七年七月七日）……〇六二
軍事功績調査資料（総裁室文書課職員松原芳江）（総裁室文書課）（一九三七年七月七日）……〇六四
軍事功績調査資料（総裁室文書課職員面川秀子）（総裁室文書課）（一九三七年七月七日）……〇六七
軍事功績調査資料（総裁室文書課職員水野弘子）（総裁室文書課）（一九三七年七月七日）……〇七〇

軍事功績調査資料（総裁室文書課職員井上美恵子）（総裁室文書課）（一九三七年七月七日）……○七三
軍事功績調査資料（総裁室文書課職員谷口ハツ子）（総裁室文書課）（一九三七年七月七日）……○七五
「時局連絡方ニ関スル件」（総裁室文書課長→総裁室庶務課長）（一九三七年七月十一日）……○七七
「時局業務ニ関スル件」（総裁室文書課長→総裁室庶務課長）（一九三七年七月十四日）……○八一
山海関と天津事務所間無線連絡開始（電文、総裁室文書課長→総裁室東亜課長・弘報課長・人事課長等）
（一九三七年七月十五日）……○八四
鉄道総局連絡事務室移転の件（電文、総裁室文書課長→総裁室東亜課長・弘報課長・庶務課長等）
（一九三七年七月十五日）……○八五
緊急を要する電報取扱方の件（電文、総裁室文書課長→総裁室庶務課長）（一九三七年七月十六日）……○八六
「対天津無線連絡ニ関スル件」（総裁室文書課長→総裁室庶務課長）（一九三七年七月二十日）……○八八
「本社時局事務連絡委員会設置ノ件」（総裁室文書課長→総裁室庶務課長）（一九三七年七月二十一日）……○八九
附：本社時局事務連絡委員会内規……○九○
「北支鉄道電報略号表送付ノ件」（総裁室文書課長→総裁室庶務課長）（一九三七年七月二十四日）……○九三
附：北支鉄道電報略号表……○九四
「北支事変ノ法理的観察ニ関スル件」（総裁室文書課長→総裁室東亜課長）（一九三七年八月二十四日）……○九五
附：北支事変ノ法理的観察の報告……○九六
「鉄道動員ニ関スル件」（総裁室文書課長→鉄道総局長）（一九三七年九月十一日）……一○六
附：満鉄は軍の北支方面作戦に協力するの指示（関東軍司令官→満鉄総裁）……一○七
「関東軍野戦鉄道司令部支部称呼名改称ノ件」（総裁室文書課長→総裁室庶務課長）（一九三七年九月十三日）……一○九
附一：「称呼名改称ノ件」（野戦鉄道司令官→満鉄副総裁）……一一○
附二：「称呼名追加ノ件通牒」（野戦鉄道司令官→満鉄副総裁）……一一一
「北支処分案（泉哲氏私案）送付ノ件」（総裁室文書課長→総裁室東亜課長）（一九三七年九月十五日）……一一二

附：北支処分案（泉哲氏私案）……一一三
満鉄社員の天覧資料提出準備依頼（電文、総裁室文書課長→鉄道総局長、北支事務局長）
（一九三七年十月八日）……一一六
「北京豊台間通信連絡ニ伝書鳩使用ノ件」（総裁室文書課長→総裁室庶務課長）（一九三七年十月二十九日）……一一八
「天覧資料ニ関スル件軍参謀長通牒」（総裁室文書課長→総裁室庶務課長）（一九三七年十一月十一日）……一二〇
附：「天覧資料ニ関スル件通牒」（関東軍参謀長→総裁室庶務課長）……一二一

十三、総裁室庶務課

北支事変日誌（一九三七年七月十二日から八月三日まで）……一二五
「事変関係日誌」（人事係）（一九三七年七月十四日から十月十一日まで）……一五〇
支那駐在及派遣員ト残留家族トノ連絡規則の制定（総裁室庶務課長→総裁室東亜課長）
（一九三七年七月十五日）……一八三
「軍事関係暗号（常用）表送付先増加通知ノ件」（総裁室庶務課長→総裁室東亜課長）（一九三七年七月十五日）……一八六
高橋平次至急帰社要請（電文、総裁室庶務課長→天津事務所気付総裁室庶務課員高橋平次）
（一九三七年八月四日）……一八八
北支事変戦死傷者へ見舞金三万円贈呈決定（電文、総裁室庶務課長、経理部会計課長→天津事務所庶務課長）
（一九三七年八月六日）……一八九
アドバルーン付属品送付の件（電文、総裁室庶務課長→天津事務所長）（一九三七年八月七日）……一九一
見舞金には海軍関係を含む（電文、総裁室庶務課長→天津事務所長）（一九三七年八月九日）……一九二
無電新設費用は天津事務所支弁（電文、総裁室庶務課長→鉄道総局長）（一九三七年八月十一日）……一九三
アドバルーン送付の件（電文、総裁室庶務課長→天津事務所長）（一九三七年八月十二日）……一九五
天津に無電機増設乞う（電文、総裁室庶務課長→鉄道総局長）（一九三七年八月十二日）……一九六

上海要求品送付の件（電文、総裁室庶務課長→上海事務所長）（一九三七年八月十五日）……………………一九八
通州に於ける殉職社員葬礼手配の件（総裁室庶務課）（一九三七年八月十六日）……………………二〇〇
無電新設費用支弁依頼の件（電文、総裁室庶務課長→天津事務所長）（一九三七年八月十八日）……………………二〇三
大華石油並満州石油の社内電報利用要請を断る（電文、総裁室庶務課長→天津事務所長）（一九三七年八月十八日）……二〇五
大華石油の社内電報利用要請に御回示乞う（電文、総裁室庶務課長→工務局電気課長）（一九三七年八月十八日）……二〇六
第三船隊司将兵へ見舞金贈呈依頼（総裁室庶務課）（一九三七年八月二十三日）……………………二〇八
「日支事変関係出張者報告（其ノ一九）」（総裁室庶務課長→総裁室人事課長）（一九三七年八月二十六日）……………二一〇
「日支事変関係出張者報告（其ノ二〇）」（総裁室庶務課長→総裁室人事課長）（一九三七年八月二十七日）……………二一二
「日支事変関係出張者報告（其ノ二二）」（総裁室庶務課長→総裁室人事課長）（一九三七年八月三十一日）……………二一四
「高級社員定期昇給ニ関スル件」（総裁室庶務課長→総裁室東亜課長）（一九三七年八月三十一日）……………二一七
豊台輸送班より社員慰問のため満日紙送付申出（電文、総裁室庶務課長→北支事務局長）（一九三七年九月二日）……二一九
陸軍将兵へ見舞金贈呈依頼（総裁室庶務課）（一九三七年九月四日）……………………二二〇
「日支事変関係出張者報告（其ノ二四）」（総裁室庶務課長→総裁室人事課長）（一九三七年九月四日）……………二二二
北平に無電設置に関する件（電文、総裁室庶務課長→鉄道総局電気課長）（一九三七年九月四日）……………二二四
アドバルーン掲揚者旅費立替払の件（電文、総裁室庶務課長→北支事務局長）（一九三七年九月十　日）……………二二五
上海出張の中西理事に陣中見舞金四万円支払依頼（電文、総裁室庶務課長、経理部会計課長→上海事務所庶務課長）
（一九三七年九月十五日）（一九三七年九月十五日）……………………二二六
北平無電設置は支配済み（電文、総裁室庶務課長→北平事務所長）（一九三七年九月十六日）……………二二七
「支那事変関係出張者報告（其ノ二八）」（総裁室庶務課長→総裁室人事課長）（一九三七年九月二十日）……………二二八
アドバルーン水素丸送付の件（電文、総裁室庶務課長→北支事務局長）（一九三七年九月二十日）……………二三〇
「上海居留民団ニ寄付ノ件」（総裁室庶務課）（一九三七年九月二十四日）……………………二三一
「支那事変関係出張者報告（其ノ二九）」（総裁室庶務課長→総裁室人事課長）（一九三七年九月二十七日）……………二三三

「陣中見舞金贈呈ノ件」（総裁室庶務課）（一九三七年十月四日）……二三五
天津駐屯軍陣中見舞金七万円決定（電文、総裁室庶務課長、経理部会計課長→北支事務局）（一九三七年十月四日）
（一九三七年十月四日）……二三七
傷病兵の収容先等調査依頼に関する往復電文……二三八
（総裁室庶務課長→東京支社庶務課長）（一九三七年十月五日）……二三八
（東京支社庶務課長→総裁室庶務課長）（一九三七年十月七日）……二三九
（東京支社庶務課長→総裁室庶務課長）（一九三七年十月八日）……二四〇
関東軍への陣中見舞金に関する意見（電文、総裁室庶務課長→北支事務局長）（一九三七年十月十六日）……二四六
陸海軍傷病将兵慰問並慰問林檎贈呈に関する件（総裁室庶務課長）（一九三七年十月十九日）……二四七
附一：内地陸海軍病院名簿、林檎箱数……二五二
附二：林檎運送に関する貨物運送受托書等……二五三
陣中見舞金の件至急回示乞う（電文、総裁室庶務課長→北支事務局長）（一九三七年十月二十一日）……二七九
察哈爾・綏遠派遣関東軍に陣中見舞金贈呈の件（総裁室庶務課）（一九三七年十月二十三日）……二八〇
察哈爾・綏遠派遣関東軍への見舞金二万円決定（電文、総裁室庶務課長→北支事務局長）
（一九三七年十月二十五日）……二八二
軍事運輸に関する挨拶状（総裁室庶務課長→朝鮮総督府鉄道総局長・庶務課長）（一九三七年十月二十八日）……二八三
「傷病兵慰問ニ関スル件」（往復）……二八五
（総裁室庶務課長→東京支社庶務課長）（一九三七年十一月九日）……二八五
（東京支社庶務課長→総裁室庶務課長）（一九三七年十一月二十六日）……二八七
「慰問林檎贈呈ニ関スル件」……二八八
（総裁室庶務課長→日満商事京城支社長）（一九三七年十一月二十日）……二八八
（総裁室庶務課長→日満商事京城支社長）（一九三七年十一月二十七日）……二九〇

「列車事故ニ依リ死亡セル出征兵士ニ弔慰金贈呈ノ件」（総裁室庶務課）（一九三七年十一月二十五日）……………一九二
「外務大臣ヨリノ感謝状社報掲載ノ件」（総裁室庶務課）（一九三七年十一月三十日）……………………一九五
「社員並軍慰問ノ件」（総裁室庶務課長→中西理事）（一九三七年十二月四日）……………………一九七
「上海方面行慰問品無賃輸送方依頼ノ件」（総裁室庶務課長→大連汽船株式会社庶務課長）
（一九三七年十二月十日）……………………………………一九九
波長計とテスターを買う資金貸付の件（電文、総裁室庶務課長→上海事務所庶務課長）（一九三八年一月二十八日）……二〇一
新聞発送中止の件（電文、総裁室庶務課長→北支事務局長）（一九三八年四月二十二日）……………………二〇二
漢口陥落に関する祝電を各司令に打電す（電文、総裁室庶務課長→秘書）（一九三八年十月二十六日）……………二〇三
「私財寄附者表彰ニ関スル件」……………………………………………………………二〇四
（総裁室庶務課長→東京支社庶務課長）（一九四〇年二月十四日）……………………………二〇四
（総裁室庶務課長→新京支社庶務課長）（一九四〇年三月二日）……………………………二〇六
「軍事功績事項調査資料送付ノ件」（総裁室庶務課長→新京保養院長）（一九四〇年三月二日）…………………二〇八

十四、総裁室福祉課

「支那事変ノ為派遣セラレタル独身社員ニ対スル社宅並住宅料ニ関スル件」（総裁室福祉課長→総裁室庶務課長）
（一九三七年十月二日）……………………………………………………………三一三
「支那事変ノ為軍ニ応召中ノ社員ニ対シ特別救済方制定ノ件」（総裁室福祉・人事課長→総裁室庶務課長）
（一九三七年十月二十五日）……………………………………………………………三一四

十五、鉄道総局

「社国線接続駅区ニ於ケル施設及作業ノ合理化ニ関スル件」（経理局長→総裁室文書課長）（一九三七年五月十日）…三一九

山海関輸送班を元北寧鉄路局の建物に移転、業務を再開（電文、山海関輸送班長→総裁室文書課長）
（一九三七年七月二十日）……三二三
「連絡機関設置ノ件」（鉄道総局長→奉天鉄道事務所長、錦県鉄路局長）（一九三七年七月三十一日）……三二四
派遣員が軍用列車に乗車の件は塘沽停車場司令部に手配済（電文、鉄道総局嘱託将校→人事課長）
（一九三七年八月三日）……三二五
総裁代理は傷病兵並派遣社員等慰問のため天津行（電文、鉄道総局福祉課長→総裁室東亜課長）
（一九三七年八月四日）……三二六
「北支派遣傷病兵及日満社員並北寧鉄路局員慰問ニ関スル報告ノ件」（鉄道総局福祉課長→総裁室東亜課長）
（一九三七年八月五日）……三二七
附：慰問品内容明細……三三〇
麦粉買付に関する件（電文、総裁室文書課長、東亜課長、経理部長→鉄道総局長）（一九三七年八月五日）……三三四
平漢鉄路占領区修理の件（天津連絡班→鉄道総局長、奉天連絡本部長）（一九三七年八月七日）……三三五
食糧発送に関する件（電文、鉄道総局経理局長→天津事務所長、連絡班長、輸送班長、嶺顧問、文書課長、
東亜課長、経理部長）（一九三七年八月七日）……三三七
「北支派遣ニ関スル件」（電文、鉄道総局人事課長→天津事務所長、総裁室人事課長、東亜課長）
（一九三七年八月十日）……三四〇
軍命により天津輸送班は鉄道監部指導下に編入（電文、天津輸送班→本社連絡本部）（一九三七年八月十一日）……三四一
食糧購入に関する件（電文、鉄道総局経理局長→総裁室東亜課長、天津事務所長、天津連絡班、天津輸送班長、
文書課長、経理部長）（一九三七年八月十一日）……三四二
天津無線電信増設の件（電文、鉄道総局長→総裁室庶務課長）（一九三七年八月十三日）……三四四
塘沽北平無線電の件　回答（電文、鉄道総局長→総裁室庶務課長）（一九三七年八月十三日）……三四五
北支宛電報取扱方の件（電文、鉄道総局長→総裁室文書課長）（一九三七年八月十六日）……三四六

「野戦鉄道司令部奉天移転ニ関スル件」（鉄道総局文書課長→直属各課長、各局長、輸送委員会委員長等）
（一九三七年八月十九日）…………三四九
附：「野戦鉄道司令部奉天移転ニ関スル件通牒」（野戦鉄道司令官→鉄道総局長）…………三五〇
「塘沽站暗号区設定ノ件」（電文、天津輸送班派遣員赤塚→総裁室文書課長）（一九三七年八月二十日）…………三五一
「北寧鉄路局従事員ニ対スル八月分給料ニ関スル件」（電文、鉄道総局経理局第一経理課長・会計課長→経理部長、
総裁室東亜課長、天津事務所長）（一九三七年八月二十一日）…………三五二
「北安ニ新設スベキ建設事務所建物ニ関スル件」（電文、鉄道総局長→天津事務所長、総裁室庶務課長）
（一九三七年八月二十四日）…………三五四
豊台輸送班開設し業務開始す（電文、豊台輸送班長→総裁室文書課長）（一九三七年八月二十五日）…………三五五
「新設建設事務所建物ニ関スル件」（電文、鉄道総局長→総裁室東亜課長、天津事務所気付天津事務所長、
小川建設局員）（一九三七年八月二十六日）…………三五六
「連絡本部其ノ他臨設連絡機関廃止ニ関スル件」（鉄道総局長→直属各課長、各局長、輸委委員長等）
（一九三七年八月二十八日）…………三五八
上海無線電施設に関する回答（電文、鉄道総局長→総裁室庶務課長、鉄道研究所長、岩武研究所調査役）
（一九三七年八月二十八日）…………三六〇
「北支派遣人員及資材ノ要求ニ関スル件」（鉄道総局長→北支事務局長）（一九三七年八月二十八日）…………三六二
豊台輸送班長より社報・満日紙送付申出（電文、鉄道総局文書課長→総裁室文書課長）
（一九三七年八月二十八日）…………三六三
「連絡機関廃止ノ件」（鉄道総局長→奉天鉄道事務所長、錦県鉄路局長）（一九三七年八月三十日）…………三六四
上海駐在海軍部に黒島丸派遣に関する件（電文、鉄道総局長→総裁室東亜課長）（一九三七年九月十日）…………三六五
「黒島丸上海派遣ニ関スル件」（一九三七年九月十日）…………三六七

北平無線電の件は北支事務局に於いて処理手配（電文、鉄道総局工務局電気課長→総裁室庶務課長）
（一九三七年九月十六日）……………………………………………………………三六八
「支那事変ニ伴フ諸費用整理方追加ノ件」（鉄道総局経理局第一経理課長→各鉄道事務所庶務課長、各鉄路局経理処長、
北鮮鉄道事務所経理課長、各鉄道工場長、各建設事務所長、各食堂営業所支配人、奉天鉄路学院長、哈爾浜林業所長、
北満鉄路残務整理事務所長、生計所）（一九三七年九月二十八日）……………………………三六九
「北支諸鉄道使用ニ関スル経理要領ノ件」（鉄道総局経理局第一経理課長→経理部長）（一九三七年十月七日）……三七九
附一：北支諸鉄道使用に関する経理要領……………………………………………………三八〇
附二：通州-古北口鉄道建設経理要領……………………………………………………三八六
「鉄道省派遣員医療費整理方ノ件」（鉄道総局経理局第一経理課長→地方部衛生課長、大連医院長、
奉天医科大学附属医院長、各建設事務所長）（一九三七年十一月十三日）…………………三八九
無線電装置設置に関する派遣者費用上海事務所負担（電文、鉄道総局長→総裁室庶務課長）
（一九三七年十二月十三日）……………………………………………………………三九一
「上海事務所無線ノ施設並運用方ニ関スル件」（鉄道総局工務局長→総裁室庶務課長）（一九三七年十二月二十九日）…三九三
附一：上海事務所無線ノ施設並運用に関する手配要領………………………………………三九五
附二：対上海無線連絡開始予定表……………………………………………………………三九七
上海事務所無線電工事完成の件（電文、鉄道総局工務局電気課長→総裁室庶務課長）（一九三八年一月八日）……三九八
「中支方面事変費整理方ニ関スル件」（鉄道総局経理局第一経理課長→各鉄道局経理課長、北鮮鉄道事務所経理課長、
総局各決算附属箇所長）（一九三八年三月十五日）……………………………………………三九九
「北支方面ニ於ケル宣撫班員及臨時的派遣者費用整理ニ関スル件」（鉄道総局経理局第一経理課長→各鉄道局長、
北鮮鉄道事務所長、総局各決算附属箇所長）（一九三八年三月十五日）…………………………四〇〇

第六冊

十六、経理部

「華北汽車公司派遣社員ノ別途給与費整理ニ関スル件」（経理部長→天津事務所庶務課長）（一九三七年七月二日）……〇〇三
「連絡用サイドカー購入ノ件」（電文、経理部長→天津事務所長）（一九三七年七月二十八日）……〇〇七
「無電整流機購入ノ件」（電文、経理部長→天津事務所長）（一九三七年七月三十日）……〇〇八
「北支事変費旬報ニ関スル件」（経理部長→総裁室庶務課長、鉄道総局経理局長、天津事務所庶務課長）
（一九三七年八月五日）……〇〇九
「特殊生産物製造ニ伴フ整理科目制定ノ件」（経理部長→中央試験所長）（一九三七年八月十九日）……〇一一
「北支事務局別途会計設置ニ伴フ勘定整理ニ関スル件」（経理部長→各決算分掌箇所長）（一九三七年九月四日）……〇一三
「北支事務局管掌勘定科目設置ノ件」（経理部長→各予決算分掌箇所長、各全鉄出納箇所長）
（一九三七年九月四日）……〇二三
「北支事変費概算額ニ関スル件」（電文、経理部長→在東京支社佐佐木理事）（一九三七年九月十日）……〇二八
「北支事変関係派遣者数日報送付ノ件」（経理部主計課長→在東京支社佐佐木理事）（一九三七年九月十六日）……〇二九
「北支事務局設置ニ伴フ勘定整理ニ関スル件」（経理部長→各決算分掌箇所長）（一九三七年九月十六日）……〇三一
附：別途給与費割掛率……〇三四
「支那事変費概算額ニ関スル件」（経理部長→在東京支社佐佐木理事）（一九三七年九月二十日）……〇三五
附：支那事変費概算調（九月十日現在）……〇三六
「北支事務局別途会計設置ニ伴フ勘定整理方解説」（経理部主計課長→各決算分掌箇所長）
（一九三七年九月二十一日）……〇三七
鉄道総局予算送付見込期日折り返し乞う（電文、経理部長→鉄道総局経理局長）（一九三七年九月二十二日）……〇四七
自動車購入に関する件（経理部長→奉天鉄道総局佐藤理事）（一九三七年十月八日）……〇四八

「北寧鉄路管理局従事員ノ立替給与資金整理ニ関スル件」（経理部庶務課長→北支事務局経理班長）
（一九三七年十月十三日）……〇四九
「北支事務局経理打合事項ニ関スル件」（経理部主計課）（一九三七年十月十六日）……〇五三
「支那事変費支出概算調表送付ノ件」（経理部主計課長→北支事務局経理班長）（一九三七年十月二十七日）……〇六三
「北支事変費概算調送付ノ件」（昭和十二年九月三十日止）（経理部主計課長→東京支社経理課長）
（一九三七年十月二十七日）……〇六五
「支那事変費中人件費ノ軍・満鉄負担区分ニ関スル件」（経理部長→北支事務局長）（一九三七年十一月四日）……〇六七
「支那事変費概算調送付ノ件」（昭和十二年十月十日止）（経理部主計課長→東京支社経理課長）
（一九三七年十一月八日）……〇七一
安東営口軍用地使用状態は明日空便で送付（電文、経理部主計課長→東京支社経理課長）
（一九三七年十一月八日）……〇七三
「軍用地図面（完成予定日）ニ関スル件」（電文、経理部主計課長→東京支社経理課長）
（一九三七年十一月十五日）……〇七四
「支那事変費概算調送付ノ件」（昭和十二年十月二十日止）（経理部主計課長→東京支社経理課長）
（一九三七年十一月二十七日）……〇七五
「支那事変費ニ関スル通牒送付方ノ件」（経理部主計課長→北支事務局経理班長）（一九三七年十一月三十日）……〇七七
昭和十三年度政府は満鉄への払込金に関する件（電文、経理部長→東京支社経理課長）（一九三七年十二月一日）……〇七九
昭和十二年度社線、地線、国線列車運行表各五部送付乞う（電文、経理部主計課長→鉄道総局輸送局長、
第一経理課長）（一九三七年十二月四日）……〇八一
満鉄所管鉄道図30部送付乞う（電文、経理部主計課長→鉄道総局資料課長、第一経理課長）
（一九三七年十二月四日）……〇八二
「中大鉄道用軌条及附属品貸与ニ関スル件」（用度部長→鉄道総局次長佐藤、経理部長）（一九三七年十二月七日）……〇八三

「支那事変費概算調送付ノ件」（昭和十二年十月三十日止）（経理部主計課長↓東京支社経理課長）
（一九三七年十二月十一日）…… 〇八四
「北支諸鉄道使用ニ関スル経理要領送付ノ件」（経理部主計課長↓上海事務所長）（一九三七年十二月十四日）…… 〇八六
「会社立替事変費ノ軍請求促進ニ関スル打合」（鉄道総局経理局長、鉄道総局第一経理課長等）
（一九三七年十二月二十一日）…… 〇八八
「支那事変費整理ニ関スル件」（経理部長↓各決算司掌箇所長、地方部残務整理委員会委員長）
（一九三七年十二月二十九日）…… 〇九二
「支那事変費整理ニ関スル件」（電文、経理部長↓北支事務局経理班長）（一九三八年一月十二日）…… 〇九九
「支那事変費整理ニ関スル件」（電文、牡丹江鉄道局、経理課会計係長↓経理部長）（一九三八年一月十七日）…… 一〇一
「軍ニ対スル立替金支出額調査ノ件」（電文、北支事務局経理班長↓経理部主計課長）（一九三八年一月十八日）…… 一〇二
北支派遣の宣撫班員に対する派遣手当支給に関する件（電文、経理部長↓牡丹江鉄道局経理課会計係長）
（一九三八年一月十八日）…… 一〇三
「北支方面ニ於ル宣撫班員及臨時的派遣者費用整理ニ関スル件」（経理部長↓各決算司掌箇所長、
地方部残務整理委員会委員長）（一九三八年一月二十二日）…… 一〇四
附一：俸給給料手当領収明細書 …… 一〇九
附二：旅費前渡金明細書 …… 一一〇
附三：決算司掌箇所 …… 一一一
「軍ニ対スル立替金支出額調ノ件」（電文、経理部主計課長↓北支事務局経理班長）（一九三八年一月二十二日）…… 一一二
附：「北支関係支那事変費概算調」（昭和十二年十二月三十一日現在）（一九三八年一月二十二日）…… 一一四
「軍ニ対スル立替金支出額調ノ件」（経理部主計課長↓北支事務局経理班長）（一九三八年一月二十二日）…… 一一五
「中支方面ノ事変費整理ニ関スル件」（経理部長↓各決算司掌箇所長、地方部残務整理委員会委員長）
（一九三八年一月二十二日）…… 一一七

附一：別途給与費割掛率 …… 一二二
附二：決算司掌箇所 …… 一二三
物資需要報告書を大蔵省に提出の件（電文、経理部主計課第二予算係→東京支社経理部駐在員室熊本政之）
（一九三八年一月二十四日）…… 一二四
「短期派遣者派遣手当整理方ノ件」（電文、経理部長→北支事務局長）（一九三八年二月三日）…… 一二五
「北支方面臨時的派遣者ノ費用整理ニ関スル件」（経理部長→各決算司掌箇所長、地方部残務整理委員会委員長）
（一九三八年二月五日）…… 一二七
「関東軍ノ依頼ニ依ル立替事変費請求ノ件」（電文、経理部長→北支事務局経理班長）（一九三八年二月七日）…… 一二九
大蔵省に提出すべき物資需要報告書に関する件（電文、経理部主計課前川原一→東京支社経理部駐在員室杉一誠）
（一九三八年二月二十二日）…… 一三一
「北支関係支那事変費概算調送付ノ件」（経理部長→東京支社経理課長）（一九三八年二月二十三日）…… 一三二
附：「北支関係支那事変費概算調」（昭和十三年一月三十一日現在）（一九三八年二月二十三日）…… 一三四
「北支方面臨時派遣社員ニ関スル件」（経理部長→各決算司掌箇所長、地方部残務整理委員会委員長）
（一九三八年二月二十四日）…… 一三五
支那事変費を付替依頼の件（経理部長→各決算司掌箇所長、地方部残務整理委員会委員長）
（一九三八年三月五日）…… 一三八
新線改良費金額を認めず、社議及軍側の意見取纏め依頼の件（電文、経理部主計課長→経理部長）
（一九三八年三月九日）…… 一四二
「昭和十三年度用度部配給物品の配給単価並別途割掛ニ関スル件」（用度部長→経理部庶務課）
（一九三八年三月二十八日）…… 一四四
「特殊輸送関係仮払金、仮受金及医療班派遣経費仮払金ニ関スル件」（電文、経理部主計課長、
総裁室庶務課長→北支事務局経理班長）（一九三八年三月二十九日）…… 一五〇

「特殊輸送関係仮払金ニ関スル件」（経理部主計課長→北支事務局経理班長）（一九三八年三月三十一日）……一五一

十七、地方部

「社員健康診断成績報告書送付ノ件」（地方部衛生課長→総裁室東亜課長）（一九三七年七月七日）……一五七
附：社員健康診断成績報告書……一五八
医師二名、看護婦九名派遣（電文、地方部衛生課長→総裁室庶務課長）（一九三七年七月十七日）……一六〇
「北支事変ニ軍通訳トシテ出動セル者」（地方部）（一九三七年七月）……一六一
「事変ニ伴ヒ関係事項報告」（興城医院長→地方部長・衛生課長）（一九三七年八月三日）……一六二
「事変関係事項通報」（地方部長→総裁室東亜課長）（一九三七年八月十三日）……一六五
附：「事変ニ伴フ関係事項報告（一）」……一六六
「興城医院現況報告」（昭和十二年八月十三日）（電文、興城医院長→地方部衛生課長）（一九三七年八月十六日）……一六八
「興城医院現況報告」（昭和十二年八月十六日）（電文、興城医院長→地方部衛生課長）（一九三七年八月十七日）……一六九
「興城医院ニ於ケル事変関係事項通報」（地方部長→総裁室東亜課長）（一九三七年八月十一日）……一七〇
附：「事変ニ伴フ関係事項報告（二）」……一七一
「興城医院現況報告」（昭和十二年八月十八日）（電文、興城医院長→衛生課長）（一九三七年八月二十日）……一七三
関東軍は共立医院の空床を依頼の件（地方部長→奉天地方事務所長）（一九三七年八月）……一七四
「北支派遣社員ニ対シ種痘並腸チブス予防注射施行ニ関スル件」（総裁室人事課長、地方部衛生課長→総裁室庶務課長）（一九三七年九月二日）……一七五
「張北方面ニ派遣者ニ関スル件」（地方部長→総裁室東亜課長）（一九三七年九月二日）……一七六
附一：「張北派遣看護手ノ件」（電文、撫順医院長→総裁室人事課長、地方部衛生課長）（一九三七年八月二十七日）……一七七
附二：「医師十名借用ノ件」（電文、医科大学校長→地方部長）（一九三七年八月二十日）……一七八

北支事変の関係で受験不能者は別途試験手配予定（電文、地方部学務課長→総裁室東亜課長、北支事務局）（一九三七年九月九日）……一七九
「北支派遣社員ニ対シ種痘並コレラ及腸チブス予防注射施行ニ関スル件」（総裁室人事課長、地方部衛生課長→総裁室庶務課長）（一九三七年九月二十八日）……一八〇

十八、産業部

「重要特産物検査経費ニ関スル打合概要報告ノ件」（産業部商工課長→産業部長）（一九三七年六月二十六日）……一八五
「軍ノ企図行動秘匿ニ関スル件」（産業部長→地質調査所長）（一九三七年七月二十日）……一九〇
附：「軍ノ企図行動秘匿ニ関シ注意アリ度件」（関東軍参謀長→満鉄副総裁）（一九三七年七月二日）……一九一
「時局業務連絡ニ関スル件」（産業部長→総裁室庶務、人事、文書、東亜課長）（一九三七年七月二十二日）……一九二
「水道、電気保全ニ関スル件」（産業部庶務課長→天津事務所長）（一九三七年七月二十四日）……一九三
附：計画書……一九四
「北支事変関係往復文書処理ニ関スル件」（産業部庶務課長→地質調査所長）（一九三七年八月二十七日）……二〇三
「支那事変記録調査表提出ニ関スル件」（産業部長→地質調査所長）（一九三七年十一月一日）……二〇四
「別居家族関係調書提出ノ件」（産業部庶務課人事係→地質調査所）（一九三八年二月二十六日）……二〇五
附：村田熊雄の残留別居家族関係調書……二〇六
総裁室文書課よりの防諜に関する通牒移牒す（産業部長→地質調査所長）（一九三八年三月二十三日）……二〇七
附：防諜に関する通牒（総裁室文書課）……二〇八

十九、地質調査所

「規定類纂頒布方申込ノ件」（地質調査所長→総裁室文書課長）（一九三七年八月三日）……二一三
附：規定類纂購読料金通知書……二一四

「特別長距離電話加入申請ノ件」（地質調査所長→産業部庶務課長）（一九三七年九月二十一日）……二一五
新入社員（小貫義男、吉田善亮）実習報告に対する専任指導委員牛丸周太郎の審査書を提出の件
（地質調査所長→産業部長）（一九三七年九月二十一日）……二一八
附：新入社員実習報告に関する審査書（専任指導委員牛丸周太郎）……二一九
「第七三回帝国議会説明資料ニ関スル件」（地質調査所長→産業部庶務課長）（一九三七年十一月二日）……二三一
附：地質調査所業務説明資料……二三二
「所長事務引継書送附ノ件」（地質調査所長→産業部長）（一九三七年十一月二十一日）……二三五
附：事務引継書……二三六
「試験研究機関調査援助方依頼ノ件回答」（地質調査所長福田連→大陸科学院長）（一九三八年一月十日）……二四四
地質調査所要覧送付の件（地質調査所庶務係長野村稔人→大陸科学院小笠隆夫）（一九三八年一月十一日）……二四八

二十、其の他の機関

「満鉄派遣員給養額調書」（北支派遣多田部隊経理部）（一九三七年七月）……二五一
「満鉄派遣員糧秣交付額調書」（北支派遣多田部隊経理部）（一九三七年七月）……二五四
「天津特務機関刻下ノ業務」（天津特務機関）（一九三七年八月三日）……二六七
天津居留民への糧食並副食物援助に対する御礼（天津居留民団長→総裁室東亜課長）（一九三七年八月九日）……二七三
陸軍運輸部大連出張所と南満洲鉄道株式会社大連鉄道事務所との傭船契約書（陸軍運輸部大連出張所）
（一九三七年八月十一日）……二七五
「特殊生産物製造ニ伴フ整理科目制定方申請ノ件」（中央試験所長→経理部長）（一九三七年八月十四日）……二八一
附：特殊生産物整理科目表……二八二
松井石根大将を上海派遣軍司令官派遣決定に関する電話記録（総裁室弘報課長）（一九三七年八月十七日）……二八三
「《協和》登載原稿送付ノ件」（天津聯合会→社員会編輯部）（一九三七年八月十九日）……二八四

天津特務機関業務分担表（天津事務所）（一九三七年八月二十日）……二八五
「銃砲火薬類譲受許可願」（満鉄理事中西敏憲→大連警察署長久下沼英）（一九三七年八月二十日）……二八七
天津事務所庶務課長27電訂正の通知（電文、上海無線電→総裁室東亜課長、用度部長）
（一九三七年八月二十三日）……二八八
慰問品を受け厚意を謝す（電文、連絡員多倫→総裁、鉄道総局長）（一九三七年八月二十四日）……二八九
「食糧品及拳銃物品請求券代理発行ニ関スル件」（用度部計画課→上海事務所）（一九三七年八月二十八日）……二九〇
魯大会社秀村行程通知の件（電文、魯大会社秀村務→総裁室東亜課長宮本）（一九三七年八月二十九日）……二九二
宣伝及び諜報従事派遣社員を臨時帰還せしむ（青島特務機関長→総裁室東亜課長）
（一九三七年八月三十日）……二九三
拳銃実包輸出済の件届（満鉄理事中西敏憲→大連警察署長久下沼英）（一九三七年九月十六日）……二九四
「小蒸汽船大連丸傭上契約書送付ノ件」（大連鉄道事務所長→総裁室東亜課長、鉄道総局経理局会計課大連在勤員、
大連埠頭長）（一九三七年九月十六日）……二九五
附：契約書……二九六
奉山方面及び濱綏方面各線の線路増強工事に関する正式予算手続き要請（電文、佐佐木理事→経理部長）
（一九三七年九月二十五日）……二九九
青島居留民引揚援助に対する礼状（青島居留民団参事会長→松岡洋右）（一九三七年十月六日）……三〇〇
在支邦人引揚に関する外務大臣よりの礼状送付の件（大連市長→満鉄総裁）（一九三七年十月二十日）……三〇一
附：礼状（外務大臣→対満事務局総裁）……三〇二
恤兵金に関する感謝状（支那駐屯軍司令部→満鉄総裁）（一九三七年十月）……三〇三
「支那事変ニ因ル在支居留民ノ引揚ニ協力セラレタル謝状送付ノ件」（関東州庁長官官房庶務課長→総裁室庶務課長）
（一九三七年十一月二十九日）……三〇四
昭和十二年十二月三日より日満軍人会館で広報委員会開催の件（広報委員会→満鉄）（一九三七年十一月二十九日）……三〇五

附一：広報委員会幹事会編成表 …… 三〇七
附二：昭和十三年予算関係書 …… 三一〇
石炭液化工場計画変更申請の件（電文、在京（東京）大橋→経理部長）（一九三七年十二月八日） …… 三五〇
拳銃実包輸出及譲受許可願（満鉄理事中西敏憲→大連警察署長今村矩八）（一九三七年十二月十五日） …… 三五二
附：拳銃番号 …… 三五四
拳銃実包仮領収証（満鉄用度部倉庫課→上海事務所庶務課）（一九三七年十二月十七日） …… 三五五
「拳銃携帯許可願」（伊藤武雄→日本総領事館警察署）（一九三七年十二月二十二日） …… 三五七
「拳銃輸出完了届」（満鉄理事中西敏憲→大連警察署長今村矩八）（一九三八年一月一一日） …… 三五九
銃砲火薬類譲受許可願（満鉄理事中西敏憲→大連警察署長今村矩八）（一九三八年一月十八日） …… 三六〇
銃砲火薬類輸出許可願（満鉄理事中西敏憲→大連警察署長今村矩八）（一九三八年一月十八日） …… 三六一
「船員調査ノ件依頼」（北支派遣軍山口部隊本部功績調査班→北支事務局長）（一九三八年五月五日） …… 三六二
財団法人大日本防空協会要覧（一九三九年四月二十八日） …… 三六四

二十一、付録

（一）関東軍よりの感謝状

満鉄附属地に於ける土木教育衛生の施設経営に対する感謝状（満洲国駐箚特命全権大使植田謙吉→満鉄）（一九三七年十一月二十六日） …… 三九三
支那事変に際し通州鉄道建設に対する感謝状（関東軍司令官植田謙吉→満鉄）（一九三八年二月二十八日） …… 三九四
恤兵金寄贈に対する感謝状（関東軍司令官植田謙吉→満鉄総裁松岡洋右）（一九三九年四月二十二日） …… 三九五
附：関東軍よりの恤兵寄附金領収証 …… 三九六
恤兵金寄贈に対する感謝状（関東軍司令官梅津美治郎→満鉄総裁大村卓一）（一九四〇年一月二日） …… 三九七
軍事輸送並び北方戦備に協力に対する感謝状（関東軍司令官梅津美治郎→満鉄）（一九四一年十月三十日） …… 三九八

北支及内蒙方面に出動せる軍の犠牲者に慰問金寄贈に対する感謝状（関東軍司令官植田謙吉→満鉄総裁松岡洋右）（期日不明）……三九九

（二） 陸軍よりの感謝状

恤兵金寄附に対する感謝の件（上海派遣軍参謀長→満鉄総裁松岡洋右）（一九三七年九月二十七日）……四〇一
慰問品寄附に対する感謝の件（徳川部隊長徳川好敏→満鉄総裁松岡洋右）（一九三七年十月十七日）……四〇二
陸軍病院の傷兵に林檎寄附に対する感謝の件（陸軍大臣杉山元→満鉄総裁松岡洋右）（一九三七年十一月六日）……四〇三
支那事変に際し恤兵品寄附に対する感謝状（陸軍大臣杉山元→満鉄）（一九三七年十一月）……四〇四
支那事変に際し平津鉄道敷設に対する感謝状（北支那方面軍司令官寺内寿一→満鉄）（一九三八年二月二十八日）……四〇五
支那事変に際し恤兵品寄附に対する感謝状（陸軍大臣板垣征四郎→満鉄）（一九三八年六月至一九三九年七月）……四〇六
支那事変に際し宣撫工作の協力に対する感謝状（北支派遣軍最高指揮官杉山元→満鉄）（一九三九年八月二十九日）……四一三
支那事変に際し恤兵品寄附に対する感謝状（陸軍大臣畑俊六→満鉄）（一九三九年九月至一九四〇年三月）……四一四
支那事変に際し恤兵品寄附に対する感謝状（陸軍大臣東条英機→満鉄）（一九四〇年十月）……四二〇
国防資材の献納に対する感謝状（陸軍大臣東条英機→満鉄）（一九四一年四月）……四二一
支那事変に際し恤兵金寄附に対する感謝状（陸軍大臣東条英機→満鉄総裁大村卓一）（一九四一年八月）……四二二

（三） 海軍よりの感謝状

支那事変に際し海軍将兵への慰問に対する礼状（第三艦隊司令長官→満鉄総裁松岡洋右）（一九三七年十月十八日）……四二四
将兵慰問並び銃後の護に対する礼状（上海海軍特別陸戦隊司令官大川内伝七→満鉄総裁松岡洋右）（一九三七年十一月十日）……四二五
恤兵寄附金受領票送付の件（海軍省経理局恤兵金出納石官吏渕知定→満鉄総裁松岡洋右）（一九三八年二月十二日）……四二七
支那事変に際し恤兵品寄附に対する感謝状（海軍大臣米内光政→満鉄総裁松岡洋右）（一九三七年十一月）……四二八
支那事変に際し恤兵品寄附に対する感謝状（海軍大臣米内光政→満鉄総裁松岡洋右）（一九三八年六月）……四二九

支那事変に際し恤兵金寄附に対する感謝状（海軍大臣米内光政→満鉄総裁松岡洋右）（一九三九年四月）……四三〇
支那事変に際し恤兵品寄附に対する感謝状（海軍大臣吉田善吾→満鉄総裁松岡洋右）（一九三九年十一月）……四三一
石炭液化事業の協力に対する表彰状（海軍大臣吉田善吾→満鉄）（一九四〇年四月二十七日）……四三二
支那事変に際し恤兵金寄附に対する感謝状（海軍大臣吉田善吾→満鉄総裁大村卓一）（一九四〇年五月）……四三三

（四）病院よりの感謝状

陸軍病院入院中の将士への林檎寄贈に対する感謝状（哈爾賓陸軍病院長中野織治→満鉄総裁松岡洋右）
（一九三七年十一月二十日）……四三五
陸軍病院入院中の傷病兵への慰問に対する感謝状（姫路陸軍病院長牛田純一→満鉄総裁松岡洋右）
（一九三七年十一月二十日）……四三六
附：林檎受領証……四三七
陸軍病院入院中の将士への慰問に対する感謝状（龍山陸軍病院長宇野光風→満鉄総裁松岡洋右）
（一九三七年十一月二十二日）……四三八
附：林檎受領証……四三九
陸軍病院入院中の将士への林檎寄贈に対する感謝状（承徳陸軍病院長三浦大三郎→満鉄総裁松岡洋右）
（一九三七年十一月二十四日）……四四〇
林檎寄贈に対する感謝電（電文、小倉陸軍病院長→満鉄総裁松岡洋右）（一九三七年十一月二十四日）……四四一
陸軍病院入院患者への慰問品に対する感謝状（新站陸軍病院長上牧猛→満鉄総裁松岡洋右）
（一九三七年十一月二十六日）……四四二
陸軍病院入院患者への慰問品に対する感謝状（海城陸軍病院長長岡正人→満鉄総裁松岡洋右）
（一九三七年十一月二十七日）……四四三
陸軍病院入院戦傷病患者への林檎寄贈に対する感謝状（佳木斯陸軍病院長木村虎次郎→満鉄総裁松岡洋右）
（一九三七年十一月二十七日）……四四四

陸軍病院入院中の将士への林檎寄贈に対する感謝状（勃利陸軍病院長→満鉄総裁松岡洋右）
（一九三七年十二月二日）……四四五
在院戦傷病者への慰問に対する感謝状（海軍病院長→満鉄総裁松岡洋右）（一九三七年十二月十二日）……四四六
陸軍病院在院将士への慰問に対する感謝状（綏芬河陸軍病院長→満鉄総裁松岡洋右）（一九三七年十二月十三日）……四四七
駐屯軍病院在院将士への慰問に対する感謝状（支那駐屯軍病院長千田恒→満鉄総裁松岡洋右）
（一九三八年一月二十日）……四四八
附：林檎受領証……四四九
陸軍病院入院中の将士への慰問に対する感謝状（臨時東京第一陸軍病院長三木良英→満鉄総裁松岡洋右）
（一九三八年七月七日）……四五〇
陸軍病院入院中の傷病将兵への菊花寄贈に対する感謝状（柳樹屯陸軍病院長高橋正高→満鉄）
（一九四〇年十月七日）……四五一

后记

本册目录

总序

编辑说明

一、临时北支事变事务局

临时北支事变事务局整理的《北支事变相关满铁社员名簿》及《临时北支事变事务局本部（铁道联络员除外）名簿》（一九三七年八月十九日）……○○三

临时北支事变事务局整理的《中国驻军派遣社员名簿》（一九三七年八月十九日）……○一九

二、北支事务局

北支事务局庶务班长关于雇员在侦察敌情时在张家口南部殉职事致总裁室东亚课长、人事课长的电文（一九三七年八月二十八日）……○三九

北支事务局人事班长关于请将已故今井职员的户籍副本附在死亡补助金请求书上提交给人事课长事致总裁室东亚课长的电文（一九三七年八月二十八日）……○四一

北支事务局长关于感谢吊唁殉职社员事致支那驻屯军副官的函（一九三七年八月三十日）……○四二

北支事务局长关于丰台救护班抵达天津事致总裁室东亚课长的电文（一九三七年八月三十日）……○四三

北支事务局长关于丰台救护班班长久木田等七人及山口医生于二十九日抵达天津事致总裁室东亚课长的电文（一九三七年八月三十日）……○四四

北支事务局长关于弘报课写真班荒木于本日归来如有必要请安排延长其出差时间事致总裁室东亚课长的电文（一九三七年八月三十日）……〇四五
北支事务局长关于请尽快派遣五名打字员事致总裁室东亚课长的电文（一九三七年八月三十日）……〇四六
北支事务局长关于送交与七七事变相关的满铁社员配置表事致总裁室东亚课长、人事课长的函（一九三七年八月三十日）……〇四七
附：七七事变相关的满铁社员配置表……〇四八
北支事务局长关于请联系相关方面停止发送草席事致总裁室东亚课长的电文（一九三七年八月三十日）……〇五〇
北支事务局长关于本日收到北宁铁路面粉高粱货款事致总裁室东亚课长、财务部长、铁道总局长的电文（一九三七年八月三十日）……〇五一
北支事务局长关于民团所购面粉品质差请调查这批面粉的出售商及残次原因事致总裁室东亚课长的电文（一九三七年八月三十日）……〇五二
北支事务局长关于文书课派出之佣员奥山因患脚气归任事致总裁室东亚课长的电文（一九三七年八月三十一日）……〇五四
北支事务局长关于北支事务局调查班长阿部赴大连商讨事务事致总裁室东亚课长的电文（一九三七年八月三十一日）……〇五五
北支事务局庶务班长关于三十一日平安抵达事致总裁室东亚课长、产业部庶务课长、总裁室庶务课长的电文（一九三七年八月三十一日）……〇五六
北支事务局人事班长关于人事班长菊田等三十一人财务班长伊藤等三十九人抵达天津事致总裁室东亚课长、铁道总局人事课长、总裁室人事课长的电文（一九三七年八月三十一日）……〇五七
北支事务局长关于请求发送民团所订购食盐事致总裁室东亚课长的电文（一九三七年八月三十一日）……〇五八
北支事务局长关于北宁铁路总务处长石蒋麟即将赴大连与总裁、宇佐美理事面谈事致总裁室东亚课长的电文（一九三七年八月三十一日）……〇五九
北支事务局长关于北宁管理局总务司长石蒋麟、温世珍赴大连请安排其入住大和旅馆事致总裁室庶务课长的电文（一九三七年八月三十一日）……〇六〇

北支事务局长关于请紧急派遣五名打字员事致总裁室东亚课长的电文（一九三七年九月二日）……○六一
北支事务局阪谷理事关于支那驻屯军参谋长通知请协助兴中公司收购塘沽永利化学工业事致总裁室东亚课长、产业部次长的电文（一九三七年九月三日）……○六二
北支事务局长关于通州殉职社员岩崎氏等五人遗骨预计六日送达大连请予以安排事致总裁室东亚课长的电文（一九三七年九月四日）……○六四
北支事务局长关于五名打字员已平安抵达以及如果佣员林北山归任请派遣人接替事致总裁室东亚课长、文书课长的电文（一九三七年九月四日）……○六五
北支事务局长关于于四日平安抵达事致总裁室东亚课长的电文（一九三七年九月四日）……○六六
北支事务局长关于购买卡车事致总裁室东亚课长的电文（一九三七年九月四日）……○六七
北支事务局长关于驻屯军宪兵少佐询问借用汽船事致总裁室东亚课长的电文（一九三七年九月五日）……○六八
北支事务局庶务主任关于石原次长、田所参与以及总裁之子平安抵达事致总裁室东亚课长、庶务课长的电文（一九三七年九月五日）……○六九
北支事务局庶务主任关于课长有贺五日乘天津丸赴任事致总裁室东亚课长、庶务课长、人事课长的电文（一九三七年九月五日）……○七○
北支事务局长关于文书课打字员林北山等三人于八日乘长平丸归任事致总裁室东亚课长、人事课长、文书课长的电文（一九三七年九月六日）……○七一
北支事务局调查班长关于发送华北地图二百张事致总裁室东亚课长的电文（一九三七年九月六日）……○七二
北支事务局人事班长关于北支事务局次长到任事致总裁室东亚课长、人事课长、铁道总局人事课长的电文（一九三七年九月六日）……○七三
北支事务局长关于通知弘报课中玉多四郎、川崎保藏行程事致总裁室东亚课长、弘报课长的电文（一九三七年九月六日）……○七四

北支事务局庶务班长关于上海事务所长伊藤于七日离开天津预计八日抵达大连事致总裁室东亚课长、人事课长的电文（一九三七年九月六日）……○七五
北支事务局人事班长关于推进平绥线南口公交改良计划请求派遣工务班要员事致总裁室东亚课长、产业部长的电文（一九三七年九月七日）……○七六
北支事务局庶务班长关于上海事务所长伊藤于本日离开天津事致总裁室东亚课长、庶务课长的电文（一九三七年九月七日）……○七七
北支事务局长关于请发送预防霍乱注射液五千份事致总裁室东亚课长、地方部卫生课长的电文（一九三七年九月七日）……○七八
北支事务局长关于请立即派弘报课员编辑七七事变宣传画报及宣抚用照片帖事致总裁室东亚课长、人事课长的电文（一九三七年九月八日）……○七九
北支事务局长关于华北派遣社员延期参加语言能力测试事致地方部学务课长、总裁室东亚课长的电文（一九三七年九月八日）……○八○
北支事务局长关于营口医院护士ビヨウケイサイ于七日平安抵达事致总裁室东亚课长、人事课长、营口医院长的电文（一九三七年九月八日）……○八一
北支事务局长关于弘报课佣员稻叶三郎于十日乘天津丸归任事致总裁室东亚课长、人事课长、弘报课长的电文（一九三七年九月八日）……○八二
北支事务局长关于北支事务局弘报班长水谷于十日乘天津丸赴大连事致总裁室东亚课长、弘报课长的电文（一九三七年九月八日）……○八三
北支事务局长关于人事课雇员栈敷何三郎患病请安排接替人员事致总裁室东亚课长、人事课长的电文（一九三七年九月八日）……○八四
北支事务局长关于转军宣传部通知弘报课员拍摄的禁止发表之照片番号事致总裁室东亚课长的电文（一九三七年九月八日）……○八五

北支事务局长关于紧急发送四份华北地图事致总裁室东亚课长、人事课长的电文（一九三七年九月八日）……〇八六

北支事务局调查班长关于补送华北地图四百份事致总裁室东亚课长的电文（一九三七年九月八日）……〇八七

北支事务局长关于军方请求派五名打字员事致总裁室东亚课长、人事课长的电文（一九三七年九月九日）……〇八八

北支事务局长关于铁道工场雇员桑木忠一归任事致总裁室东亚课长、人事课长、大连铁道工场的电文（一九三七年九月九日）……〇八九

北支事务局长关于文书课打字员山下ミチ子、绳谷スミ子、山野ヒロ子于七日平安抵达事致总裁室东亚课长、人事课长的电文（一九三七年九月九日）……〇九〇

北支事务局长关于请求向救护班派遣药剂员和事务员各一名事致总裁室东亚课长、人事课长的电文（一九三七年九月九日）……〇九一

北支事务局长关于华北方面军参谋长出面请求派遣男子十七名及印刷工三名事致总裁室东亚课长、人事课长的电文（一九三七年九月九日）……〇九二

北支事务局长关于北平特务机关长请求派遣电气及自来水调查员事致总裁室东亚课长、人事课长的电文（一九三七年九月十日）……〇九三

北支事务局庶务班长关于收件人为弘报课员菅野的纸包已于当地送交给其本人事致总裁室东亚课长的电文（一九三七年九月十日）……〇九四

北支事务局长关于大同、沧州、保定等地被攻陷请向天津驻屯军发放慰问金事致满铁总裁的电文（一九三七年九月二十五日）……〇九五

北支事务局长关于请速商议发放慰问金事致总裁室文书课长的电文（一九三七年十月一日）……〇九七

北支事务局长关于向华北方面军发放慰问金事致总裁室文书课长的电文（一九三七年十月四日）……〇九八

北支事务局长关于送交雇佣船只契约书及雇佣乘组人员契约书事致总裁室东亚课长的函（一九三七年十月二十一日）……〇九九

附：西尾部队本部财务部与南满洲铁道株式会社北支事务局租赁发动机船合同契约书……一〇〇

北支事务局长关于划分军方及满铁应负担七七事变费用中人事费事致财务部长的函（一九三七年十月二十二日）……一〇六
北支事务局长关于宇佐美理事提出支给关东军前线慰问金之意见事致总裁室庶务课长的函
（一九三七年十月二十二日）……一一〇
北支事务局长关于通知部分地区应增发出差补贴事致总裁室庶务课长的函（一九三七年十一月六日）……一一二
北支事务局长关于向列车相撞事故遇难士兵赠予抚恤金事致总裁室庶务课长的函（一九三七年十一月十五日）……一一四
附：列车相撞概要及伤亡人员清单诊断书……一一七
北支事务局财务班长关于整理七七事变经费一案请通知有关方面事致财务部长的电文（一九三八年一月十一日）……一三八
北支事务局长关于整理短期派遣者派遣津贴事致财务部长的电文（一九三八年一月三十一日）……一三九
北支事务局调查室主事关于提交华北重要矿物资源应急调查案及附表事致满铁地质调查所长的函
（一九三八年二月十六日）……一四一
附：华北重要矿物资源应急调查案……一四三
北支事务局财务班长关于北支事务局固有会计账目整理事致财务部长、总裁室庶务课长的电文
（一九三八年二月二十六日）……一五七
北支事务局财务班长关于整理七七事变经费事致财务部长的电文（一九三八年三月四日）……一五八
北支事务局财务班长关于向华北方面运送所需用度物品之运费给予事致财务部长、用度部长、铁道总局长的电文
（一九三八年三月四日）……一六一

三、东京支社

东京支社长、总裁庶务课长关于战死伤病死亡军人抚恤金支给额事的往来公文……一六五
东京支社长致总裁室庶务课长、人事课长的电文（一九三七年七月十三日）……一六五
总裁室庶务课长致东京支社长的电文（一九三七年七月十四日）……一六七
总裁室庶务课长关于七七事变阵亡、负伤人员吊唁及抚慰的商议草案（一九三七年七月二十四日）……一六九

总裁室庶务课长关于七七事变阵亡人员抚恤金参照标准致东京支社长的函（一九三七年七月三十一日）……一七六
东京支社业务课长关于参谋本部トコウ少佐二十三日赴天津事致总裁室东亚课长的电文（一九三七年八月二十一日）……一八〇
东京支社长关于关东军司令部请求借阅有关上海中立案的调查研究资料事致总裁室东亚课长的电文（一九三七年八月二十九日）……一八一
东京支社长关于拟建塘沽运输公司事致总裁室东亚课长的函（一九三七年九月一日）……一八二
东京支社日高雪关于调查物资供需事致东京支社加藤健的电文（一九三七年十月六日）……一八五
东京支社财务课长关于请告知营口安东军用土地使用状态事致财务部主计课长的电文（一九三七年十一月六日）……一八六
东京支社大桥关于计划变更事致财务部长的电文（一九三七年十二月十一日）……一八七
东京支社浜本关于华北汽车公司贷款之件政府许可已申请完毕拟于五日发送贷款计划变更申请书和说明资料事致东京支社预算系主任熊本的电文（一九三八年二月四日）……一八八
东京支社业务课长关于华北汽车公司贷款及补助金交付之件已获第三委员会承认预计将获对满事务局承认事致总裁室东亚课长的电文（一九三八年二月二十四日）……一八九
东京支社财务课长关于华北汽车公司贷款事致总裁室东亚课长的电文（一九三八年三月三十日）……一九〇

四、北平事务所

北平事务所长关于太原小岛、松下等人将赴天津请通知相关人员事致总裁室东亚课长的电文（一九三七年七月十六日）……一九三
北平事务所长关于感谢对所员进行的训话与慰问事致满铁总裁的电文（一九三七年八月十日）……一九四
北平事务所长关于无法与青岛方面进行无线电通信及第五五号电报请与海军取得联络事致总裁室东亚课长的电文（一九三七年八月二十八日）……一九五
北平事务所长关于停止置办小林部队支部所需军用草席事致总裁室东亚课长的电文（一九三七年八月二十八日）……一九六

北平事务所庶务班长关于张太汽车公司雇员芝田浜次郎殉职申请补助金事致总裁室东亚课长、人事课长的电文（一九三七年八月二十八日）…………一九七
北平事务所伊藤武雄关于特务机关长请求派遣电气自来水管道方面的技术人员事致总裁室东亚课长的电文（一九三七年八月二十九日）…………一九九
北平事务所长关于请紧急配备无线电事致总裁室东亚课长的电文（一九三七年九月三日）…………二〇〇

五、青岛驻在员

青岛在勤员关于请送武器事致总裁室东亚课长的函（一九三七年八月十五日）…………二〇三
青岛驻在员与总裁室东亚课长、天津事务所长关于请求筹备无线电及安排相关技术人员的往来电文…………二〇四
　青岛在勤员致总裁室东亚课长电（一九三七年八月十五日）…………二〇四
　总裁室东亚课长致青岛驻在员等电（一九三七年八月十七日）…………二〇五
青岛驻在员关于报告青岛驻在员办公地点事致总裁室东亚课长的电文（一九三七年八月十五日）…………二〇六
青岛驻在员关于总领事请求援助山东居留民撤退事致总裁室东亚课长、福祉课长的电文（一九三七年八月十六日）…………二〇七
青岛驻在员关于申请免除借用货车使用费事致总裁室东亚课长的电文（一九三七年八月十八日）…………二〇八
青岛驻在员关于撤走淄川以及旭华煤矿的日本工作人员交给中国方面经营事致总裁室东亚课长的电文（一九三七年八月十九日）…………二〇九
青岛驻在员关于事务所迁移事致总裁室东亚课长的电文（一九三七年八月十九日）…………二一一
青岛驻在员关于此番向山东出兵是满铁进驻山东的最佳时机事致总裁室东亚课长的电文（一九三七年八月二十日）…………二一二
青岛驻在员关于请转告天津借与胶济线路的货车已于青岛集结事致总裁室东亚课长的电文（一九三七年八月二十日）…………二一四
青岛驻在员、总裁室东亚课长关于请求运送汽车并派遣日本人驾驶员的相关电文…………二一五
　青岛驻在员致总裁室东亚课长电（一九三七年八月二十日）…………二一五
　青岛驻在员致总裁室东亚课长电（一九三七年八月二十四日）…………二一六

青岛在勤员致总裁室东亚课长电（一九三七年八月二十五日）……二一七
青岛驻在员关于催促筹备无线电及安排相关技术人员事致总裁室东亚课长的电文（一九三七年八月二十一日）……二一八
青岛驻在员关于请支给事变花费五千日元事致总裁室东亚课长的电文（一九三七年八月二十一日）……二一九
青岛在勤员关于对山东时局之意见事致总裁室东亚课长的信（一九三七年八月二十二日）……二三〇
天津无线电转青岛关于收到手枪四把事致总裁室东亚课长的电文（一九三七年八月二十三日）……二三三
青岛在勤员关于送交资料事致田中海军武官、谷萩陆军武官的函（一九三七年八月二十四日）……二三四
附：时局参考资料之一《青岛码头经营组织的现状》……二三五
青岛驻在员关于经由朝鲜银行汇款事致总裁室东亚课长、会计课长的电文（一九三七年八月二十四日）……二四二
天津无线电转青岛驻在员关于特务机关长通告要求日本男子一律撤离事致总裁室东亚课长的电文
（一九三七年八月二十五日）……二四三
青岛驻在员关于请求寄送干电池事致总裁室东亚课长的电文（一九三七年八月二十五日）……二四四
青岛驻在员关于委托介绍日本人司机请速回电事致总裁室东亚课长的电文（一九三七年八月二十五日）……二四五
青岛驻在员关于青岛居留民撤离事致总裁室东亚课长的电文（一九三七年八月二十八日）……二四六

六、上海事务所

上海事务所长关于汇报共产党等领导的上海市各界抗日后援会之详细情况致总裁室弘报课长的函
（一九三七年七月二十九日）……二四九
上海事务所长关于报送华北战况的特别报道事致总裁室弘报课长的函（一九三七年八月二日）……二五五
附：华北战况的特别报道……二五六
上海事务所长关于中国政府正在斡旋购买汽油事致总裁室弘报课的电文（一九三七年八月三日）……二六五
上海事务所长关于报告各地驻在员撤离完毕事致总裁室东亚课长的电文（一九三七年八月五日）……二六七
上海事务所长关于各地驻在员撤离后之安置事致总裁室东亚课长的电文（一九三七年八月六日）……二六八

上海事务所长关于撤离职员家属事致总裁室东亚课长、人事课长的电文（一九三七年八月七日）……二六九
上海事务所长关于汉口、南京两地撤侨事致总裁室东亚课长的电文（一九三七年八月七日）……二七〇
上海事务所长关于汉口、南京驻在员到达上海事致总裁室东亚课长、福祉课长的电文（一九三七年八月十日）……二七一
上海事务所长关于闸北日本人墓地附近枪声频繁市内便衣队屡次活动事致总裁室东亚课长、人事课长的电文（一九三七年八月十三日）……二七二
上海事务所长关于报告七七事变给上海经济界带来的影响事致产业部长的函（一九三七年八月十三日）……二七四
附一：七七事变给上海经济界带来的影响第一报告……二七五
附二：七七事变给对中贸易带来的影响……二八七
上海事务所长关于通告时局事致总裁室东亚课长、人事课长的电文（一九三七年八月十三日）……二九一
天津无线电转上海事务所关于正金银行附近遭到猛烈空袭所员全员安全事致铁道总局长、总裁室东亚课长的电文（一九三七年八月十四日）……二九三
上海事务所长关于报告便衣队遭到包围袭击及空袭后所员全员安全事致总裁室庶务课长的电文（一九三七年八月十四日）……二九四
上海事务所长与总裁室东亚课长、庶务课长等关于请求急运自卫用手枪弹药的一组电文……二九五
上海事务所长致总裁室东亚课长、庶务课长电（一九三七年八月十六日）……二九五
用度部购买课长致上海事务所长电（一九三七年八月十八日）……二九七
上海事务所长关于报告前往出云号军舰三名社员安危状况事致总裁室弘报课长的函（一九三七年八月十七日）……三〇〇
上海事务所长关于慰问负伤所员事致总裁室东亚课长的电文（一九三七年八月十八日）……三〇一
上海事务所长关于报告所员撤离事致总裁室东亚课长、人事课长的函（一九三七年八月十九日）……三〇二
上海事务所长与总裁室东亚课长、庶务课长关于当地无法购买无线电设备的往来电文……三〇四
上海事务所长致总裁室弘报课长电（一九三七年八月二十日）……三〇四
总裁室庶务课长致上海事务所长电（一九三七年八月二十六日）……三〇五

总裁室庶务课长致总局电气课长电（一九三七年八月二十六日）……三〇六
总裁室庶务课长致上海事务所长电（一九三七年八月二十六日）……三〇八
上海事务所庶务课长关于通知职员赴任事致总裁室东亚课长的电文（一九三七年八月二十一日）……三〇九
上海事务所长关于中止派遣司机事致总裁室东亚课长、庶务课长的电文（一九三七年八月二十一日）……三一〇
上海事务所长关于报告大连号平安到达事致总裁室东亚课长、大连埠头长的电文（一九三七年八月二十一日）……三一一
上海事务所长关于委托回送拖船事致总裁室东亚课长的电文（一九三七年八月二十四日）……三一二
上海事务所长关于向与七七事变相关的各机关派遣社员事致总裁室东亚课长、人事课长的电文
（一九三七年八月二十五日）……三一三
上海事务所七七事变委员会记录（一九三七年八月二十六日）……三一六
上海事务所长关于粮食分配事致总裁室东亚课长的电文（一九三七年八月二十六日）……三二七
附一：兴中公司粮食分配明细书……三二九
附二：国际运输粮食分配明细书……三三〇
上海事务所长关于请派摄影摄像人员事致总裁室东亚课长的电文（一九三七年八月二十七日）……三三一
上海事务所长关于委托寄送金井家内手枪及子弹事致总裁室东亚课长的电文（一九三七年八月二十七日）……三三二
上海事务所长关于请求回复「光录号」旅顺出港时间事致总裁室东亚课长的电文（一九三七年八月二十八日）……三三三
上海事务所长关于询问经「大连号」派遣的汽车司机工资情况事致总裁室东亚课长、庶务课长的电文
（一九三七年八月二十九日）……三三四
上海事务所前岛正道关于七七事变后的金融状况以及发展前景的展望（要点）（一九三七年八月）……三三五
上海事务所长关于枪支运入许可证事致总裁室东亚课长的函（一九三七年九月一日）……三六一
上海事务所长关于通知职员归任日期事致总裁室东亚课长的电文（一九三七年九月一日）……三六二
上海事务所长关于询问弘报课派遣社员到达时间事致总裁室东亚课长的电文（一九三七年九月二日）……三六三
上海事务所长经天津发出关于栗屋参事提出中请事致总裁室东亚课长的电文（一九三七年九月七日）……三六四

上海事务所长代理关于商谈事务申请出差大连、东京事致总裁室东亚课长、人事课长的电文（一九三七年九月七日）……三六五
上海事务所长关于弘报课员来沪赴任事致总裁室东亚课长的电文（一九三七年九月十二日）……三六六
上海事务所长关于购入毛毯事致总裁室东亚课长的电文（一九三七年九月十二日）……三六七
上海事务所长关于报告三井、三菱会社捐赠状况事致总裁室东亚课长的电文（一九三七年九月十七日）……三六八
上海事务所长与总裁室东亚课长、庶务课长等关于建议满铁向民团捐款的往来电文……三六九
上海事务所长致总裁室东亚课长电（一九三七年九月二十四日）……三六九
总裁室东亚课长等致上海事务所长电（一九三七年九月二十四日）……三七〇
上海事务所长关于报告各要员访问上海事致总裁室东亚课长的电文（一九三七年九月二十七日）……三七一
上海事务所长关于制作七七事变相关影像资料事致总裁室东亚课长的函（一九三七年十月一日）……三七二
上海事务所长关于请求发送无线电机事致总裁室弘报课长的电文（一九三七年十月三十日）……三七四
上海事务所长与总裁室东亚课长关于委托购买并运送一万包烟草的相关公文……三七五
上海事务所长致总裁室东亚课长电（一九三七年十一月五日）……三七五
总裁室庶务课长致上海事务所长电（一九三七年十一月六日）……三七六
上海事务所长致总裁室东亚课长电（一九三七年十一月七日）……三七七
总裁室庶务课稿（一九三七年十一月八日）……三七八
上海事务所庶务课长致总裁室东亚课长电（一九三七年十一月十二日）……三八〇
上海事务所长致总裁室庶务课长电（一九三七年十二月一日）……三八一
上海事务所长关于埠头扩大保有问题事致总裁室弘报课长的电文（一九三七年十一月七日）……三八二
上海事务所长关于要员驻沪必要性致总裁室弘报课长的电文（一九三七年十一月九日）……三八三
上海事务所庶务课长关于向因七七事变分居职员家属发放居住金事致总裁室东亚课长的函
（一九三七年十一月二十四日）……三八四
上海事务所长产关于购买手枪事致总裁室东亚课长的电文（一九三七年十二月十一日）……三八六

上海事务所长关于请求急运卡车事致总裁室东亚课长的电文（一九三七年十二月十二日）……………………三八七
上海事务所长关于发放一九三七年度上半期奖金事致总裁室东亚课长的函（一九三七年十二月二十日）………………三八八
上海事务所长关于通知开始无线电通讯时间事致总裁室庶务课长的电文（一九三七年十二月二十日）………………三八九
上海事务所长关于收到社员护身用手枪事致总裁室东亚课长的电文（一九三七年十二月二十四日）………………三九〇
上海事务所长关于无线电通讯运行试验时间另行通知事致总裁室庶务课长的电文（一九三七年十二月二十八日）………三九一
上海事务所长关于通知进行无线电通讯运行试验日期致总裁室东亚课长的电文（一九三八年一月五日）………………三九二
上海事务所长关于通知无线联络试验正式开始事致总裁室庶务课长的电文（一九三八年一月七日）………………三九三
上海事务所长关于委托购买并运送宣抚班特务机关派遣社员护身用手枪事致总裁室东亚课长的电文
（一九三八年一月八日）……………………………………………………三九四
上海事务所长关于通知无线通讯代码事致总裁室庶务课长的电文（一九三八年一月十二日）………………三九五
上海事务所长关于委托购买无线电相关器材事致总裁室东亚课长、铁道研究所长的电文（一九三八年一月二十二日）…三九七
上海事务所长关于发放派遣津贴事致财务部长的电文（一九三八年二月十八日）……………………三九八
上海事务所长关于寄送兴亚院华中联络部长发来之感谢信事致满铁总裁大村的函（一九四一年二月三日）……………四〇〇
附：兴亚院华中联络部长发来的感谢信…………………………………………………………四〇一

一、临时北支事变事务局

临时北支事变事务局整理的《北支事变相关满铁社员名簿》及《临时北支事变事务局本部（铁道联络员除外）名簿》（一九三七年八月十九日）

100

昭和十二年八月十九日現在

東亞課長

北支事變關係滿鐵社員名簿

臨時北支事變事務局調

東亞課 12.8.28 受付

114

101

臨時北支事變事務局（除鐵道連絡員本部）名簿

115

機關名	資格	職名	氏名	所屬	囑託發令月日	摘要
事務局	理事	局長	阪谷希一	天津事務所		
〃	參事	副局長	伊藤武雄	〃		
〃	〃	〃	芳賀千代太	〃	一二、七、二一	
〃	〃	顧問	山領貞二	〃		

116

~ 103

2

庶務部參事	部長	神崎 登	天津事務所		
庶務班	班員	班長 新城英太郎	〃	一二、八、六	
〃	嘱託	上ノ園福太郎	〃		
〃	臨時傭員	濱田正喜	〃		
〃	〃	柏井光華	〃		

117

連絡班	職員	班長	高橋嘉市	天津事務所	
〃	〃		稻葉好道	〃	
〃	雇員		平山稔	〃	
〃	〃		濱田末夫	〃	一二、
〃	甲種傭員		堀部佐久治	〃	
〃	准傭員		佐賀田弘	〃	
〃	甲種傭員		反田國造	〃	
〃	准傭員		三澤通子	〃	
〃	傭員		平間益一	産、販務係	
連絡室	職員		能田俊夫	天津事務所	
〃	〃		林田豊	〃	
〃	傭員		大島德爾	〃	
〃	臨時傭員		董森氏	〃	

118

105

人事班	参事	班長	小島意市	天津事務所
〃	職員		白井文[illegible]	〃
〃	甲種傭員		鴨川龍藏	〃
〃	准傭員		斎藤次子	〃

119

交通通信班	副参事	班長	河野通一	天津事務所
〃	甲種傭員		齋藤熊吉	〃
〃	〃		奥山勤	總、人事課
〃	臨時傭員		宮崎俊郎	天津事務所
〃	〃		山下章臣	〃
〃	〃		藤後貞男	〃
〃	甲種傭員		森政男	〃
〃	〃		大木重男	〃
〃	〃		山田五郎	〃
〃	〃		河井正二	大和ホテル
〃	〃		山田茂	錦縣鐵路局

107

宿舎班	副参事班長	河野通一	天津事務所	
〃	職員	西岡淳	〃	
〃	〃	高橋喜代治	〃	
〃	雇員	魚住俐	〃	
〃	〃	奥山正行	〃	
〃	准傭員	藏谷重次	〃	
〃	臨時傭員	鳴海幸江	〃	
〃	〃	高橋權吉	〃	
〃	職員	胡原三郎	總、福祉課	
〃	傭員	中村好治	總、人事課	
〃	雇員	中舘文明	總、資料室	
〃	傭員	石野鎮四郎	北滿經濟調査所	一二、八、五
〃	〃	楢山恭作	總、福祉課	

121

會計班	[illegible]員	班長	田北九州士	天津事務所
〃	〃		田村秀忠	〃
〃	雇員		狩野稔	〃
〃	〃		龍二郎	〃
〃	甲種傭員		竹島余吾	〃

世話班副參事班長太宰松三郎天津事務所一二

123

救護班	職員	氏名	所属	
〃	員	大越　貢	南滿洲保養院	一二
〃	〃	本間　博	撫順保健所	一二、八、三
〃	醫員	高沼道博	安東醫院	一二、八、三
〃	〃	坂倉　保	營口醫院	一二
〃	雇員	竹島司馬和	安東保健所	一二
〃	〃	矢板橋正作	撫順保健所	一二
〃	甲種傭員	河合　正	天事・調査課	一二
〃	〃	光永ヤス子	撫順醫院	一二
〃	〃	常包克義	〃	一二
〃	〃	江島靜子	〃	一二
〃	〃	溝口富江	鞍山醫院	一二
〃	〃	佐伯　偲	〃	一二
〃	〃	福川サキ	撫順醫院	一二
〃	〃	中尾マサ	鞍山醫院	一二
〃	〃	栗原よそゑ	撫順醫院	一二

111

救護班	丙種傭員	大西良子	新京醫院	一二、八、八
〃	〃	本山ナツヱ	〃	一二、八、八
〃	〃	片岡ミサホ	營口醫院	一二、八、八
〃	〃	岩淵紀恵子	〃	一二、八、八
〃	〃	宇田壽子	〃	

125

11

（滿鐵內）軍宣撫班	職員	名取富雄	天津事務所
〃	〃	吉田昇一	總、弘報課
〃	雇員	德永彌武	總、東亞課

126

~ 113

企劃部	參事	部長	阿部勇	天事、調査課		
″	副參事		坂田讓吉	″		
″	職員		水野薰	″		
″	″		松本敬次郎	″		
″	″		山口勇男	″		
″	″		伊澤公幸	″		
″	″		茨木潔	″		
″	″		大井格三	″		
″	″		五十子字平	″		
″	″		田中義英	″		
″	″		三輪武	″		（兼）
″	″		高見信男	″		
″	″		土肥武雄	″		
″	″		中村英雄	″		
″	″		山下正彦	″		

127

甲傭
片山英夫挿入
天、華、調

企劃部	職員	千田英二	天專・調査課
〃	〃	長谷川泰敏	〃
〃	〃	濱本憲治	〃
〃	〃	高崗英夫	〃
〃	〃	三品頼忠	〃
〃	〃	柏木茂夫	〃
〃	雇員	依田武雄	〃
〃	〃	田中馨	〃
〃	甲種傭員	日笠憲一	〃
〃	〃	横山克之助	〃
〃	〃	山本達弘	〃
〃	〃	木村五郎	〃
〃	〃	中世古亮平	〃
〃	〃	和多利チヱ子	〃
〃	〃	岡田春子	〃

128

~ 115

企劃部	甲種傭員		向村芳子	天事、調査課		
〃	〃		樺山文江	〃		
〃	〃		中山久子	〃		
〃	〃		山口久美子	〃		
〃	囑託		黄越川	〃		
〃	〃		趙德春	〃		
〃	〃		趙光魯	〃		

129

临时北支事变事务局整理的《中国驻军派遣社员名簿》（一九三七年八月十九日）

117

支那駐屯軍派遣社員名簿

131

118

機關名	資格	氏名	所屬	囑託發令月日	摘要
軍參謀部（顧問室）	職員	三輪武	天事	一二、	
	〃	山中四郎	〃	一二、七、一七	
	〃	堀勇記	總、庶		
	〃	中濱義久	產	一二、	
	〃	堀保次郎	產、調	一二、	（水利監視員）
	〃	眞鍋藤次	產	一二、七、二六	

132

機關名	職名	氏名	所屬	囑託發令月日	摘要
軍、參、特種班	職員	秋山洋造	總、弘	一二、	
	〃	笹季興	〃	一二、八、九	
	甲種傭員	田中正典	用、度	一二、	
	雇員	坂上庄太郎	總、人	一二、	
	〃	春原孝平	產、農	一二、	
	准傭員	織田長之助	產、鑛	一二、	
	職員	清水顯	總、人	一二、	八、一一發[illegible]

120

機關名	資格	氏名	所屬	囑託發令月日	摘要
軍電[illegible]班	甲種傭員	小山文男	天調	一二、七二一	
〃	〃	梅崎日出一	〃	一二、七二一	

134

機關名	資格	氏名	所屬	囑託發令月日	摘要
平宣傳部參	囑託	大矢信彦	天津事務所	一二、七一七	
〃	職員	淵脇　巖	〃　庶務課	一二、七一七	
〃	雇員	湯田德一	〃　調査課	一二、七二〇	
〃	〃	鶴　節	〃　〃	一二、七二〇	
〃	甲種傭員	平原國二	總裁室弘報課	一二、	
〃	〃	堤　ハツネ	天津事務所庶務課	一二、	
〃	〃	細川ミツ	〃　〃	一二、	
〃	〃	南　一枝	總裁室文書課	一二、七三〇	八、一七發歸任
〃	〃	有馬春子	〃	一二、七三〇	〃
〃	參事	八木沼文夫	鐵道總局	一二、七三〇	

122

軍宣傳部參　參事　富永順太郎　鐵道總局

136

機關名	資格	氏名	所屬	囑託發令月日	摘要
軍宣傳班	囑託	芥川光藏	映畫製作所	一二、七、一八	
〃	甲種傭員	山田榮	〃	一二、七、一八	
〃	囑託	山口武三	〃	一二、七、一八	
〃	臨傭	蘆澤道男	〃	一二、七、一八	
〃	囑託	杉浦要	〃	一二、七、一八	
〃	〃	星野齊	〃	一二、八、五	
〃	甲種傭員	粟山秀一	〃	一二、八、五	
〃	〃	川崎保城	總裁室弘報課	一二、七、一八	
〃	囑託	菅野正司	〃	一二、七、一八	
〃	〃	板屋猛	協和編輯部		
〃	〃	加藤猛太郎	〃		
〃	職員	金丸精哉	總裁室弘報課		
〃		一色辰夫	〃		
〃		荒木孝雄	〃		

1247

機關名	資格	氏名	所屬	囑託發令月日	摘要
プレスユニオン	職員	松尾松平	總人		
〃	〃	二宮龍陽	天庶	一二、七、一七	

138

機關名	資格	氏名	所屬	囑託發令月日	摘要
軍天津機關(軍、考)	參事	伊藤武雄	天長		(兼)
〃	〃	石橋東洋雄	(濟南)	一二、	
〃	副參	太宰松三郎	(綏遠)	一二、	
〃	職員	淵脇巖	天庶	一二、七、一七	(兼)
〃	〃	菅野大三九	天業	一二、	
〃	〃	殿生文男	天調	一二、	
〃	〃	若井佐市郎	天調	一二、八、六	
〃	雇	木村留平	天調	一二、七、一七	
〃	甲種傭員	打田秀子	天庶	一二、	
〃	臨傭	橫尾次郎	天事	一二、八、六	
〃	職員	竹本益重	撫炭	一二、八、六	
〃	雇員	坂口卓政	撫炭	一二、八、六	

126

機關名	資格	氏名	所屬	囑託發令月日	摘要
公有財産押收委員（軍、参）	参事	田所耕耘	参与		
〃	職員	新城英太郎	天事	一二、八、六	
〃	〃	大西健吉	天調	一二、八、一〇	
〃	雇員	中西功	天調	一二、八、六	
〃	〃	日高藤子雄	天庶	一二、八、六	
〃	〃	橋本守	天調	一二、七、一七	
〃	甲種傭員	森井茂吉	産鑛	一二、八、五	

140

127

機關名	資格	氏名	所屬	囑託發令月日	摘要
軍副官部	職員	山本正男	產庶	一二、	
〃	補種傭員	森下不二雄	天庶	一二、	
〃	〃	日高サダヨ	〃	一二、	
〃	〃	井上加代子	〃	一二、	
〃	准傭	鶴數子	〃	一二、	

141

128

〃

機關名	資格	氏名	所屬	囑託發令月日	摘要
軍病院救護班全員ノ兼務	醫員	大越貢	南保院	一二、七	
〃	〃	板倉保	營醫	一二、	
〃	〃	高沼道博	安醫	一二、八、三	
〃	〃	本間博	撫保	一二、八、三	
〃	雇員	竹島司馬和	安保	一二、	
〃	〃	矢板橋正作	撫保	一二、	
〃	甲種傭員	光永ヤス子	撫醫	一二、	
〃	〃	常包克美	〃	一二、	
〃	〃	江島靜子	〃	一二、	
〃	〃	福川サキ	〃	一二、	
〃	〃	濱口富江	安醫	一二、	
〃	〃	田中豐子	〃	一二、	八、三一發歸任

142

軍病院（救護班全員ノ兼務）	甲種傭員	佐伯偲	鞍醫	一二、	八、二一發歸任
〃	〃	中尾マサ	〃	一二、	
〃	〃	栗原よをゑ	撫醫	一二、	
〃	〃	大西良子	京醫	一二、八、八	
〃	〃	本山ナツヱ	〃	一二、八、八	
〃	〃	片岡ミサホ	營醫	一二、八、八	
〃	〃	岩淵紀惠子	〃	一二、八、八	八、二一發歸任
〃	〃	宇田壽子	〃	一二、	

145

130

機關名	資格	氏名	所屬	囑託發令月日	摘要
鐵道監部	雇員	濱田末夫	天調	一二、	
″	臨傭	柏井光義	天庶	一二、	

144

131

機關名	資格	氏名	所屬	囑託發令月日	摘要
軍其ノ他	雇員	桑木忠一	鐵道工場		時計其ノ他精密機械工

145

132

機關名	資格	氏名	所屬	囑託發令月日	摘要
北寧鐵路局	參事	山領貞二	總庶		
〃	職員	小野武八	〃		
〃	[illegible]種傭員	於保泰三郎	〃		
〃	職員	玉置新	撫庶		
〃	〃	小森藤雄	安東醫	一二、八、五	

146

機關名	資格	氏名	所屬	囑託發令月日	摘要
北寧東站	訓導	中島正義	四小	一二、八、五	
〃	職員	小松守司	撫〃地	一二、八、五	

二、北支事务局

北支事务局庶务班长关于雇员在侦察敌情时在张家口南部殉职事致总裁室东亚课长、人事课长的电文（一九三七年八月二十八日）

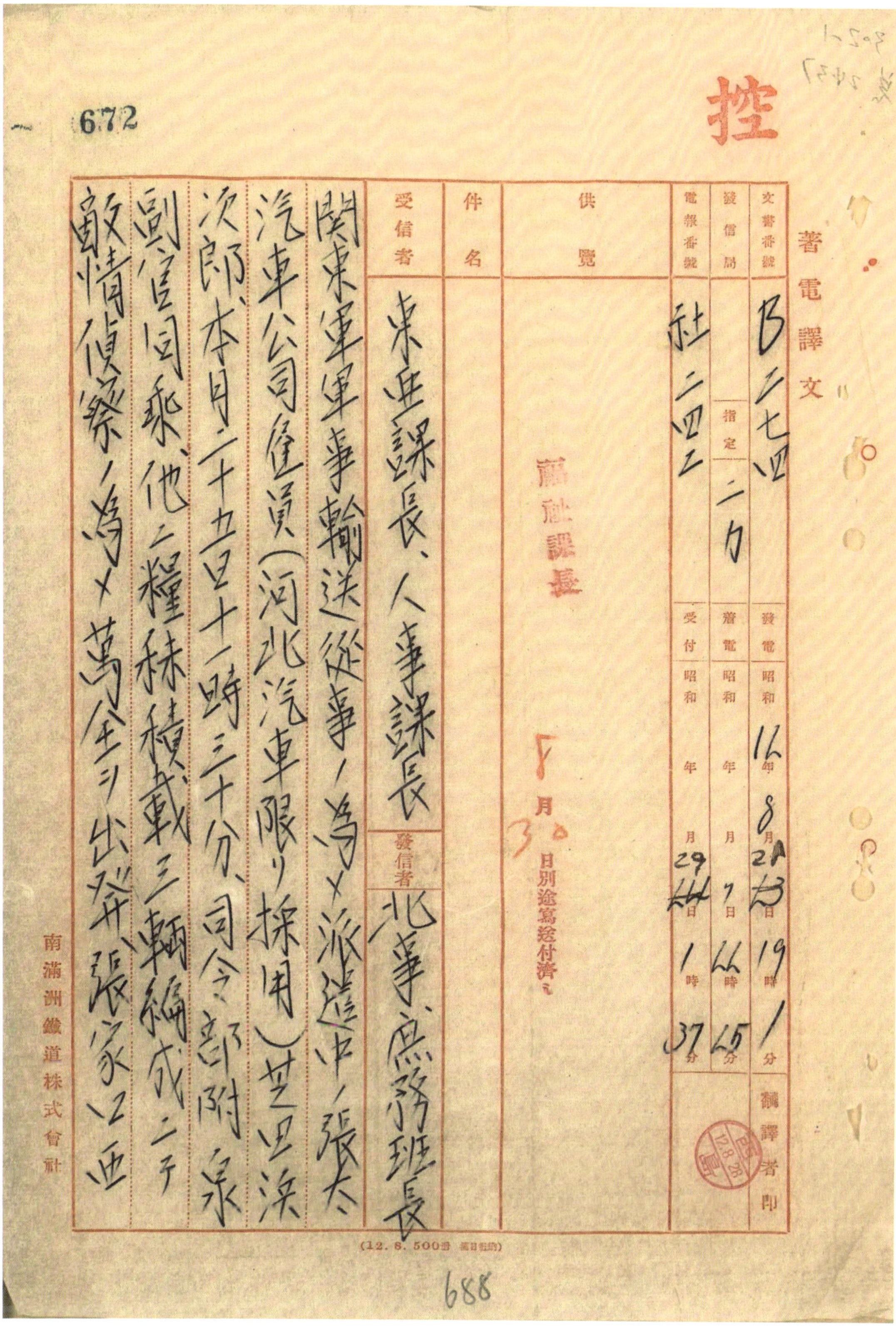
672

控

著電譯文

文書番號	發信局	電報番號	供覽	件名	受信者
B二七四		社二四二	囑託課長		東亞課長、人事課長

指定 二ケ

發電 昭和12年8月28日19時1分

着電 昭和 年7月 日44時45分

受付 昭和 年 月29日44時1日37分

發信者 北事、庶務班長

関東軍軍事輸送ニ従事ノ為メ派遣中ノ張太汽車公司雇員（河北汽車限リ採用）芝田浜次郎、本月二十五日十一時三十分、司令部附泉副官同乗、他ニ糧秣積載、三輛編成ニテ敵情偵察ノ為メ萬全ヲ出発、張家口西

8月30日別途寫送付濟

飜譯者印

南滿洲鐵道株式會社

（12.8.500冊）

688

673

南方約三粁ノ地点ニテ自働車ノ援護兵
五名ヲ残シ、劉ハ下車、附近ヲ視察セル為メ
コレヲ待チ合セ中、左右ヨリ猛射ヲ開始シ
援護兵ハ之ニ應戦中敵弾ニ斃レタリ
本人ハ前述ノ通リ公司限リノ採用者ナル
モ現在同公司ハ満鉄ト一心同体ノ立場ニ
アリ満鉄社員ト何等異ナル処ナキヲ以テ特
ニ天津事務所業務課臨時傭員トシテ
取扱ヒ、公社準備ニ採用ノ上、諸給与金
詮議願度ク申請ス。

南満洲鐵道株式會社

ヨー0002 B列5 (11.10. 15,000冊)

689

北支事务局人事班长关于请将已故今井职员的户籍副本附在死亡补助金请求书上提交给人事课长事致总裁室东亚课长的电文（一九三七年八月二十八日）

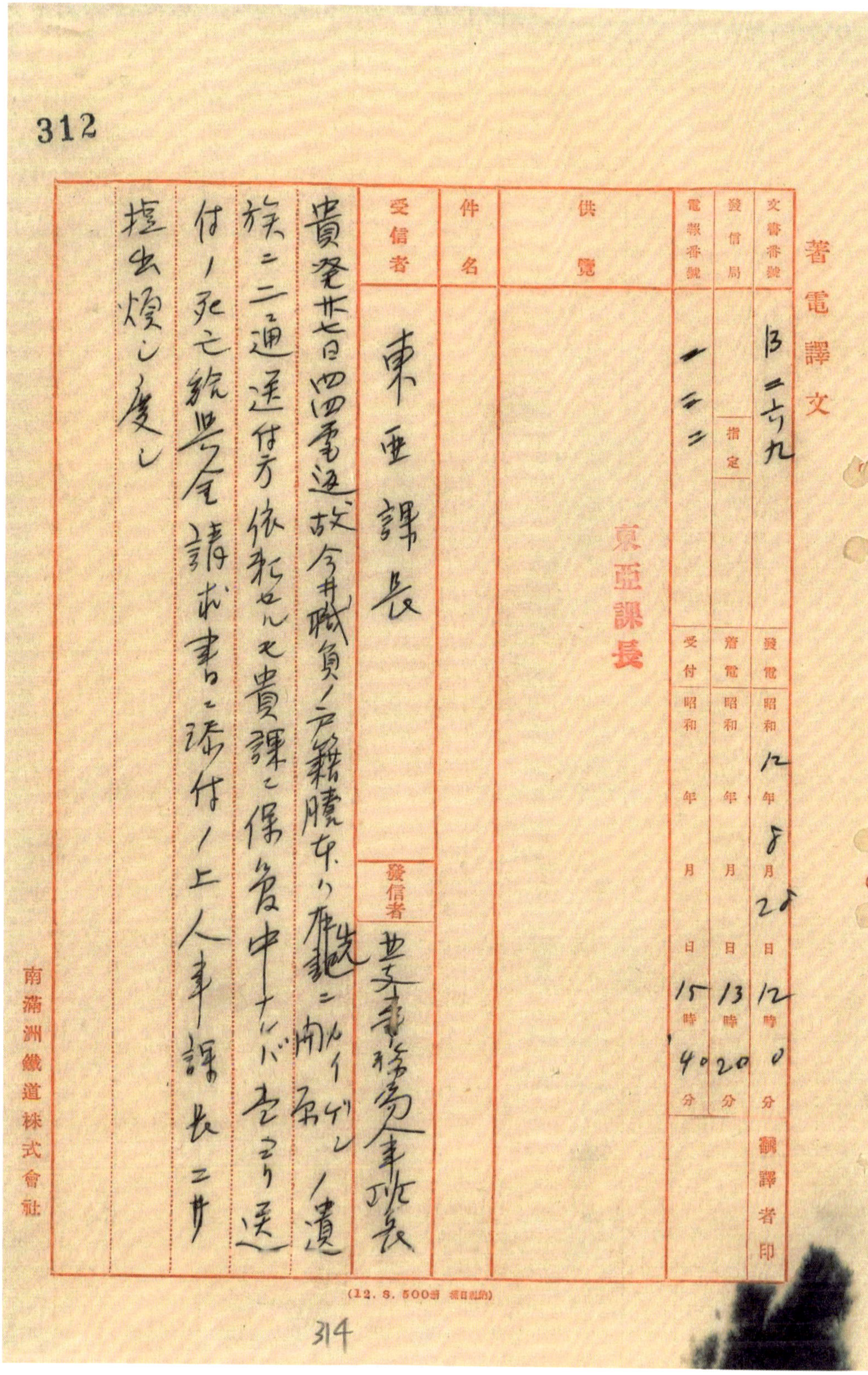

312

著電譯文

文書番號	發信局	電報番號
13 二六九		一二二

指定

	發電	着電	受付
昭和	12年 8月 28日 12時 0分	年 月 日 13時 20分	年 月 日 15時 40分

飜譯者印

供覽　東亞課長

件名

受信者　東亞課長

發信者　北支事務局人事班長

貴発廿七日四四電返故今井職員ノ戸籍謄本ハ本社ニ於イテ之ヲ遺族ニ直通送付方依頼セルモ貴課ニ保管中ナルバ至急送付ノ死亡給與金請求書ニ添付ノ上人事課長ニ廿提出煩シ度シ

南滿洲鐵道株式會社

(12. 8. 500冊)

314

北支事务局长关于感谢吊唁殉职社员事致支那驻屯军副官的函（一九三七年八月三十日）

567

寫

總東庶 37 第 2 號 299

天事變三七第四四九號

昭和十二年八月三十日

南滿洲鐵道株式會社
北支事務局長 杉 廣三郎

支那駐屯軍
副官 河田槌太郎殿

殉職社員慰靈祭ニ關スル件禮狀

拜啓 陳者去ル八月二十一日大連ニ於ケル通州及廊坊殉職社員慰靈祭執行ニ當リ軍司令官閣下ヨリ御丁重ナル弔電並花環、供物各一對ヲ賜リ感謝ノ至リニ御座候

御蔭ヲ以テ盛大ニ終了仕リ候間御放念被下度右御禮旁々書面ヲ以テ御挨拶申上候

敬具

ヨ－0101 B列5 南滿洲鐵道株式會社 (11. 4. 1,500冊 鮎川謹)

576

北支事务局长关于丰台救护班抵达天津事致总裁室东亚课长的电文（一九三七年八月三十日）

326

著電譯文

文書番號 B二八二
發信局
電報番號 社二七ノ一
指定 ヨイ
發電 昭和 年 月 30日 15時 10分
著電 昭和 12年 8月 30日 17時 36分
受付 昭和 年 月 31日 8時 0分
飜譯者印

供覽

人事課長

8月31日別途寫送付濟

件名

受信者 東亜課長

發信者 北支事務局長

豐台救護班員（久木田）班長以下七名及山口医員八二九日無事著津セリ

醫

（宛先 地衛生課長 安東醫院、四平街醫院 新京醫院、遼陽醫院）

南滿洲鐵道株式會社

(12. 8. 500册)

328

北支事务局长关于丰台救护班班长久木田等七人及山口医生于二十九日抵达天津事致总裁室东亚课长的电文（一九三七年八月三十日）

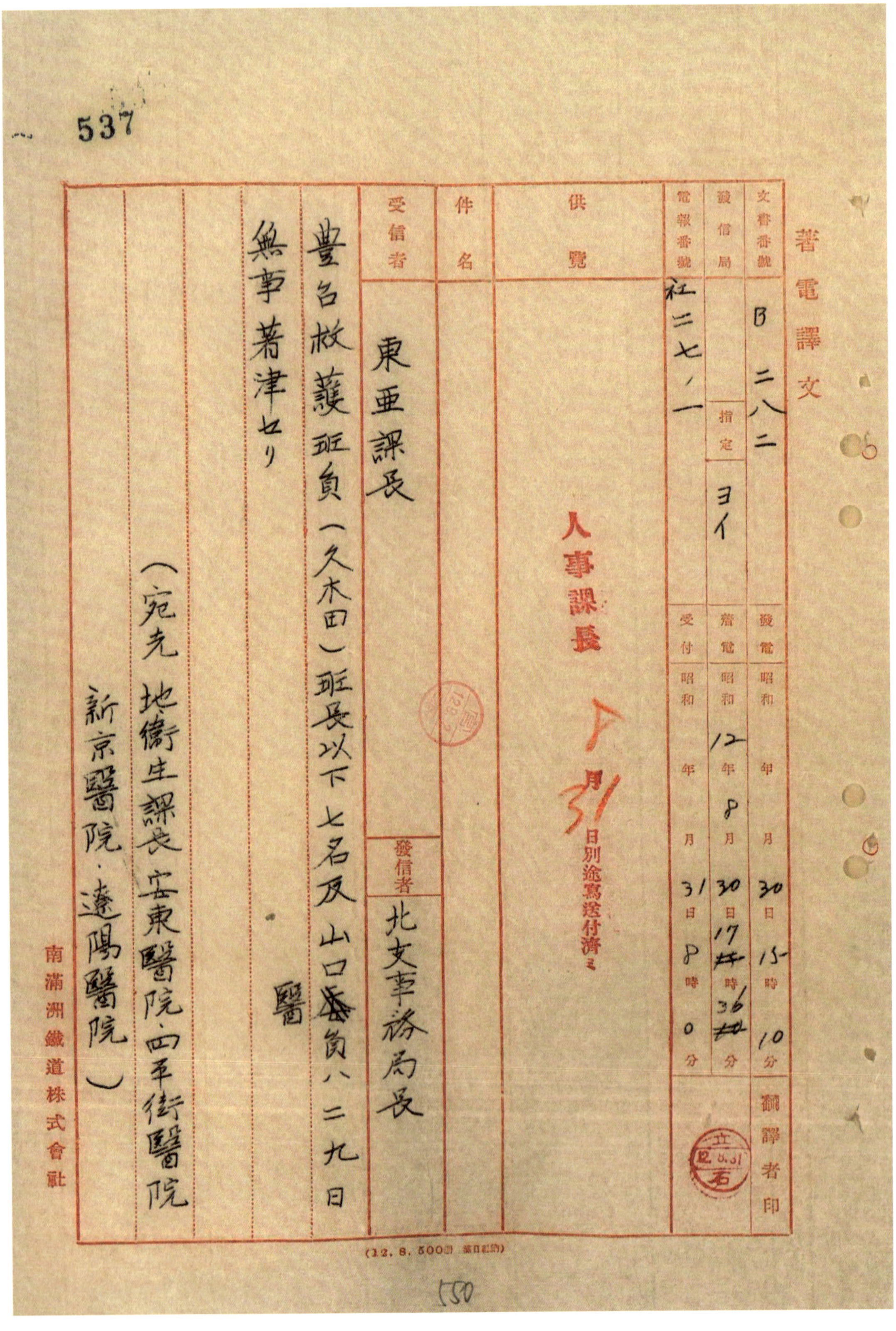
537

著電譯文

文書番號	B二八二
發信局	
電報番號	社二七／一
指定	ヨイ
發電	昭和　年　月30日15時10分
着電	昭和12年8月30日17時36分
受付	昭和　年　月31日8時0分
翻譯者印	（印）
供覽	人事課長　8月31日　別途寫送付濟ミ
件名	
受信者	東亜課長
發信者	北支事務局長

豊台救護班員（久木田）班長以下七名及山口醫員八二九日
無事著津セリ
（宛先 地衛生課長 安東醫院 四平街醫院
新京醫院・遼陽醫院）

南滿洲鐵道株式會社

（12. 8. 500冊）

550

北支事务局长关于弘报课写真班荒木于本日归来如有必要请安排延长其出差时间事致总裁室东亚课长的电文
（一九三七年八月三十日）

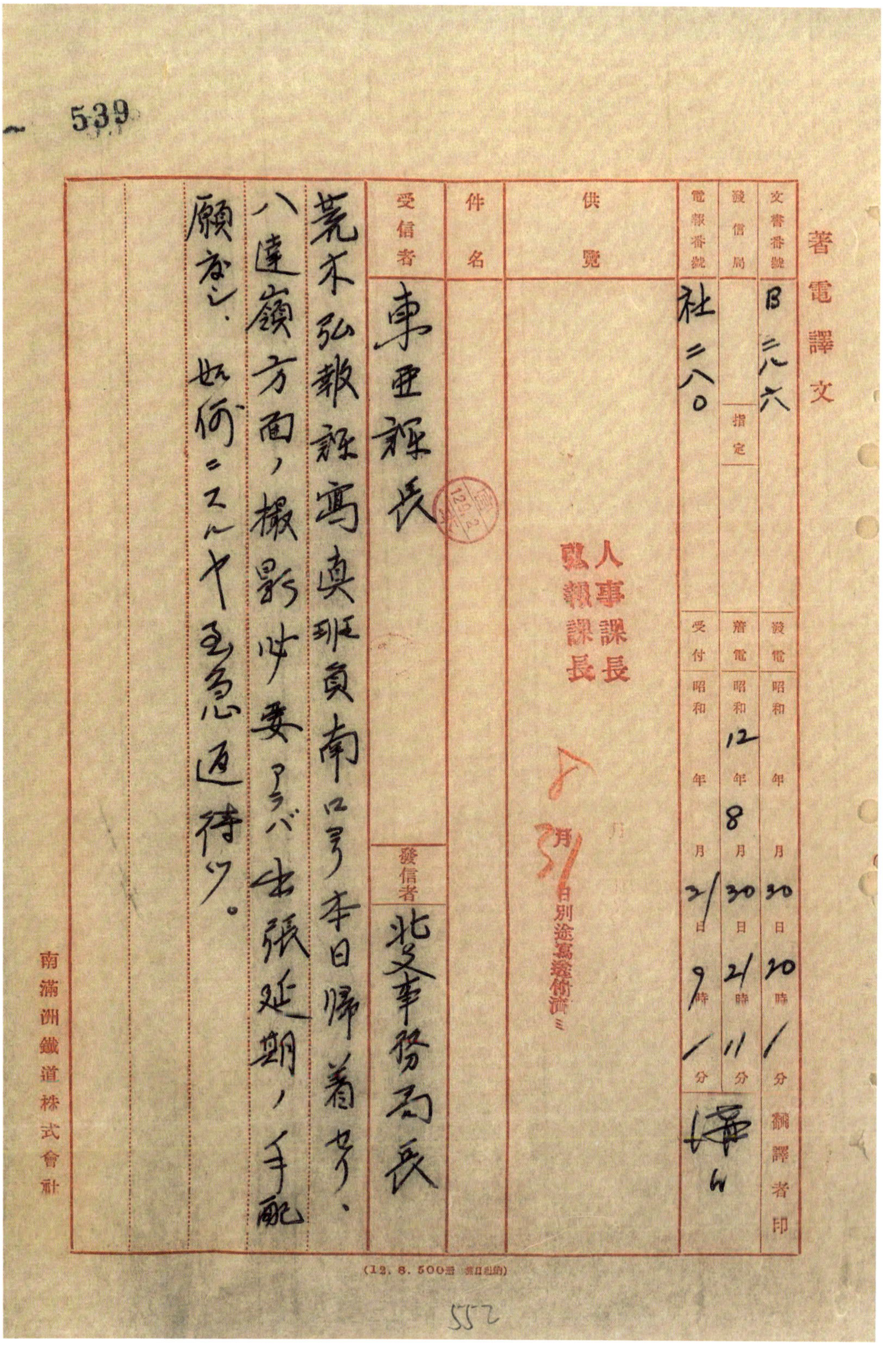

539

著電譯文

文書番號 B二九六
電報番號 社二八〇
發信局
指定

供覽

件名

受信者 東亞課長

荒木弘報課寫眞班員南口ヨリ本日歸着セリ、八達嶺方面ノ撮影必要アラバ出張延期ノ手配願ヒタシ。如何ニスルヤ至急返待ツ。

發信者 北支事務局長

人事課長
弘報課長

8月31日 別途寫送付済ミ

	發電	着電	受付
昭和 年		12	
月		8	
日	30	30	31
時	20	21	9
分	1	11	1

飜譯者印 譯

南滿洲鐵道株式會社

（12. 8. 500冊）

552

北支事务局长关于请尽快派遣五名打字员事致总裁室东亚课长的电文（一九三七年八月三十日）

324

東亞課 12.8.30 受付

著電譯文

文書番號：B二八〇

發信局：

電報番號：社二五六

指定：

發電：昭和　年　月　日　13時10分

着電：昭和12年8月30日16時9分

受付：昭和　年　月　日　18時30分

飜譯者印：武藤 12.8.31

供覽：文書課長　人事課長

8月31日別途寫送付濟ミ

伊藤 12.8.31

件名：

受信者：東亞課長

發信者：北支事務局長

北支事務局設置ノ為タイピスト五名機械携行ノ上至急派遣セシメラレ度

南滿洲鐵道株式會社

(12.8.500冊)

326

北支事务局长关于送交与七七事变相关的满铁社员配置表事致总裁室东亚课长、人事课长的函（一九三七年八月三十日）

564

北支人三七第一號

昭和十二年八月三十日

總東庶 37第2號ノ307

北支事務局長

總裁室 東亞課長

人事課長 殿

北支事變關係滿鐵社員配置表送付ノ件

昭和十二年八月二十六日現在首題表同封送付ス

573

附：七七事变相关的满铁社员配置表

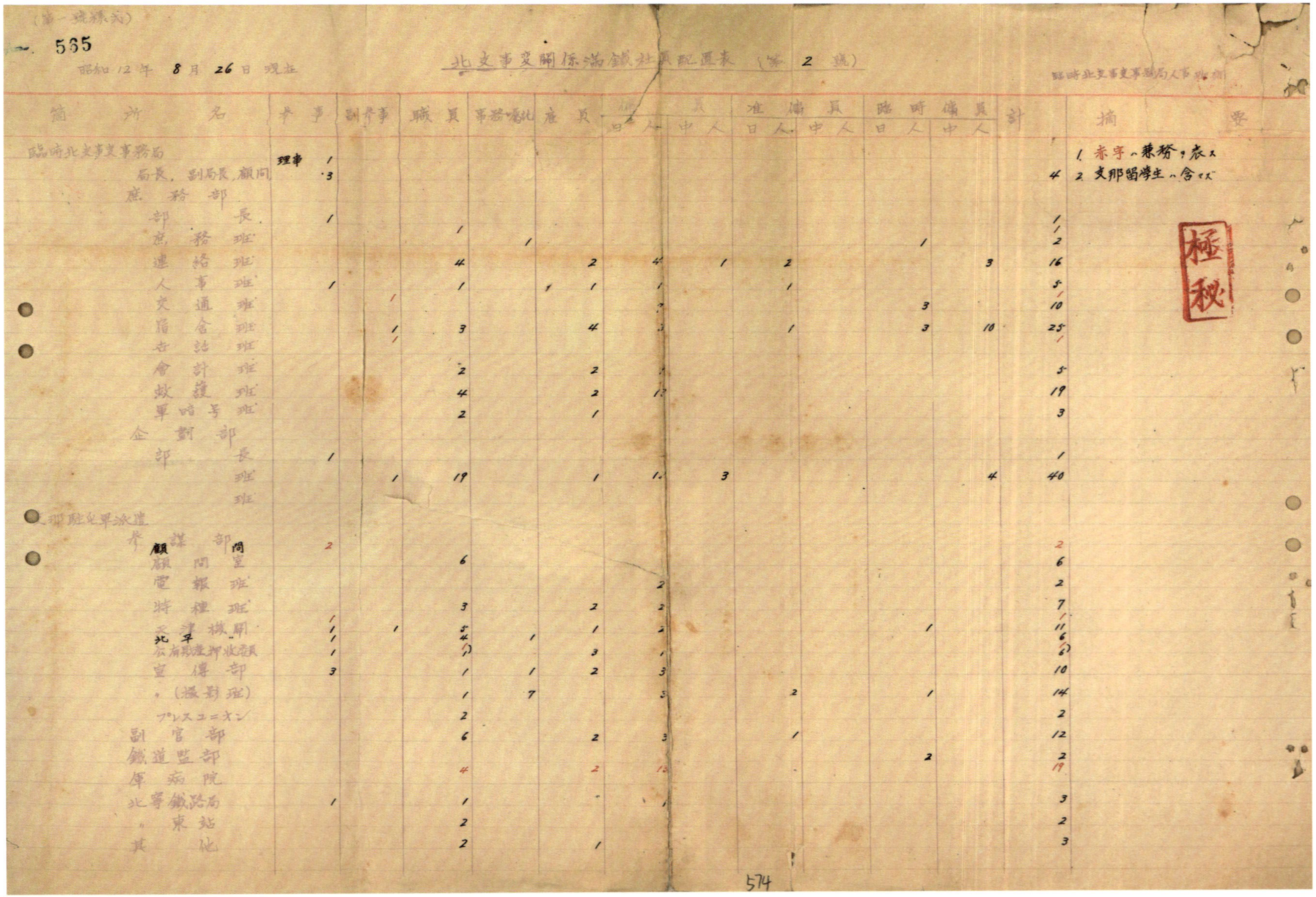

（第一號樣式）

565

昭和12年8月26日現在

北支事変関係満鐵社員配置表（第2號）

臨時北支事変事務局人事班

箇所名	參事	副參事	職員	事務囑託	雇員	傭員 日人	傭員 中人	准傭員 日人	准傭員 中人	臨時傭員 日人	臨時傭員 中人	計	摘要
臨時北支事変事務局	理事 1												1. 赤字ハ兼務ヲ表ス
局長、副局長、顧問	3											4	2. 支那留學生ハ含マズ
庶務部													
部長	1											1	
			1									1	
庶務班				1						1		2	
連絡班			4		2	4	1	2			3	16	
人事班	1		1	1	1	1		1				5 / 1	
交通班		1				[illegible]				3		10	
宿舎班		1 / 1	3		4	[illegible]		1		3	10	25 / 1	
電話班													
會計班			2		2	[illegible]						5	
救護班			4		2	1[illegible]						19	
軍暗号班			2		1							3	
企劃部													
部長	1											1	
班		1	19		1	1[illegible]	3				4	40	
班													
支那駐屯軍派遣													
參謀部顧問	2											2	
顧問室			6									6	
電報班						2						2	
特種班			3		2	2						7	
天津機關	1 / 1	1	5		1	2				1		1 / 11	
北平〃	1		4	1								6	
公有財産押收委員	1		1 / 1		3	1						1 / 6	
宣傳部	3		1	1	2	3						10	
〃（撮影班）			1	7		3		2		1		14	
プレスユニオン			2									2	
副官部			6		2	3		1				12	
鐵道監部										2		2	
[illegible]病院			4		2	13						19	
北寧鐵路局	1		1			1						3	
〃東站			2									2	
其他			2		1							3	

極秘

574

（第二號様式）

568

箇所名	参事	副参事	職員	事務嘱託	雇員	傭員 日人	傭員 中人	准傭員 日人	准傭員 中人	臨時傭員 日人	臨時傭員 中人	計	摘要
天津事務所													
所長	1											1	
所勤務			1									1	
	1	2	8	4	4	2	1		8			30	
庶務課													
課長	1											1	
庶務係		1	3		6	25		2				27	
						1	7		8	2		18	
経理係			2		2	1						5	
			1		4	2		1				8	
弘報係			1									1	
			3	1	1	2				1		8	
業務課													
第二係	1											1	
			5		4							9	
華北汽車公司気			4		57		68					129	
北平事務所	1		7	5	7	3	2	1				26	
	6	3	13		10	39		2				73	
總計	16	5	97	20	101	68	82	9	16	14	17	445	

575

北支事务局长关于请联系相关方面停止发送草席事致总裁室东亚课长的电文（一九三七年八月三十日）

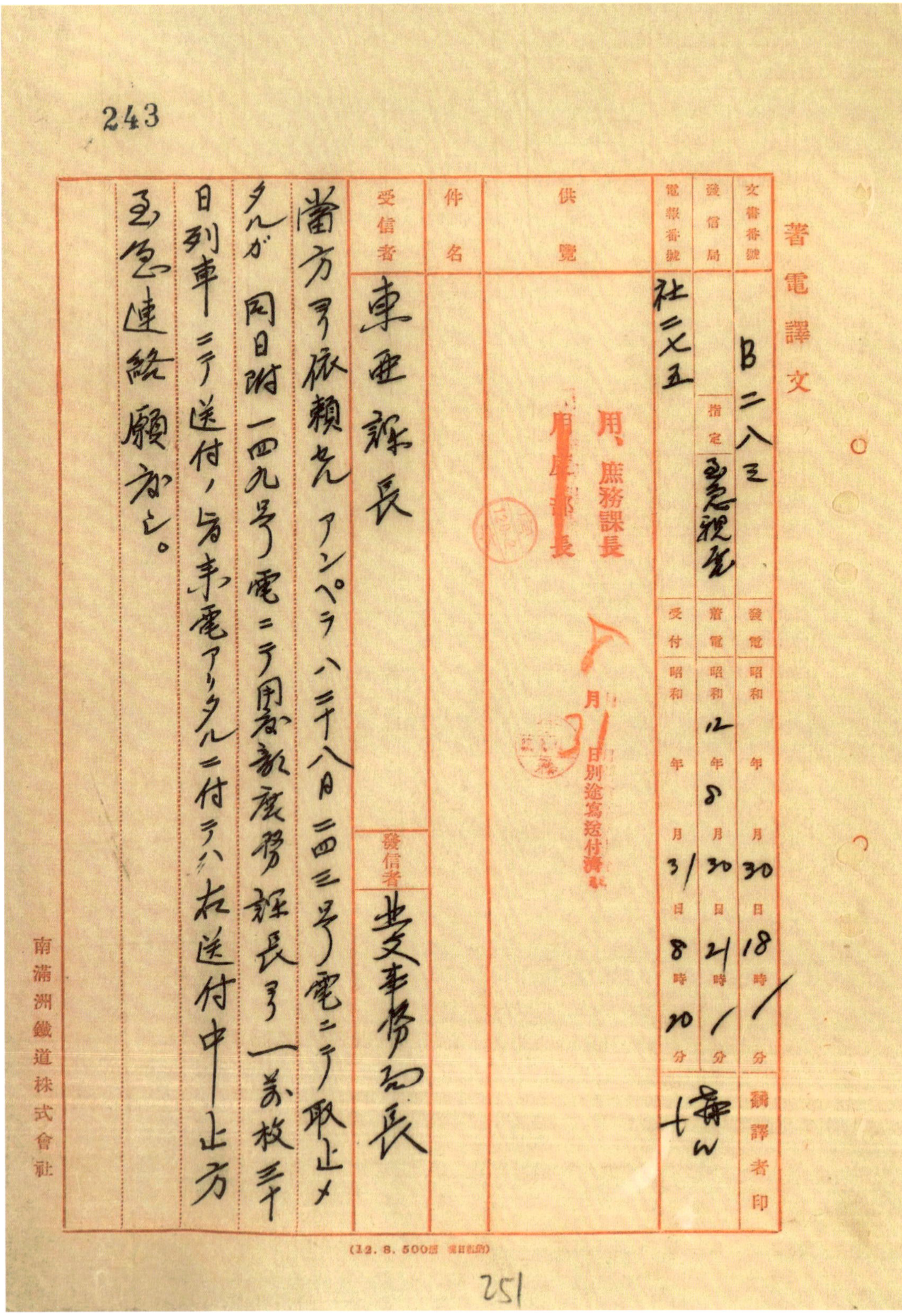

243

著電譯文

文書番號 B二八三
發信局
指定 至急親展
電報番號 社二七五

發電 昭和 年 8月30日18時 分
着電 昭和12年8月30日21時 分
受付 昭和 年 月31日8時20分

供覽 用度部長 庶務課長

件名

受信者 東亜課長

發信者 北支事務局長

當方ヨリ依頼セルアンペラ八二千八百二四三号電ニテ取止メタルガ同日附一四九号電ニテ用度部庶務課長ヨリ一萬枚ヲ十日列車ニテ送付ノ旨来電アリタルニ付テハ右送付中止方至急連絡願ヒタシ。

南滿洲鐵道株式會社

(12. 8. 500冊)

251

北支事务局长关于本日收到北宁铁路面粉高粱货款事致总裁室东亚课长、财务部长、铁道总局长的电文（一九三七年八月三十日）

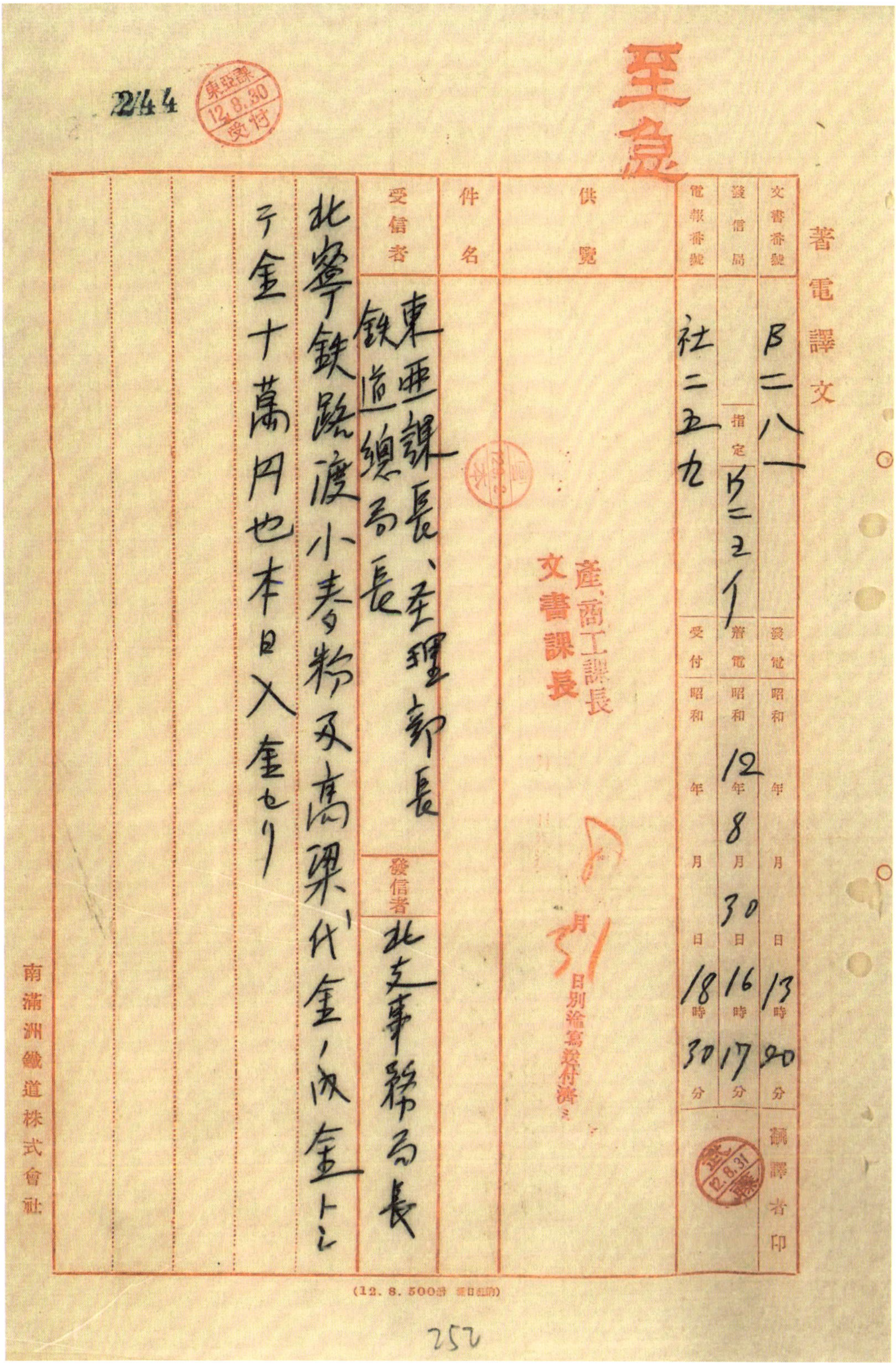

至急

244

東亞課 12.8.30 受付

著電譯文

文書番號	發信局	電報番號
B二八一		社二五九

指定 B二三一

	發信	着電	受付
昭和	年 月 日	12年8月30日	年 月 日
時分	13時20分	16時17分	18時30分

飜譯者印 12.8.31

受信者：東亞課長、經理部長
鉄道總局長

發信者：北支事務局長

北寧鉄路渡小麦粉及高梁代金ノ内金トシテ金十萬円也本日入金セリ

文書課長

產、商工課長

日別途寫送付濟

南滿洲鐵道株式會社

（12. 8. 500冊）

252

北支事务局长关于民团所购面粉品质差请调查这批面粉的出售商及残次原因事致总裁室东亚课长的电文

（一九三七年八月三十日）

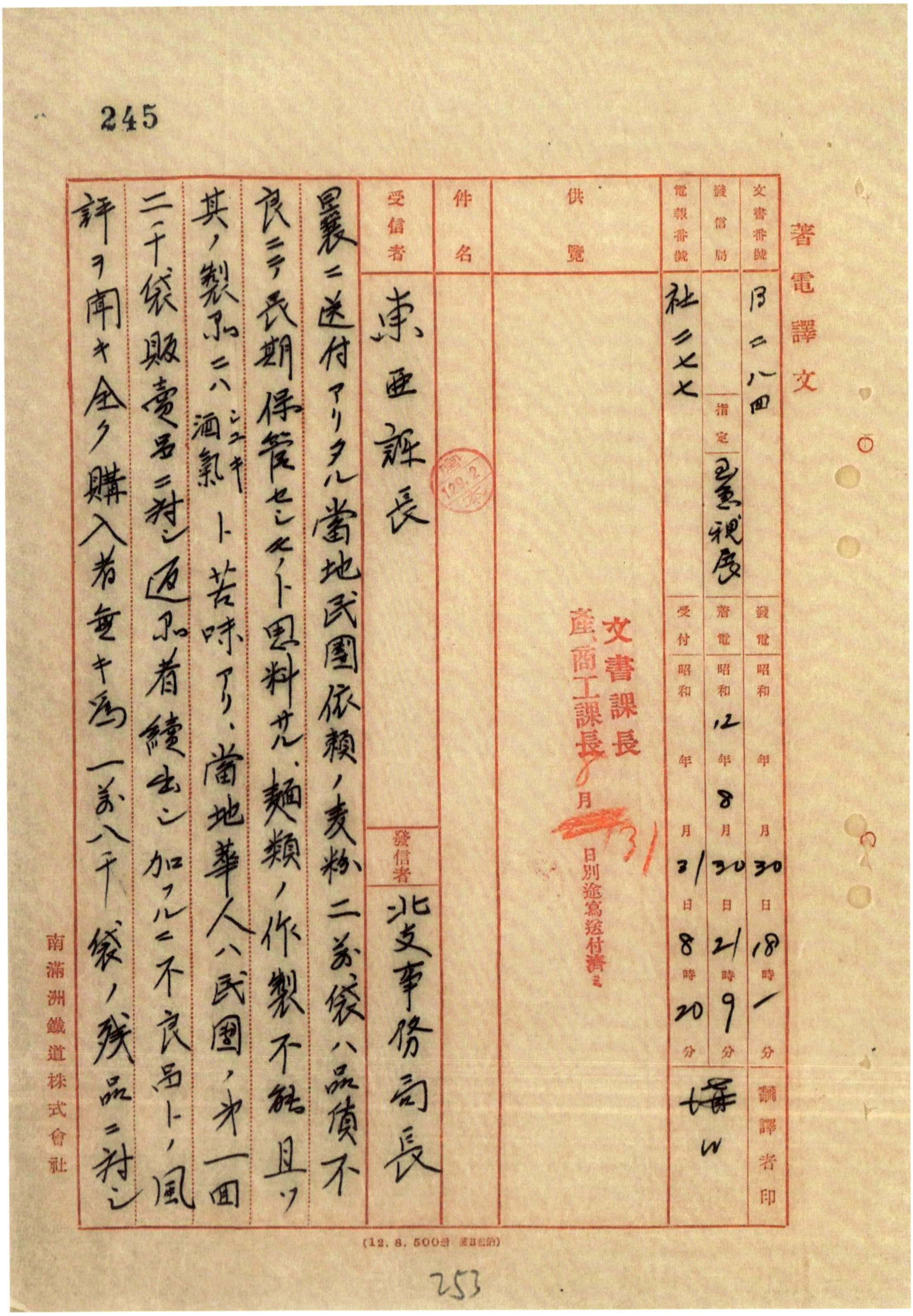
245

著電譯文

文書番號	發信局	電報番號
内二八四		社二七七

指定：至急親展

	發電	着電	受付
昭和 年		12	
月		8	
日	30	30	31
時	18	21	8
分	1	9	20

飜譯者印

供覽

件名

受信者：東亞課長

發信者：北支事務局長

曩ニ送付アリタル當地民團依頼ノ麦粉二萬袋ハ品質不良ニテ長期保管セシモノト思料サル、麺類ノ作製不能且ツ其ノ製品ニハ酒氣ト苦味アリ、當地華人ハ民團ノ第一回ニ二千袋販賣品ニ對シ返品者續出シ加フルニ不良品トノ風評ヲ聞キ全ク購入者無キ為一萬八千袋ノ殘品ニ對シ

文書課長

產、商工課長

8月31

日別途寫送付濟ミ

南滿洲鐵道株式會社

(12. 8. 500冊)

253

246

著電譯文

文書番號	發信局	電報番號	供覽	件名	受信者
			（續き）		

指定

發電 昭和 年 月 日 時 分
着電 昭和 年 月 日 時 分
受付 昭和 年 月 日 時 分

飜譯者印

發信者

民國ハ其ノ對策ニ困リ居レリ、就イテハ本麥粉購入所及
不良品トナリタル原因並ニ之カ返品ノ能否等ニ付詳
細至急返電乞フ。

南滿洲鐵道株式會社

(12. 8. 500冊)

254

北支事务局长关于文书课派出之佣员奥山因患脚气归任事致总裁室东亚课长的电文（一九三七年八月三十一日）

533

著電譯文

文書番號	B 二九三
發信局	
電報番號	二九九
指定	
發電	昭和12年8月31日19時44分
着電	昭和12年8月31日21時9分
受付	昭和12年9月2日10時0分
翻譯者印	（印）
供覽	文書課長　人事課長　9月2日別途寫送付濟
件名	
受信者	東亜課長
發信者	北支事務局長

文書課ヨリ派遣中ノ傭員（奥山）脚気ノ爲九月一日出帆天津丸ニテ歸任セシム

南滿洲鐵道株式會社

（12.8.500冊）

546

北支事务局长关于北支事务局调查班长阿部赴大连商讨事务事致总裁室东亚课长的电文
（一九三七年八月三十一日）

534

著電譯文

文書番號	B二九〇
發信局	
電報番號	社三〇一
指定	
發電	昭和12年8月31日19時6分
着電	昭和　年　月5日21時11分
受付	昭和　年9月2日9時40分
供覧	産業部次長　産業務課長　人事課長
件名	
受信者	東亜課長
發信者	北支事務局長

産業部次長ニ傳ヘテ、事務打合セノ爲（阿部北支事務局調査班長）一日当地發天津丸ニテ赴連セシム（三輪）軍託嶋同行ス

日別途寫送付濟ミ

南滿洲鐵道株式會社

(12. 8. 500冊)

547

北支事务局庶务班长关于三十一日平安抵达事致总裁室东亚课长、产业部庶务课长、总裁室庶务课长的电文（一九三七年八月三十一日）

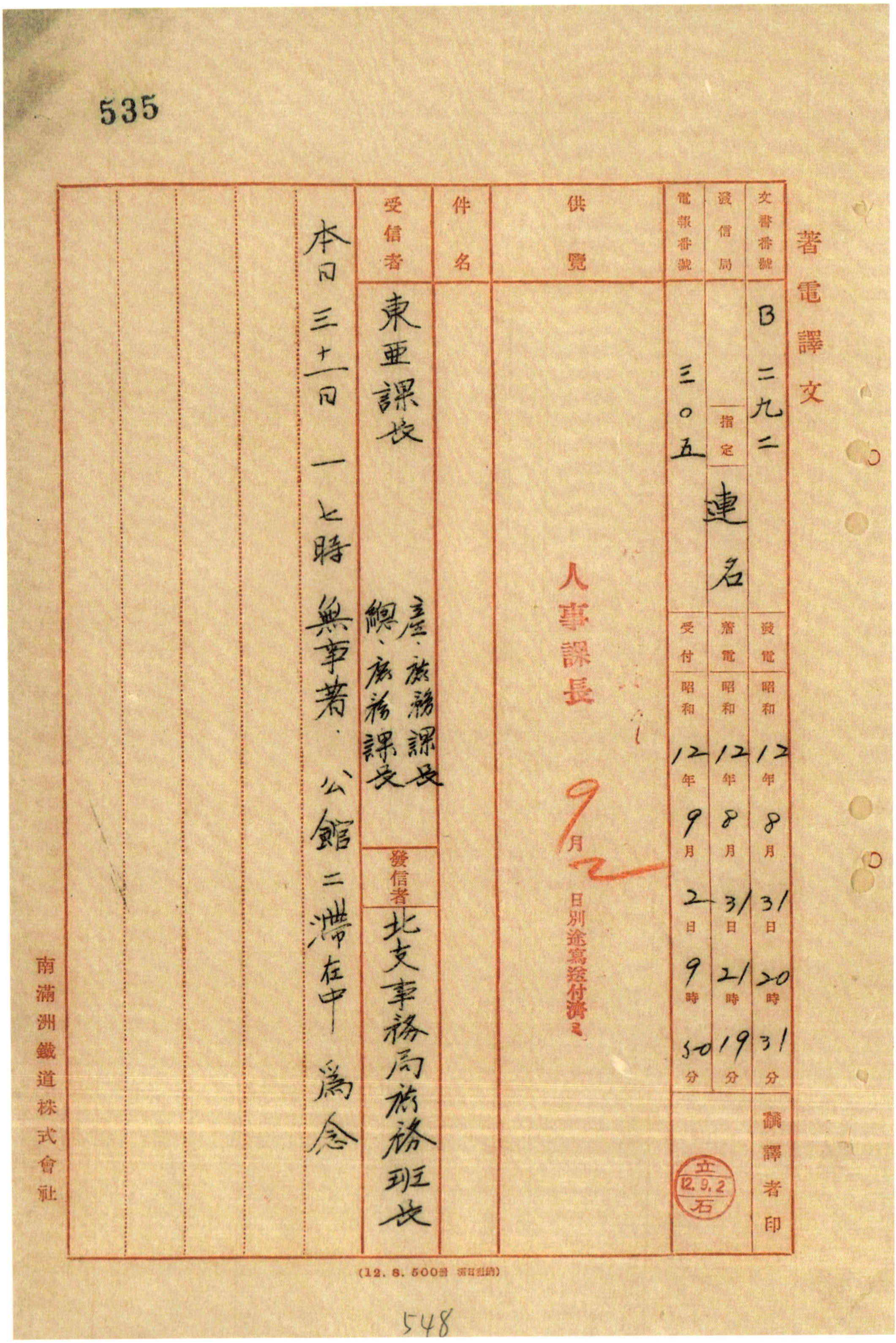
535

著電譯文

文書番號	發信局	電報番號
B二九二	指定 連名	三〇五

發電	着電	受付
昭和12年8月31日20時31分	昭和12年8月31日21時19分	昭和12年9月2日9時50分

飜譯者印 立 12.9.2 石

供覽 人事課長 9月2日 別途寫送付濟ミ

件名

受信者 東亜課長 産、庶務課長 總、庶務課長

發信者 北支事務局庶務班長

本日三十一日一七時無事著、公館ニ滯在中 爲念

南滿洲鐵道株式會社

(12.8.500冊)

548

北支事务局人事班长关于人事班长菊田等三十一人财务班长伊藤等三十九人抵达天津事致总裁室东亚课长、铁道总局人事课长、总裁室人事课长的电文（一九三七年八月三十一日）

536

著電譯文

文書番號 B二九四

發信局

電報番號 三〇三

指定 連名

發電 昭和12年8月31日19時73分

着電 昭和12年8月31日21時16分

受付 昭和12年9月2日10時10分

飜譯者印

供覽

文書課長

件名

受信者 東亜課長 鉄・人事課長 總・人事課長

發信者 北支事務局人事班長

二八日発菊田人事班長以下三一名八二九日二三時
三〇日発伊藤経理班長以下三九名八三一日一五時何レモ無事天津ニ
着ケリ

9月2日別途寫送付済ミ

南滿洲鐵道株式會社

（12.8.500冊）

549

北支事务局长关于请求发送民团所订购食盐事致总裁室东亚课长的电文（一九三七年八月三十一日）

242

著電譯文

文書番號	B二九一
發信局	
電報番號	社三〇四
指定	
發電	昭和12年8月31日19時 分
着電	昭和 年 月 日21時22分
受付	昭和 年9月2日9時40分
翻譯者印	
供覽	産、商工課長　9月2日　日別途寫送付濟
件名	
受信者	東亞課長
發信者	北支事務局長

第六回民團注文品中食塩百俵ヲ五百俵ニ増加方依頼アリタルガ都合宜シケレバ積込發送方願ヒ度シ

右関係ニモ傳ヘテ.

南滿洲鐵道株式會社

(12.8.500冊)

250

北支事务局长关于北宁铁路总务处长石蒋麟即将赴大连与总裁、宇佐美理事面谈事致总裁室东亚课长的电文（一九三七年八月三十一日）

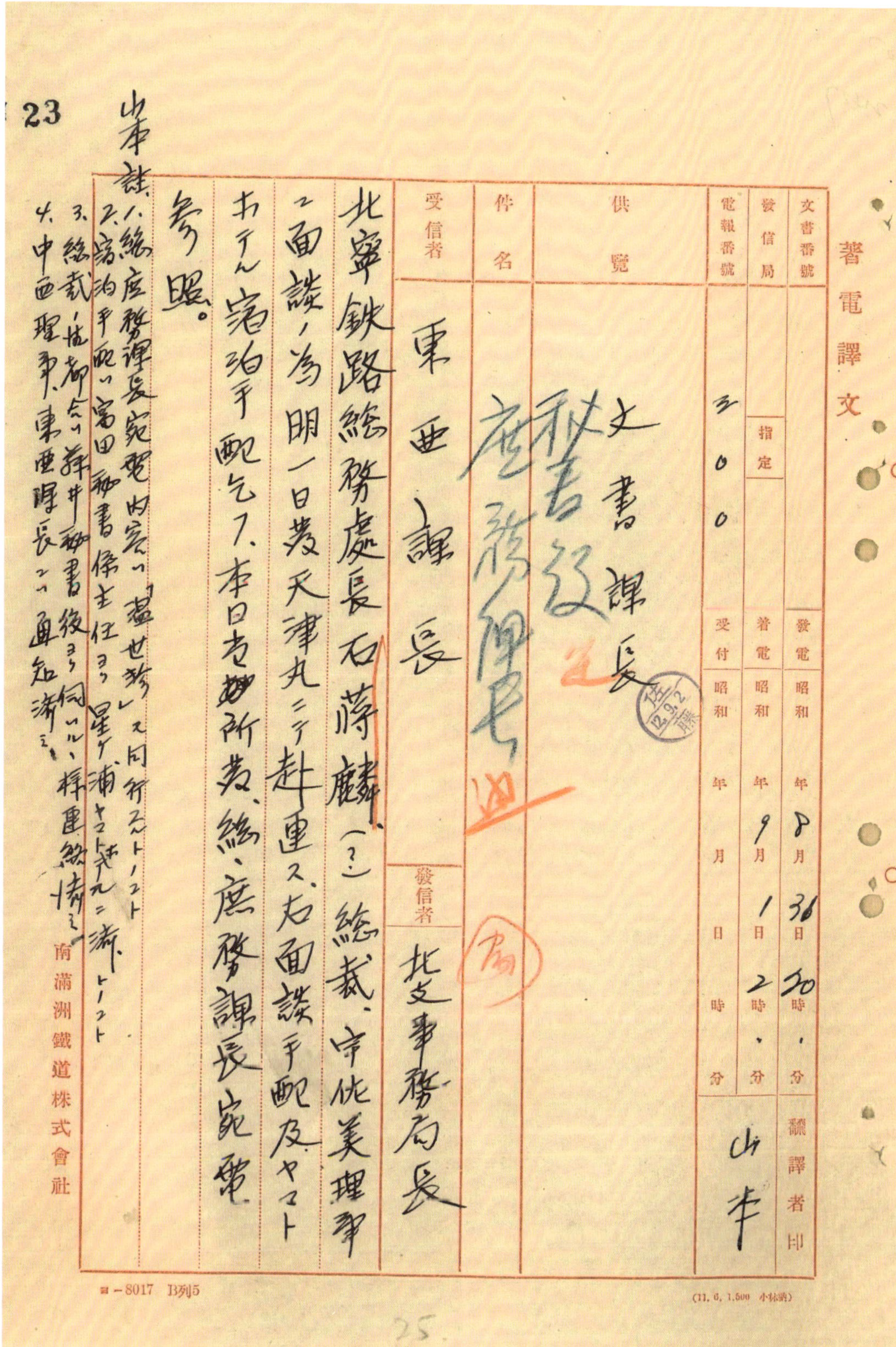

23

著電譯文

文書番號	發信局	電報番號	供覽	件名	受信者
		300	文書課長 秘書役 庶務課長		東亜課長

發電 昭和 年 8月 31日 20時 分
着電 昭和 年 9月 1日 2時 分
受付 昭和 年 月 日 時 分
飜譯者印 山本

發信者 北支事務局長

北寧鉄路総務處長石蔣麟（？）総裁、宇佐美理事ニ面談ノ為明一日發天津丸ニテ赴連ス、右面談手配及ヤマトホテル宿泊手配乞フ、本日当所發総、庶務課長宛電参照。

山本註、1、総、庶務課長宛電内容ハ「蓋世華」ト同行スルトノコト
2、宿泊手配ハ富田秘書係主任ヨリ星ヶ浦ヤマトホテルニ済トノコト
3、総裁、協和会ノ件ハ井秘書役ヨリ伺ハル、様連絡済ミ
4、中西理事、東亜課長ニハ通知済ミ

南滿洲鐵道株式會社

ヨ-8017 B列5 (11.6.1,500 小林活)

北支事务局长关于北宁管理局总务司长石蒋麟、温世珍赴大连请安排其入住大和旅馆事致总裁室庶务课长的电文

（一九三七年八月三十一日）

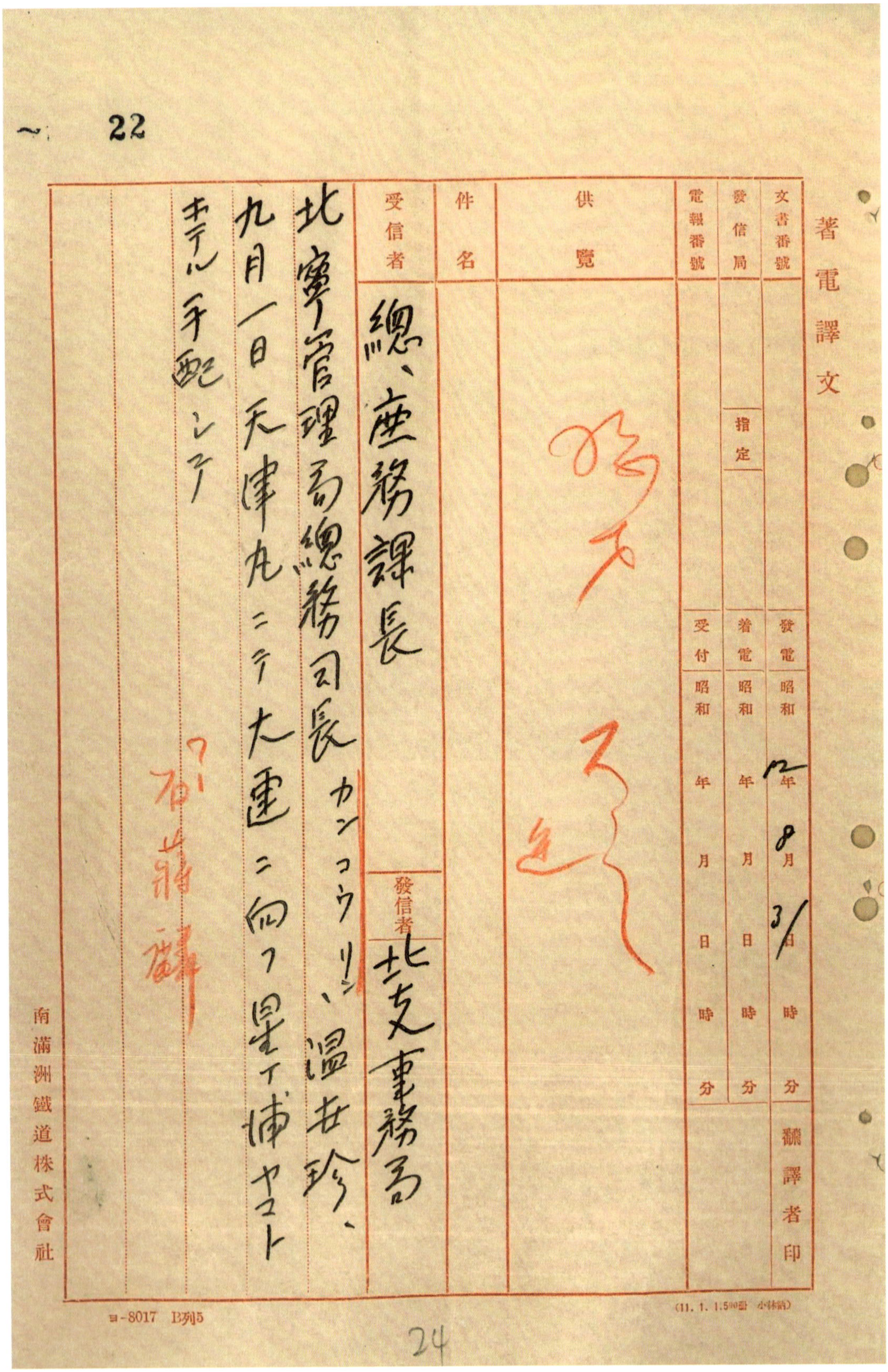

22

著電譯文

文書番號	發信局	電報番號

指定

發電 昭和12年8月31日 時 分

着電 昭和 年 月 日 時 分

受付 昭和 年 月 日 時 分

飜譯者印

供覽

件名

受信者 總、庶務課長

發信者 北支事務局

北寧管理局總務司長カンコウリン、温世珍、

九月一日天津丸ニテ大連ニ向フ星ケ浦ヤマト

ホテル手配シテ

石蒋麟

南滿洲鐵道株式會社

ヨ-8017 B列5

(11. 1. 1.500冊 小林組)

24

北支事务局长关于请紧急派遣五名打字员事致总裁室东亚课长的电文（一九三七年九月二日）

362

著電譯文

文書番號	發信局	電報番號	供覽	件名	受信者
13三〇〇		社二一	人事課長		東亞課長

指定

發信者：北支事務局長

八月三十日二五大電ニテ依頼先打字手五名機械携行至急派遣セシメラレ度シ。

	年	月	日	時	分
發電 昭和			2	17	
着電 昭和	12	9	2	21	9
受付 昭和			3	8	40

飜譯者印

9月3日別途寫送付濟

南滿洲鐵道株式會社

(12.8.500冊 [illegible])

371

北支事务局阪谷理事关于支那驻屯军参谋长通知请协助兴中公司收购塘沽永利化学工业事致总裁室东亚课长、产业部次长的电文（一九三七年九月三日）

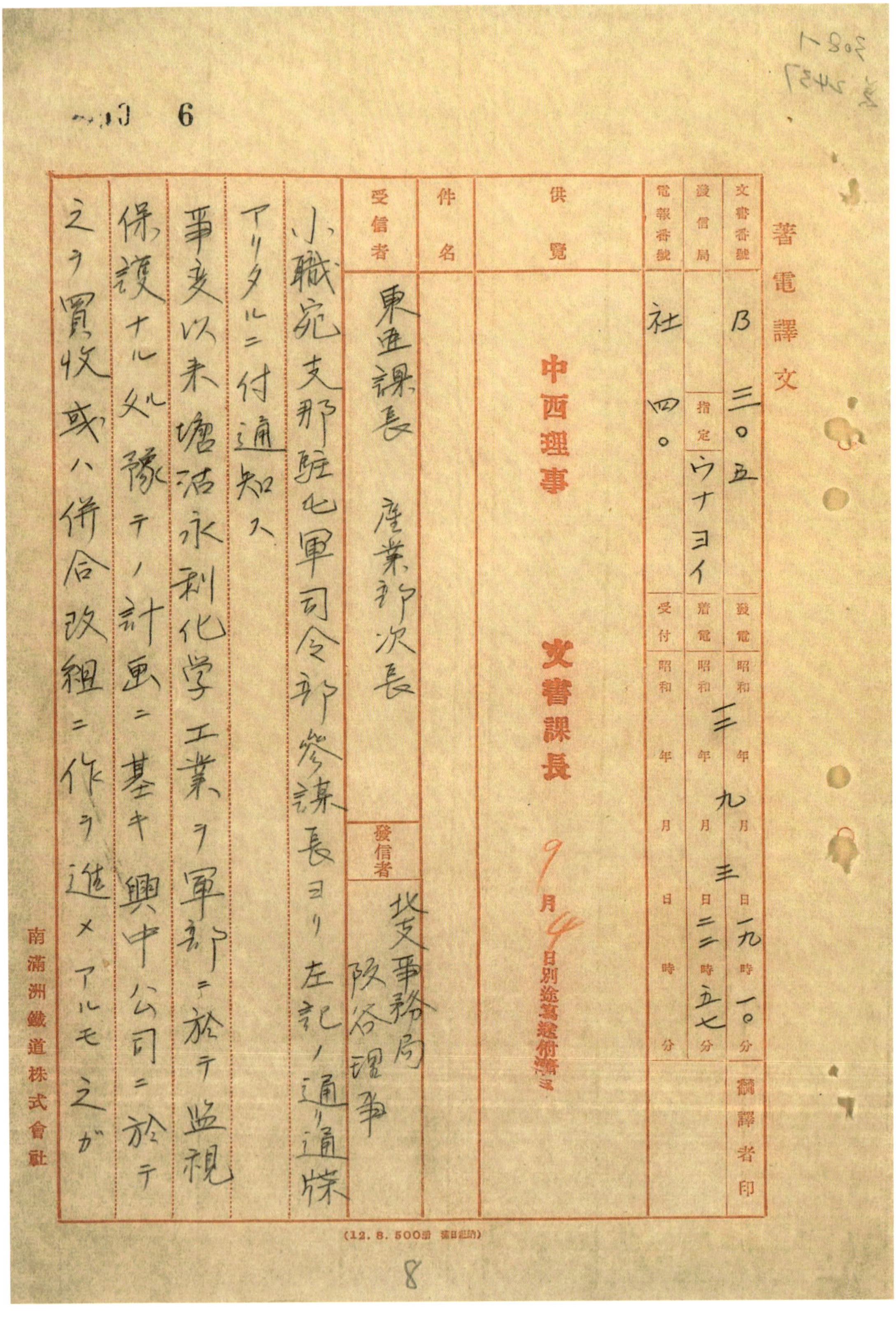

6

著電譯文

文書番號 B三〇五
發信局
指定 ウナヨイ
電報番號 社四〇

發電 昭和十二年九月三日一九時一〇分
着電 昭和 年 月 日二二時五七分
受付 昭和 年 月 日 時 分
飜譯者印

受信者 東亜課長 産業部次長
件名
供覧 中西理事 文書課長 9月4日 別途写送付済
發信者 北支事務局 阪谷理事

小職宛支那駐屯軍司令部参謀長ヨリ左記ノ通リ通牒アリタルニ付通知ス
事変以来塘沽永利化学工業ヲ軍部ニ於テ監視保護ナル処隊テノ計画ニ基キ興中公司ニ於テ之ヲ買収或ハ併合改組ニ作ラ進メアルモ之ガ

南滿洲鐵道株式會社

(12. 8. 500冊 滿日印)

8

7

促進ヲ期スル爲滿鉄ニ在リテモ積極的ニ之ヲ援助セラルルコト必要カト思料セラルルニ付念ノ爲通牒ス

南滿洲鐵道株式會社

ヨー0002　B列5　(11. 10. 15,000冊 瀋陽鐵路)

9

北支事务局长关于通州殉职社员岩崎氏等五人遗骨预计六日送达大连请予以安排事致总裁室东亚课长的电文（一九三七年九月四日）

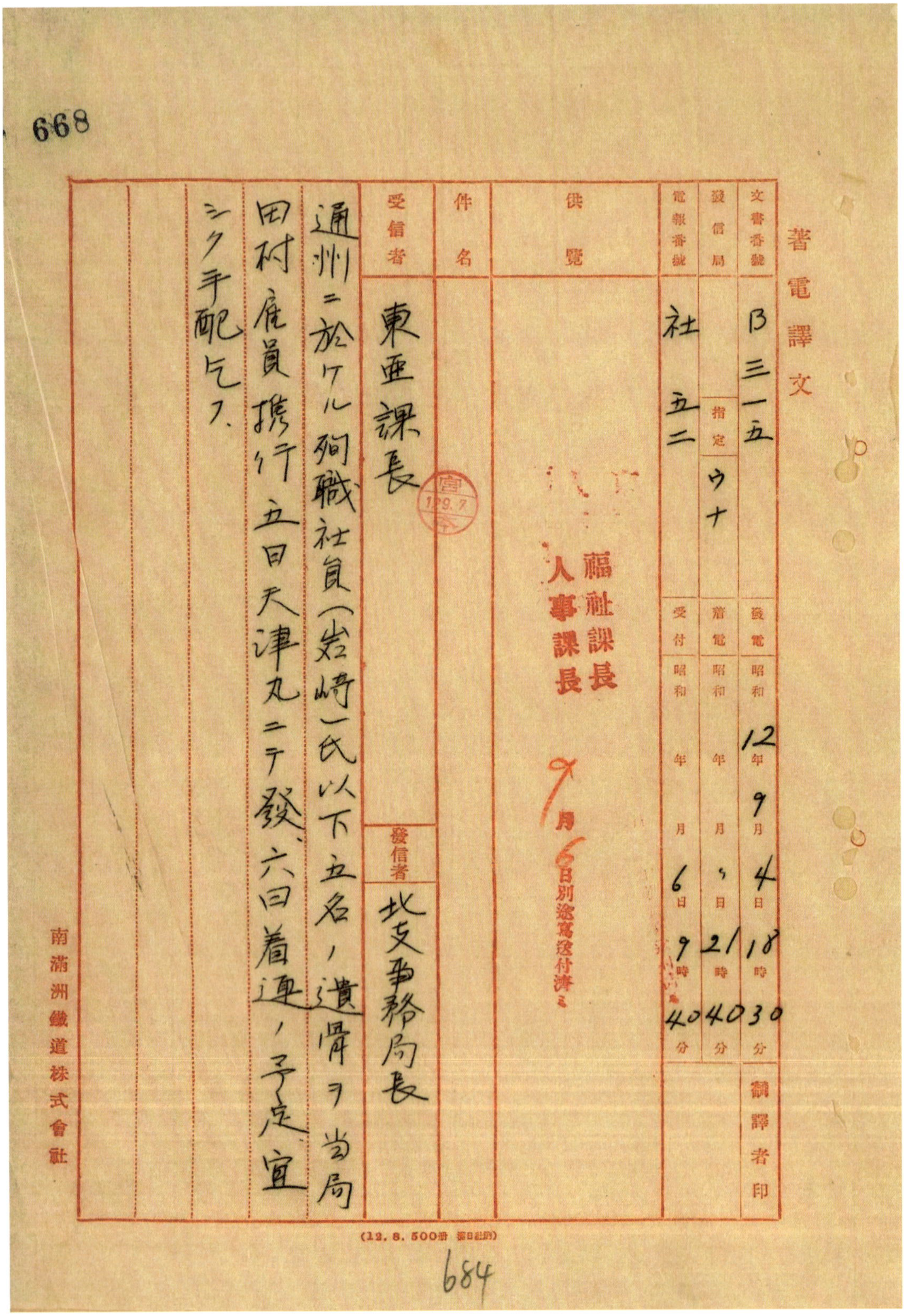
668

著電譯文

文書番號	發信局	電報番號	指定
B三一五	社	五二	ウナ

發電	着電	受付
昭和12年9月4日18時30分	昭和 年9月5日21時40分	昭和 年 月6日9時40分

受信者：東亞課長

發信者：北支事務局長

供覽：福祉課長　人事課長

9月6日別途寫送付済ミ

通州ニ於ケル殉職社員（岩崎）氏以下五名ノ遺骨ヲ当局田村庶員携行五日天津丸ニテ發、六日着連ノ予定宜シク手配乞フ。

南滿洲鐵道株式會社

684

北支事务局长关于五名打字员已平安抵达以及如果佣员林北山归任请派遣人接替事致总裁室东亚课长、文书课长的电文（一九三七年九月四日）

359

著電譯文

文書番號	B三一四
發信局	
電報番號	社六四九
指定	
發電	昭和12年9月4日19時40分
着電	昭和 年9月5日0時8分
受付	昭和 年 月6日9時40分
飜譯者印	
供覽	人事課長、 9月6日 別途寫送付濟
件名	
受信者	東亜課長 文書課長
發信者	北支事務局長

打字手（タテテ）五名本日無事着ク。尚ホ五名ハ北支事務局設置ノ為要求セルモノニ付（林ハミヤマ 北山）傭員歸任セシムルナラバ新ニ交替派遣乞フ。

南滿洲鐵道株式會社

(12. 8. 500冊 滿日印刷)

368

北支事务局长关于于四日平安抵达事致总裁室东亚课长的电文（一九三七年九月四日）

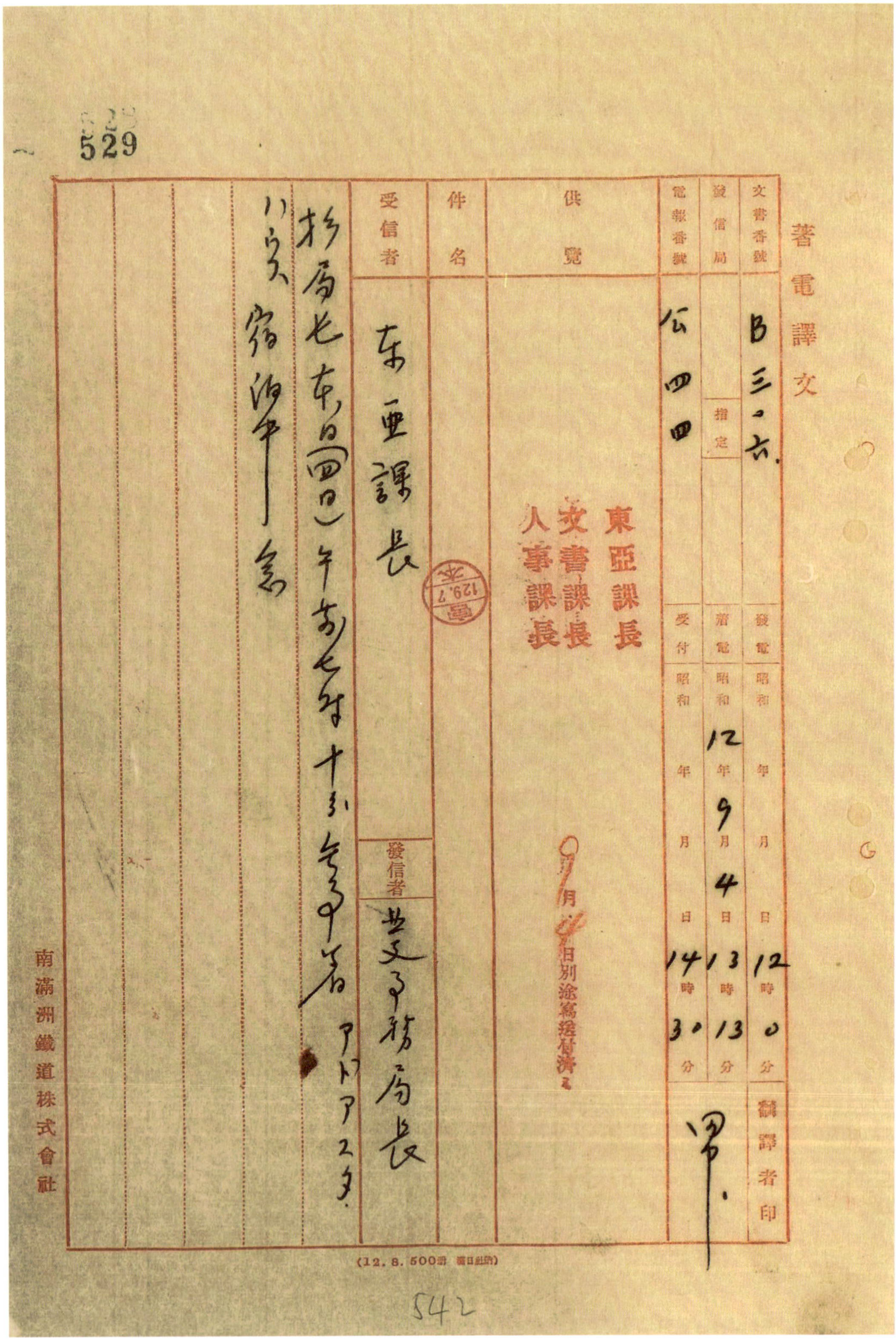
529

著電譯文

文書番號 B三〇六
發信局
電報番號 公四四四
指定

發電 昭和 年 月 日 12時 0分
着電 昭和12年9月4日13時13分
受付 昭和 年 月 日 14時30分

飜譯者印 男

供覽

東亜課長
文書課長
人事課長

9月4日別途寫送付濟

件名

受信者 東亜課長

發信者 北支事務局長

杉局長本日（四日）午前七時十分無事平着
ハ寶宿泊中ノ筈

アトアニユス

南滿洲鐵道株式會社

（12.8.500冊）

542

北支事务局长关于购买卡车事致总裁室东亚课长的电文（一九三七年九月四日）

154

著電譯文

文書番號	日三一六
發信局	
電報番號	公四八
指定	
發電	昭和　年　月　日16時0分
着電	昭和12年9月4日21時28分
受付	昭和　年9月6日9時50分
供覽	國際事務　東亞課長
件名	
受信者	東亞課長
發信者	北支事務局長

右記國際事務所ヨリ至急トラック購入依頼アリ左記調ベニッ遣

一〇〇輛ノ場合ト二〇〇輛ノ場合ニ於ケル（二噸積）ホアーリ トモ ノ

ンテ 車主、期日、價額 メカノ

9月6日別途写送付済

南滿洲鐵道株式會社

（12.8.500冊）

161

北支事务局长关于驻屯军宪兵少佐询问借用汽船事致总裁室东亚课长的电文（一九三七年九月五日）

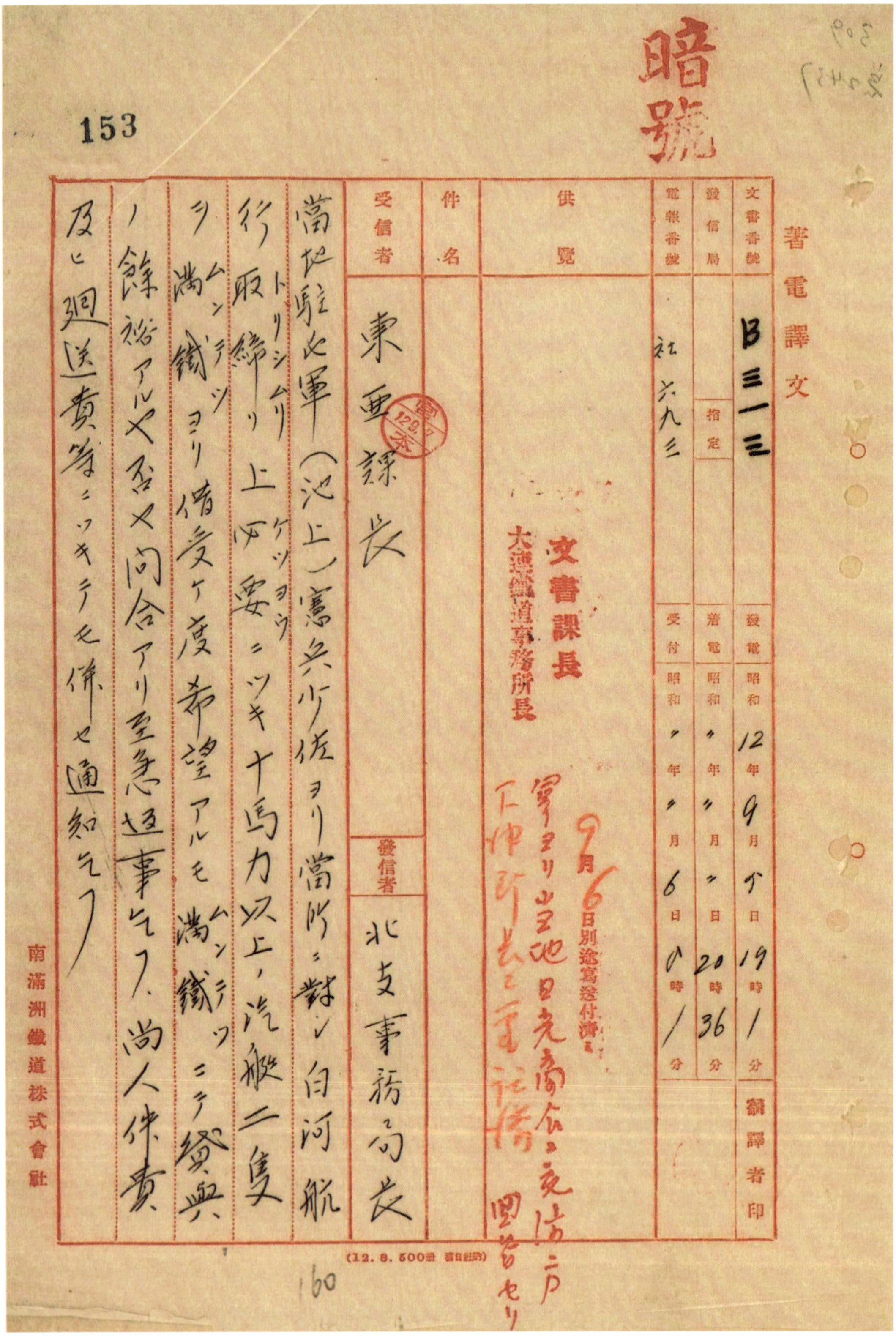

暗號

153

著電譯文

文書番號	發信局	電報番號
日三一三		社六九三

指定

發電	昭和12年9月5日19時1分
着電	昭和〃年〃月〃日20時36分
受付	昭和〃年〃月6日8時1分

飜譯者印

供覽：文書課長　大連鐵道事務所長

9月6日別途寫送付濟ミ

軍ヨリ山王池田先商會ニ交渉ニテ下仲介長ニ手配 回答セリ

件名

受信者：東亞課長

發信者：北支事務局長

當地駐屯軍（池上）憲兵少佐ヨリ當所ニ對シ白河航行取締リ上必要ニツキ十馬力以上ノ汽艇二隻ヲ満鐵ヨリ借受ケ度希望アルモ満鐵ニテ貸與ノ餘裕アルヤ否ヤ問合アリ至急返事乞フ。尚人件費及ヒ廻送費等ニツキテモ併セ通知乞フ

南滿洲鐵道株式會社

（12.8.500冊）

160

北支事务局庶务主任关于石原次长、田所参与以及总裁之子平安抵达事致总裁室东亚课长、庶务课长的电文

（一九三七年九月五日）

527

着電譯文

文書番號	B三〇九
發信局	
電報番號	社六一
指定	
供覧	總裁　中西理事　人事課長　文書課長
件名	
受信者	東亜課長　総、庶務課長
發信者	北支事務局庶務主任
發電	昭和12年9月5日19時1分
着電	昭和年月日20時
受付	昭和年9月6日8時2012分
飜譯者印	

石原次長、田所參與四日二〇時三〇分無事着、アスタアハウスホテル宿泊中、尚総裁令息同様無事着、公館宿泊中、

9月6日　別途寫送付済

南滿洲鐵道株式會社

（12.8.500冊）

540

北支事务局庶务主任关于课长有贺五日乘天津丸赴任事致总裁室东亚课长、庶务课长、人事课长的电文（一九三七年九月五日）

528

著電譯文

文書番號	發信局	電報番號
13三〇八		社六〇

指定

	發電	着電	受付
昭和 年	12		
月	9	9	
日	5	5	6
時	19	20	8
分	1	10	15

飜譯者印

供覽：東亞課長

受信者：東亞課長 總務課長 人事課長

件名：

發信者：北支事務局庶務主任

有賀課長五日出帆天津丸ニテ赴任サレタ

南滿洲鐵道株式會社

541

北支事务局长关于文书课打字员林北山等三人于八日乘长平丸归任事致总裁室东亚课长、人事课长、文书课长的电文（一九三七年九月六日）

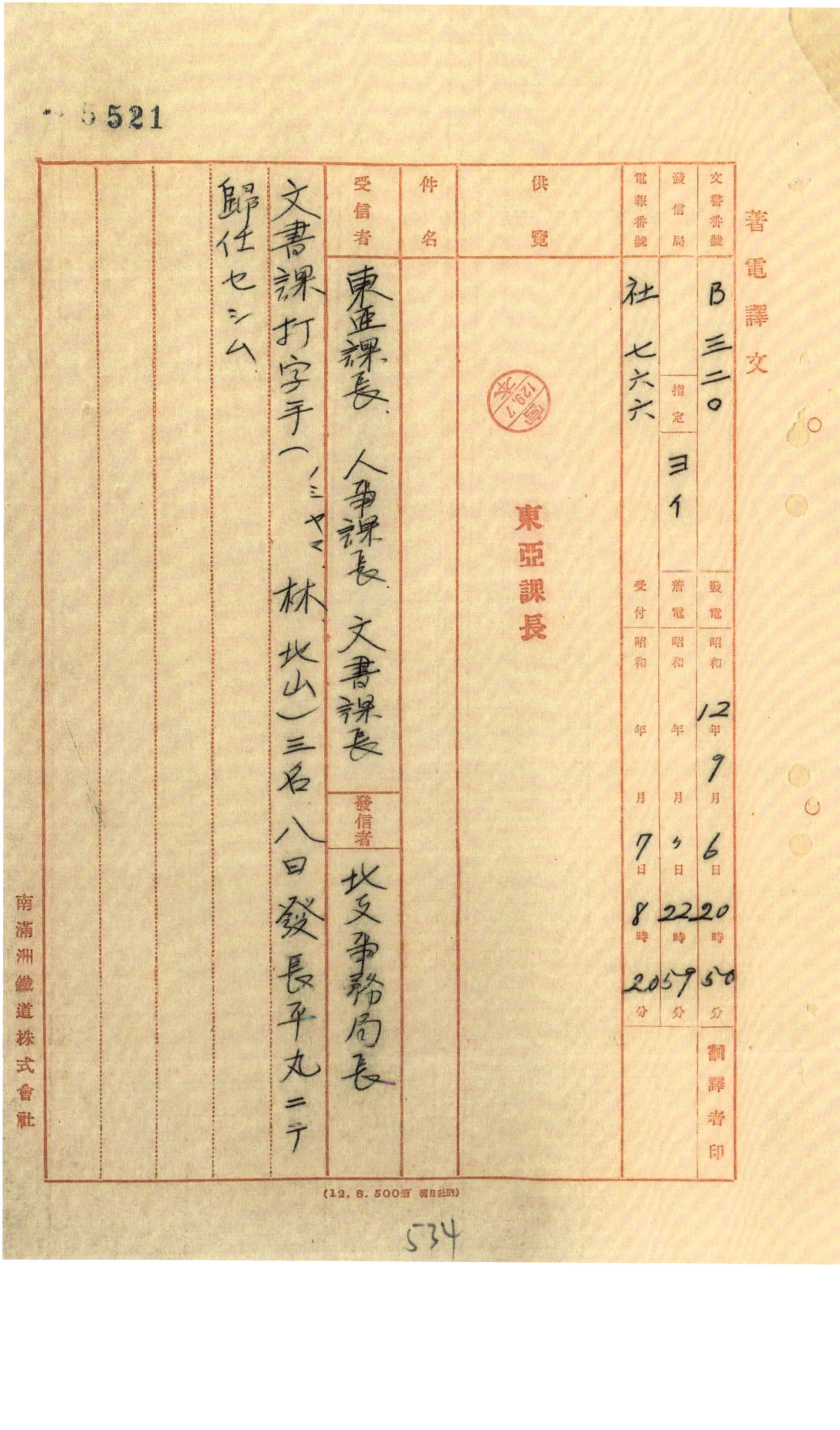

5521

著電譯文

文書番號	發信局	電報番號
B三二〇	社	七六六

指定：ヨイ

	發電	着電	受付
昭和 年	12		
月	9	9	
日	6	ゝ	7
時	20	22	8
分	50	57	20

翻譯者印

供覧：東亞課長

件名：

受信者：東亞課長、人事課長、文書課長

發信者：北支事務局長

文書課打字手（ミヤ 林（北山）三名八日發長平丸ニテ歸任セシム

南滿洲鐵道株式會社

（12. 8. 500冊）

534

北支事务局调查班长关于发送华北地图二百张事致总裁室东亚课长的电文（一九三七年九月六日）

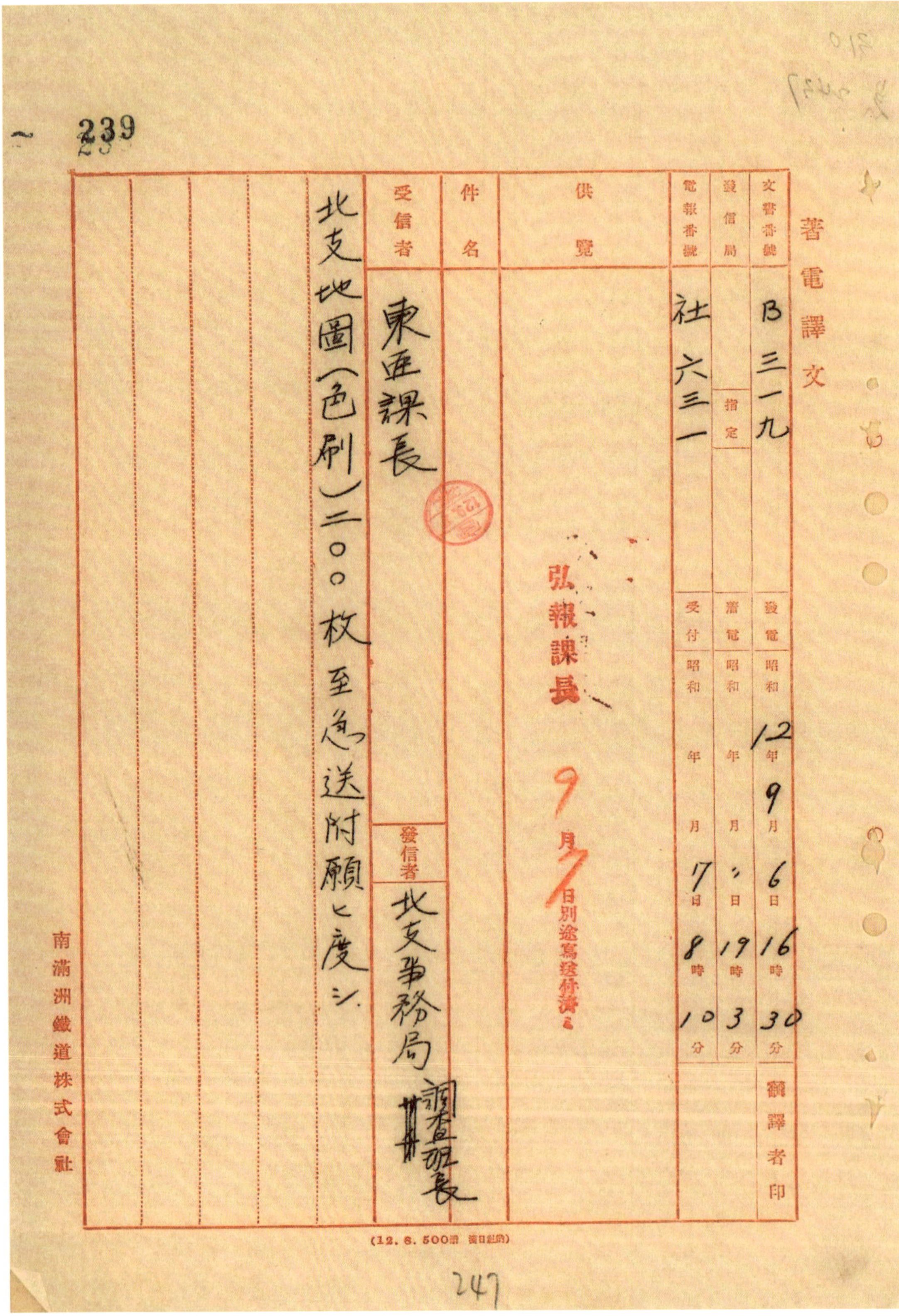
239

著電譯文

文書番號	B三一九
電報番號	社六三一
發信局	
指定	
發電	昭和12年9月6日16時30分
着電	昭和 年 月 :日19時3分
受付	昭和 年 月7日8時10分
飜譯者印	
供覽	弘報課長 9月7日 別途寫送付濟
件名	
受信者	東亞課長
發信者	北支事務局 調查班長

北支地圖（色刷）二〇〇枚至急送附願ヒ度シ

南滿洲鐵道株式會社

(12. 8. 500冊 ...)

247

北支事务局人事班长关于北支事务局次长到任事致总裁室东亚课长、人事课长、铁道总局人事课长的电文（一九三七年九月六日）

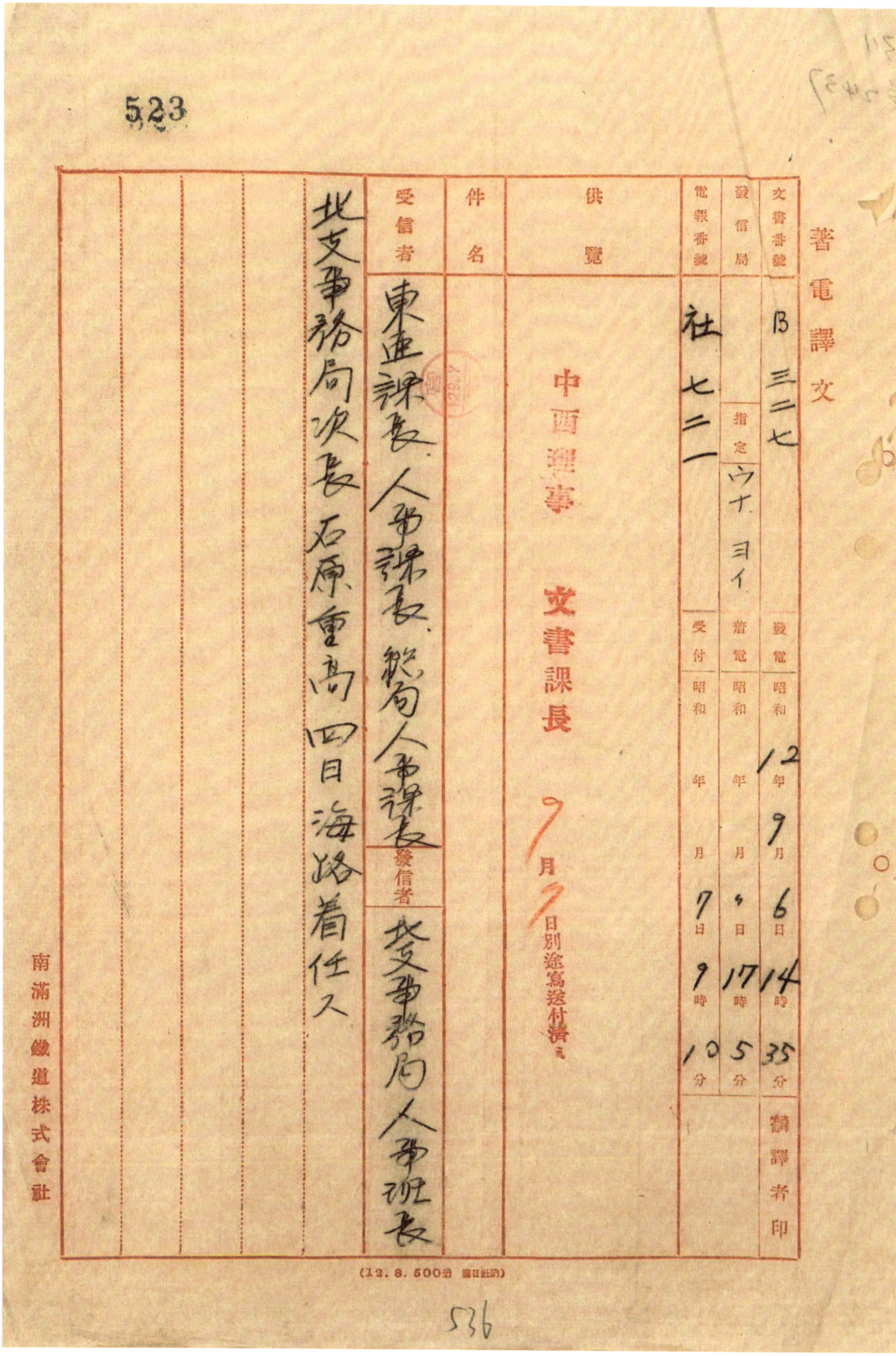

523

着電譯文

文書番號	B 三二七
發信局	
電報番號	社七二一
指定	ウナ ヨイ
發電	昭和12年9月6日14時35分
着電	昭和 年 月 日17時5分
受付	昭和 年 月7日9時10分
翻譯者印	

供覽：中西理事　文書課長　9月7日　別途寫送付濟

件名：

受信者：東亜課長、人事課長、総局人事課長

發信者：北支事務局人事班長

北支事務局次長石原重高四日海路着任ス

南滿洲鐵道株式會社

（12.8.500冊）

536

北支事务局长关于通知弘报课中玉多四郎、川崎保藏行程事致总裁室东亚课长、弘报课长的电文（一九三七年九月六日）

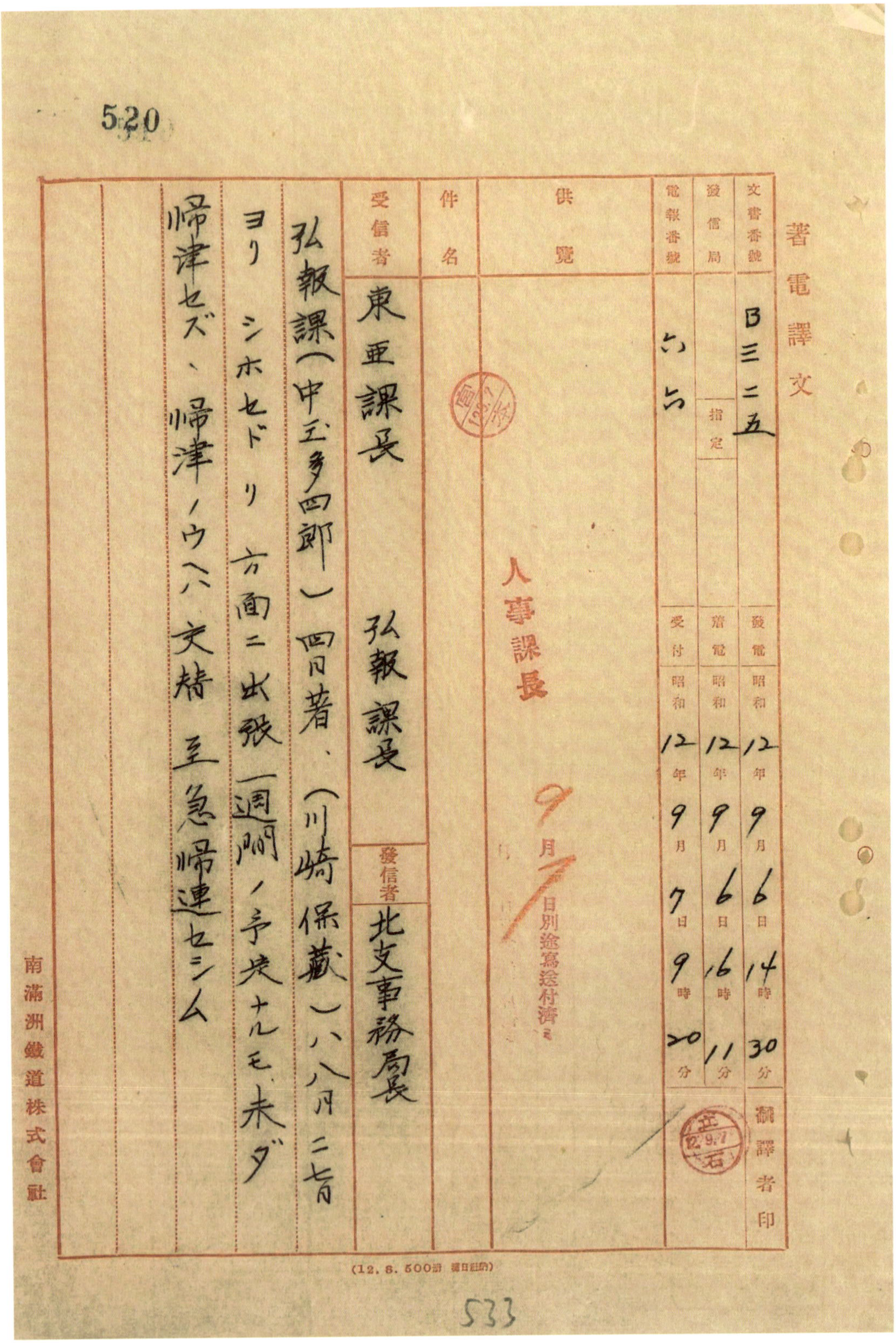
520

著電譯文

文書番號	B三二五
發信局	
電報番號	六六
指定	
發電	昭和12年9月6日14時30分
着電	昭和12年9月6日16時11分
受付	昭和12年9月7日9時20分
飜譯者印	

供覧

人事課長

9月7日別途寫送付濟

件名

受信者　東亜課長　弘報課長

發信者　北支事務局長

弘報課（中玉多四郎）四日着、（川崎保藏）八月二十七日ヨリシホセドリ方面ニ出張一週間ノ予定ナルモ未ダ帰津セズ、帰津ノウヘハ文持至急帰連セシム

南滿洲鐵道株式會社

（12.8.500冊）

533

北支事务局庶务班长关于上海事务所长伊藤于七日离开天津预计八日抵达大连事致总裁室东亚课长、人事课长的电文（一九三七年九月六日）

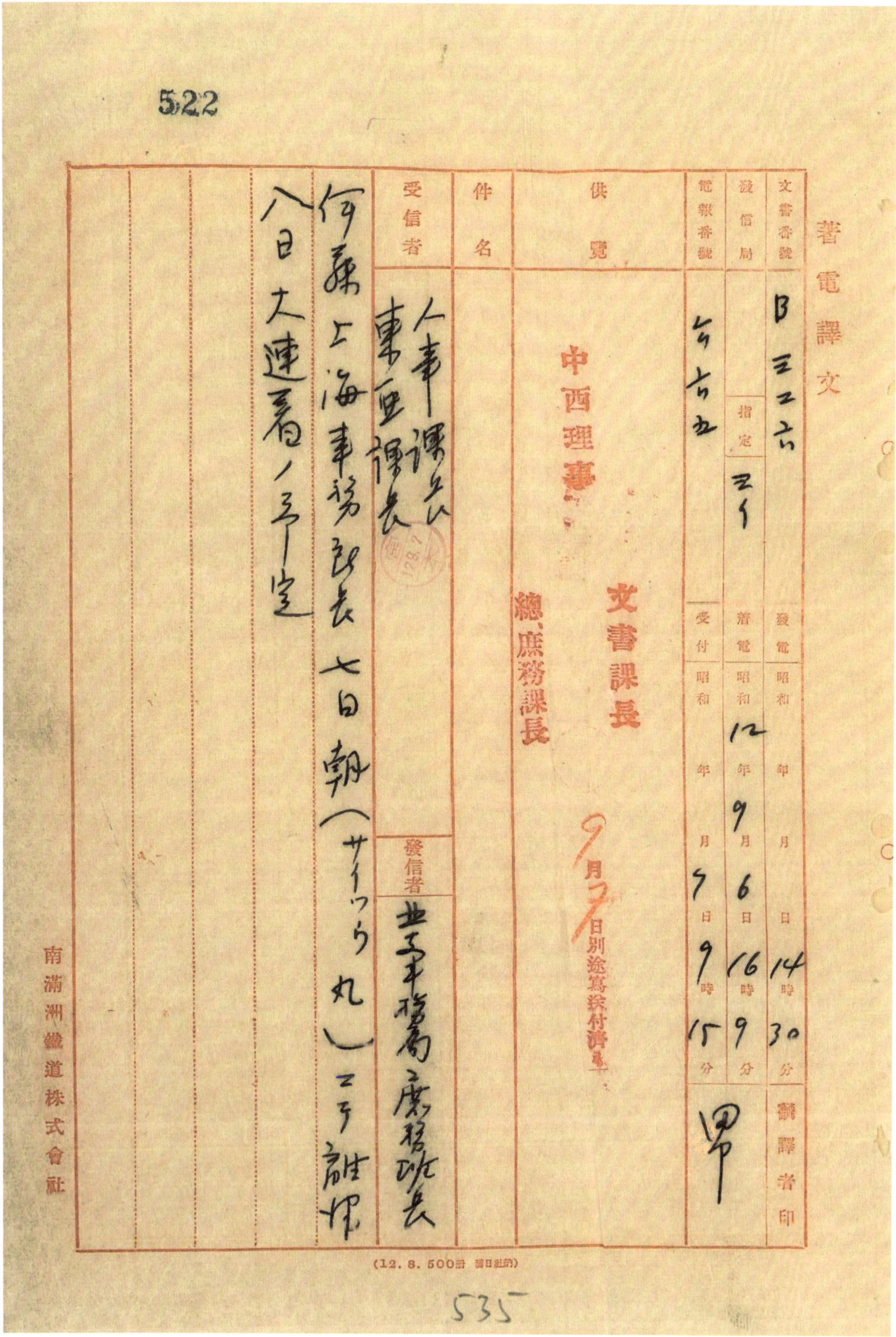
522

著電譯文

文書番號 日三二六
發信局
電報番號 六六五
指定 三イ

發電 昭和 年 月 日 14時 30分
着電 昭和 12年 9月 6日 16時 9分
受付 昭和 年 月 5日 9時 15分

飜譯者印

供覽 中西理事 文書課長 總、庶務課長

9月7日別途寫送付済

件名

受信者 東亜課長 人事課長

伊藤上海事務所長七日朝（サイワウ丸）ニテ離津八日大連着ノ予定

發信者 北支事務局庶務班長

南滿洲鐵道株式會社

（12. 8. 500冊 ……）

535

北支事务局人事班长关于推进平绥线南口公交改良计划请求派遣工务班要员事致总裁室东亚课长、产业部长的电文（一九三七年九月七日）

著電譯文

文書番號	發信局	電報番號	指定
B三三三		八三	

	昭和	年	月	日	時	分
發電	12		9	7	17	0
着電	12		9	7	21	17
受付	12		9	8	8	20

翻譯者印：立石 12.9.8

供覽：中西理事　人事課長　文書課長

9月8日別途寫送付濟ミ

件名：

受信者：東亜課長　産業部長

發信者：北支事務局人事班長

平綏線南口バス改良計画ニ伴ヒ手不足ニ付

産交通課職員伊藤清司ヲ北支事務局工務班要員

トシテ至急派遣乞フ

南滿洲鐵道株式會社

（12.8.500冊 滿日納）

367

北支事务局庶务班长关于上海事务所长伊藤于本日离开天津事致总裁室东亚课长、庶务课长的电文（一九三七年九月七日）

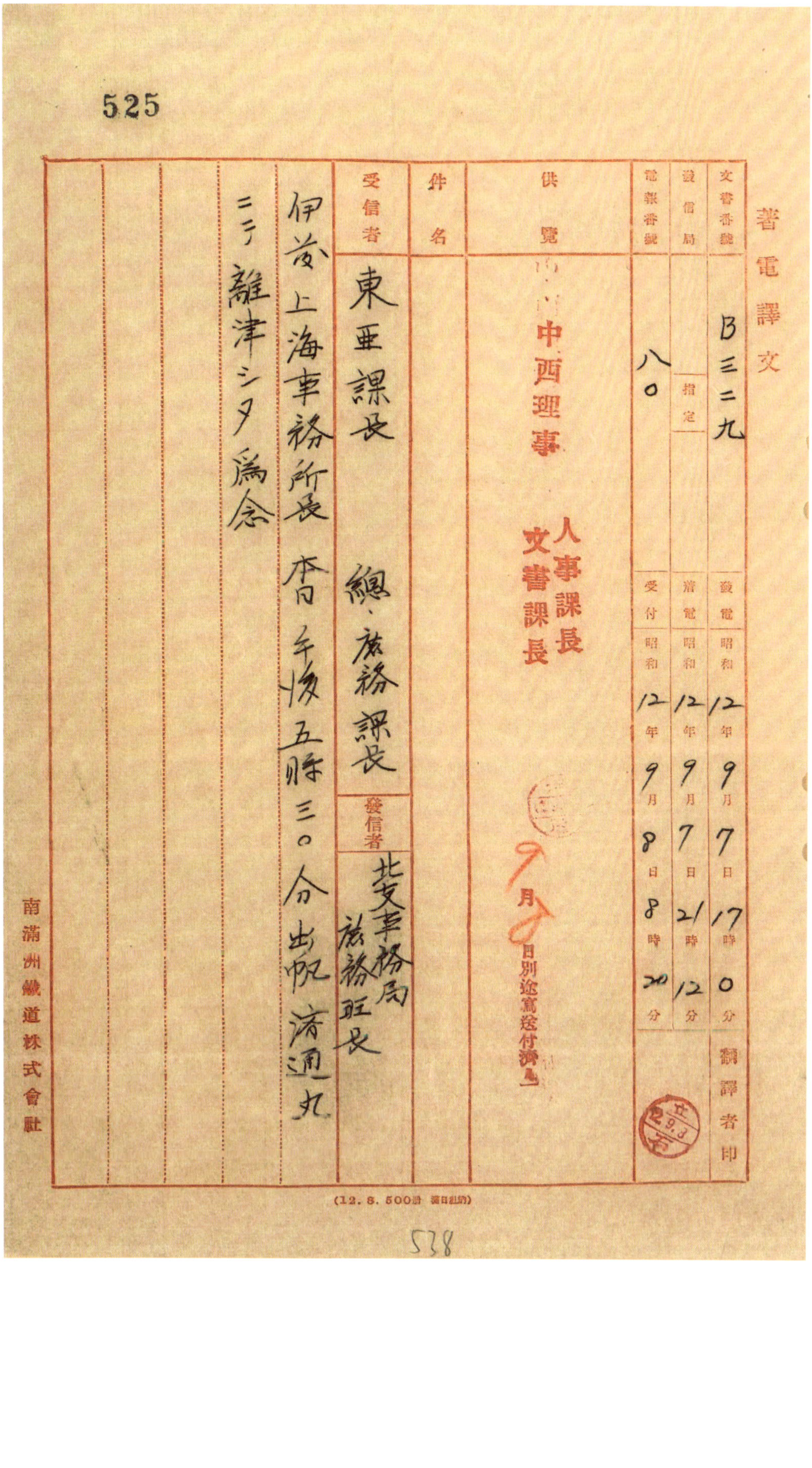

525

着電譯文

文書番號 B三二九
發信局
電報番號 八〇
指定

發電 昭和12年9月7日17時0分
着電 昭和12年9月7日21時12分
受付 昭和12年9月8日8時20分

翻譯者印

供覽 中西理事
人事課長
文書課長

9月8日別途寫送付濟

件名

受信者 東亜課長 總、庶務課長

發信者 北支事務局 庶務班長

伊藤上海事務所長本日午後五時三〇分出帆ノ清通丸ニテ離津シタ爲念

南滿洲鐵道株式會社

(12.8.500冊 ……)

538

北支事务局长关于请发送预防霍乱注射液五千份事致总裁室东亚课长、地方部卫生课长的电文（一九三七年九月七日）

240

著電譯文

文書番號：B三三二

發信局：

電報番號：社八二三

指定：ウナ、ヨイ

發電：昭和12年9月7日17時55分

着電：昭和　年9月7日20時14分

受付：昭和　年　月8日8時30分

翻譯者印

供覽

件名

受信者：東亞課長　地、衛生課長

發信者：北支事務局長

人事課長　文書課長

9月8日別途寫送付濟ミ

新聞報導ニ依レバ上海、神戸ニ(コレラ)發生ノ由、蔓延ノ徴アレバ(コレラ)予防注射液五千人分送附方取リ計ヒ乞フ、

南滿洲鐵道株式會社

(12. 8. 500冊)

248

北支事务局长关于请立即派弘报课员编辑七七事变宣传画报及宣抚用照片帖事致总裁室东亚课长、人事课长的电文（一九三七年九月八日）

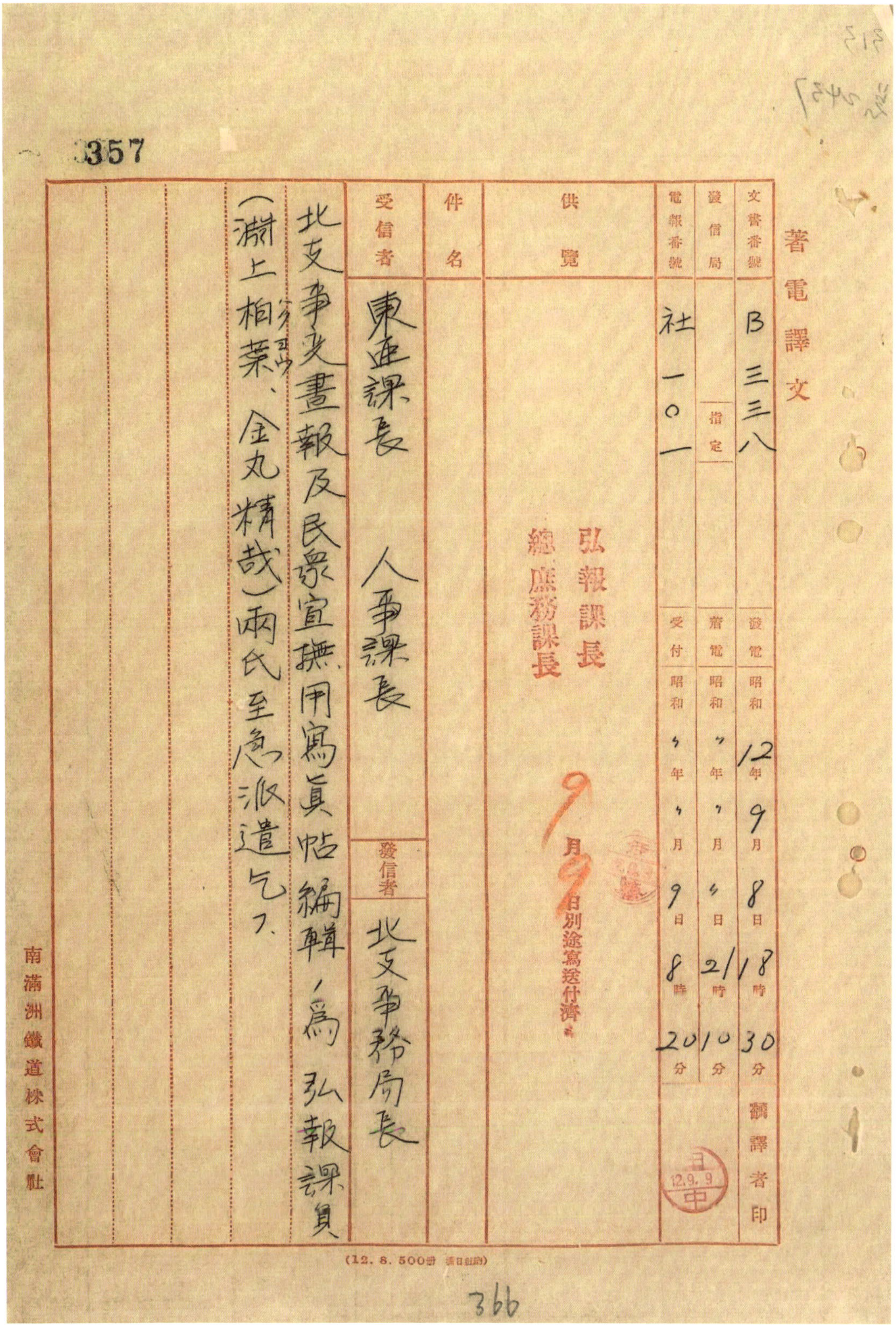
357

著電譯文

文書番號	B三三八
發信局	
電報番號	社一〇一
指定	
發電	昭和12年9月8日18時30分
着電	昭和〃年〃月〃日21時10分
受付	昭和〃年〃月9日8時20分
飜譯者印	
供覽	弘報課長 總庶務課長 9月9日別途寫送付濟
件名	
受信者	東亜課長 人事課長
發信者	北支事務局長

北支事変畫報及民衆宣撫用寫眞帖編輯ノ爲弘報課員（瀬上柏葉、金丸精哉）兩氏至急派遣乞フ

南滿洲鐵道株式會社

（12. 8. 500冊）

366

北支事务局长关于华北派遣社员延期参加语言能力测试事致地方部学务课长、总裁室东亚课长的电文（一九三七年九月八日）

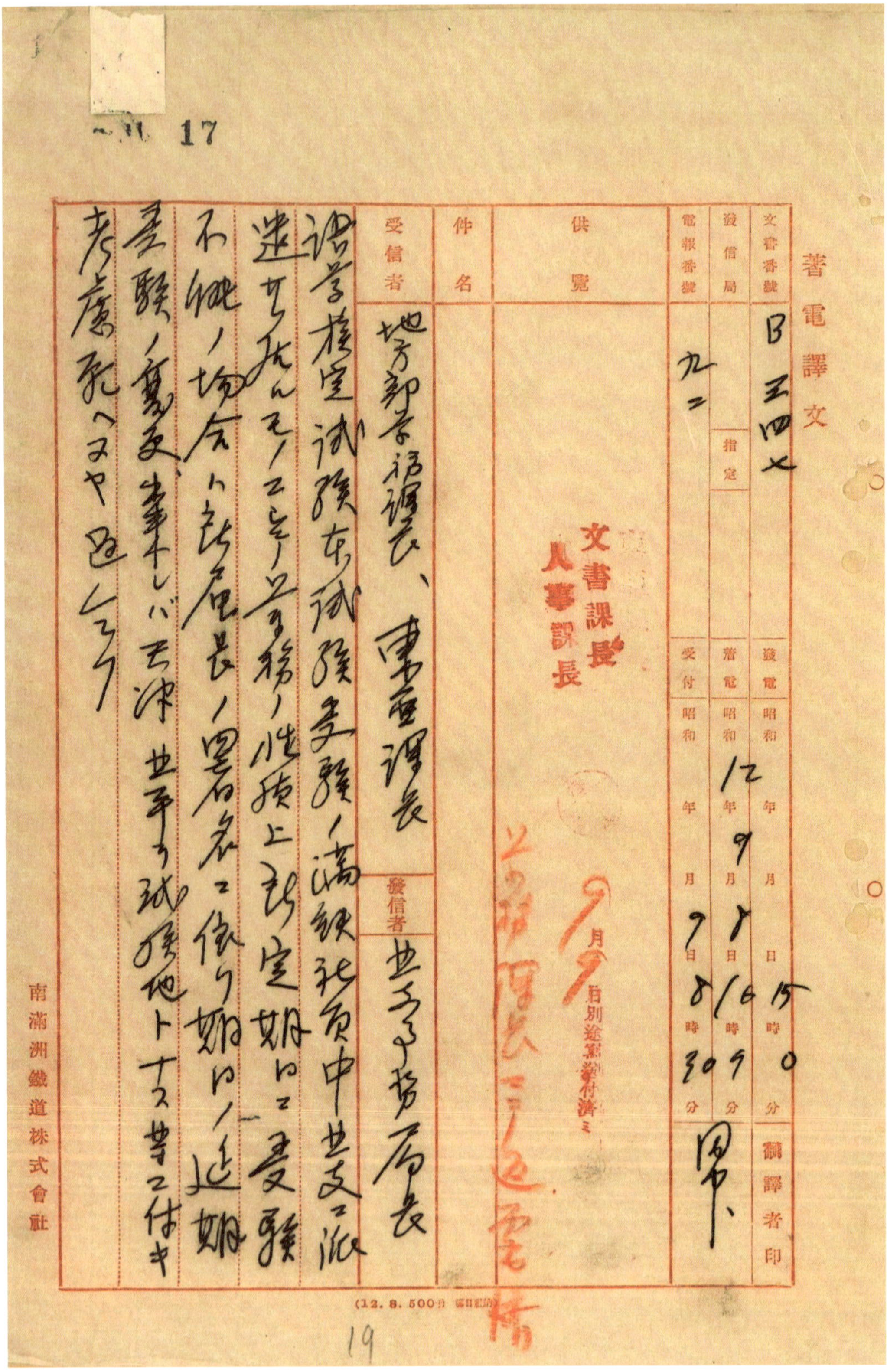

北支事务局长关于营口医院护士ビヨウケイサイ于七日平安抵达事致总裁室东亚课长、人事课长、营口医院长的电文（一九三七年九月八日）

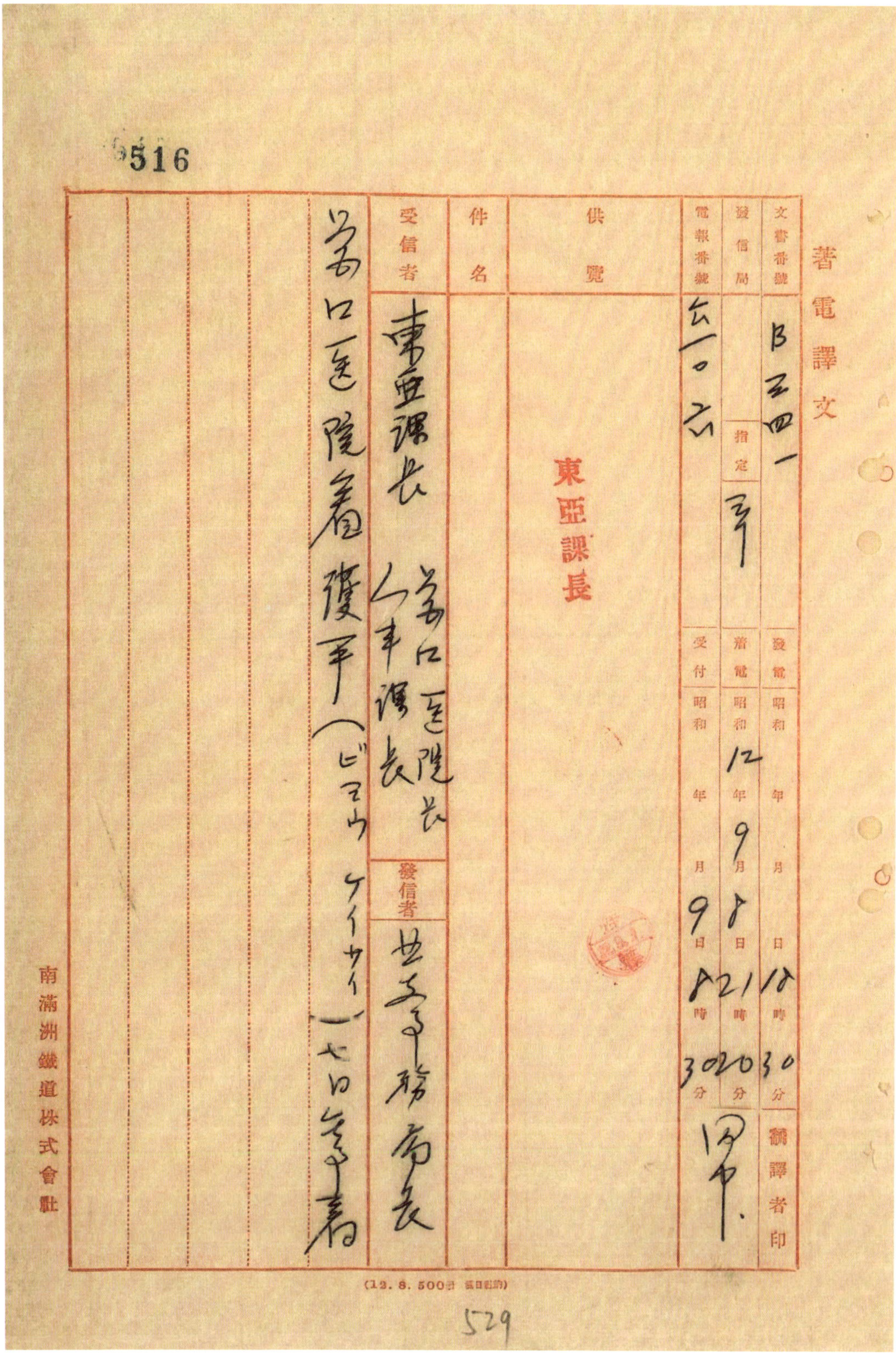
516

着電譯文

文書番號 B五四一
發信局
電報番號 六〇六
指定 ヨ
發電 昭和　年　月　日 18時 30分
着電 昭和 12年 9月 8日 21時 20分
受付 昭和　年　月 9日 8時 30分
翻譯者印 田中

供覧 東亞課長

件名

受信者 東亞課長 人事課長 営口医院長

發信者 北支事務局長

営口医院看護手（ビヨウケイサイ）七日安着

南滿洲鐵道株式會社

(12. 8. 500冊)

529

北支事务局长关于弘报课佣员稻叶三郎于十日乘天津丸归任事致总裁室东亚课长、人事课长、弘报课长的电文（一九三七年九月八日）

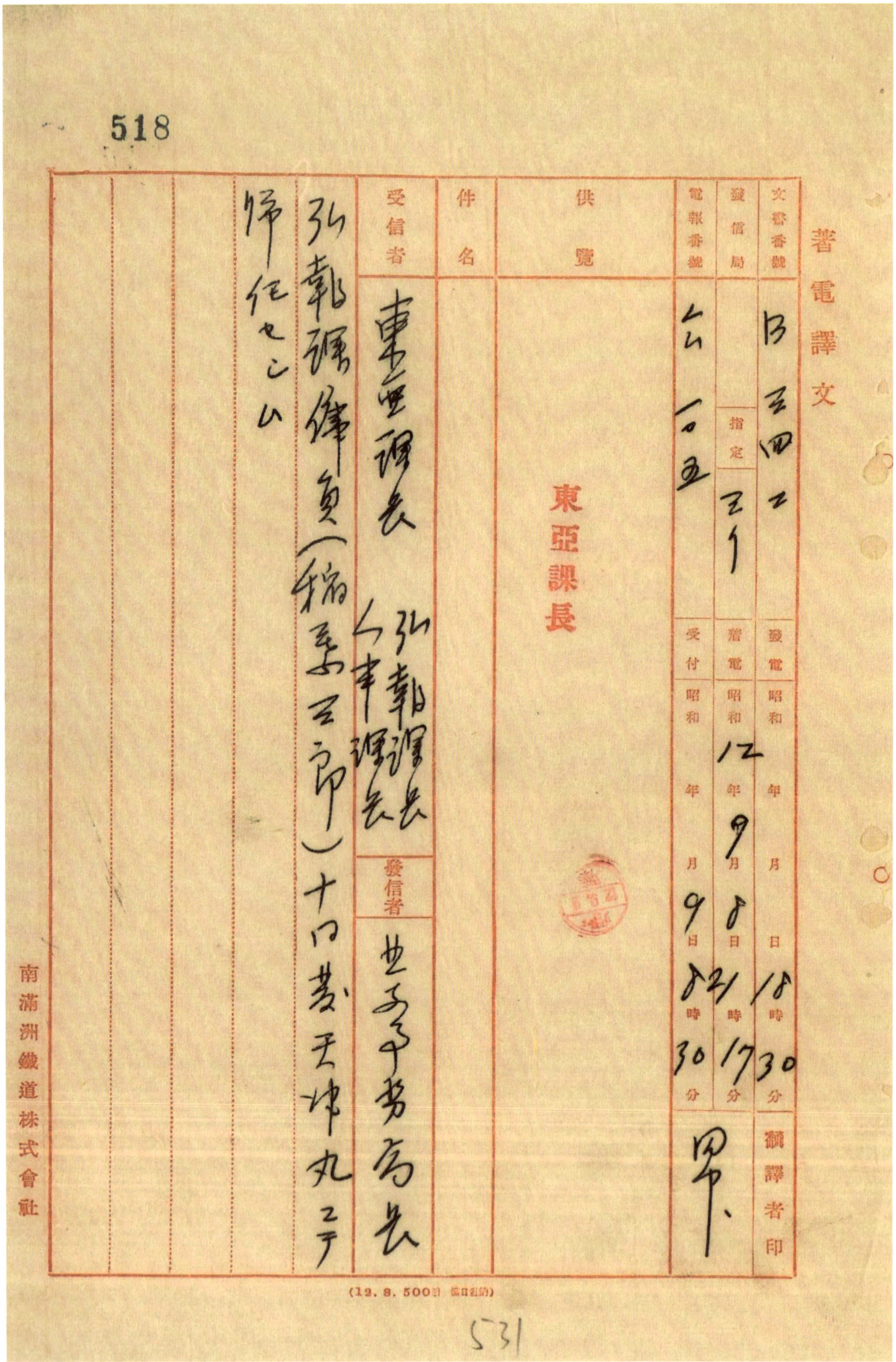
518

著電譯文

文書番號	發信局	電報番號
日三四二		六一〇五

指定 至リ

	發電	着電	受付
昭和	年 月 日 18時30分	12年9月8日21時17分	年9月日8時30分

飜譯者印

供覽 東亞課長

受信者 東亞課長 人事課長 弘報課長

發信者 北支事務局長

弘報課傭員（稲葉三郎）十日天津丸ニテ帰任セシム

南滿洲鐵道株式會社

(12. 8. 500冊)

531

北支事务局长关于北支事务局弘报班长水谷于十日乘天津丸赴大连事致总裁室东亚课长、弘报课长的电文（一九三七年九月八日）

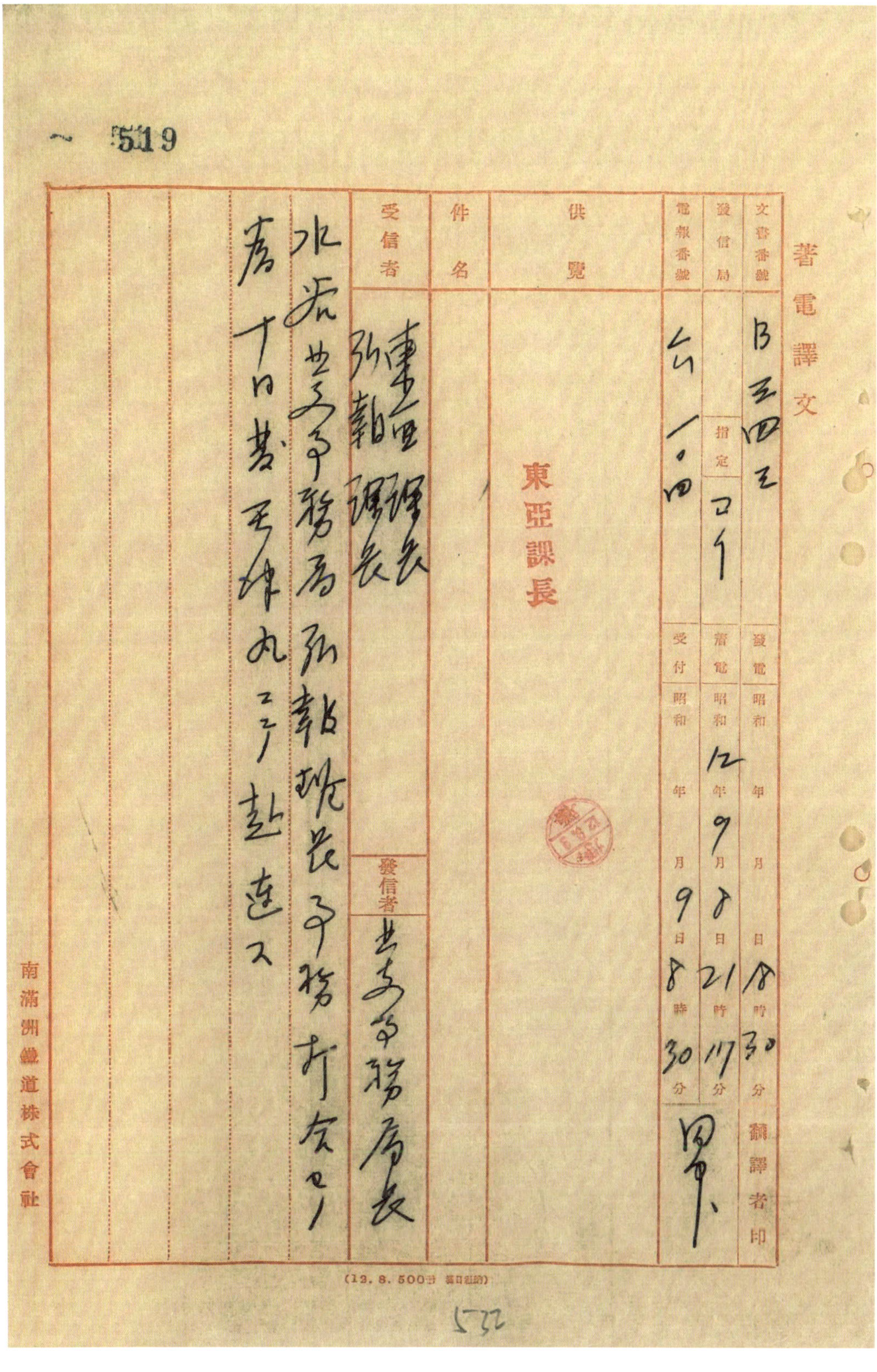
~519

著電譯文

文書番號	發信局	電報番號
B五四五		台一〇四

指定：ロイ

發電 昭和　年　月　日 18時30分

着電 昭和12年9月8日21時17分

受付 昭和　年　月9日8時30分

飜譯者印：（簽名）

供覽：東亞課長

件名：

受信者：東亞課長　弘報課長

發信者：北支事務局長

水谷北支事務局弘報班長事務打合セノ為十日発天津丸ニテ赴連ス

南滿洲鐵道株式會社

（12. 8. 500部 ……）

532

北支事务局长关于人事课雇员栈敷何三郎患病请安排接替人员事致总裁室东亚课长、人事课长的电文（一九三七年九月八日）

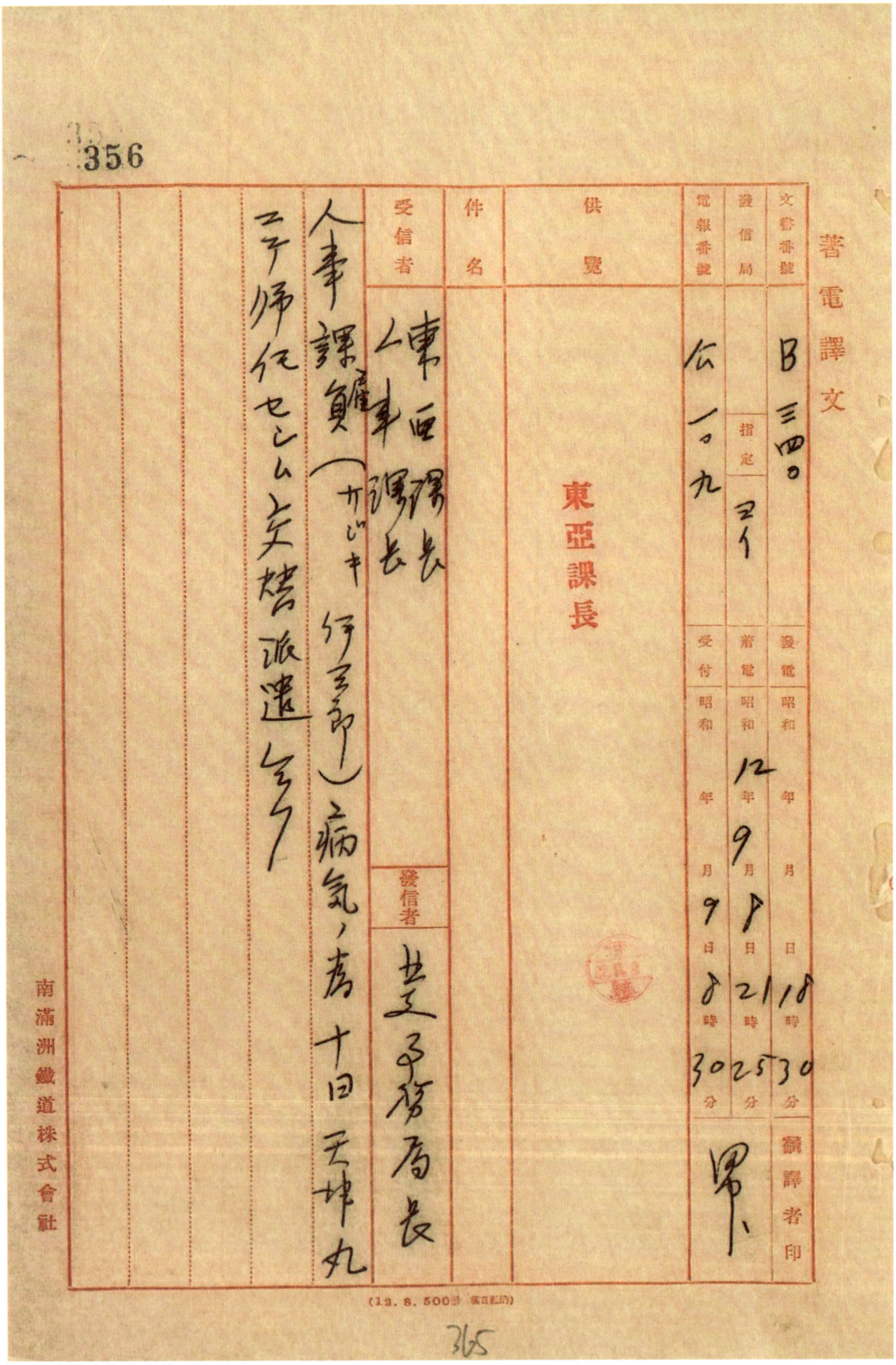
356

着電譯文

文書番號	B三四〇
發信局	公一〇九
指定	ヨイ
電報番號	
發電	昭和 年 月 日 18時30分
前電	昭和12年9月8日21時25分
受付	昭和 年 月9日8時30分
飜譯者印	黒
供覧	東亞課長
件名	
受信者	東亞課長 人事課長
發信者	北支事務局長

人事課雇員（サジキ何三郎）病氣ノ為十日天津丸ニテ帰任セシム交替派遣乞フ

南滿洲鐵道株式會社

(12. 8. 500冊 [illegible])

365

北支事务局长关于转军宣传部通知弘报课员拍摄的禁止发表之照片番号事致总裁室东亚课长的电文（一九三七年九月八日）

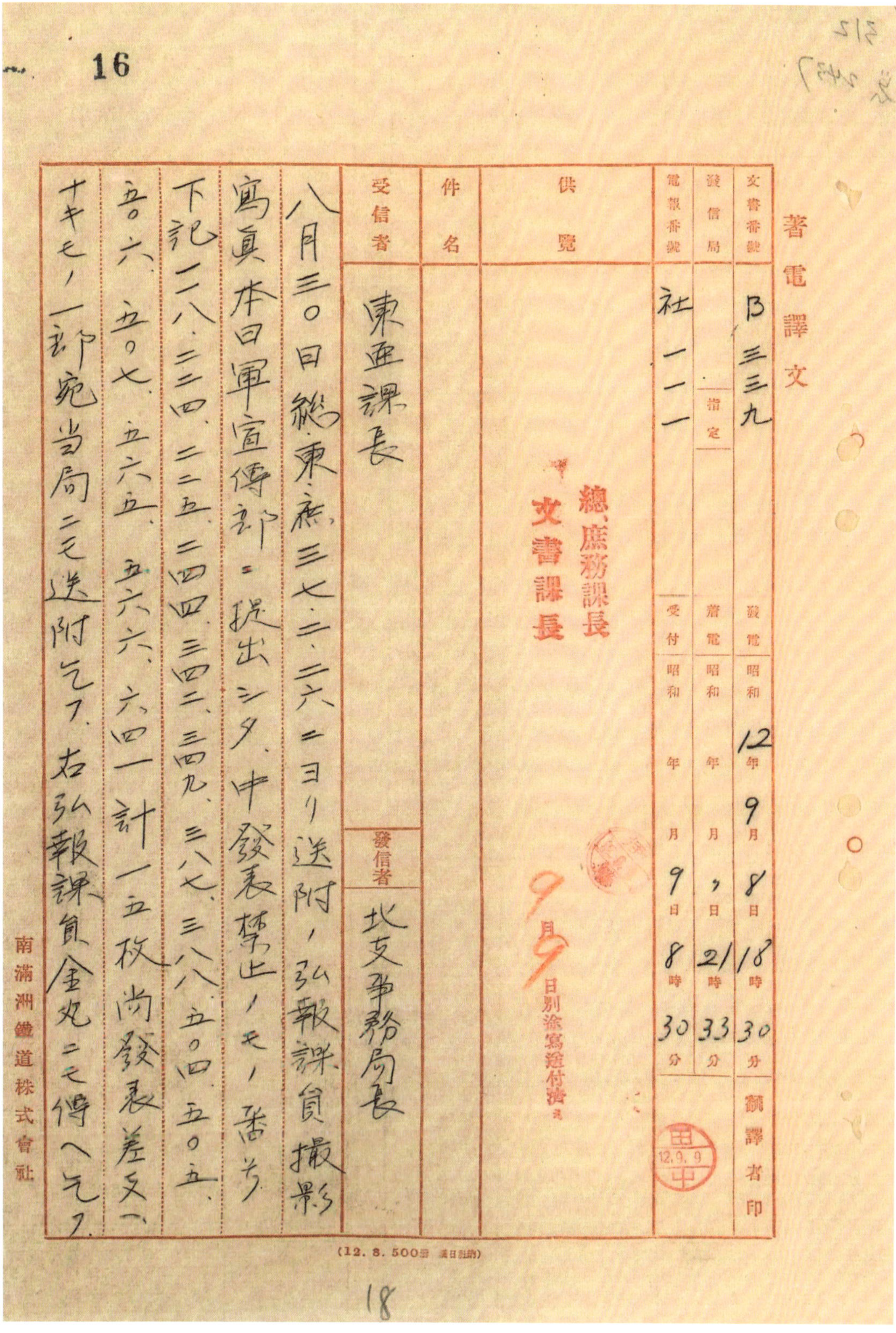
16

著電譯文

文書番號 B三三九
發信局
電報番號 社一一一
指定

供覽 總、庶務課長 文書課長

件名

受信者 東亜課長

發信者 北支事務局長

發電 昭和12年9月8日18時30分
着電 昭和 年9月 日21時33分
受付 昭和 年9月9日8時30分

飜譯者印 田中 12.9.9

9月9日別途寫送付濟

八月三〇日總東庶三七・二・二六ニヨリ送附ノ弘報課員撮影寫眞本日軍宣傳部ニ提出シタ、中發表禁止ノモノ番号下記一二八、二二四、二二五、二四四、三四二、三三九、三八七、三八八、五〇四、五〇五、五六、五〇七、五六五、五六六、六四一計一五枚尚發表差支ヘナキモノ一部宛当局ニモ送附乞フ、右弘報課員金丸ニモ傳ヘ乞フ

南滿洲鐵道株式會社

（12. 8. 500冊）

18

北支事务局长关于紧急发送四份华北地图事致总裁室东亚课长、人事课长的电文（一九三七年九月八日）

236

著電譯文

文書番號	B三三七
發信局	
電報番號	社一一〇
指定	ヨイ
發電	昭和12年9月8日18時30分
着電	昭和 年 月9日21時27分
受付	昭和 年 月9日8時30分
飜譯者印	（田中 12.9.9）
供覧	東亞課長
件名	
受信者	東亞課長、人事課長
發信者	北支事務局長

当局人事班並ニ天津河北汽車公司用トシテ給與規定四部至急送附乞フ（別途整理勘定、總掛費、刊行物費）

南滿洲鐵道株式會社

（12. 8. 500冊）

244

北支事务局调查班长关于补送华北地图四百份事致总裁室东亚课长的电文（一九三七年九月八日）

237

著電譯文

文書番號	發信局	電報番號	指定
ア三四六	社	九八	

	昭和	年	月	日	時	分
發信	昭和	12年	9月	8日	15時	1分
着電	昭和	年	9月	9日	16時	20分
受付	昭和	年	9月	9日	9時	10分

飜譯者印

供覧：弘報課長

9月9日別途寫送付濟

受信者：東亜課長

件名：

發信者：北支事務局調查班長

北支地図再版印刷出来次第（六日六三一電ニテ依頼ノ外）四〇〇部追送願ヒ度シ。

南滿洲鐵道株式會社

(12.8.500冊 ……)

245

北支事务局长关于军方请求派五名打字员事致总裁室东亚课长、人事课长的电文（一九三七年九月九日）

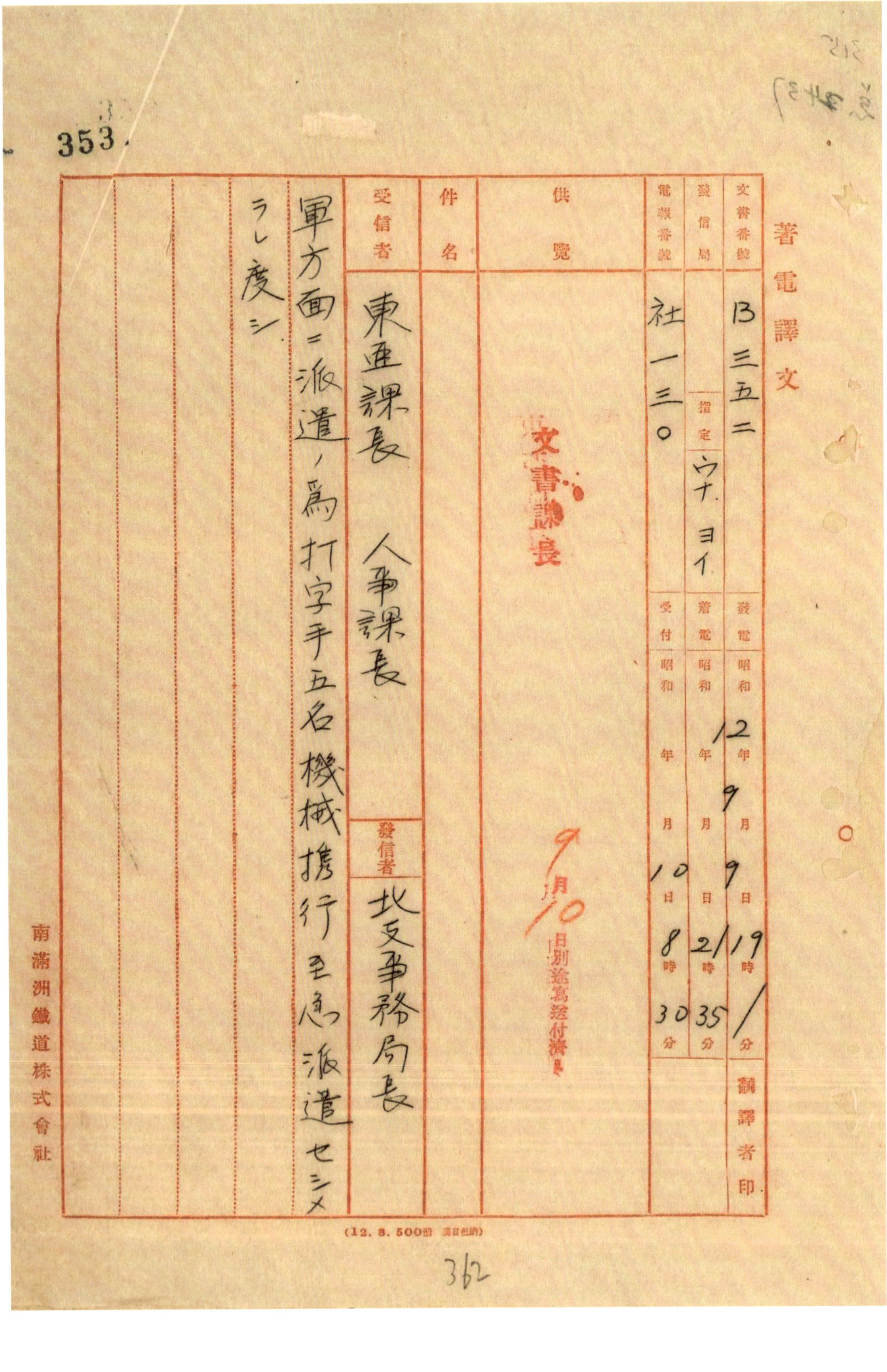
353

著電譯文

文書番號	發信局	電報番號
13 三五二		社一三〇
	指定 ウナ ヨイ	

發電	着電	受付
昭和12年9月9日19時/分	昭和年9月9日21時35分	昭和年月10日8時30分

飜譯者印

供覽 文書課長 9月10日 日別途寫送付濟

件名

受信者 東亞課長 人事課長

發信者 北支事務局長

軍方面ニ派遣ノ爲打字手五名機械携行至急派遣セシメラレ度シ

南滿洲鐵道株式會社

(12. 8. 500冊)

362

北支事务局长关于铁道工场雇员桑木忠一归任事致总裁室东亚课长、人事课长、大连铁道工场的电文（一九三七年九月九日）

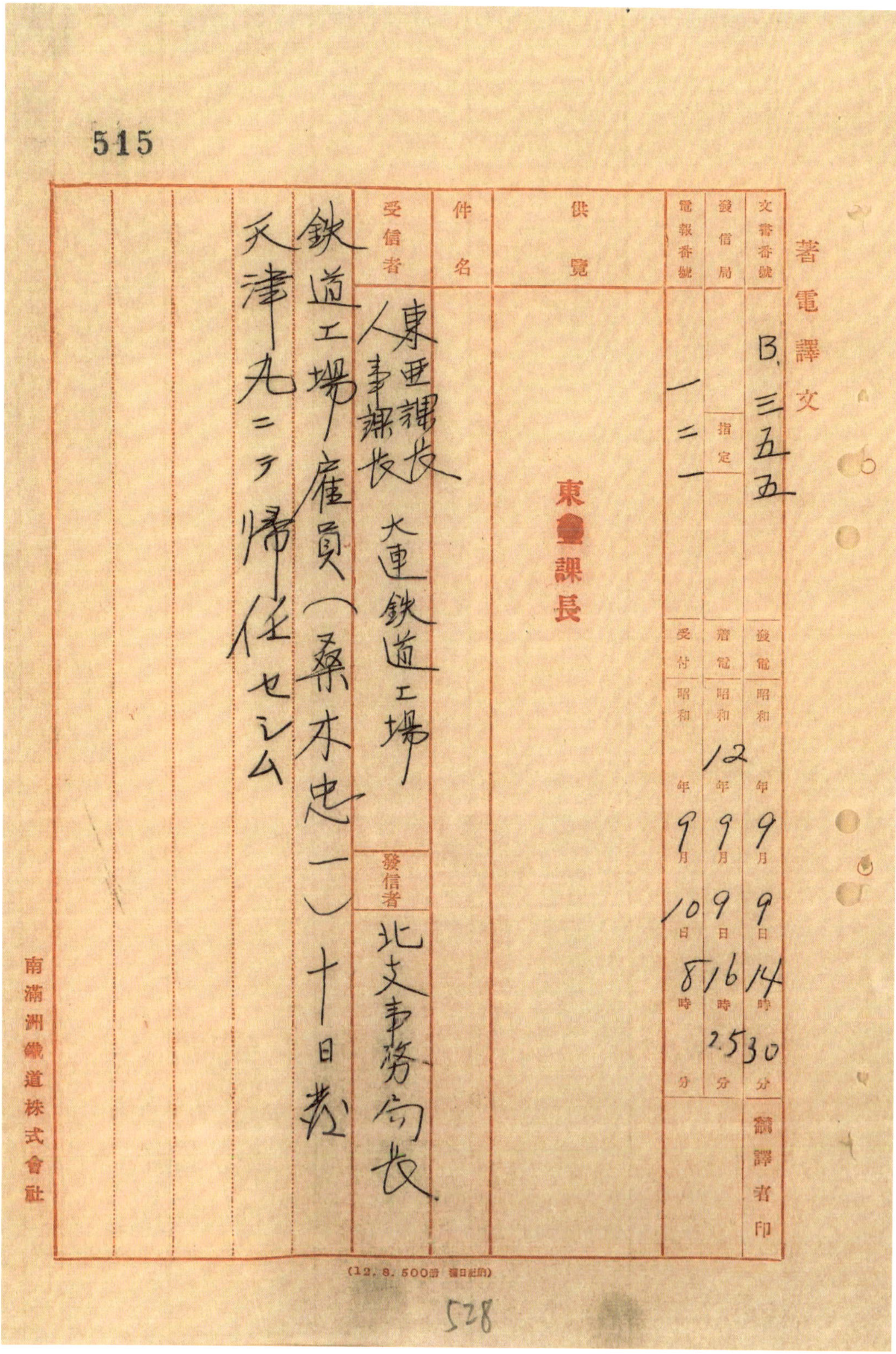
515

著電譯文

文書番號 B.三五五
發信局
電報番號 一二一
指定

供覽 東亞課長

件名

受信者 東亞課長 人事課長 大連鉄道工場

發信者 北支事務局長

鉄道工場雇員（桑木忠一）十日發天津丸ニテ帰任セシム

發電 昭和 年 9月 9日 14時 30分
着電 昭和12年 9月 9日 16時 25分
受付 昭和 年 9月 10日 8時 分

飜譯者印

南滿洲鐵道株式會社

(12. 8. 500冊 [illegible])

528

北支事务局长关于文书课打字员山下ミチ子、绳谷スミ子、山野ヒロ子于七日平安抵达事致总裁室东亚课长、人事课长的电文（一九三七年九月九日）

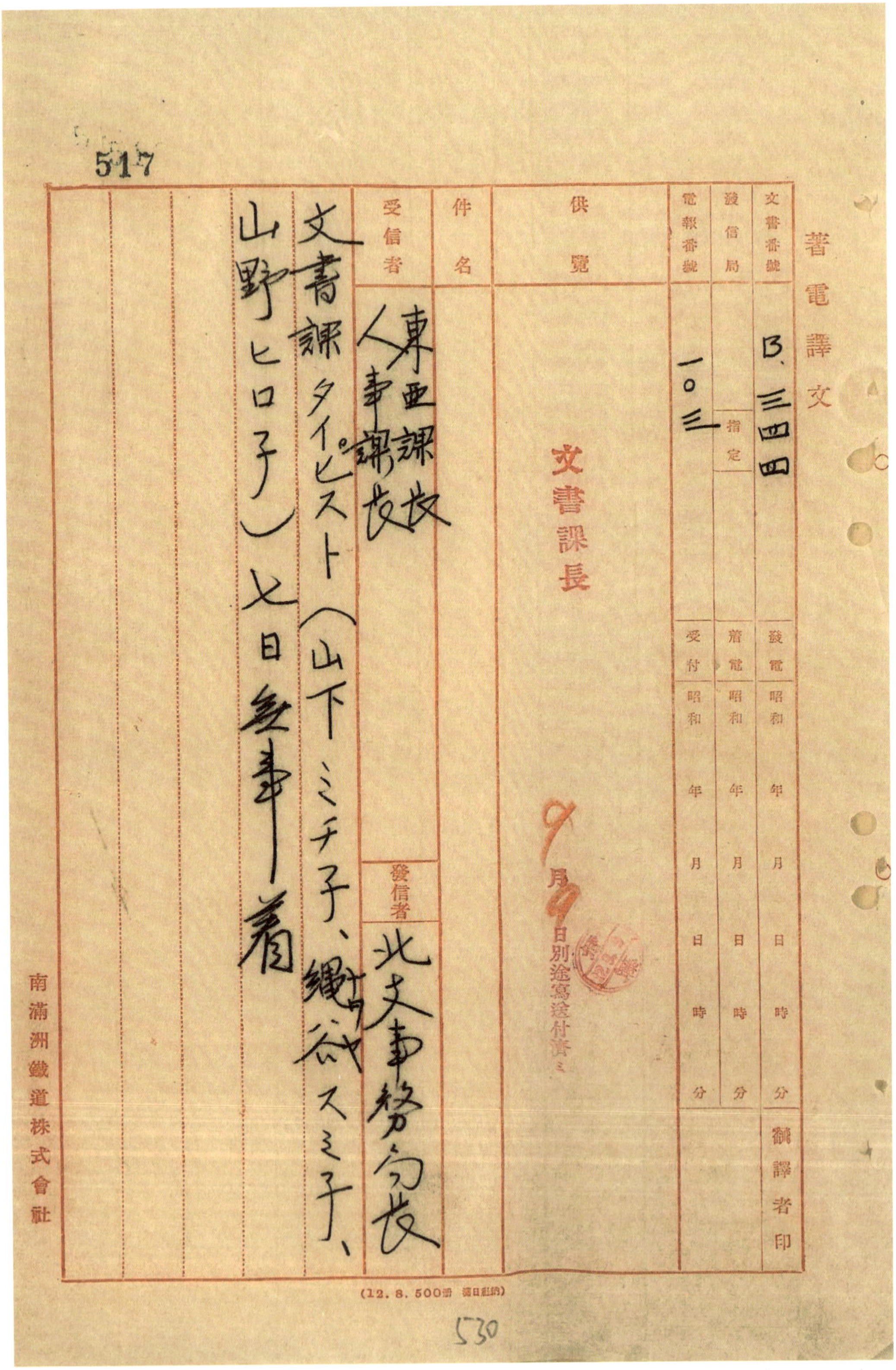
517

着電譯文

文書番號 B、三四四

發信局

電報番號 一〇三

指定

供覧

文書課長

件名

受信者 東亜課長 人事課長

發信者 北支事務局長

文書課タイピスト（山下ミチ子、縄谷スミ子、山野ヒロ子）七日無事着

發電 昭和 年 月 日 時 分

着電 昭和 年 月 日 時 分

受付 昭和 年 月 日 時 分

9月9日別途寫送付濟ミ

飜譯者印

南滿洲鐵道株式會社

(12. 8. 500冊 滿日社納)

530

北支事务局长关于请求向救护班派遣药剂员和事务员各一名事致总裁室东亚课长、人事课长的电文
（一九三七年九月九日）

354
35

著電譯文

文書番號	B三五四
發信局	
指定	ウナヨイ
電報番號	社一二〇
發電	昭和12年9月9日14時1分
着電	昭和年9月9日16時22分
受付	昭和年月10日8時40分
供覽	東亞課長
件名	
受信者	東亞課長　人事課長
發信者	北支事務局長

救護班藥劑員並ニ事務員格一名物色ノ上派遣乞フ

飜譯者印

南滿洲鐵道株式會社

（12. 8. 500冊 ……）

363

北支事务局长关于华北方面军参谋长出面请求派遣男子十七名及印刷工三名事致总裁室东亚课长、人事课长的电文（一九三七年九月九日）

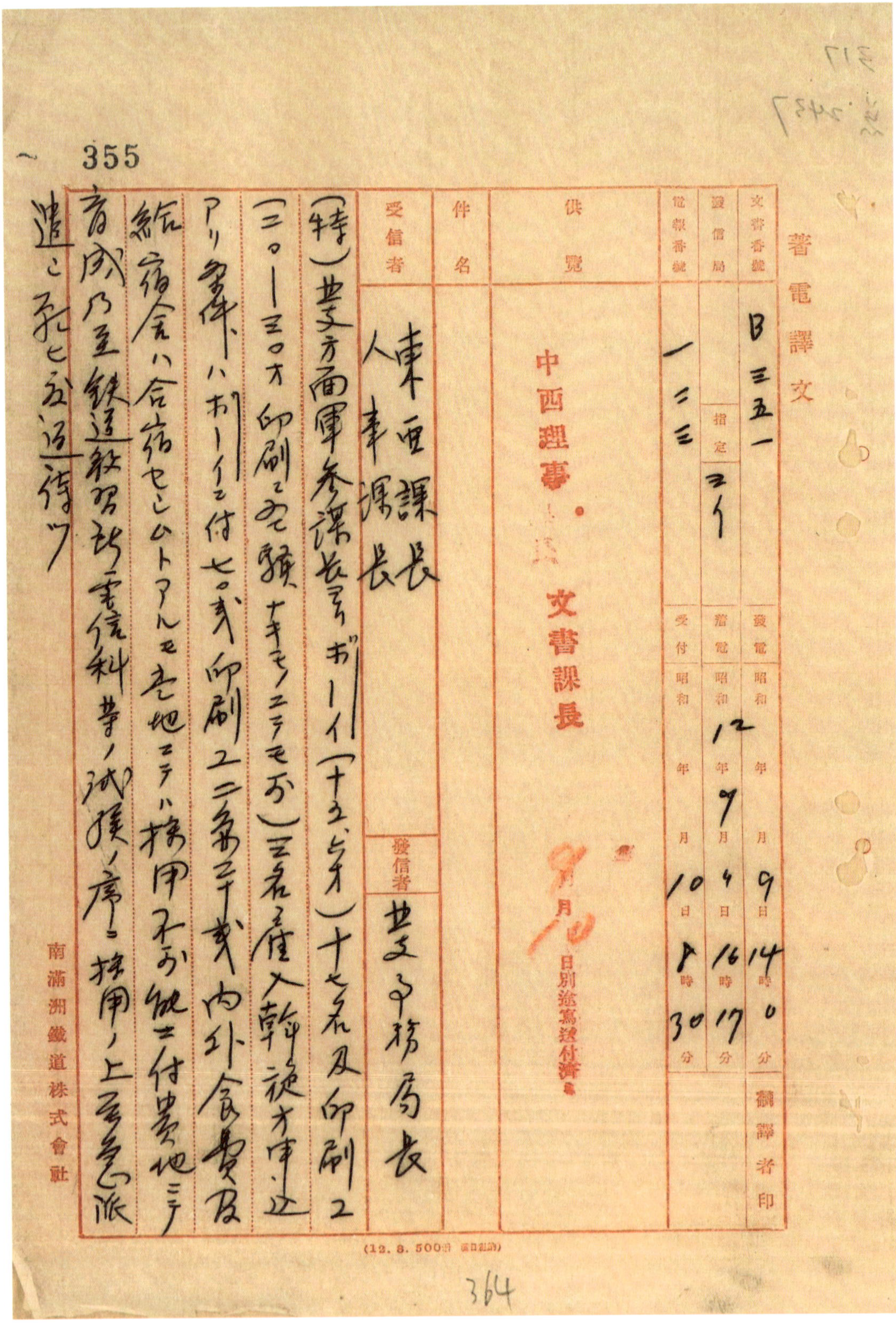
355

着電譯文

文書番號 B三五一
電報番號 一二三
指定 ニイ
發電 昭和 年 月 9日 14時 0分
着電 昭和 12年 9月 9日 16時 17分
受付 昭和 年 月 10日 8時 30分
飜譯者印

供覽 中西理事 文書課長
9月10日 日別途寫送付濟

受信者 東亜課長 人事課長

發信者 北支事務局長

（特）北支方面軍参謀長ヨリボーイ（十五、六才）十七名及印刷工（二〇—三〇才）印刷ニ堪ヘ得ルモノ三名雇入斡旋方申込アリ雇傭ハ相当ニ付七〇弗印刷工ニ一〇〇弗内外食費及給宿舎ハ合宿セシムルトアルモ当地ニテハ採用不可能ニ付貴地ニテ育成乃至鉄道教習所電信科等ノ試験ノ序ニ採用ノ上至急派遣ノ乎配乞フ返待ツ

南滿洲鐵道株式會社

（12. 8. 500冊）

364

北支事务局长关于北平特务机关长请求派遣电气及自来水调查员事致总裁室东亚课长、人事课长的电文（一九三七年九月十日）

35,2

著電譯文

文書番號	B三六一
發信局	
電報番號	一四四
指定	親展
發電	昭和12年9月10日16時0分
着電	昭和12年9月10日18時26分
受付	昭和12年9月11日8時20分
飜譯者印	立石
供覽	産庶務課長
件名	
受信者	東亜課長　總人事課長
發信者	北支事務局長

9月11日別途寫送付濟

（特）北平特務機関長ヨリ天津軍ヲ通ジ電氣・水道ニ関スル調査員各一名至急派遣方申込有リ一名ハ産業部調査役（落合兼ヌ）他ハ適任者物色ノ上至急派遣ミヌウ、返待ツ

南滿洲鐵道株式會社

（12.8.500冊 ）

361

北支事务局庶务班长关于收件人为弘报课员菅野的纸包已于当地送交给其本人事致总裁室东亚课长的电文（一九三七年九月十日）

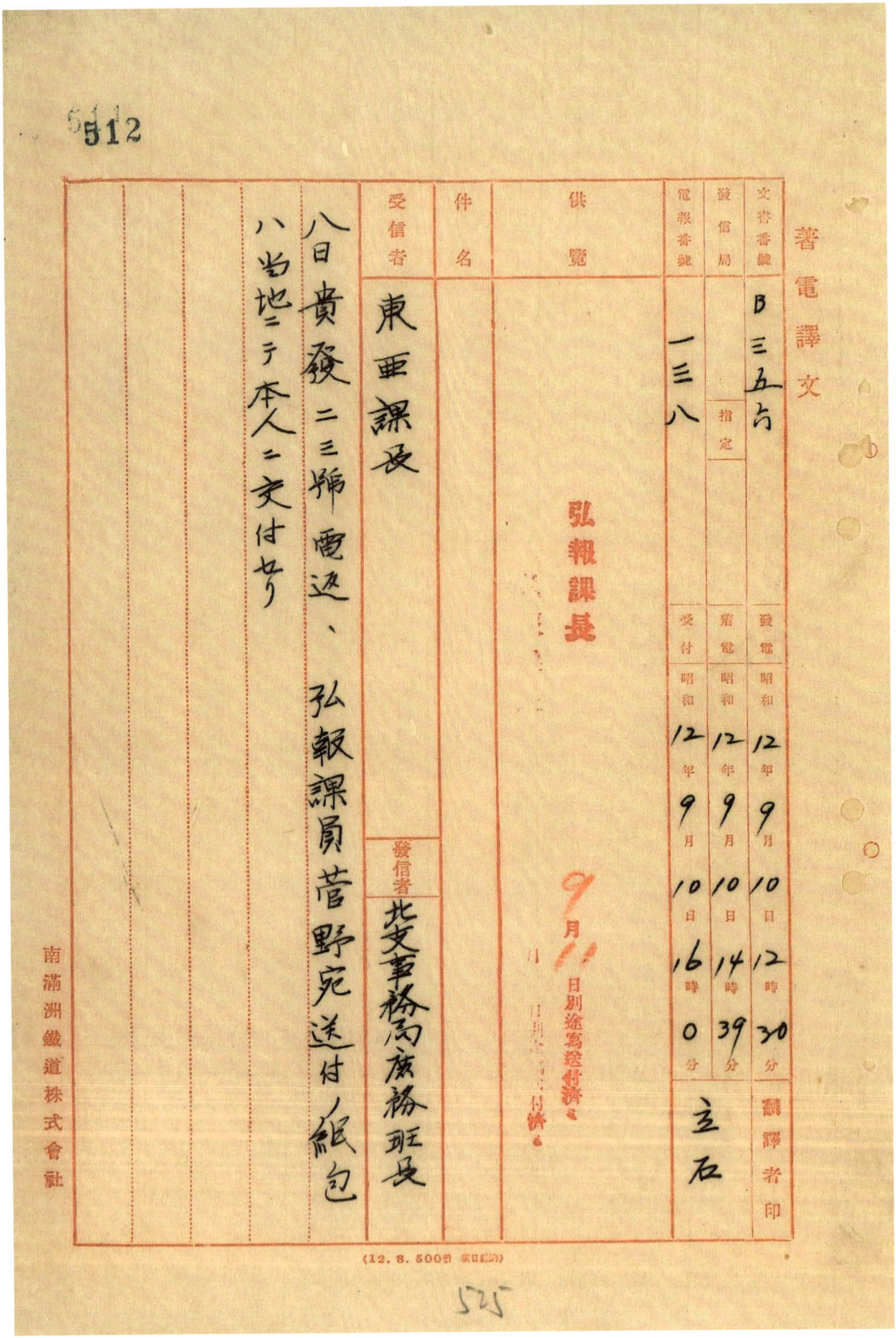

512

著電譯文

文書番號	發信局	電報番號
B三五六		一三八

指定

發電	着電	受付
昭和12年9月10日12時30分	昭和12年9月10日14時39分	昭和12年9月10日16時0分

翻譯者印 立石

供覧 弘報課長

9月11日 別途写送付済

件名

受信者 東亜課長

發信者 北支事務局庶務班長

八日貴發二三號電返、弘報課員菅野宛送付ノ紙包ハ当地ニテ本人ニ交付セリ

南滿洲鐵道株式會社

（12. 8. 500冊）

525

北支事务局长关于大同、沧州、保定等地被攻陷请向天津驻屯军发放慰问金事致满铁总裁的电文（一九三七年九月二十五日）

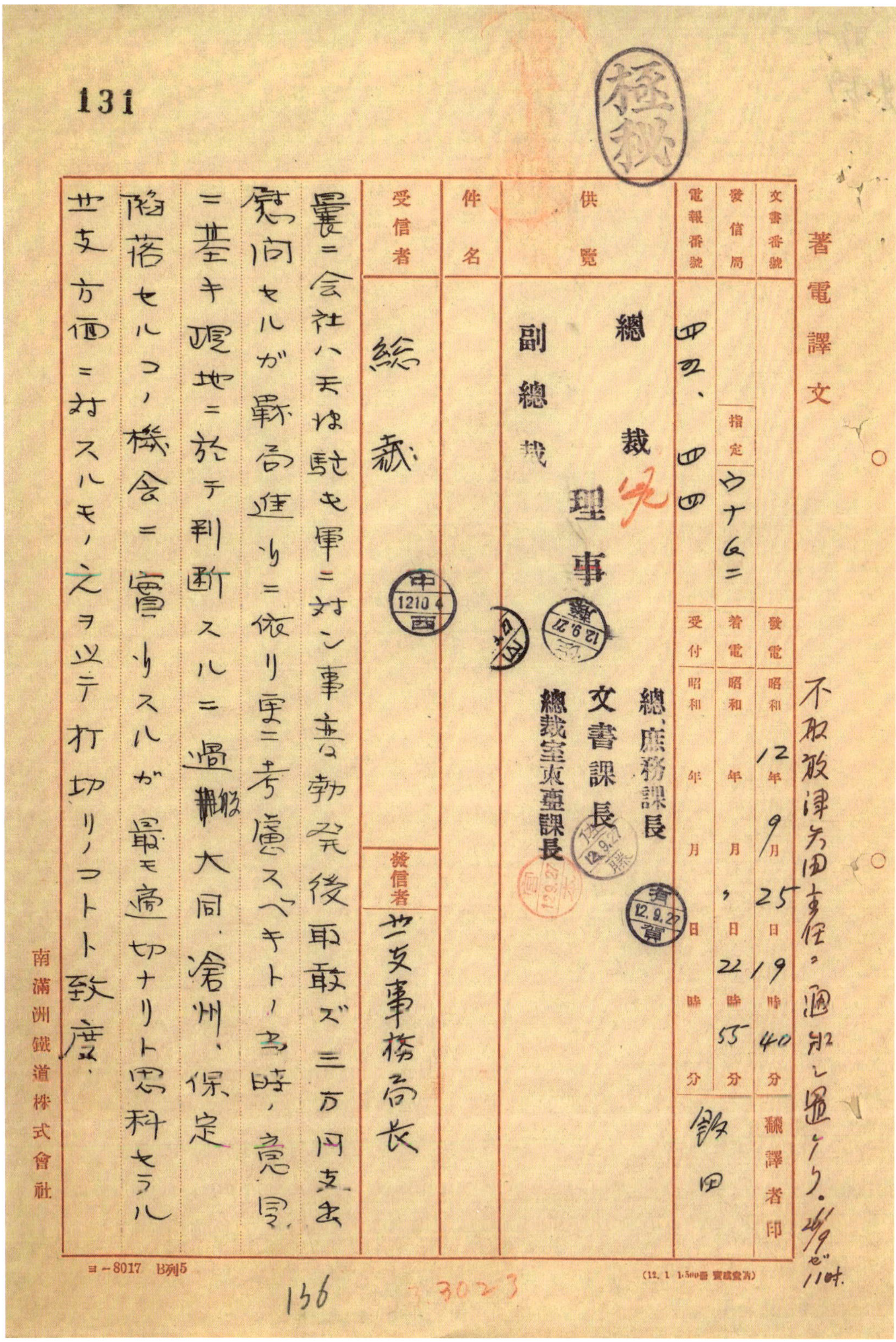

131

極秘

著電譯文

文書番號	發信局	電報番號	供覧	件名	受信者
		四五、四四	總裁 理事 副總裁		総裁
指定	ウナ五二				

發電	著電	受付
昭和12年9月25日19時40分	昭和 年 月 25日 22時55分	昭和 年 月 日 時 分

總、庶務課長

文書課長

總裁室東亞課長

發信者：北支事務局長

飜譯者印：鈎田

曩ニ会社ハ天津駐屯軍ニ対シ事変勃発後取敢ズ三万円支出慰問セルガ戦局進ムニ依リ更ニ考慮スベキトノ当時ノ意見ニ基キ現地ニ於テ判断スルニ過般大同、滄州、保定陥落セルコノ機会ニ實行スルガ最モ適切ナリト思料セラルル北支方面ニ対スルモノ之ヲ以テ打切リノコトト致度

不取敢津大田主任ニ通知シ置ケリ。26/9 ゼ 11時

南滿洲鐵道株式會社

ヨ-8017 B列5

156

3-3023

132

聴呈金額ハ左記ノ金額ヲ師団数ニ応ジタル前例ニ依レバ六万円ナルモ合計十万円トナルガ如ク今度ハ七万円トスルガ可ナルベシトノ宇佐美、阪谷両理事ノ御意見ナリ至急詮議相成度

南滿洲鐵道株式會社

ヨ-0003　B列5　　(12. 3. 15,000冊　滿日社納)

137

北支事务局长关于请速商议发放慰问金事致总裁室文书课长的电文（一九三七年十月一日）

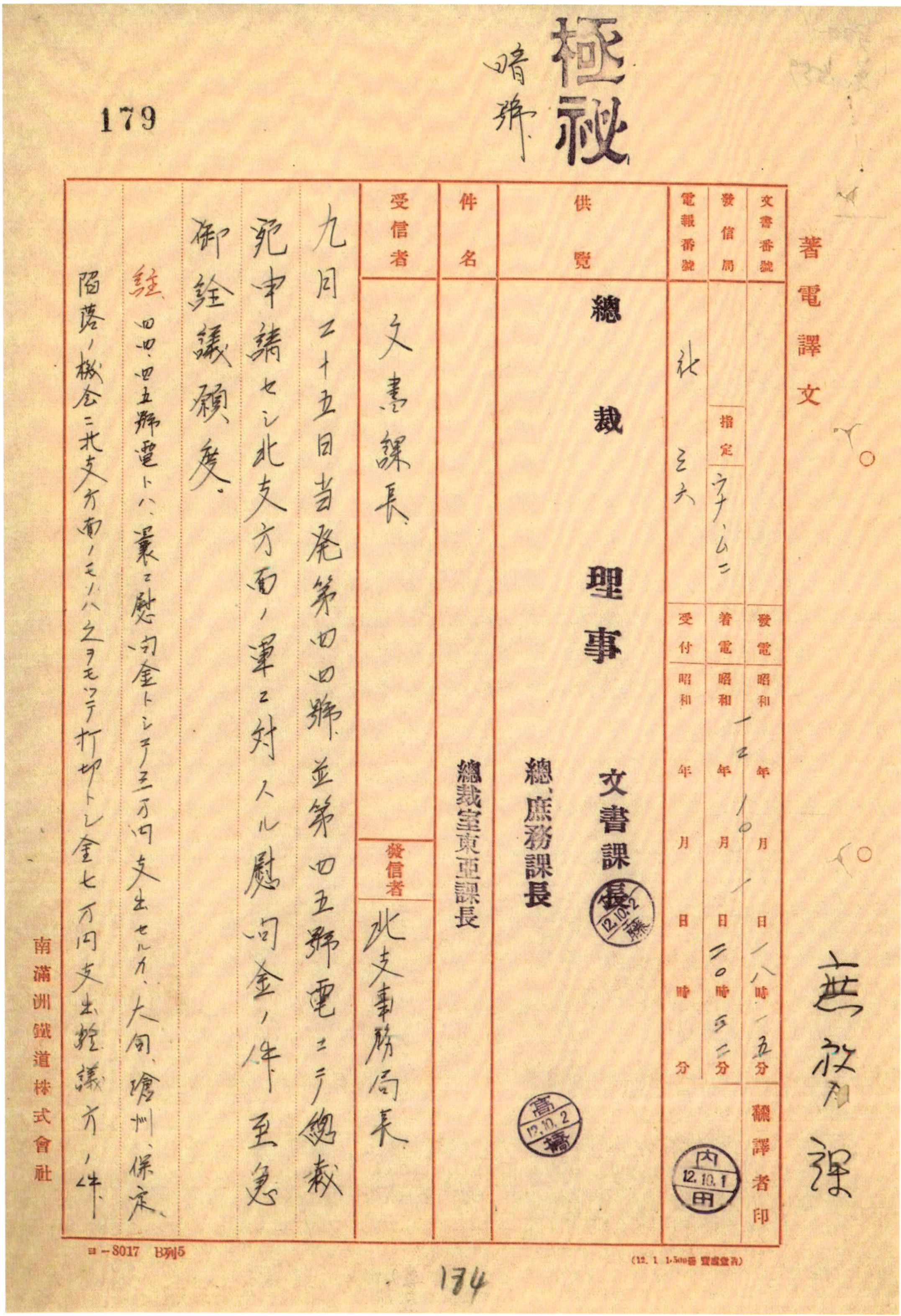

極秘

暗號

179

著電譯文

文書番號	發信局	電報番號
	北	三六

指定 ウナ、ムニ

發電 昭和 年 月 日 一八時 一五分

着電 昭和 一二年 一〇月 一日 二〇時 三二分

受付 昭和 年 月 日 時 分

飜譯者印

供覽 總裁 理事 文書課長 總、庶務課長 總裁室東亞課長

件名

受信者 文書課長

發信者 北支事務局長

九月二十五日当発第四四號並第四五號電ニテ總裁宛申請セシ北支方面ノ軍ニ対スル慰問金ノ件至急御詮議願度。

註 四四、四五號電トハ、最ニ慰問金トシテ三万円支出セルガ、大同、滄州、保定陥落ノ機会ニ北支方面ノモノハ之ヲモッテ打切トシ全七万円支出詮議方ノ件

南滿洲鐵道株式會社

174

北支事务局长关于向华北方面军发放慰问金事致总裁室文书课长的电文（一九三七年十月四日）

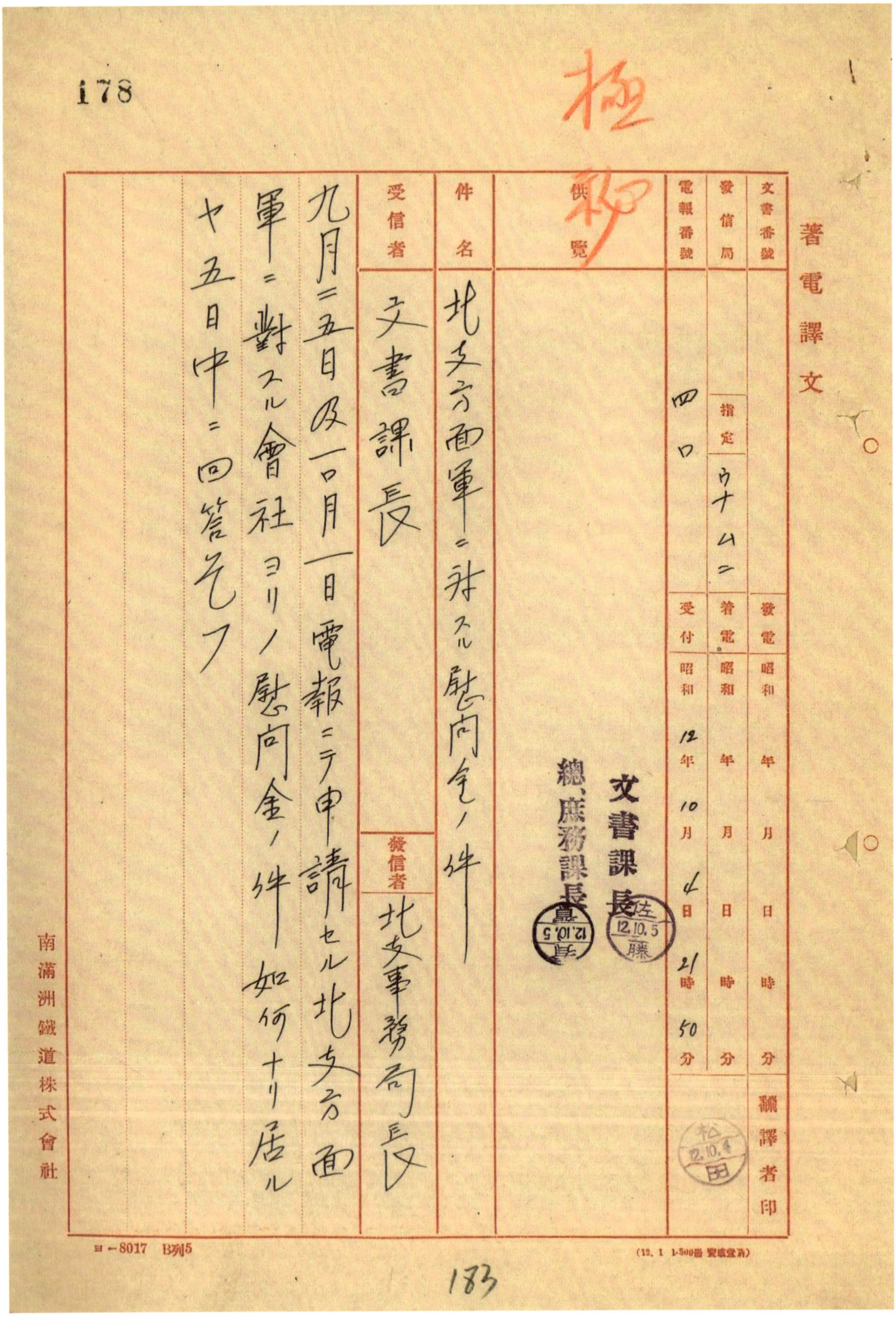

178

極秘

著電譯文

文書番號	
發信局	
電報番號	四〇
指定	ウナムニ
發電	昭和　年　月　日　時　分
着電	昭和　年　月　日　時　分
受付	昭和12年10月4日21時50分
飜譯者印	松田 12.10.4
供覽	文書課長　總、庶務課長　佐藤 12.10.5
件名	北支方面軍ニ對スル慰問金ノ件
受信者	文書課長
發信者	北支事務局長

九月二五日及一〇月一日電報ニテ申請セル北支方面軍ニ對スル會社ヨリノ慰問金ノ件如何ナリ居ルヤ五日中ニ回答乞フ

南滿洲鐵道株式會社

㊞－8017　B列5

183

北支事务局长关于送交雇佣船只契约书及雇佣乘组人员契约书事致总裁室东亚课长的函（一九三七年十月二十一日）

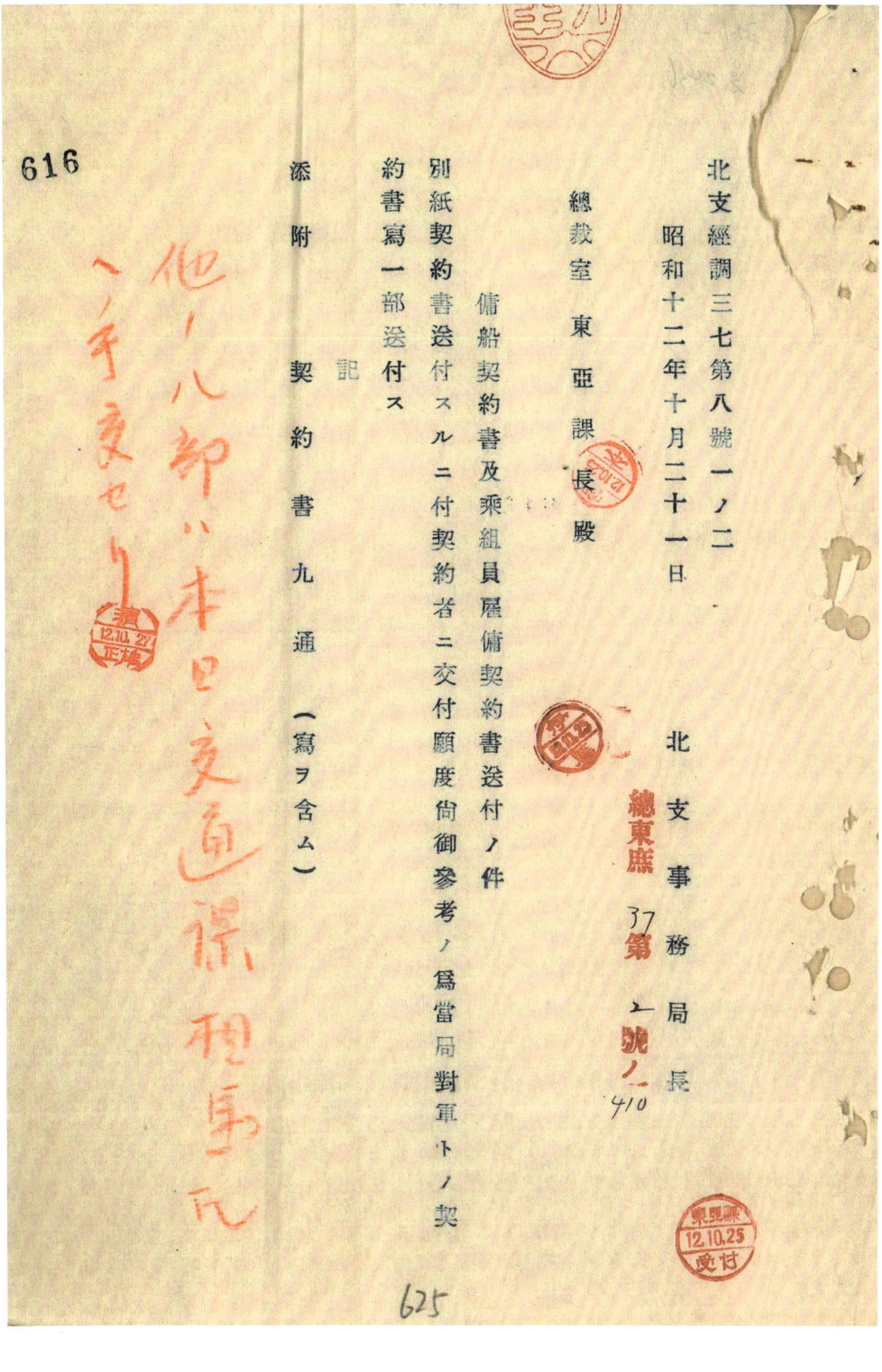

616

北支經調三七第八號ノ二

昭和十二年十月二十一日

北支事務局長

總東庶 37第2號ノ一 410

總裁室東亞課長殿

傭船契約書及乘組員雇傭契約書送付ノ件

別紙契約書送付スルニ付契約者ニ交付願度尚御參考ノ爲當局對軍トノ契約書寫一部送付ス

記

添附 契約書九通（寫ヲ含ム）

東亞課 12.10.25 受付

625

附：西尾部队本部财务部与南满洲铁道株式会社北支事务局租赁发动机船合同契约书

寫

617

契約書

西尾部隊本部經理部

南滿洲鐵道株式會社北支事務局

626

618

契約書

發動機船ノ傭船ニ關シ西尾部隊本部經理部長吉橋太一郎（以下單ニ甲ト稱ス）ト南滿洲鐵道株式會社北支事務局長杉廣三郎（以下單ニ乙ト稱ス）トノ間ニ契約スルコト左ノ如シ

第一條　傭船ノ期間ハ甲ニ於テ必要トスル時期迄トシ乙カ大連港ニ於テ民間ヨリ傭上ケタルトキヲ以テ甲ノ傭船ノ始期トシ大連港ニ歸著シタルトキヲ以テ終期トス

第二條　傭船ノ受渡ハ天津第五碇泊場司令部ニ於テ行フヲ例トシ大連天津間ノ輸送ハ乙ニ於テ行フモノトス

傭船ノ返還ニ際シテハ甲ヨリ豫メ之ヲ乙ニ通告シ乙受領後大連港迄ノ輸送日數ハ乙ノ證明ニ對スル甲ノ認定ニ依リ決定スルモノトス

第三條　甲ハ傭船ヲ北支方面ニ於ケル諸水路ニ於テ使用スルモノトス

第四條　船名、傭船料其ノ他左ノ如シ

第一部（傭船始期九月二十六日）

船名	馬力	乘組員數	傭船料（一日ニ付）	船價
孚友丸	六	二	一八〇〇	一、三〇〇〇〇

627

619

第一蛭子丸	八	三	二四	〇〇	一、七五〇	〇〇
第二蛭子丸	六	二	一八	〇〇	六五〇	〇〇
第三蛭子丸	六	二	一八	〇〇	五八〇	〇〇
天神丸	五	二	一五	〇〇	五五〇	〇〇
大黒丸	六	二	一八	〇〇	八五〇	〇〇
第二末廣丸	六	二	一八	〇〇	五〇〇	〇〇
新榮丸	六	二	一八	〇〇	七〇〇	〇〇
上吉丸	六	二	一八	〇〇	七〇〇	〇〇
濱榮丸	五	二	一五	〇〇	五〇〇	〇〇
伊吹丸	一二	二	二四	〇〇	一、七〇〇	〇〇
かもめ丸	一五	二	三〇	〇〇	二、五〇〇	〇〇
計		一二隻				

628

620

第二部（傭船始期九月二十八日）

船名	馬力	乗組員数	傭船料（一日ニ付）	船價
寶珠丸	一五	五	三〇〇〇	四〇〇〇〇〇
大黒丸一號	二〇	六	四〇〇〇	三、〇〇〇〇〇
福神丸三號	二五	六	五一〇〇	三、八五〇〇〇
浦咲丸二號	一五	六	三〇〇〇	二、一〇〇〇〇
幸順丸	二〇	五	四〇〇〇	一、二〇〇〇〇
富榮丸	四〇	五	八二〇〇	一、五〇〇〇〇
稲荷丸	一六	五	三二〇〇	三、〇〇〇〇〇
計		七隻		

本船ハ天津到着時船體、機關、其ノ他航行ニ要スル裝備完備シ機能完全ナルモノトス

前記ノ計算ニ於テ傭船ノ始期及終期ノ日ハ各壹日ト看做ス

第五條　甲ハ傭船内ニ自己ノ負擔ヲ以テ軍事上必要ナル艤裝ヲ施スコトアルヘシ但シ返還ニ當リテハ甲ハ之ヲ原型ニ復スヘキモノトス

629

621

第六條　傭船ニ要スル燃料、清水、消耗品類及乘組員ノ食料ハ甲ノ使用期間中ハ甲ノ負擔トシ其ノ他一切ノ費用ハ傭船料ニ包含スルモノトス

第七條　甲ノ傭船使用期間中船體、機關及器具等ニ生シタル損傷ハ甲ノ負擔トス

第八條　傭船期間中ニ於ケル天災其ノ他不可抗力ノ事故ニ依リ難破、沈沒又ハ使用ニ堪エサル損傷ヲ來シタル場合ハ甲乙別途協定スルモノトス

第九條　第四條ノ傭船料ハ傭船終期ヲ以テ締切リ一箇月以内ニ乙ヨリ甲ニ請求シ之カ支拂ヲ受クルモノトス

第十條　傭船ハ傭船期間中甲ノ指示スルトコロニ從ヒ服務スルモノトス

右契約ノ證トシテ本書貳通ヲ作成シ記名捺印ノ上各壹通ヲ保持スルモノトス

昭和十二年十月　日

630

622

契約擔任官　西尾部隊本部
　　　　　　經理部長　吉橋　太一郎

契約者　南滿洲鐵道株式會社
　　　　北支事務局長　杉　廣三郎

631

北支事务局长关于划分军方及满铁应负担七七事变费用中人事费事致财务部长的函
（一九三七年十月二十二日）

146

極秘

寫 鐵道總局經理局長

北支經主三七第三號三五

昭和十二年十月二十二日

北支事務局長

經理部長殿

經理部 12.10.26 庶務課

庶務課長 主計課長 經理部長

經主決37第4號52

庶務第一豫算係 第二豫算係 決算係

支那事變費中人件費ノ軍、滿鐵負擔區分ニ關スル件

過般弊局經理班長貴部ヘ出張ノ節御諸問相成リタル首題ニ關スル弊局意見左ノ通申上ケマスカラ貴職ニ於テ關東軍方面トモ御折衝ノ上何分ノ御回示願ヒマス

記

先般東京ニ於テ軍滿鐵關係者ノ間ニ協定成リタル北支諸鐵道使用ニ關スル經理要領中物件費ニ付テハ別段ノ疑義ナキモ人件費ニ付テハ之カ範圍及給與ノ種類分明ナラス卽チ經理要領第二「軍ノ要求ニ基キ派遣セシメラレタル滿鐵社員ノ俸給、旅費等ノ諸給與金」ハ軍ニ於テ負擔ノコトニ

165

147

ナリ居ルモ會社ノ給與ニハ俸給、旅費以外ニ在勤手當其ノ他ノ雜手當及住宅料、賞與金、退職慰勞金等アリ、而シテ之等諸給與金中何レノ範圍迄ヲ軍ニ請求スルモノナルヤ判明セサルヲ以テ事變ト會社トノ立場等ヲ考慮シテ兩者ノ負擔ヲ左ノ通區分セムトス

一、軍ノ負擔トスヘキ會社派遣員人件費

イ、北支事務局ニ於ケル各班中現ニ輸送、工務、電氣ノ三班ニ屬スル會社派遣員及天津、豐台輸送事務所、通州建設事務所其ノ他輸送ニ關係アル派遣員ニ對スル俸給給料（在勤手當ヲ含ム）

ロ、前項ノ派遣員ニ對スル旅費

ハ、旅費ノ支給カ事變手當ノ如キ雜手當ニ變更セラレタル場合ハ之ヲ軍ノ負擔ト爲スコト

二、滿鐵會社ノ負擔トスヘキ會社派遣員人件費

前項軍負擔以外ノ社員ニ對スル俸給、給料、雜手當、旅費、住宅料、賞與金及退職慰勞金

理由

166

148

一、在勤手當以外ノ雜手當及住宅料、賞與金、退職慰勞金等ハ基本的給與ニ非ス一種ノ附帶的給與ナルノミナラス殊ニ退職慰勞金ノ如キハ現實ノ支拂ナキ計算上ノ金額ニシテ軍ハ會社ヲシテ事變ニ因リ財政的枯渇ヲ來ササラシメムコトヲ顧慮シテ會社ニ對スル支拂ノ迅速ヲ念頭ニ置キ且金利ノ負擔迄モ爲サムトスルコトハ經理要領中ニモ窺ハルルトコロナルニ資金ニ直接關係ナキ退職慰勞金迄モ請求スルコトハ會社トシテ採ルヘキ途ニ非スト思考セラルルヲ以テ之ヲ會社ノ負擔ト爲スコト

其ノ他雜手當（事變手當ヲ除ク）住宅料、賞與金等ハ退職慰勞金トハ趣ヲ異ニシ軍ニ請求ノ可能性アルモ一面會社ハ創立當初ヨリ有事ノ際ニ於ケル軍ノ協力機關トシテノ使命ヲ擔ヘ居ル點ヲ考慮シテ軍ニ請求スル人件費ハ基本給與ト旅費ニ限ルコト（但シ旅費カ事變手當等ノ名目ニ變更セラレタル場合ハ之ヲ旅費ノ別名ト見テ之ヲ軍負擔ト爲スコト）

因ニ滿洲事變ノ際ハ軍ノ負擔セル滿鐵關係人件費ハ會社カ派遣社員ノ補充トシテ採用シタル者ノ俸給、給料（在勤手當ヲ含ム）竝派遣社員ノ旅費ノミナリシニ軍ハ今回ノ事變派遣社員ノ俸給、給料支出ニ付テ

167

149

ハ多大ノ負擔増加ヲ知リツツモ之ヲ引受ケタルハ軍カ充分會社ノ立場ヲ考慮シタルモノナルコトヲ深ク察スルヲ要ス

二、北支事務局中ニハ舊天津事務所ヨリ引繼カレタル會社固有業務アリ之等ハ北支事務局新設ト共ニ機構ヲ擴大セラレ又ハ増員セラレタルモ之等ノ人件費ハ新時態ニ適應スヘク會社自體ニ於テモ必要ノ經費トシテ會社負擔トスルコト

以上ハ軍カ經理要領中ノ人件費ノ解釋又ハ其ノ他ノ都合ニ依リ必スシモ會社一部ノ人々ノ豫期シ居ル如ク行カサル場合ニ於ケル最大限度ノ讓歩條件ニシテ素ヨリ軍ニ於テ會社派遣員ノ人件費ハ俸給、給料、旅費ハ勿論其ノ他ノ諸給與金モ一切之ヲ負擔スヘシトノ意思ナラハ敢テ辭スルニ及ハサルモ何レニセヨ一切ノ給與金ノ計算ハ之ヲ軍ニ示シ置クコトハ必要ト認ム

168

北支事务局长关于宇佐美理事提出支给关东军前线慰问金之意见事致总裁室庶务课长的函（一九三七年十月二十二日）

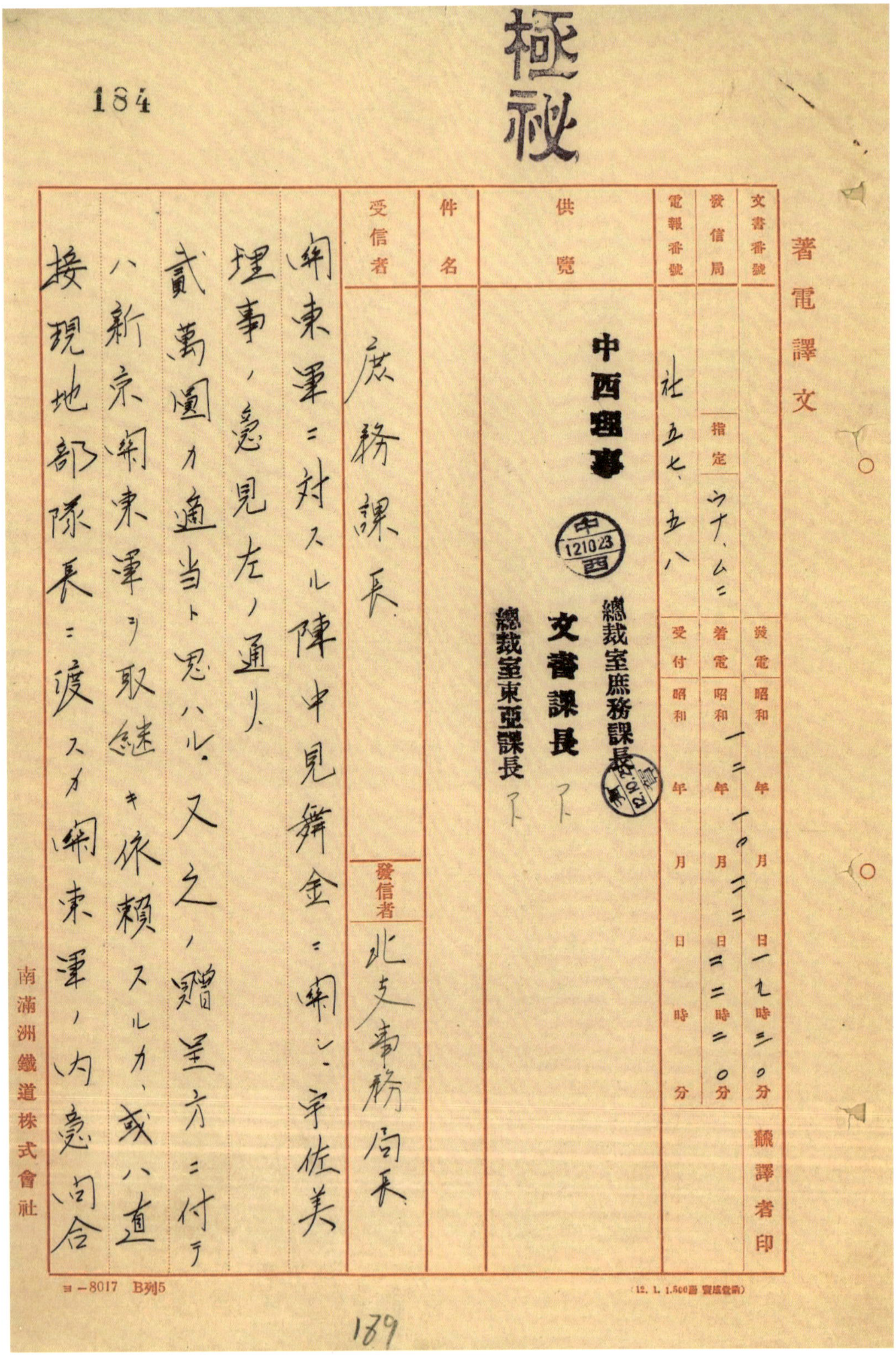

極秘

184

著電譯文

文書番號

發信局 北

電報番號 五七、五八

指定 ウナ、ムニ

發電 昭和 年 月 日一九時三〇分

着電 昭和一二年一〇月二二日二時二〇分

受付 昭和 年 月 日 時 分

飜譯者印

供覧 中西理事 総裁室庶務課長 文書課長 総裁室東亞課長

受信者 庶務課長

發信者 北支事務局長

関東軍ニ対スル陣中見舞金ニ関シ宇佐美理事ノ意見左ノ通リ

貳萬圓カ適当ト思ハル、又之ノ贈呈方ニ付テハ新京関東軍ヨリ取継キ依頼スルカ、或ハ直接現地部隊長ニ渡スカ関東軍ノ内意問合

南滿洲鐵道株式會社

ヨ－8017 B列5

189

セノ上、若シ現地ニテ贈呈スルナラハ本月二七日
宇佐美理事大同方面ヘ赴クニ付其ノ際携行
願フコトト致度、至急回答乞フ。

北支事务局长关于通知部分地区应增发出差补贴事致总裁室庶务课长的函（一九三七年十一月六日）

243

寫

發送先　各部所長　天津、豊臺輸送事務所長　張家口辦事所長
　　　　通州建設事務所長　北平事務所長　宣撫班長

北支人人三七第一二號二〇ノ八
　　　　　　　　　　　　　　　總裁室庶務課長

昭和十二年十一月六日
　　　　　　　　　　　　　　　北支事務局長

總東庶37第1號ノ1-93

總裁室庶務課長殿

總、東亞課長殿

割増派遣手當支給上地域ノ指定及割増手當
ニ關スル件

昭和十二年十月十一日附總人給三七第五一八號「支那事變關係社員給與取扱方ノ件」中第五號ニ依ル首題ノ件ヲ十月十六日ヨリ當分ノ間左ノ通定メタルニ付通知ス

記

東亞課 12.11.11 受付

319

一、地域ノ指定

地域別	線名
甲地	(イ)津浦線　楊柳青驛以遠
	(ロ)平漢線　定興縣驛以遠
	(ハ)平綏線　孔家莊驛以遠
乙地	(イ)平漢線　長辛店驛高碑店驛間
	(ロ)平綏線　清華園驛張家口驛間 但シ清華園西撥子間ハ十一月末日ヲ以テ乙地ノ指定ヲ停止ス
	(ハ)通州（通州ヲ除ク）古北口間ノ建設線

二、割増派遣手當

(イ)甲地派遣者ニ對シテハ普通旅費相當額ト八號旅費相當額ノ差額ヲ割増派遣手當トシテ支給ス

(ロ)乙地派遣者ニ對シテハロ號旅費相當額ト八號旅費相當額ノ差額ヲ割増派遣手當トシテ支給

320

北支事务局长关于向列车相撞事故遇难士兵赠予抚恤金事致总裁室庶务课长的函（一九三七年十一月十五日）

554

北支庶庶三七第三號三一ノ一

昭和十二年十一月十五日　北支事務局長

總裁室庶務課長殿

列車衝突事故ニ依ル死亡兵ニ對スル弔慰金贈呈ニ關スル件

十月二十四日午前一時平綏線西直門清華園間ニ於ケル列車衝突事故（別紙事故概況參照）ニ依ル死傷兵ニ對シ滿鐵ヨリ見舞金贈呈方考慮アリ度旨當時豐台兵站司令官ヨリ慫慂アリタルニ付テハ該事故カ滿鐵從事員ノ過失ニ基クモノナル點ニ於テ特ニ責任ヲ感スル次第ナルカ今次事變ニ依ル此ノ種見舞金ハ本件ヲ以テ嚆矢トシ前例トモナルヲ以テ其ノ金額查定ニ愼重考慮ノ結果事變ノ性質、出征兵士ノ狀況等ニ鑑ミ左記ニ依リ小職名ヲ以テ弔慰金トシテ贈呈ノコトニ致度ニ付至急何分ノ御詮議相成詮議決定ノ上ハ電報願度尚

600

一、死亡者ハ戰死扱ニサレタリトノ聞込ミアリ

二、負傷兵ニ對シテハ他負傷兵ノ關係モアリ若贈與ノ心組ナラハ見舞品程度ニ止メ（見舞品ハ當時贈呈シアリ）見舞金トシテハ考慮ニ及ハサル旨軍側ヨリ申入レモアリ負傷者ノ分ハ別途考慮トシ不取敢死者ニ對スル分ノミ止メタルニ付御含ミ乞フ

（原隊名ハ軍秘ニ付取扱注意相成度）

記

即死者

部隊別	區分	病名	階級	氏名	弔慰金
關東軍野戰重砲兵第九聯隊（西村部隊）	即死	頭蓋底骨折	砲兵伍長	金子俊雄	二、五〇〇圓
〃	〃	〃	砲兵上等兵	松田安正	二、〇〇〇圓
〃	〃	〃	砲兵一等兵	橋爪宗太郎	〃
〃	〃	〃	砲兵二等兵	塚本長治	〃
〃	〃	胸部挫傷（内出血）	砲兵一等兵	萩原清治	〃

601

556

所屬	死亡區分	傷病名	階級	氏名	金額
第四師團野戰豫備病院十一班（丹羽部隊）	即死	頭蓋底骨折	衛生上等兵	井上彌太郎	二、〇〇〇圓
〃	〃	〃	衛生一等兵	赤井數馬	〃
〃	〃	〃	輜重特務兵	森下礒三男	〃
〃	翌二十五日死亡	肋骨骨折	衛生上等兵	雜古秀一	〃
計			九名		一八、五〇〇圓

備考

一、翌日死亡者ハ即死者トシテ取扱フ

二、鐵道守備隊員及警察官ニ對スル弔慰金及見舞金ニ關スル規定竝満洲事變ノ際明月溝ニ於テ列車事故ニ依リ死亡セル伍長ニ一、二〇〇圓ヲ贈呈シタル例アリ之ヲ參考トシ今次事變ノ狀況ヲ參酌査定セリ

添附書類

一、列車衝突事故概況

二、北京北支方面軍第二兵站病院附外科診療主任ノ即死者及負傷入院者ノ診斷書寫

602

557

列車衝突事故概要

一、種　別　衝突事故

一、場　所　平綏線清華園西直門間、西直門上リ遠方信號機附近

一、發生時　昭和十二年十月二十四日午前一時

一、概　況

第三〇一列車南口二三時五五分發（電話故障ノ爲途中時刻不明）各驛早運轉ノ爲驛長間打合ノ上第三〇七列車トノ行違ヲ西直門ニ變更セリ、一方第三〇七列車ハ車掌ノ出發合圖ニ依リ西直門ヲ定時發右箇所ニ於テ第三〇一列車ト正面衝突ス爲ニ兩列車機關車ハ互ニ喰違ヒ脱線顚覆シ第三〇一列車ハ機ノ次位「ヤ」小破二、三輛目重ナリ合ヒ脱線、第三〇七列車ノ機次位「ハ」一、「ヤ」一、「ヤ」一輛ハ脱線大破「ヤ」一輛小破セリ

第三〇七列車ハ一三輛

豐台發大同行野戰病院乘車

第三〇一列車ハ二二輛

603

558

海城重砲隊兵員乘車

一、原因

當時縣長ハ出發指示合圖ヲ現示セサリシニ車掌ニ於テポイント標識ヲ誤認出發シタルモノト思料セラルルモ車掌負傷ノ爲眞因不明

604

一、昭和十二年十月二十四日午前一時十五分北京西直門驛ヲ去ル平綏鐵路約千五百米ノ地點ニ於テ關東軍野戰重砲兵第九聯隊西村部隊乘車上リ軍用列車ト第四師團野戰豫備病院十一班丹羽隊乘車下リ軍用列車ト正面衝突ヲ爲セリ

其ノ際即死者及負傷入院ノ病名、經過豫後別紙診斷書ノ如シ

即死者　軍隊側　八名　滿鐵從業員　一名

負傷者入院　同　右一三名　同　右　一名

二、即死者八名内譯左ノ如シ

部隊別	區分	病名	階級氏名
關東軍野戰重砲兵第九聯隊（西村部隊）	即死	頭蓋底骨折	砲兵伍長金子俊雄
〃	〃	〃	砲兵上等兵松田安正
〃	〃	〃	砲兵一等兵橋爪宗太郎
〃	〃	〃	砲兵二等兵塚本長治

605

560

關東軍野戰重砲兵第九聯隊（西村部隊）	卽死	胸部挫傷（內出血）	砲兵一等兵	萩原清治
第四師團野戰豫備病院十一班（丹羽隊）	〃	頭蓋底骨折	衛生上等兵	井上彌太郎
〃	〃	〃	衛生一等兵	赤井數馬
〃	〃	〃	輜重兵特務兵	森下儀三男

三、負傷入院者一三名內譯左ノ如シ

部隊別	區分	病名	階級	氏名
關東軍野戰重砲兵第九聯隊（西村部隊）	入院	左大腿骨折	砲兵二等兵	小田桐安彥
〃	〃	右骨盤骨折疑	砲兵一等兵	竹茂理太
〃	〃	頭部左肩左上膊打撲	砲兵二等兵	小島茂吉
〃	〃	右耳朵及右顳部ノ擦過傷	砲兵一等兵	片野文吉
〃	〃	右胸部及右肩胛部ノ打撲傷	砲兵一等兵	野上信
〃	〃	前額部挫創	砲兵一等兵	下平辰三郎

606

第四師團野戰豫備病院第十一班（丹羽隊）	入院後死亡	肋骨骨折	衞生上等兵	雜古秀一
〃	入院	右鎖骨骨折	衞生伍長	木下孝雄
〃	〃	後頭部外打撲傷	輜重兵特務兵	寺本榮次郎
〃	〃	左胸部挫傷	〃	安部賴孝
〃	〃	左胸部打撲傷	〃	藤井道雄
〃	〃	右前額部擦過傷	〃	松村福太郎
北京東四牌樓六條胡同一四號西本願寺從軍僧	〃	右頭部顔面打撲傷	從軍僧	石田顯秀

四、即死者ノ診斷書各固有部隊長ニ交付濟

入院者ノ診斷書計十三通別紙添附ス

607

診断書

一、患者ノ所屬部隊氏名　海上西村部隊江島隊　砲兵二等兵　小田桐安彦

二、受傷年月日　昭和十二年十月二十四日

三、受傷場所　平綏鐵路西直門驛北方約一千四百米地點

四、傷名　左大腿骨折兼右顬面及前胸部打撲傷

五、原因經過豫後　原因ハ列車衝突ニ依ル
左大腿ハ運動ニ依リ激痛ヲ訴ヘ運動全ク不能ナリ
右顬面及前胸部ハ發赤腫張シ疼痛アリ
依之全治迄約三箇月ヲ要ス

右證明候也

昭和十二年十一月二日

北京北支那方面軍
第二兵站病院附外科診療主任
陸軍軍醫中尉　佐野純

608

診斷書

一、患者ノ所屬部隊氏名　關東軍西村部隊仁島隊　砲兵一等兵　人竹茂理太

二、受傷年月日　昭和十二年十月二十四日

三、受傷場所　北京西直門驛北方平綏鐵道約一千五百米地點

四、受傷ノ原因　軍用列車衝突事故ニ依ル

五、入院年月日　昭和十二年十月二十四日

六、病　　名　右骨盤骨折ノ疑

七、經過豫後　全身狀態不可ナラス。右腰部ニ甚シキ疼痛ヲ訴ヘ體動モ殆ト不能ナリ、同部全體腫張セルヲ認ム。全治迄少クモ今後三箇月ヲ要スルモノト認ム

右診斷候也

昭和十二年十一月二日

北京北支那方面軍
第二兵站病院附外科診療主任
陸軍軍醫中尉　佐野　純

609

564

診斷書

一、患者ノ所屬部隊氏名　野戰重砲九聯隊　現役陸軍砲兵二等兵　小島茂吉
二、受傷年月日　昭和十二年十月二十四日
三、受傷場所　北京西直門驛北方平綏鐵道約一千五百米地點
四、受傷ノ原因　軍用列車衝突事故ニ依ル
五、入院年月日　昭和十二年十月二十四日
六、病　名　一、頭部左肩左上膊及兩大腿部打撲
二、上唇挫創
三、右額部擦過傷
七、經過豫後　打撲部位ニ疼痛腫張著明ナリ。創傷ハ何レモ大ナラス、出血モ少シ。全身狀態概シテ可良ナリ、全治ニ至ル迄少クモ今後三週間ヲ要スルモノト認ム

右診斷候也

昭和十二年十一月二日

北京北支那方面軍第二兵站病院附外科診療主任
陸軍軍醫中尉　佐野純

610

565

診斷書

所屬部隊　關東軍西村部隊野口隊　砲兵一等兵　片野文吉
官等級氏名
受傷年月日　昭和十二年十月二十四日午前二時
受傷場所　北平西直門驛ヲ去ル平綏鐵道約一、八〇〇米ノ地點
受傷原因　軍用列車衝突事故ニ由ル
入院年月日　昭和十二年十月二十四日
病　名　右耳朶及右顳顬部擦過傷
經過、豫後　入院當時ハ右耳朶及右顳部ニ輕度ノ擦過傷アリ腫脹、疼痛ナク出血ナシ、四肢機能障害ナシ其ノ後著變ナク經過良好ニテ近日中（約二週間）ニ全治ノ見込ミ

右證明候也

昭和十二年十一月二日

北京北支那方面軍第二兵站病院附外科診療主任
陸軍軍醫中尉　佐野純

611

566

診斷書

患者ノ所屬部隊氏名　滿洲海城西村部隊氣付野口隊　砲兵一等兵　野上信

受傷年月日　昭和十二年十月二十四日

受傷場所　平綏鐵路西直門驛北方約一、四〇〇米地點

傷名　右胸部及右肩胛部ノ打撲傷

兼右腕關節捻挫

原因、經過豫後　原因ハ列車ノ衝突ニ依ル

右胸部及右肩胛部ニ發赤、腫脹シ疼痛ヲ訴フ右腕關節ハ輕度ニ腫脹シ疼痛ノ爲廻轉運動困難ナリ

依之全治迄約三週間ヲ要ス

右證明候也

昭和十二年十一月二日

北京北支那方面軍第二兵站病院附外科診療主任

陸軍軍醫中尉　佐野純

612

567

診断書

患者所屬部隊氏名　滿洲海城西村部隊氣付野口隊　砲兵一等兵　下平辰三郎

受傷年月日　昭和十二年十月二十四日

受傷場所　平綏鐵路西直門驛北方一、四〇〇米地點

傷名　前額部挫創兼左示指及左中指挫創

原因、經過豫後　原因ハ軍用列車衝突ニ依ル

前額部右眉毛内端ヨリ外端部ニ向ヒ眉毛ニ平行シテ長徑五糎、横徑一糎、深サ骨膜ニ達スル挫創アリ創面比較的清潔ナルニ付三針縫合ス

左示指及左中指脊面ハ小指側ニ小挫創アリ創面稍汚染ス然レトモ該指ノ運動障害ヲ認メス右記挫創ハ左示指、中指ノ第二指關節ノ部ニ一致セリ依而全治迄二週間ヲ要スル見込ニ付昭和十二年十一月一日天津兵站病院ヘ轉送セリ

右證明候也

613

568

昭和十二年十一月二日

北京北支那方面軍第二兵站病院附外科診療主任

陸軍軍醫中尉　佐野　純

614

569

診斷書

患者ノ所屬部隊氏名　第四師團野戰豫備病院第十一班後備役　衛生上等兵　雜古秀一

受傷年月日　昭和十二年十月二十四日

受傷場所　北京西直門驛北方平綏鐵道約一、五〇〇米地點

受傷原因　軍用列車衝突事故ニ依ル

入院年月日　昭和十二年十月二十四日

病名　肺臟損傷ヲ伴フ左第二、第三及右第四、五、六肋骨骨折

經過、豫後　收容時意識明瞭ナルモ脈搏呼吸不良、心臟衰弱ノ徵アリ全身狀態甚シク不良ナリ。強心劑リンゲル氏液、葡萄糖溶液、輸血等極力手ヲ盡セルモ心臟機能回復セス翌二十五日午後九時五十五分遂ニ鬼籍ニ入ル

右診斷候也

昭和十二年十一月二日

北京北支部方面軍第一兵站病院附外科診療主任

陸軍軍醫中尉　佐野純

615

570

診斷書

患者ノ所屬部隊氏名　野戰豫備病院第十一班丹羽部隊　陸軍衛生伍長　木下孝雄

受傷年月日　昭和十二年十月二十四日

受傷場所　北京西直門驛北方平綏鐵道約一、五〇〇米地點

受傷原因　軍用列車衝突事故ニ依ル

入院年月日　昭和十二年十月二十四日

病名　一、右鎖骨骨折（五一）二、左眼打撲及兩眼結膜出血
三、左肩右腰部右膝關節部内側打撲

經過、豫後　骨折及打撲部位ニ疼痛腫脹著明ナリ所所皮下溢血ヲ認ム。
全身狀態不可ナラス
全治ニ到ル迄尠クモ今後五週間ヲ要スモノト認ム

右診斷候也

昭和十二年十一月二日

北京北支那方面軍第一兵站病院附外科診療主任

陸軍軍醫中尉　佐野　純

616

571

診斷書

一、患者ノ所屬部隊氏名　大阪第四師團野戰豫備病院第十一班輜重特務兵　寺本榮次郎

二、受傷年月日　昭和十二年十月二十四日

三、受傷場所　平綏鐵路西直門驛北方約一千四百米地點

四、傷名　後頭部、顔面、前胸部及右上膊ノ打撲傷兼左第三肋骨不全骨折ノ疑
兼兩眼瞼結膜下出血

五、原因、經過豫後　原因ハ列車衝突ニ依ル
後頭部、顔面、前胸部及右上膊ニ發赤腫脹アリ、疼痛ヲ訴フ
左第三肋骨部ハ壓迫ニ依リ激痛ヲ訴フ、該部ノ不全骨折ヲ疑ハシム
兩眼瞼結膜下ニ出血アリテ結膜ハ腫脹ス
依之全治迄約四週間ヲ要ス

617

572

右證明候也

昭和十二年十一月二日

北京北支那方面軍第二兵站病院附外科診療主任

陸軍軍醫中尉　佐野　純

618

573

診斷書

所屬部隊 官等級氏名　第四師團野戰豫備病院第十一班後備特務兵　安部賴孝

受傷年月日　昭和拾貳年拾月貳拾四日午前貳時

受傷場所　北平西直門驛ヲ去ル平綏鐵道約一、八〇〇米ノ地點

受傷原因　軍用列車衝突事故ニ由ル

入院月日　昭和拾貳年拾月貳拾四日

傷名　右眉部及左胸部挫傷

經過、豫後　右眉中央部ニ拇指頭大ノ皮膚損傷アリ出血、分泌物ナク濕性ナリ、腫脹及局部竝頭部ノ疼痛ナシ

左胸部ニ呼吸時疼痛ヲ訴ヘ左乳嘴下ニ高度ノ疼痛點アリ腫脹ナシ

依之全治迄約三個月ヲ要ス

右證明候也

昭和拾貳年拾壹月貳日

北京北支那方面軍第二兵站病院附外科診療主任

陸軍軍醫中尉　佐野紳

619

574

診斷書

一、患者ノ所屬部隊氏名　野戰豫備病院第拾壹班丹羽部隊　特務兵　藤井道雄
二、受傷年月日　昭和十二年十月二十四日
三、受傷場所　北京西直門驛北方平綏鐵道約壹千五百米地點
四、受傷原因　軍用列車衝突事故ニ依ル
五、入院年月日　昭和十二年十月二十四日
六、病　名　(一)左胸部、左上膊及兩肩ヨリ背腰部ニ及フ打撲
(二)右眼打撲ニヨル皮下及結膜溢血
七、經過、豫後　打撲部位疼痛腫脹アリ體動モ自由ナラス一部皮下溢血ヲ認ム
全治ニ到ルマテ少クモ三週間ヲ要スルモノト認ム

右診斷候也

昭和十二年十一月二日

北京北支那方面軍第二兵站病院附外科診療主任
陸軍軍醫中尉　佐野純

620

575

診断書

一、患者ノ所屬部隊氏名　第四師團野戰豫備病院第十一班輜重特務兵　松村福太郎

二、受傷年月日　昭和十二年十月二十四日

三、受傷場所　平綏鐵路西直門北方約一千四百米地點

四、傷名　右前額部擦過傷、後頭部右胸部兼右大腿部ノ打撲傷

五、原因經過豫後　原因ハ列車ノ衝突ニ依ル
右前額部ニ小大擦過傷アリ
後頭部右胸部及右大腿部ハ發赤腫脹シ疼痛アリ
依之全治迄約二週間ヲ要ス

右證明候也

昭和十二年十一月二日

北京北支那方面軍第二兵站病院附外科診療主任

陸軍軍醫中尉　佐野純

621

576

診斷書

一、患者ノ所屬部隊氏名　北平東四牌樓六條胡同十四號西本願寺　從軍僧　岩田顯秀

二、受傷年月日　昭和十二年十月二十四日

三、受傷場所　平綏鐵路西直門驛北方約一千四百米地點

四、傷名　左頭部顏面打撲傷
左上顎骨骨折ノ疑

五、原因經過豫後　原因ハ列車ノ衝突ニ依ル
左頭部、顏面ハ腫脹ス、特ニ左上顎、顴骨部ニ疼痛及シビレ感ヲ訴フ
咀嚼ノ際左上顎部ノ疼痛ノ爲困難ヲ覺エ尚上顎部壓迫ニ依リ激痛ヲ訴フ
該部ノ骨折ヲ疑ハシム
依之豫後全治迄一箇月ヲ要スル見込

右證明候也

622

577

昭和十二年十一月二日

北京北支那方面軍第二兵站病院附外科診療主任

陸軍軍醫中尉　佐　野　　純

623

北支事务局财务班长关于整理七七事变经费一案请通知有关方面事致财务部长的电文（一九三八年一月十一日）

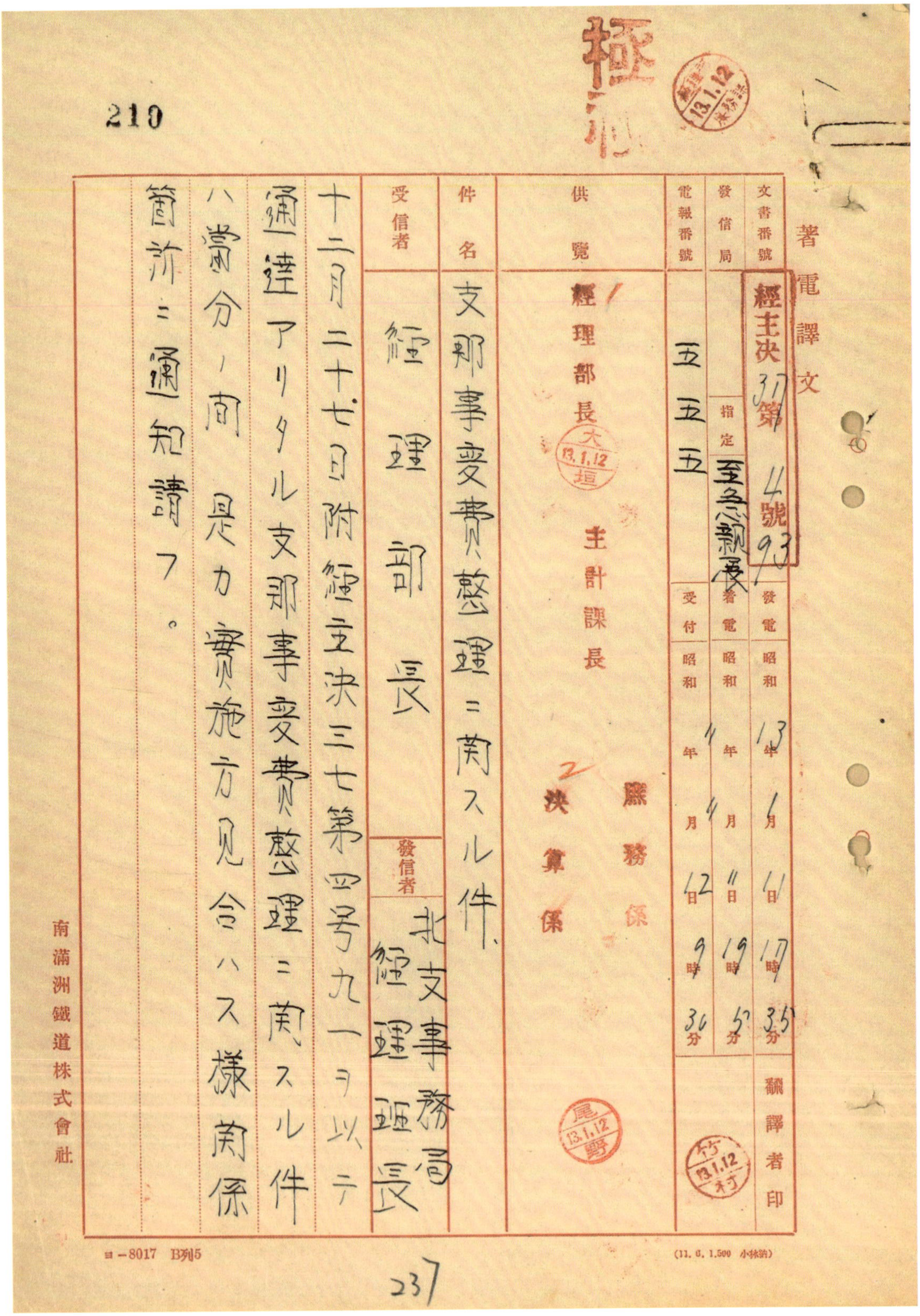
210

極秘

著電譯文

文書番號	發信局	電報番號	指定
經主決37第4號93		五五五	至急親展

發電	着電	受付
昭和13年1月11日17時35分	昭和〃年〃月11日19時57分	昭和〃年〃月12日9時36分

飜譯者印

供覧：經理部長　主計課長　庶務係　決算係

件名：支那事変費整理ニ関スル件

受信者：經理部長

發信者：北支事務局經理班長

十二月二十七日附經主決三七第四号九一ヲ以テ通達アリタル支那事変費整理ニ関スル件ハ當分ノ間是カ實施方見合ハス様関係箇所ニ通知請フ。

南滿洲鐵道株式會社

ロ－8017　B列5

（11.6.1,500 小林納）

237

北支事务局长关于整理短期派遣者派遣津贴事致财务部长的电文（一九三八年一月三十一日）

244

著電譯文

文書番號	
發信局	
電報番號	五五二
指定	至急
發電	昭和13年1月31日16時10分
着電	昭和13年4月4日22時57分
受付	昭和13年2月1日10時0分
飜譯者印	

供覽　經理部長　主計課長　庶務係　決算係

件名　短期派遣者派遣手当整理方ノ件

受信者　經理部長

發信者　北支事務局長

短期派遣者ニ對スル派遣手當整理方ノ件ハ未ダ公式發令ナク取扱上支障アルニ付至急通牒アリタシ

尚短期派遣ト長期派遣トハ當人ハ勿論取扱者ニ於テモ区分明瞭ナラサルモノアリテ整理上

245

齟齬ヲ來ス虞アルニ付 出發ノ際ヨリ断然区別
スル様通牒ニ明記セラレタシ
次ニ派遣手當ハ長期ト短期トヲ不向 出發ノ
際十日分ノ仮拂ヲナシ 爾後ハ一箇月毎ニ精算
拂ヲナスコトトナリヲルモ 斯テハ十日分ノ
旅費額ヲ以テ一箇月間ノ生活ヲ余儀ナク
セラレ實行不可能ニ付 出發ノ際ハ一箇月
分ノ仮拂ヲナスコトトシ更ニ特殊ノ事情アル
モノニ對シテハ現地給与責任者ニ於テ適当
額ノ仮拂ヲナシ得ル様改メラレタシ。

南滿洲鐵道株式會社

ヨ-0008 B列5 (12. 10. 20,000冊 滿日社納)

276

北支事务局调查室主事关于提交华北重要矿物资源应急调查案及附表事致满铁地质调查所长的函
（一九三八年二月十六日）

259

地質庶三七第二五號三四ノ一

受付
13.2.17
地質調査所

北支調幹三七第三一號
昭和十三年二月十六日

北支事務局調査室主事

地質調査所長 殿

北支重要鑛物資源應急調査案及附表送付ノ件

本案ハ左記經緯ニヨリ作成セルモノナリ御參考迄ニ一部送付ス

記

一、本年一月中旬北支事務局調査班ニ於テ成本調査役當局ハ北京特務部ヘ提出ノ目的ヲ以テ北支重要鑛物資源應急調査試案ヲ立案シタリ

一、商工省地質調査所ニ於テモ特務部ヘ提出ノタメ北支鑛産調査案ヲ立案シタリ

一、一月中旬北京ニ於テ商工省案ト北京事務局調査案ヲ合併シテ合同案ヲ作成シ商工省地質調査所技師ト同行セル商工省燃料局企畫課長ヘ場大

256

260

佐一岡利用課長及海軍軍務局員山田中佐ニ提出シタリ同一行ハ山西其ノ他現地視察後特務部ニ於テ右合同調査案ヲ審議スルコトトナレリ

一、一月二十五日事務局調査班ハ特務部第二課長ニ對シ調査案ノ經過ヲ報告シタリ

一、二月七日特務部ニ於テ右調査案ヲ審議シタル結果別紙調査案（未定稿）ノ内容ヲ以テ特務部原案トナスコトニ決定シタリ

757

昭和十三年一月

北支重要鑛物資源應急調查案（未定稿）

商工省地質調查所（佐藤）

滿鐵北支事務局調查室（坂本）

極秘

2263

260

264

北支重要鑛物資源應急調査案

目　次

一、主　旨
二、調査目標
三、至急試錐ヲ施行スヘキ地點
四、至急物理探査ヲ實施スヘキ地點
五、調査隊ノ組織
六、調　査　期
七、経費概算
　註、應急的調査ヲ必要トスル理由
附表　北支重要鑛物資源應急調査案附表
　　初年度現地調査隊調査地
　　次年度　〃

261

一、主旨

新情勢ノ下ニ始メテ可能トナリシ稼行鑛山ノ精查及鑛床賦存ノ狀況未詳ニ屬スル重要鑛產地ノ調查ヲ實施シ、日、滿、支ヲ一體トセル重工業原料資源ノ增產計畫樹立ノ基礎ヲ確立スルト共ニ、將來北支ニ於ケル各種鑛工業ノ發展ヲ促サムコトヲ期シ、次ノ主旨ニ基キテ調查ヲ施行セムトス

イ、軍特務部內ニ鑛產資源調查隊ヲ編成シ

ロ、調查終了期間ヲ二箇年トシ

ハ、初年度ニ於テハ日滿五箇年計畫遂行ニ吻合シ得ヘキ河北、山東、察哈爾及山西ノ一部地域ニ存スル稼行鑛山及重要鑛產地ノ精查、探鑛（試錐及物理探查）ヲ實施シテ品質及可採量ヲ決定シ、又鐵道豫定線沿線鑛產地ノ調查及增產ヲ必要トスル稼行鑛山ノ工業水、鐵道沿線汽鑵用水等ノ水質及水量調查ヲ施行シ

ニ、次年度ニ於テハ北支ニ將來興ルヘキ鑛工業原料ノ開發ヲ目標トシテ山西中南部及綏遠地域ニ於ケル鑛產地ノ調查ヲ主眼トシ、初年度

262

ニ調査セサリシ河北、山東、察哈爾及山西北部地域ノ鑛産地調査、鐵道豫定線沿線鑛産地調査及工業用水、飲用水ノ調査ヲ施行スルモノトス

尚本調査終了後ハ産業綜合會社ニ恒久的地質調査機關ヲ設置シ十箇年計畫ヲ以テ引續キ北支及中南支ノ地質調査ヲ實施セムトスルモノナリ

二、調査目標

イ、重工業原料（鐵、石炭、礬土頁岩、油母頁岩、耐火粘土、石灰岩等）

ロ、金及特殊國防資源鑛物（滿俺、ニッケル、タングステン、モリブデン、銅、鉛、亞鉛、石棉、螢石等）

ハ、鐵道豫定線沿線鑛産地

ニ、工業用水

三、至急試錐ヲ施行スヘキ地點

1、開灤礦區隣接區域（骸炭用石炭數億屯ノ賦存ヲ豫想セラルル區

263

域）

2、中興礦區隣接區域（骸炭用石炭約四億屯ノ賦存ヲ豫想セラルル區域）（要再調）

3、龍煙鐵鑛深部（鐵鑛ノ品位及可採鑛量ノ決定）

4、博山、淄川、章邱炭田（礬土頁岩ノ品位及可採鑛量ノ決定）

5、開灤炭田（〃）

6、長城炭田（〃）

四、至急物理探査ヲ實施スヘキ地點

1、金嶺鎭（鐵鑛富鑛ノ探索）

2、灤縣各地（〃）

3、遵化縣龍潭庄（〃）

4、淶源（〃）

269

A、初年度

地質調査隊（九箇隊）
（內地四隊滿洲五隊）

- 製鐵原料班　二箇隊
- 燃料班　二箇隊
- 輕金屬班　一箇隊
- 金鑛班　一箇隊
- 雜鑛物班　一箇隊
- 鐵道沿線班　一箇隊
- 給水班　一箇隊

試錐隊（四箇隊）

- 製鐵原料班　一箇隊
- 燃料班　一箇隊
- 輕金屬班　二箇隊

B、次年度

地質調査隊（六箇隊）
（內地二隊滿洲四隊）

- 製鐵原料班　二箇隊
- 燃料班　二箇隊
- 鐵道沿線班　一箇隊
- 給水班　一箇隊

ハ、地質調査隊及試錐隊要員ハ次ノ通トス

266

地質調査隊

班長 一
地質 一
採鑛 一（重要密行鑛山ノ調査ニ當リテハ當該鑛山管理中ノ箇所ヨリ技術員ヲ臨時參加セシムルコト、給水班ハ不要）
測量 一
通譯 一
助手 二（内一ハ地質又ハ採鑛出身者）
計 六

試錐隊

試錐工 一
助手 一
熟工 三
計 五

六、調査期

イ、調査隊ハ昭和十三年四月十日迄ニ編成ヲ終リ四月二十日ヨリ調査ヲ開始スルモノトス

271

ロ、調査期間ハ往復共六箇月間、試錐隊ハ十二箇月間トス

七、經費概算（俸給ヲ含マス）

イ、初年度

本部費	四、〇〇〇圓
現地調査費	三四三、八〇〇圓
計	三四七、八〇〇圓

ロ、次年度

本部費	一、〇〇〇圓
現地調査費	一一一、二〇〇圓
計	一一二、二〇〇圓
合計	四六〇、〇〇〇圓

以上ノ經費ハ綜合會社ニ加入スヘキ諸會社ニ於テ其ノ半額ヲ負擔シ陸海軍省ニ於テ各四分ノ一ツツヲ負擔スルモノトス

註、應急的調査ヲ必要トスル理由

一、北支ニ於ケル既往ノ地質調査ハ政治的障害ノ爲主トシテ地表踏

268

査及鑛山ノ現況調査ニ止リ其ノ結果ハ精粗區々タリ、該障害ノ排除セラレタル今日ニ於テハ各鑛山ノ有スル調査資料ヲ提供セシメ且坑内外ノ完全ナル連絡調査ヲ行ヒ更ニ必要ナル場合ハ進ミテ試錐、物理探査ノ方法ニ依リ可採鑛量ヲ確定シテ企業計畫ノ基礎資料ヲ明カニスル必要アリ

二、北支ニ於ケル鐵、石炭其ノ他ノ豐富ナル重工業原料ノ開發ハ我國重工業將來ノ飛躍的發展ノ基礎タルヘキハ言ヲ俟タス、然ルニ從來ノ各鑛産地ニ關スル調査資料ハ未タ綜合的企業ノ資料トスルニ足ラス、即チ之カ對策トシテハ企業化ヲ目標トシ各企業毎ニ其ノ所要原料ノ綜合的調査ヲ行ヒテ工業化ノ基礎タルヘキ諸要素ヲ速ニ檢討シ當初ノ計畫ヲ綿密ニシテ累ヲ將來ニ遺ササラシムルヲ要ス

三、稼行鑛山ニ於テハ從來工業用水ノ水質良好ナラサル爲操業上多大ノ不便ヲ忍ハサルヘカラサルモノ多キ現狀ニアリ、差當リ增産ヲ要スル鑛山及工場豫定地附近ニ於テハ地表水及地下水ノ水質竝水量ヲ速ニ調査スル必要アリ

No.1 極秘

北支重要鑛物[illegible]調査案附表

初年度現地調査隊調査地

班別		調査地 省	縣	地名	調査鑛種	所要日数	備考
第一隊（170日）	鉄鉱	察哈爾	宣化、龍関	龍烟	層状赤鉄鉱	60	露頭部並ニ試錐調査ノ結果ヲ綜合ス
		〃	涿鹿	涿鹿	〃	15	地表調査
	滿俺	河北	昌平	西湖村	滿俺	10	
	窯業原料	〃	臨榆	石門寨	耐火粘土	10	
		〃	灤	開灤	耐火粘土、[illegible]	25	
		〃	〃	灤縣下各地	硅石	20	
		〃	臨榆	石門寨	石灰石、苦灰石	10	
		〃	房山	北京西山	〃	10	
		察哈爾	宣化	宣化附近	〃	10	
					合計	170	
第二隊	鉄鉱	[illegible]	[illegible]	金嶺鎮	磁鉄鉱	25	磁力探鉱法ヲ実施シ富鉱体ノ分布状態ヲ調査ス
			[illegible]	淶縣下各地	縞状磁鉄鉱	35	
			[illegible]	龍潭左	〃	15	地表調査
			[illegible]	易縣下各地	磁鉄鉱	15	
			[illegible]	[illegible]	層状菱鉄鉱	5	
			[illegible]	[illegible]	層状赤鉄鉱	5	
	[illegible]		[illegible]	[illegible]	滿俺	10	
	[illegible]		[illegible]	[illegible]	耐火粘土	15	
			[illegible]	[illegible]	〃		
			[illegible]	[illegible]	耐火粘土、[illegible]	10	
			[illegible]	[illegible]	石灰石、苦灰石	10	
			[illegible]	[illegible]水	〃	10	
			[illegible]	白馬山	〃	10	
					合計	165	
[illegible]	[illegible]	[illegible]	[illegible]	龍烟	層状赤鉄鉱	120	掘進深度 300m 本数 3本 使用器材 500m コーアボーリング機 1台
[illegible]	[illegible]	[illegible]	[illegible]	開灤	煤炭原料炭	30	坑内調査及試錐調査ノ結果ヲ綜合ス
			[illegible]	[illegible]	〃	10	地表及坑内調査
			[illegible]	[illegible]	〃	10	
	[illegible]	山西	大同	大同	煤炭原料炭及燃料炭	60	
			左雲	左雲	〃	20	
			太原、文水	太原西山	〃	20	

270

No.2

班別			調查地 省	縣	地名	調查種類	所要日數	備考
燃料（續）	第一隊（續）	[illegible]	山東	嶧	嶧縣	[illegible]	15	
							合計 165	
	第二隊（120日）	一般燃料炭	河北	臨楡	石門寨	一般[illegible]	10	地表及坑內調查
			〃	宛平	門頭溝	〃	10	
			山東	淄川	淄川		10	
			〃	濰	坊子	〃	5	
			〃	章邱	章邱		5	
			〃	沂	沂[illegible]		10	
			〃	寧陽	[illegible]窰	〃	10	
			〃	萊蕪	[illegible]村		10	
			〃	[illegible]	[illegible]	〃	10	
			〃	新泰	新泰	[illegible]	20	
			山西	[illegible]	[illegible]	[illegible]	80	
							合計 170	
	試錐隊（124日）	[illegible]	河北	灤	[illegible]	[illegible]	124日	探查深度 300m 孔數3本 使用器材 500m コーアボーリング機1台
金屬	第三隊（150日）	[illegible]	河北	臨楡	石門寨	[illegible]	10	窯業部ト試錐調查ト併合
			〃	灤	[illegible]		30	
			山東	博山	博山			
			〃	淄川	淄川			
			〃	章邱	章邱		60	
			〃	嶧	嶧縣			
		螢石	〃	博山	七寶山	螢石	10	地質調查
			〃	[illegible]	[illegible]		10	
			〃	[illegible]	[illegible]		10	
							10	
							150	
	第一試錐隊（124日）	[illegible]	河北	臨楡	石門寨	[illegible]	124日	探查深度 50m 孔數 3本 / 15本 使用器材 100m [illegible] 1台
				灤	[illegible]			
	第二試錐隊	[illegible]	山東	博山	博山	[illegible]		探查深度 50m [illegible]
				淄川	淄川			
	調查隊（120日）	[illegible]	河北	遵化	[illegible]	[illegible]	10	
					[illegible]		10	

771

No.3.

班別			調査地 省	県	地名	調査鉱種	所要日数	備考
金鉱班（續）	調査隊（續）	金鉱（續）	河北	遵化	尤各庄	金	10	地表及坑内調査
			〃	興隆	趙家溝	〃	10	
			〃	密雲	西它骨	〃	10	
			〃	懷来	琴髻山	〃	10	
			山東	招遠	招遠	〃	60	
							合計 120	
雜鉱物班	調査隊（150日）		山東	歴城	桃科	ニッケル及銅	25	地表及坑内調査ヲ試掘ヲ行フ
			〃	招遠	招遠	硫化鉄	25	
			〃	沂水	桃花洞	銅	15	
			綏遠	興和	麻地溝附近	銀鉛亜鉛	15	
			山東	萊陽	馬台庄	モリブデン	15	
			河北	淶源	銀冶嶺	石綿	15	
			〃	獲鹿	金珠湾	〃	15	
			山東	膠	嶗山湾	〃	15	
			河北	薊	黄崖山	タングステン	10	
			〃	〃	大蝎子山			
							合計 150	
鉄道沿線班	調査隊（125日）	古通線（古北口—通州）123粁					25	
		滄道線（滄南—道口鎮）284〃					20	
		同蒲線（大同—蒲平）380〃					80	
							合計 125	
給水班	調査隊（6ヶ月）	（調査地ノ詳細ハ追ッテ決定ノコト）					6ヶ月	重要炭礦、鉱山、工場地、築港予定地ノ工業用水及鉄道沿線ニ於ケル飲料給水ヲ調査ス

272

No.4.

次年度現地調査隊調査地

班別			調査地 省	縣	地名	調査鉱種	所要日数	備考
製鐵原料班	第一隊(130日)	鉄鉱	河北	淶源	淶源縣下各地	磁鉄鉱	20	磁力探鉱
			河南	武安	武安	〃	15	
			江蘇	徐縣	利國	〃	15	
			山東	沂水	沂水	〃	15	
			〃	萊蕪	萊蕪	〃	10	
			綏遠	武川	白雲鄂博	赤鉄鉱	20	地表調査
			湖南	攸武	攸武	鉄	15	
		熔劑	綏遠	薩拉齊	薩拉齊	石灰石及耐火粘土	10	
			山西	大同	大同	〃	10	
						合計	130	
	第二隊(145日)	鉄鉱	山西	陽曲交城	太原西山等	赤鉄鉱、褐鉄鉱	20	地表及坑内調査
			〃	寧武	縣下各地	〃	10	
			〃	盂	〃	〃	10	
			〃	平定	〃	〃	20	
			〃	昔陽	〃	〃	10	
			〃	和順	〃	〃	10	
			〃	長治	〃	〃	10	
			〃	高平	〃	〃	15	
			〃	晉城	〃	〃	15	
		熔劑其他	〃	靜樂	〃 嵐 坊	満俺	10	地表調査
			〃	文城		螢石	5	
			〃	陽曲	太原附近	石灰石及耐火粘土	5	
			〃	平定	陽泉附近	〃	5	
						合計	145	
炭礦班	第一隊(125日)	石炭	河北	臨城	臨城	石炭	10	地表及坑内調査
			河南	安陽	六河溝	〃	10	
			〃	修武博愛	修武焦作	〃	25	
			山西	長治	縣下各地	〃	20	
			〃	高平	〃	〃	20	
			〃	晉城	〃	〃	20	
			〃	陽城	〃	〃	20	
						合計	125	

273

No.5

班	别		調査地 省	調査地 縣	調査地 地名	調[illegible]	[illegible]日数	備考
燃料（續）	第二班（150日）	石炭	山西	盂	盂縣炭田	石[illegible]	15	地表及坑内調査
			〃	霍	霍縣 〃	〃	16	
			〃	寿陽	寿陽 〃	〃	10	
			〃	陽曲	城東 〃	〃	5	
			〃	孝義	兌九峪 〃		10	
			〃	靈石、介休	靈石 〃		10	
			〃	趙城	三峰河 〃		[illegible]	
			〃	洪洞	洪洞山 〃			
			〃	翼城	翌[illegible]橋 〃			
				沁水	寅[illegible] 〃		10	
					中村 〃		10	
							10	
			綏遠	[illegible]	大青山 〃		15	
			山西	解	河東塩池	塩	15	[illegible]調査ノ地質ヲ精査シ[illegible]ヲ判定
			〃	[illegible]		石	10	
							計 150	
[illegible]	[illegible]（60日）	高[illegible]（[illegible]）225[illegible]					60	
		山東省沿海地帯（600粁）					90	
							計 150	
[illegible]	[illegible]（6ヶ月）	調査地詳細ハ[illegible]決定ス					6ヶ月	

274

北支事务局财务班长关于北支事务局固有会计账目整理事致财务部长、总裁室庶务课长的电文（一九三八年二月二十六日）

067

著電譯文

文書番號	發信局	電報番號
經主決 37第4號 117		五〇二
指定 至急		

	發電	着電	受付
昭和	13年2月26日9時5分	〃年〃月〃日11時3分	〃年〃月〃日13時0分

供覧：經理部長 3　主計課長 2　庶務係　決算係 1

件名：北支事務局固有會計勘定整理ニ関スル件

受信者：經理部長・總裁室庶務課長

發信者：北支事務局經理班長

當事務局固有會計（金錢出納関係勘定ヲ除ク）ハ本年度ヲ以テ整理致度就テハ當局仮拂金中特殊輸送関係及警務班派遣經費ハ東亜課仮拂ニ振替整理致度貴意回答請フ。

譯者印

南滿洲鐵道株式會社

ヨ－8017　B列5

68

北支事务局财务班长关于整理七七事变经费事致财务部长的电文（一九三八年三月四日）

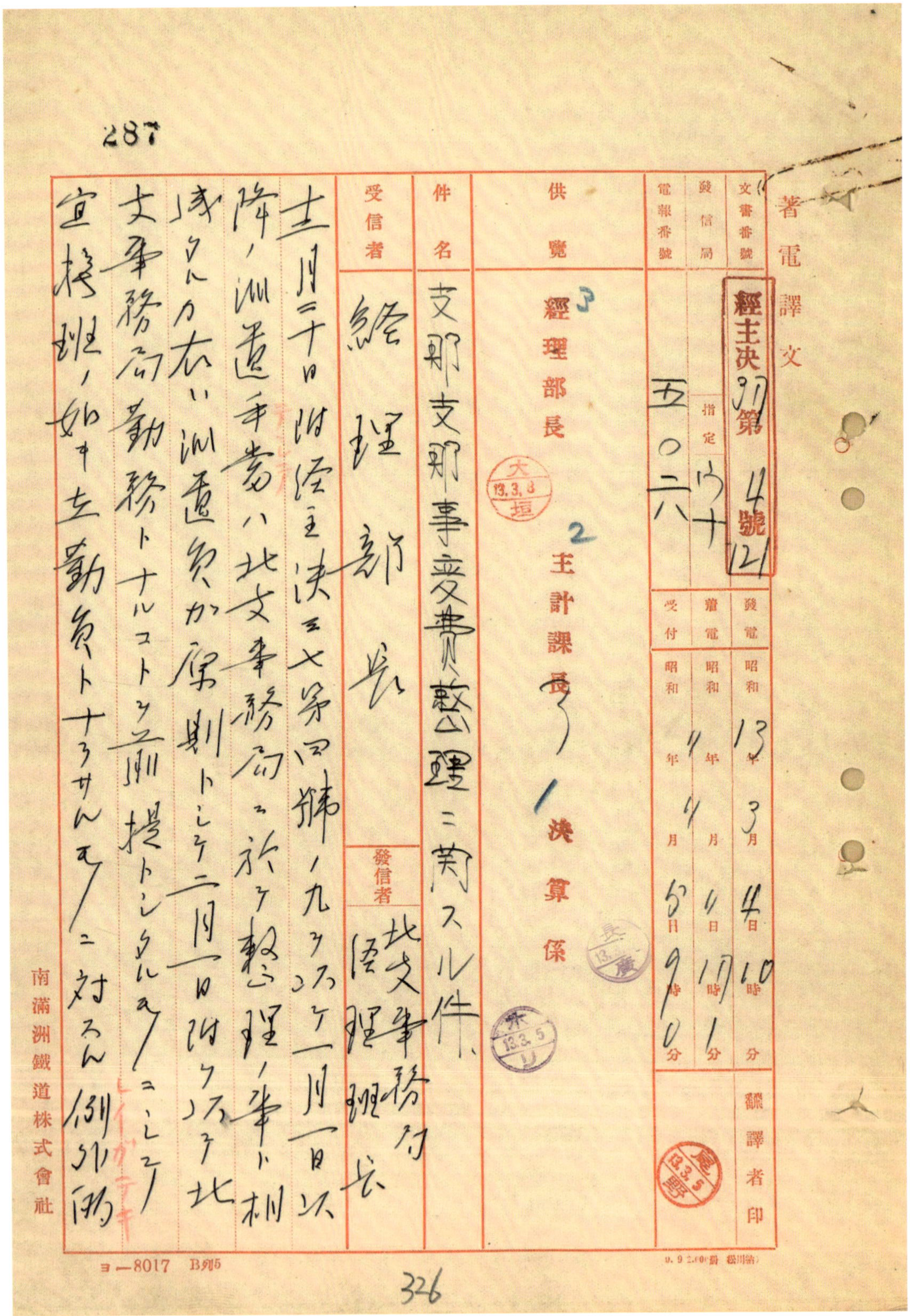
287

着電譯文

文書番號：經主決37第4號 121
發信局：五〇二八
指定：ウナ
發電：昭和13年3月4日10時 分
着電：昭和 年 月 4日17時1分
受付：昭和 年 月 5日9時10分
飜譯者印

供覧：經理部長 3　主計課長 2　決算係 1

件名：支那支那事変費整理ニ関スル件

受信者：経理部長

發信者：北支事務局 経理班長

十二月二十日附経主決三七第四号通牒ノ九ヲ以テ一月一日以降ノ派遣手当ハ北支事務局ニ於テ整理ノ筈ト相成居ルモ右ハ派遣員ガ原則トシテ二月一日附ヲ以テ北支事務局勤務トナルコトヲ前提トシタルモノニシテ宣撫班ノ如キ在勤員トナラサルモノニ対スル例外取扱

南滿洲鐵道株式會社

ヨ—8017 B列5

326

取扱トシテ一月二十日附経主決三七第四號一〇ヲ
以テ臨時派遣者ノ費用整理方通牒アリタ
ルモノト思料スル然ルニ二月十四日附経主決三七第四號
一六ニ依リ右ニテイワユル臨時的派遣者トハ北支
事務局又ハ其管下ノ常業ニ非スルモノ以外ノ一時的
出張者ヲ謂フトノ説明ナルカ（イ）常業ト然ラザル者
トノ區分ハ明瞭ナラズ（ロ）派遣社員ノ派遣手當ノ
整理箇所ヲ異ニシ計處ト事務局トノ二箇所ニ亘ルハ
整理ヲ混亂セシムル事（ハ）計處員ハ北支派遣
社員ノ派遣手當ヲ當方ニ於テ整理スル慣例ノ取
扱ニシテ技術上困難ナルノミナラズ人員不足ノ事務
局又ハ其管下機関ニ於テハ實行不可能ナル事
ナルヲ以テ本勤者ニ非ラザルモノニ対スル派遣手當ノ整理

289

理ハ軍當局ニ於テ行フ事ニ改メラレ度シ
尚間々此ノ種通牒ヲ發セラルル場合ハ豫メ當局
ヘ合議相成度依頼ス

南滿洲鐵道株式會社

ヨ-0003 B列5 (12. 12. 20,000冊 滿日社納)

328

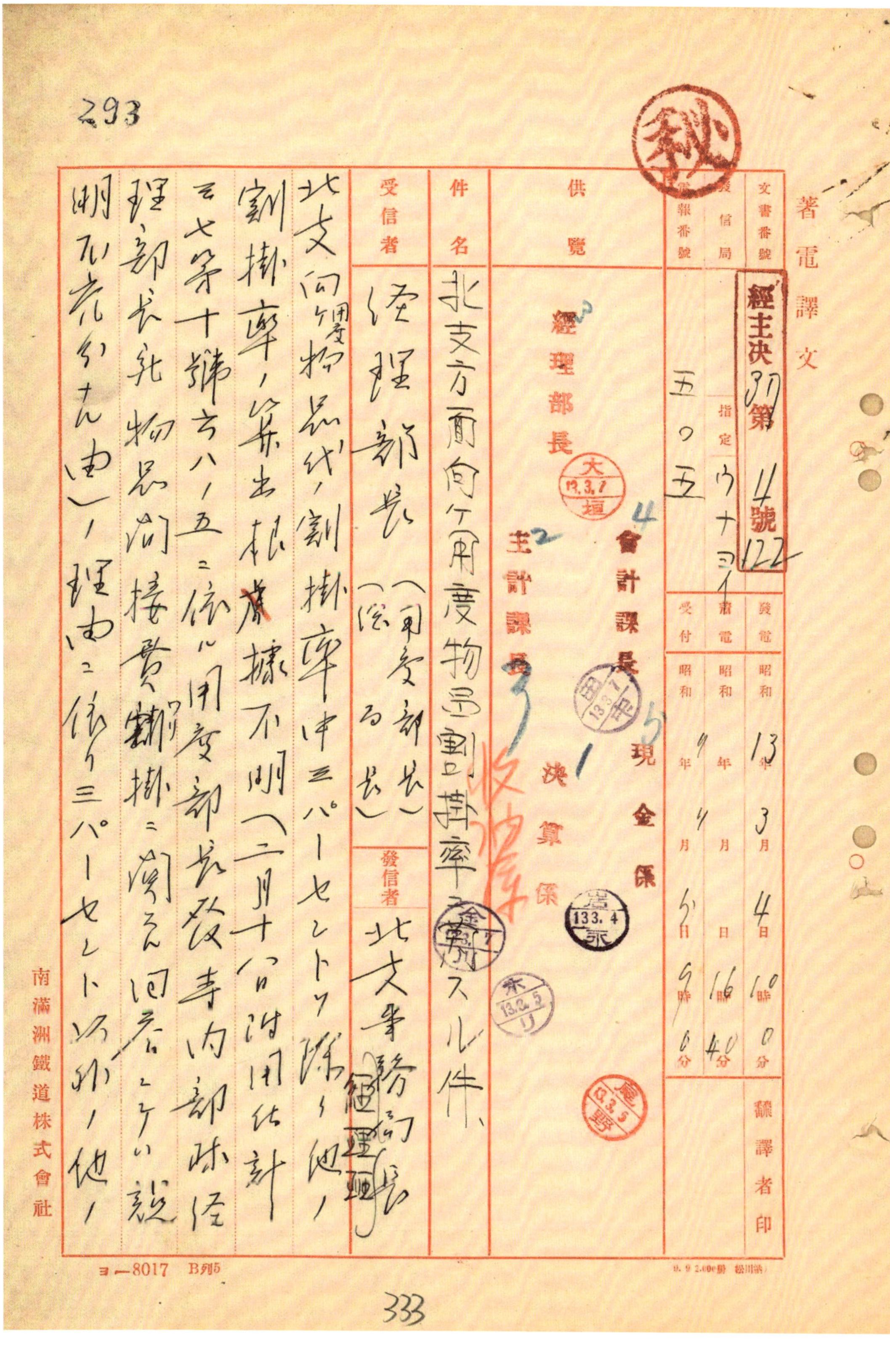
著電譯文

文書番號 經主決37第4號 122

電報番號 五〇五

指定 ウナヨイ

發電 昭和13年3月4日10時0分

着電 昭和 年 月 日16時40分

受付 昭和 年 月 日9時0分

供覽 經理部長 會計課長 主計課長 現金係 決算係

件名 北支方面向ケ用度物品運賃割掛率ニ関スル件

受信者 經理部長（用度部長）（総局長）

發信者 北支事務局經理班長

北支向ケ用度物品代ノ割掛率中三パーセントヲ除キ他ノ割掛率ノ算出根據不明（二月十八日附用信第三七第十號六八ノ五ニ依ル用度部長發奉天部長宛經理部長宛物品間接費割掛ニ関スル回答ニ於ケル說明不充分ナル由）ノ理由ニ依リ三パーセントトシ其ノ他ノ

南滿洲鐵道株式會社

ヨ—8017 B列5

北支事务局财务班长关于向华北方面运送所需用度物品之运费给予事致财务部长、用度部长、铁道总局长的电文（一九三八年三月四日）

294

割掛ヲ控除スルニ於テハ軍ハ支拂ニ應ゼザル旨
メ物品代ノ請求ハ不確ナル実状ニアリ用度部長ハ
数字的根據アル明確ナル説明ヲ至急軍ニ供ヘラ
レ度シ

尚局ヨリ物品送付分ニハ必ズ割掛率三パーセント、八パ
ーセント、一一パーセント、二〇パーセント、二八パーセント、實費
運賃割掛ナシ等ノ区分ヲ示シ、ゴム印捺印ノ事ニ
致サレ願度シ

追テ右ヨリシテ昨年十一月以降北支事務局へ付替ニ
應ズル請求金ノ入金ハ全ク遅(遅)滞シ居ルガ入金
期日ヲ豫測スル事困難ナリ

ヘツトカイ二二

南滿洲鐵道株式會社

ヨ-0003 B列5 (12. 12. 20,000冊 滿日社印)

334

三、东京支社

东京支社长、总裁庶务课长关于战死伤病死亡军人抚恤金支给额事的往来公文

东京支社长致总裁室庶务课长、人事课长的电文（一九三七年七月十三日）

77

著電譯文

文書番號

發信局 葵町

電報番號 公六五二

指定 ウナ三万

發電 昭和十二年七月十三日一九時五八分

著電 昭和　年　月　日二一時二五分

受付 昭和　年　月　日　時　分

飜譯者印 （印）

供覧 總、庶務課長　人事課長　文書課長

件名

受信者 總裁室、庶務課長　人事課長

發信者 東京支社長

満洲事變ノ戰死及傷病死亡軍人遺族ニ對スル弔慰金ノ件ニ關シ至急返事乞フ（總裁明日午後三時當地ヲ立タル故直ニ返電乞フ）弔慰金ハ一人三百円ト聴キ及ビ居ルガ右ハ戰死ト傷

南満洲鐵道株式會社

ヨ-8017 B列5　　(11 1. 1,500冊 小林請)

80

病トノ別アリヤ、階級ノ別又ハ地域ノ別アリヤ、何時打切リシヤ、現在モ引續実施シ居ルヤ、本件支出總額何程ナリヤ、尚上海事變ニ對シテハ弔慰金トシテ一括金五萬円支出セルモノト記憶ス。

总裁室庶务课长致东京支社长的电文（一九三七年七月十四日）

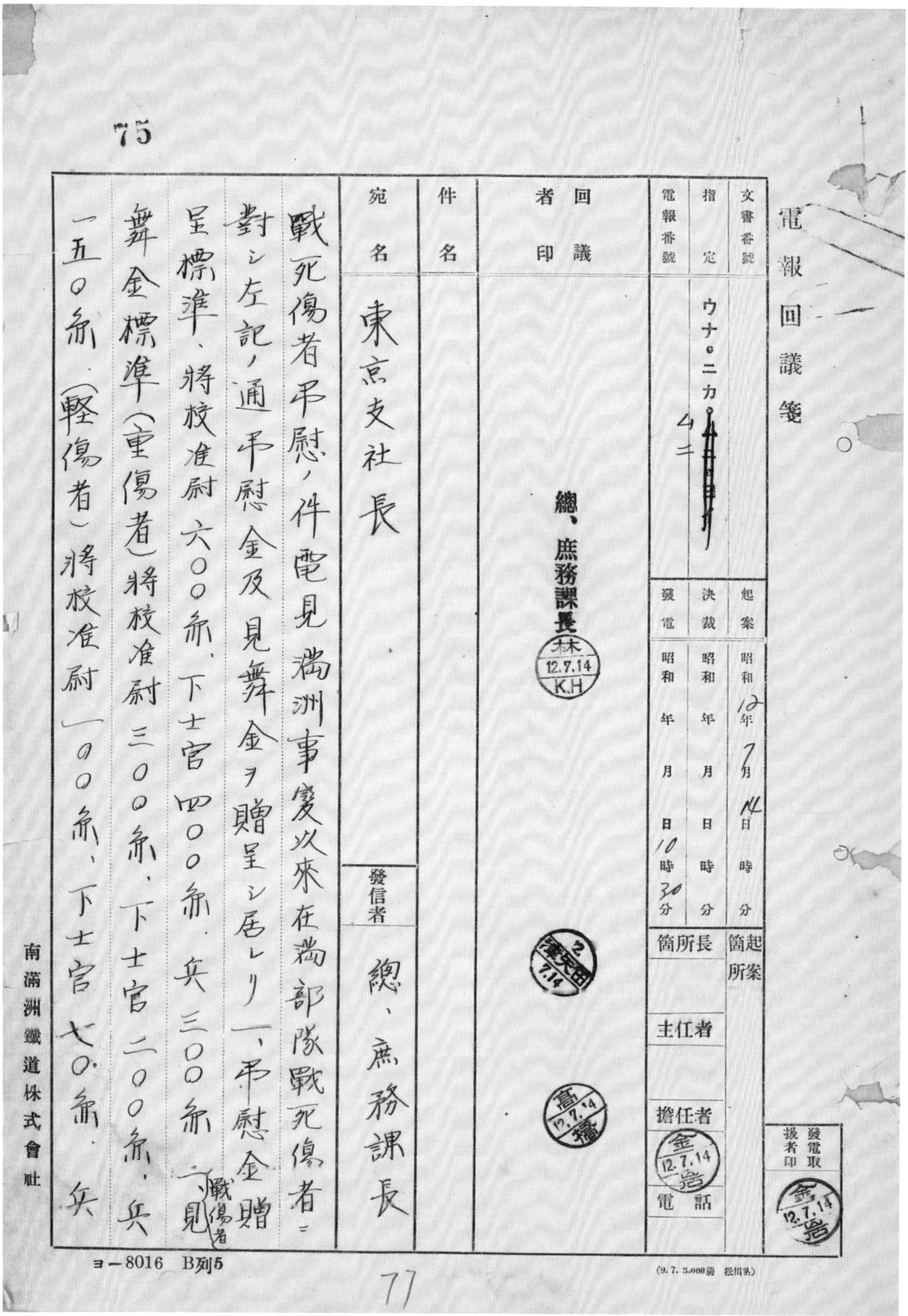

75

電報回議箋

文書番號

指定　ウナ・ニカ

電報番號　四二

起案　昭和12年7月14日　時　分

決裁　昭和　年　月　日　時　分

發電　昭和　年　月　日10時30分

回議者印　總、庶務課長（林 12.7.14 K.H）

件名

宛名　東京支社長

發信者　總、庶務課長

戰死傷者弔慰ノ件

電見滿洲事変以來在滿部隊戰死傷者ニ對シ左記ノ通弔慰金及見舞金ヲ贈呈シ居レリ

一、弔慰金贈呈標準、將校准尉六〇〇圓、下士官四〇〇圓、兵三〇〇圓

二、戰傷者見舞金標準（重傷者）將校准尉三〇〇圓、下士官二〇〇圓、兵一五〇圓、（軽傷者）將校准尉一〇〇圓、下士官七〇圓、兵

箇所長　起案所

主任者

擔任者（金 12.7.14 岩）

電話

發電取扱者印（金 12.7.14 岩）

南滿洲鐵道株式會社

ヨ－8016　B列5　　77　　(9.7.3,000冊 松川製)

五〇圓　三、公病死者弔慰金ハ（関東軍ノ意向ニ依リ）昨年十月二十四日以降贈呈セザルコトト
セリ、四、地域ハ鐵道守備ヲ主トセル關係上滿洲國内ニ限ラル
五、現在モ引續キ實施シ居レリ　六、現在迄ノ支出總額弔慰
金四、一五四名、金一、四八二、二〇〇圓、見舞金九、四〇〇名、金
八九、三九二〇圓　七、上海事變ニ際シテハ出征軍人慰問金トシテ
陸海軍ヘ各金一万圓宛、別ニ陸海軍人弔慰金トシテ金五万
圓ヲ贈呈セリ

南滿洲鐵道株式會社

ヨ-0003　B列5　　(12. 3. 15,000冊 滿日社印)

79

总裁室庶务课长关于七七事变阵亡、负伤人员吊唁及抚慰的商议草案（一九三七年七月二十四日）

84

北支事変戦死傷者弔慰ニ関スル件

一、今次ノ北支事変ニ於ケル皇軍戦死傷者ハ
陸軍省発表ニ依レハ戦死一八名、負傷
四一名 計五九名ナルカ

二、今之レヲ満洲事変ニ於ケルト同様ノ取扱ヲ
為ストセハ

弔慰金 六、二〇〇円
見舞金（全部戦死傷トシテ計算） 二、八五〇円
計 九、〇五〇円

即チ九、〇五〇円トナル

三、次ニ上海事変ニ於テハ陸海軍戦死者約
一、二五〇名ニ対スル弔慰金トシテ会社ヨリ
金五万円ヲ支出セルカ之ハ一人当リハ約四〇円
トナル（負傷者ニ対スル見舞金ハ贈呈セズ）

南滿洲鐵道株式會社

高 12.7.24 橋

ヨ-000 B列5 87 (12. 3. 15,000冊 滿日印刷)

86

負傷者

氏名	階級	負傷月日	見舞金
野地伊七	少尉	七、八	
川村準次郎	中尉	〃	
佐藤甚吉	准尉	〃	
加藤勝	上等兵	〃	
村田忠男	二等兵	〃	
中村権太	一等兵	〃	
板垣正	〃	〃	
久保正一	上等兵	〃	
野口三平	二等兵	〃	
中村伊三郎	〃	〃	
斎藤志津男	〃	〃	
阿部靖治	一等兵	〃	

南滿洲鐵道株式會社

ヨ-0003 B列5 89 (12. 3. 15,000冊 [illegible])

87

2

階級	氏名	日付
二等兵	伊藤六之助	七、八
上等兵	中平富雄	〃
二等兵	浅岡正春	〃
〃	李橋粂次	〃
〃	竹内勇雄	〃
〃	田中元	〃
軍曹	小笠原勝三	〃
上等兵	田島金一	〃
二等兵	小塙三之助	〃
二等兵	中村三好	〃
一等兵	細井利治	〃
少尉	松井元之助	〃
二等兵	綿川正雄	〃

南滿洲鐵道株式會社

ヨ-0003 B判5 90 (12. 3. 15,000冊 滿日社納)

88

3

一等兵	奥原三樹	六、八
〃	小坂信一	〃
少佐	一木清直	
中尉	會田孟之助	
上等兵	西原大一郎	
二等兵	田中仁三郎	
〃	大塚正夫	
〃	北島重治	七、二〇

南滿洲鐵道株式會社

ヨ-0003 B判5 (12. 3. 15,000冊 滿日社納)

91

兵七。

戦死者

弔慰金	階級	氏名	九月日
六〇〇	准尉	鹿内清	七、八
四〇〇	軍曹	太田早苗	〃
四〇〇	曹長	阿部増蔵	〃
三〇〇	一等兵	小川英治	〃
三〇〇	上等兵	菅原春司	〃
三〇〇	一等兵	金子長助	〃
三〇〇	〃	齋藤要	〃
三〇〇	〃	太田圓市	〃
四〇〇	伍長	谷川喜蔵	〃
三〇〇	一等兵	中村喜一郎	〃
三〇〇	〃	大沢金蔵	〃
三〇〇	二等兵	近藤百男	七、四

90

四〇〇

軍曹

小林正治

七、二〇

南滿洲鐵道株式會社

ヨ-0003 B列5 (12. 3. 15,000冊 満日社納)

93

	戰死	戰傷
將校（准尉）	一〇	六七北
下士	四五	一五
兵	八二	二六二八
計	一三一七	三三四〇

朱ハ十二日迄ノ分トシテ陸軍省發表ノ數字

总裁室庶务课长关于七七事变阵亡人员抚恤金参照标准致东京支社长的函（一九三七年七月三十一日）

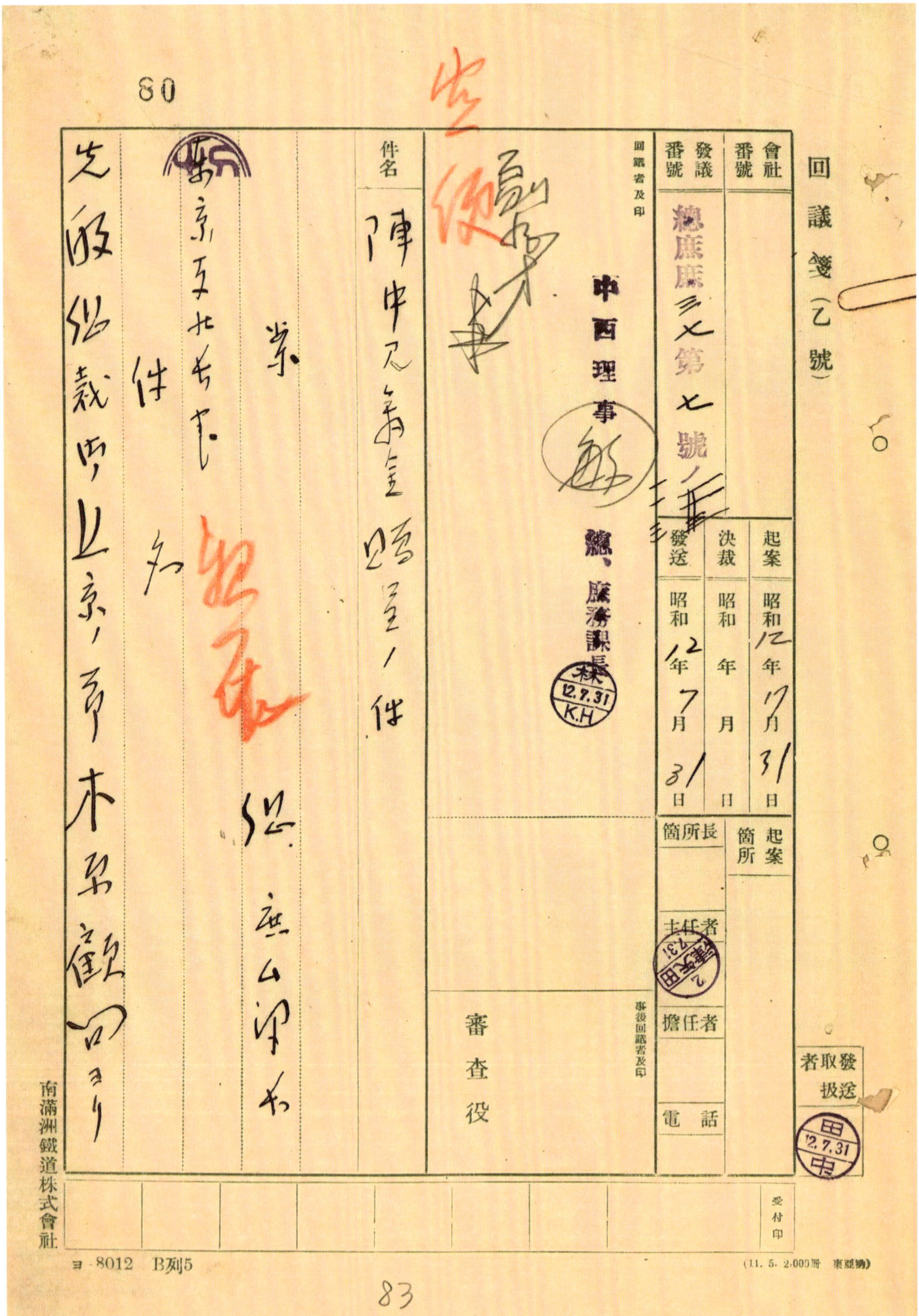
80

回議箋（乙號）

會社番號	發議番號
	總庶庶三七第七號ノ一

回議者及印

中西理事

總、庶務課長

起案	決裁	發送
昭和12年7月31日	昭和 年 月 日	昭和12年7月31日

起案箇所

箇所長

主任者

擔任者

電話

發送取扱者

事後回議者及印

審查役

件名 陣中見舞金贈呈ノ件

東京支社長 殿

總裁室庶務課長

先般総裁上京ノ節木村顧問ヨリ

南滿洲鐵道株式會社

受付印

ヨ-8012 B列5

(11.5.2,000冊 東盛納)

83

今次世界事変皇軍犠牲者ニ対スル弔慰
方ニ付協議シアリタル趣義アリタル処協議者
ノ廻リ会社ノ弔慰金贈呈ハ満州事変ニ於
ケル関東軍隷下ノ戦死者ニ限ラレ居リ
其ノ他ノ場合ニアリテハ之レガ適用ヲ為サルコトニ為シ
居ルモノニ有之
上海事変ニ際シテハ此ノ事情ニヨリ会社重役
カ臨時慰問ノ際陸、海軍ニ各壱万円
也ノ見舞金ヲ贈呈セラレタルガ戦死者弔
慰金ニ付テハ陸軍省方面ヨリ一人当リ二〇〇円ノ
程度ノ弔金ニ付考慮方懇願アリタルモ種々折
衝考究ノ結果結局満鉄ノ三十五%三井・
三菱其ノ他関係方面ニ於テモ夫々分担スルコト

南滿洲鐵道株式會社

ヨ-0003　B列5　(12. 3. 15,000冊)

84

82

ニシテ全北トシテ全支第一線ヤシン節約全トシテノ
顕現セラレタリ
当時ノ戦死者数ハ陸軍一、〇〇〇名、海軍
二十四名ニシテ全北ノ節約金ハ一人当リ四十円
程度ニ当ル
然ルニ今次事変ニ於テモ今後ノ推移ニ依リ
不幸多数ノ犠牲者ヲ生スル場合全北トシテ
モ出来事ノ要アリト存スルモ満洲ニ於
ケル例ニ準シ取扱フコトハ差控ヘ度ニ付右
事情ト共ニ其ノ趣旨ヲ本京観口ニ於説
明ノ上一段ノ御配慮方御待ハ相下ニ付
追テ今回ノ北支事変ニ関シ天津軍ニ対スル
不取敢ノ要求金トシテ早速追当部法ヲ

南滿洲鐵道株式會社

ヨ-0003　B列5　85　(12. 3. 15,000冊 福日印刷)

済スルコトノ出来ナイ場合ニ至ル了

86

东京支社业务课长关于参谋本部トコウ少佐二十三日赴天津事致总裁室东亚课长的电文（一九三七年八月二十一日）

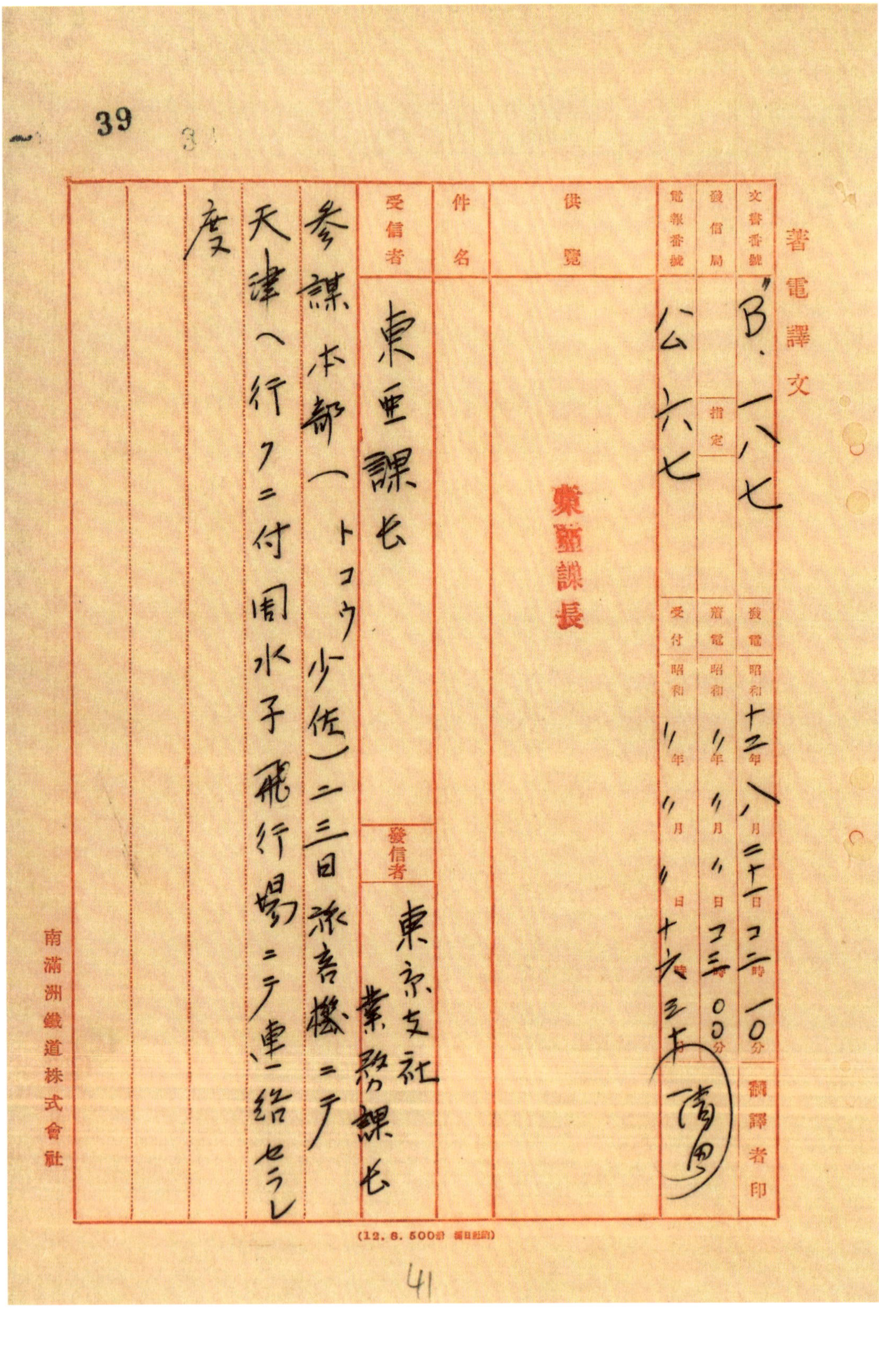
39

著電譯文

文書番號 "B"、一八七
電報番號 公六七
發電 昭和十二年八月二十一日一二時一〇分
着電 昭和〃年〃月〃日一三時〇〇分
受付 昭和〃年〃月〃日十六時三十分
翻譯者印

供覧 東亜課長

受信者 東亜課長
發信者 東京支社業務課長

参謀本部（トコウ少佐）二三日旅客機ニテ天津ヘ行クニ付周水子飛行場ニテ連絡セラレ度

南滿洲鐵道株式會社

41

东京支社长关于关东军司令部请求借阅有关上海中立案的调查研究资料事致总裁室东亚课长的电文
（一九三七年八月二十九日）

303

暗号

著電譯文

文書番號	B二六一
發信局	
指定	ニカム二
電報番號	廿九
發電	昭和12年8月29日14時58分
着電	昭和　年　月　日　時　分
受付	昭和　年　月　日19時1分
翻譯者印	（外 12.8.29）

供覧：文書課長　庶務課長　東亞課長

8月28日

日別途送付済

件名：

受信者：東亞課長

發信者：東京支社長

軍令部ヨリ満鉄ニ於テ上海中立案ニ関スル調査乃至研究アラバ参考ノ為至急借覧シタキ旨依頼アリ関係ヶ所取調ベノ上該当書類アラバ当方宛送付乞フ

南満洲鐵道株式會社

(12. 8. 500冊)

305

东京支社长关于拟建塘沽运输公司事致总裁室东亚课长的函（一九三七年九月一日）

1
157

暗号

極秘

着電譯文

文書番號	發信局	電報番號	指定
	東京	三九四	ム二

	發電	着電	受付
昭和	9月1日12時11分	〃年〃月〃日17時28分	〃年〃月〃日18時20分

飜譯者印：山本

供覧：總裁　中西理事　文書課長　東亜課長　了

武部殿ヨリ監理課長、

件名：塘沽運輸公司ニ関スル件

受信者：東亜課長

發信者：東京支社長

天津軍参謀長ヨリ陸軍次官並ニ参謀次長宛下記電アリ。

一、塘沽、天津間ノ輸送ハ現在民船廿四隻、ライター五十隻ヲ使用シ居ルモ将来軍需品及一般民需品ノ増加ニ依リ運搬船ノ不足ヲ来スガ為、天津附近外国系ライター會社ヲ買收スルヲ要ス。

「現在右外国系ライター會社ヨリ運搬船ヲ借上ゲントスルモ

南滿洲鐵道株式會社

図-8017 B列5　　(11.6.1,500 小林納)

164

158

著電譯文

文書番號	發信局	電報番號	供覧	件名	受信者

指定

發電 昭和 年 月 日 時 分

着電 昭和 年 月 日 時 分

受付 昭和 年 月 日 時 分

飜譯者印

發信者

應ゼズ」

二、北支水運ノ統制ニ就テハ塘沽運輸公司ヲシテ将来ヲ考慮シ計画セシメアリ、依テ更ニ充分ナル資金ヲ與ヘシメ姑ク興中公司ヲ指導セラレ度、

以上ノ件ニ就テハ何レ興中社長ヨリ相談アル可キモ

南滿洲鐵道株式會社

図-8017 B列5

(11. 6. 1,500 小林納)

165

159

著電譯文

文書番號	發信局	電報番號	供覽	件名	受信者
	指定				

發電	着電	受付
昭和　年　月　日　時　分	昭和　年　月　日　時　分	昭和　年　月　日　時　分

飜譯者印

發信者

不敢取、今日御知ラセス。
嶌弘報課長ニモ通報セリ。

南滿洲鐵道株式會社

日－8017 B列5

(11. 6. 1.500 小林納)

166

东京支社日高雪关于调查物资供需事致东京支社加藤健的电文（一九三七年十月六日）

94

電報回議箋

文書番號	指定	電報番號	回議者印	件名	宛名
		ウナ・ニカ・ム・ニ・ヨイ	打電済	物資需給調査ノ件	東京支社 加藤健

起案	決裁	發電
昭和12年10月6日 時 分	昭和 年 月 日 時 分	昭和11年6月4日16時50分

發信者 東京支社 日高雪

箇所長　起案箇所　主任者　擔任者　電話 2268

發電取扱者印

九月三十日附物資需給ノ件電見　極力調製中ナルモ会社十三年度豫算ハ大体本月末日ニ至ラサレハ決定シカタキニ付右事情傳ヘ乞フ

南滿洲鐵道株式會社

ヨ-8016　B列5

(10.5.2,000冊 實成堂納)

98

东京支社财务课长关于请告知营口安东军用土地使用状态事致财务部主计课长的电文（一九三七年十一月六日）

102

著電譯文

文書番號 發信局 築町 電報番號 五八一 指定

供覽 内勝 收

受信者 經理部主計課長

發信者 東京支社經理課長

件名

大藏省援護局依頼ノ營口、安東軍用土地使用狀態調何時頃送付スルヤ督促アリ至急知ラセ請フ。

發電 昭和12年11月6日13時30分
着電 昭和　年　月　日15時8分
受付 昭和　年　月　日15時49分

飜譯者印

南滿洲鐵道株式會社

ヨ—8017 B列5

106

东京支社大桥关于计划变更事致财务部长的电文（一九三七年十二月十一日）

138

著電譯文

文書番號	發信局	電報番號	供覽
	葵町	五三七	經理部長 主計課長

指定 照校

發電 昭和12年12月11日11時27分
著電 昭和 年 月 日12時50分
受付 昭和 年 月 日13時55分

受信者 經理部長

發信者 東京支社ニテ大橋

件名

電見海軍ノ見解ハ今回ノ改良ヲ重大ナル内容ノ変更ト認メス（ジッダイ）試験完了ノ上改メテ計画変更申請ヲナスヘシト、対満事務局竹内氏ニハ山田東京支社経理課長ト共ニ計画変更申請ヲ要セサルコトニ大体了解ヲ得タ。

飜譯者印

南滿洲鐵道株式會社

ロ-8017 B列5 (11. 6. 1,500 小林納)

142

东京支社浜本关于华北汽车公司贷款之件政府许可已申请完毕拟于五日发送贷款计划变更申请书和说明资料事致东京支社预算系主任熊本的电文（一九三八年二月四日）

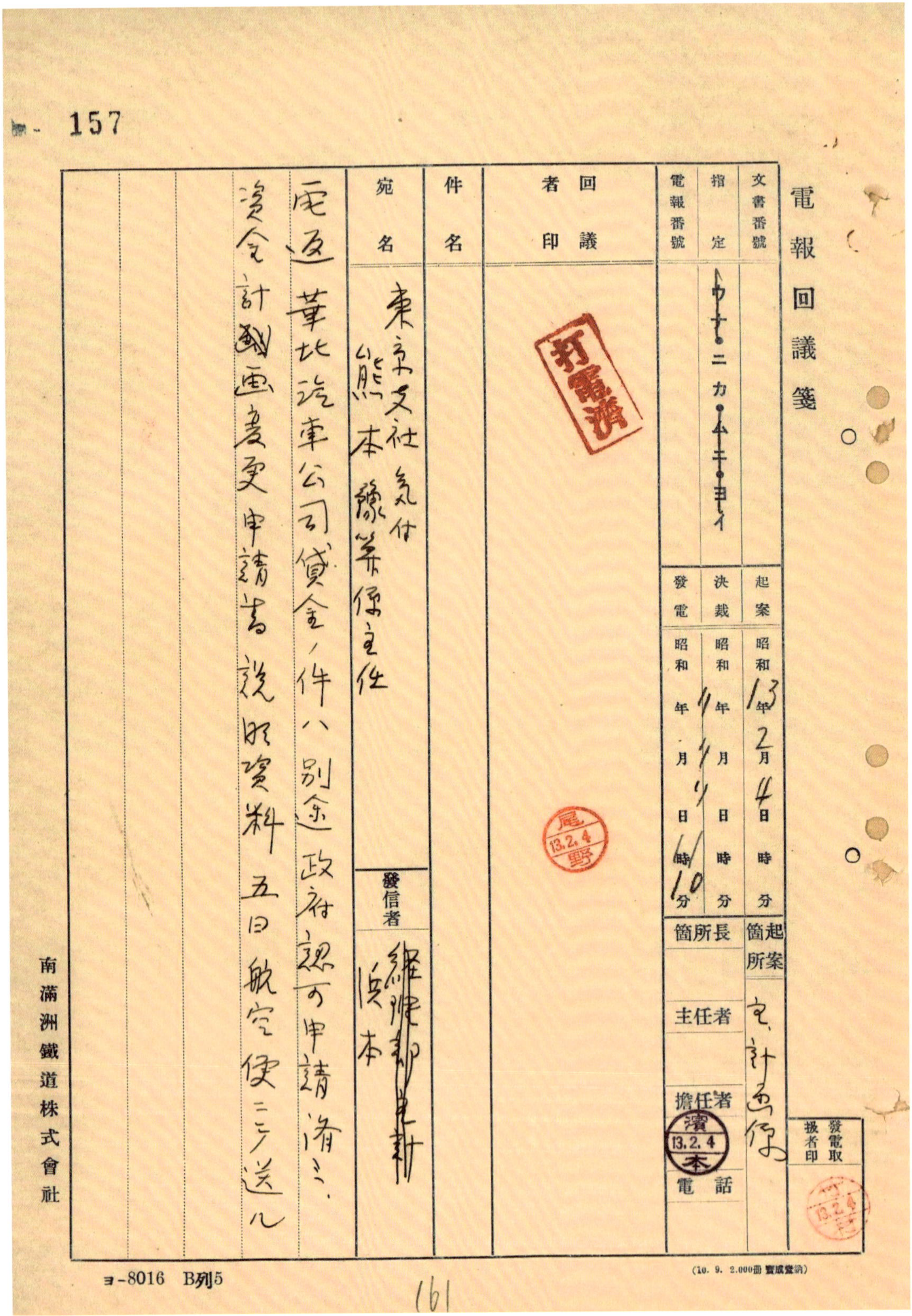

157

電報回議箋

文書番號　指定　ウナ・ニカ・ムキ・ヨイ　電報番號

起案　昭和13年2月4日　時　分
決裁　昭和　年　月　日　時　分
發電　昭和11年11月11日11時10分

宛名：東京支社氣付　熊本豫算係主任

件名

發信者：經理部主計　浜本

電返　華北汽車公司貸金ノ件ハ別途政府認可申請済ミ、資金計画変更申請書説明資料五日航空便ニテ送ル

起案箇所：主計係

打電済

南滿洲鐵道株式會社

ヨ-8016　B列5

161

东京支社业务课长关于华北汽车公司贷款及补助金交付之件已获第三委员会承认预计将获对满事务局承认事致总裁室东亚课长的电文（一九三八年二月二十四日）

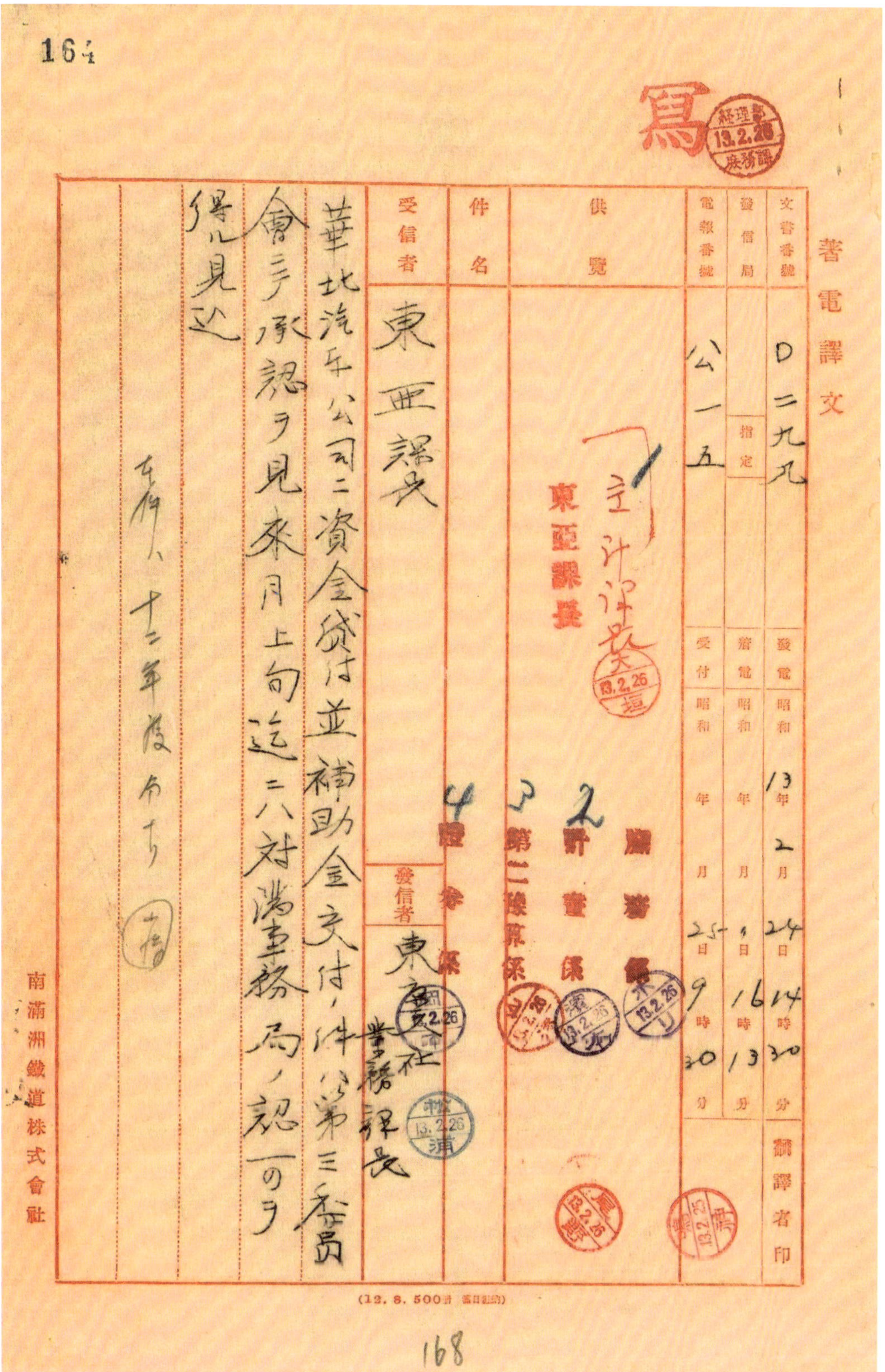
164

寫

着電譯文

文書番號 D二九九

電報番號 公一五

發電 昭和13年2月24日14時30分

受付 昭和 年 月25日9時30分

受信者 東亜課長

發信者 東京支社業務課長

件名

華北汽車公司ニ資金貸付並補助金交付ノ件ハ第三委員會ニテ承認ヲ見來月上旬迄ニ八対満事務局ノ認可ヲ得ル見込

供覧 東亜課長

總務係 計畫係 第二線算係 經理係

南滿洲鐵道株式會社

168

东京支社财务课长关于华北汽车公司贷款事致总裁室东亚课长的电文（一九三八年三月三十日）

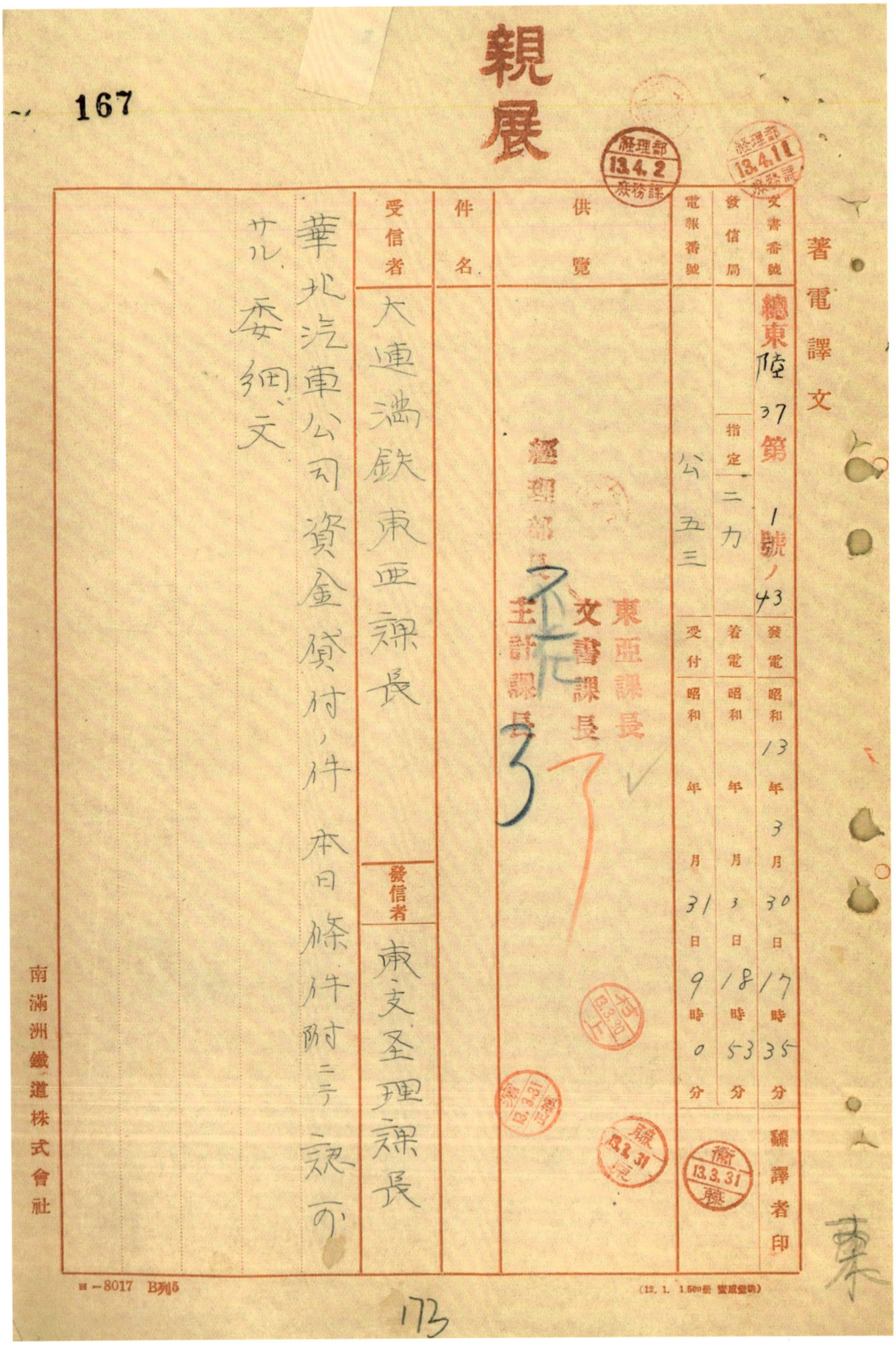

167

親展

著電譯文

文書番號	發信局	電報番號
總東陸37第1號ノ43		公五三
	指定 ニカ	

發電	着電	受付
昭和13年3月30日17時35分	昭和 年3月3日18時53分	昭和 年 月31日9時0分

翻譯者印

供覧：經理部長 主計課長 文書課長 東亞課長

件名：

受信者：大連滿鉄東亜課長

發信者：東支経理課長

華北汽車公司資金貸付ノ件 本日條件附ニテ認可サル、委細文

南滿洲鐵道株式會社

173

四、北平事务所

北平事务所长关于太原小岛、松下等人将赴天津请通知相关人员事致总裁室东亚课长的电文（一九三七年七月十六日）

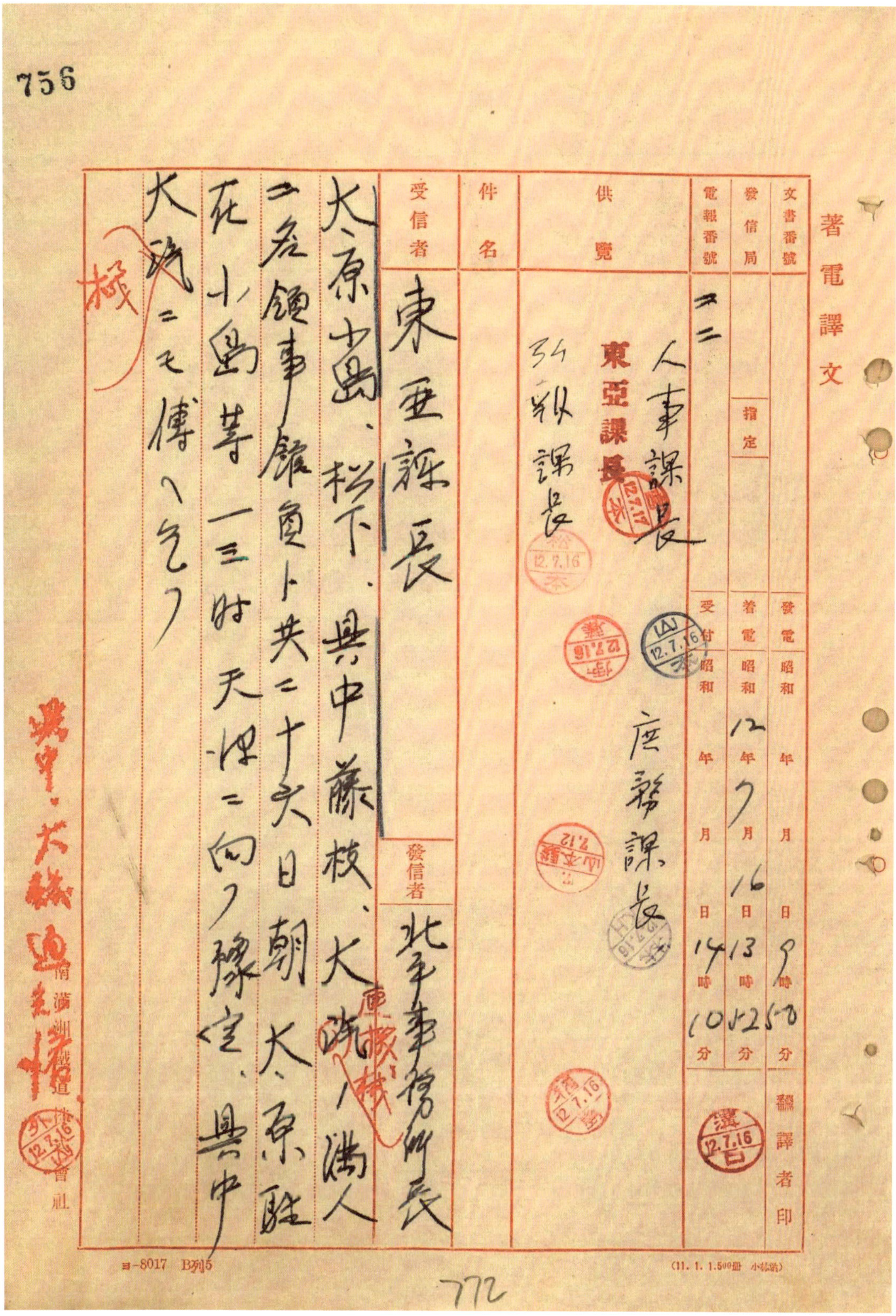

756

著電譯文

指定：人事課長　東亞課長　弘報課長　庶務課長

發電　昭和　年　月　日　9時　58分

着電　昭和12年7月16日13時52分

受付　昭和　年　月　日　14時　10分

受信者：東亞課長

件名：

發信者：北平事務所長

太原小島、松下、興中藤枝、大路（滿人）二名領事館員ト共ニ十六日朝太原駐在小島等一三時天津ニ向フ豫定、興中大路ニモ傳ヘ乞フ

南滿洲鐵道株式會社

ヨ-8017　B列5　（11. 1. 1.500冊 小林造）

772

北平事务所长关于感谢对所员进行的训话与慰问事致满铁总裁的电文（一九三七年八月十日）

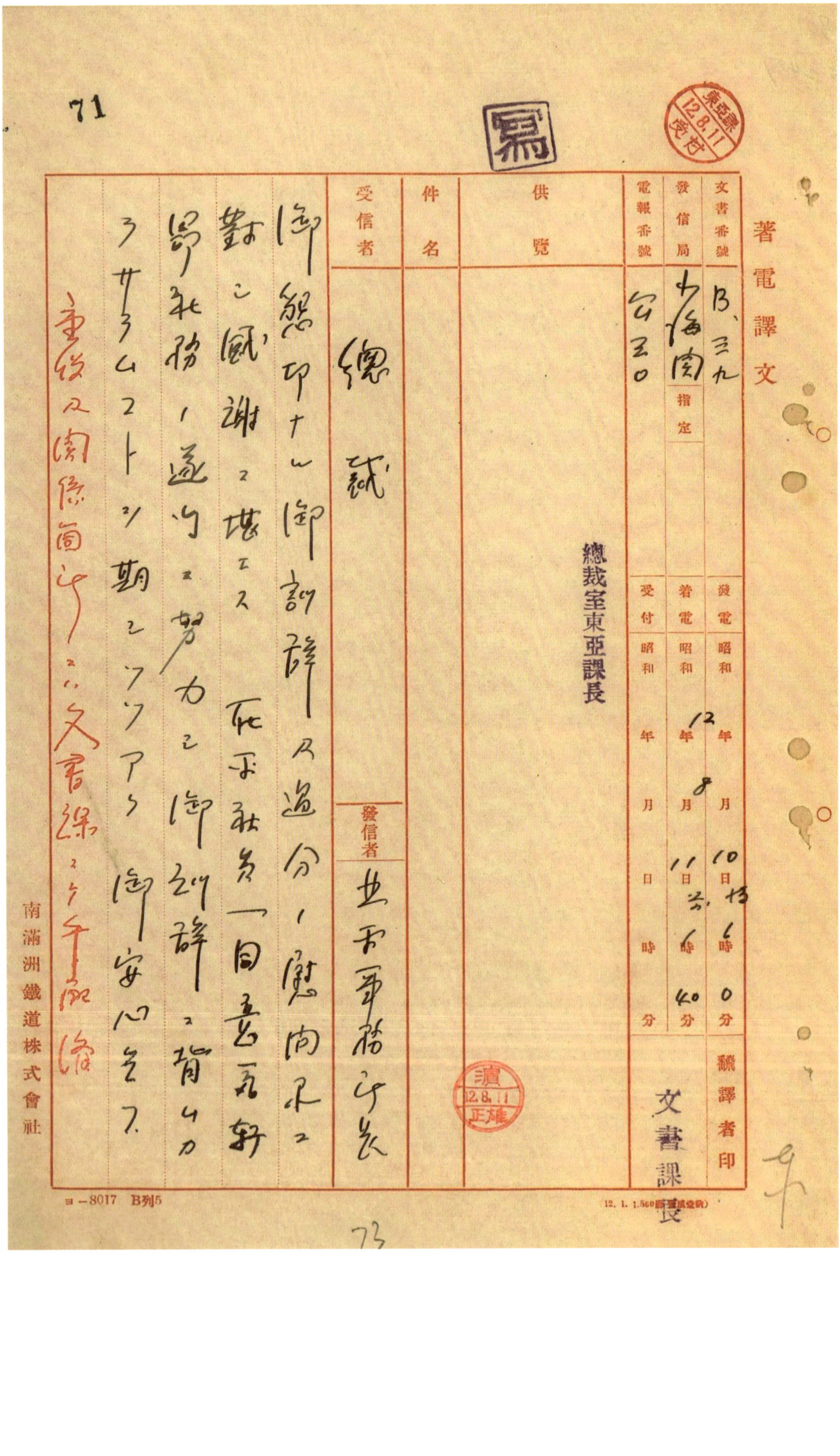
71

寫

東亞課 12.8.11 受付

著電譯文

文書番號 B、三九

發信局 山海関

電報番號 公三〇

指定

發電 昭和 年 月 10日 13 6時 0分

着電 昭和12年8月11日 午前6時40分

受付 昭和 年 月 日 時 分

飜譯者印

讀 12.8.11 正雄

文書課長

供覧 總裁室東亞課長

件名

受信者 總裁

發信者 北平事務所長

御懇切ナル御訓辭及過分ノ慰問状ニ對シ感謝ニ堪エス所員一同意氣軒昂職務ノ遂行ニ努力シ御訓辭ニ背カサランコトヲ期シツツアリ御安心乞フ

東亞及関係箇所ヘハ文書課ニテ手配済

南滿洲鐵道株式會社

ヨ-8017 B列5

12. 1. 1.500

73

北平事务所长关于无法与青岛方面进行无线电通信及第五五号电报请与海军取得联络事致总裁室东亚课长的电文（一九三七年八月二十八日）

165

著電譯文

文書番號	發信局	電報番號
B二七三		社二四八

指定

發電	着電	受付
昭和12年8月28日19時1分	昭和年月5日21時57分	昭和年月29日1時37分

飜譯者印

供覧：文書課長　弘報課長

8月30日 別途寫送付濟

件名：

受信者：東亞課長

發信者：北平事務局長

廿八日五五号依頼ノ青島トハ本日朝一時以来無電交信不可能トナレリ多分無電機ヲトリハズシタルモノナランヽ故ニ本日貴発五五号電ハ海軍ニテモ依頼シ貴方ヨリ直接連絡乞フ

南滿洲鐵道株式會社

ヨ-8017 B列5

172

北平事务所长关于停止置办小林部队支部所需军用草席事致总裁室东亚课长的电文（一九三七年八月二十八日）

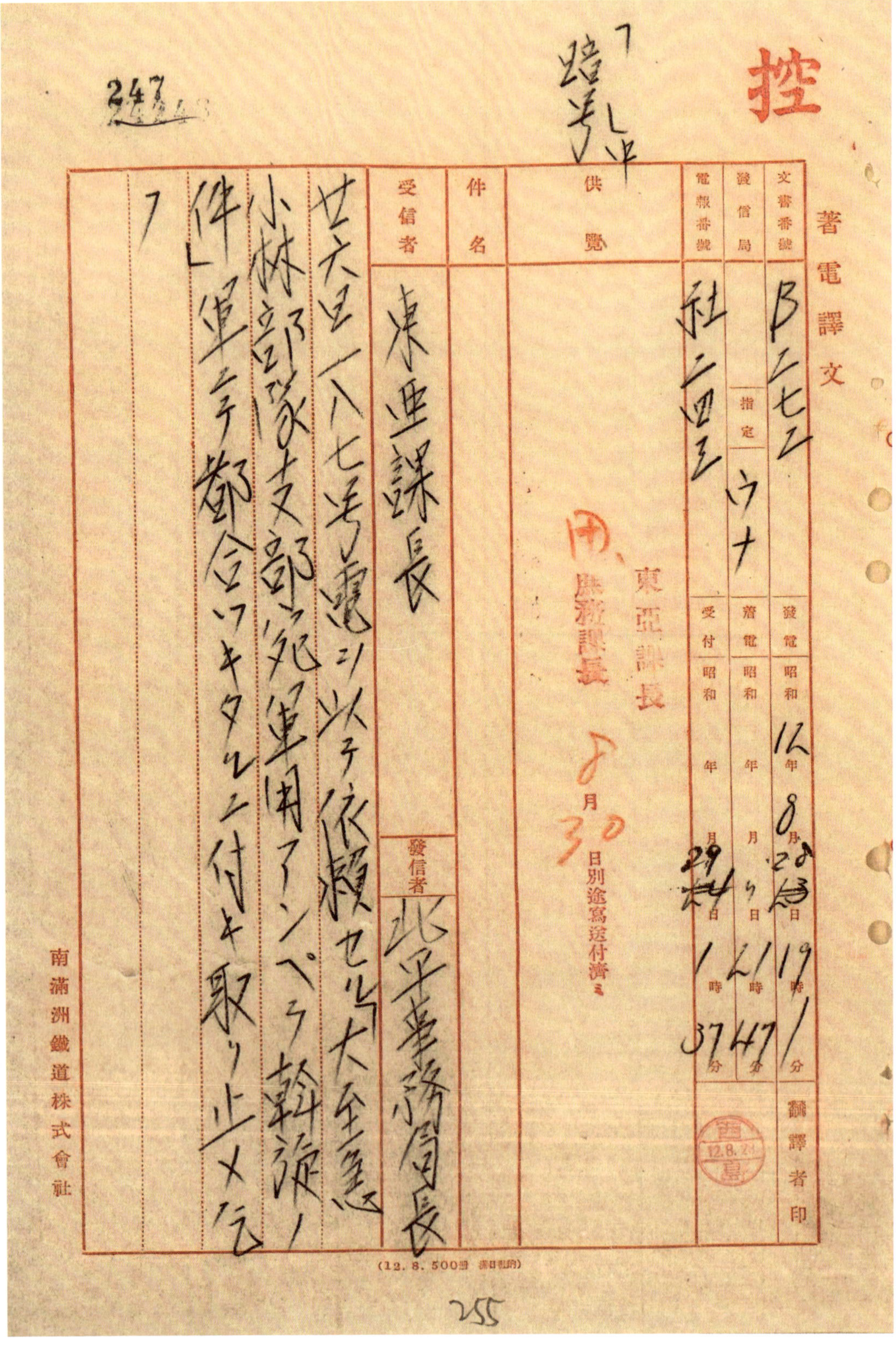

247

控

著電譯文

文書番號	B二七二
發信局	
電報番號	社二四三
指定	ウナ
發電	昭和12年8月28日19時1分
着電	昭和年8月28日21時47分
受付	昭和年月29日1時37分
翻譯者印	12.8.29

供覽：東亞課長　庶務課長

8月30日別途寫送付濟ミ

件名：

受信者：東亞課長

發信者：北平事務所長

廿六日一八七号電ニ以テ依頼セル大至急小林部隊支部宛軍用アンペラ斡旋ノ件ハ軍ニテ都合ツキタルニ付キ取リ止メ乞フ

7

南滿洲鐵道株式會社

（12.8.500冊）

255

北平事务所庶务班长关于张太汽车公司雇员芝田浜次郎殉职申请补助金事致总裁室东亚课长、人事课长的电文（一九三七年八月二十八日）

317

著電譯文

文書番號	B二七四
發信局	
電報番號	社二四二
指定	二ケ
發電	昭和12年8月28日19時1分
着電	昭和 年 月 日22時25分
受付	昭和 年 月29日1時37分
飜譯者印	
供覧	東亞課長　福祉課長
件名	
受信者	東亞課長、人事課長
發信者	北事、庶務班長

8月30日 別途送付済

關東軍軍事輸送從事ノ爲メ派遣中ノ張太汽車公司雇員（河北汽車限リ採用）芝田浜次郎、本月二十五日十一時三十分、司令部附泉副官同乘、他ニ糧秣積載三輛編成ニテ敵情偵察ノ爲メ萬全ヲ期シ出發、張家口西

南滿洲鐵道株式會社

(12. 8. 500冊)

319

318

南方約三粁里ノ地点ニテ自働車ノ援護兵
五名ヲ残シ、副官ハ下車、附近ヲ視察セル為メ
コレヲ待チ合セ中、左右ヨリ猛射ヲ開始シ
援護兵ハ之ニ應戦中敵弾ニ斃レタリ
本人ハ前述ノ通リ公司限リノ採用者ナル
モ現在同公司ハ満鉄ト一心同体ノ立場ニ
アリ満鉄社員ト何等異ナル処ナキヲ以テ特
ニ天津事務所業務課臨時傭員トシテ
取扱ヒ、会社甲傭ニ採用ノ上、諸給与金
詮議願度ク申請ス。

南滿洲鐵道株式會社

ヨ—0002 B列5

320

北平事务所伊藤武雄关于特务机关长请求派遣电气自来水管道方面的技术人员事致总裁室东亚课长的电文（一九三七年八月二十九日）

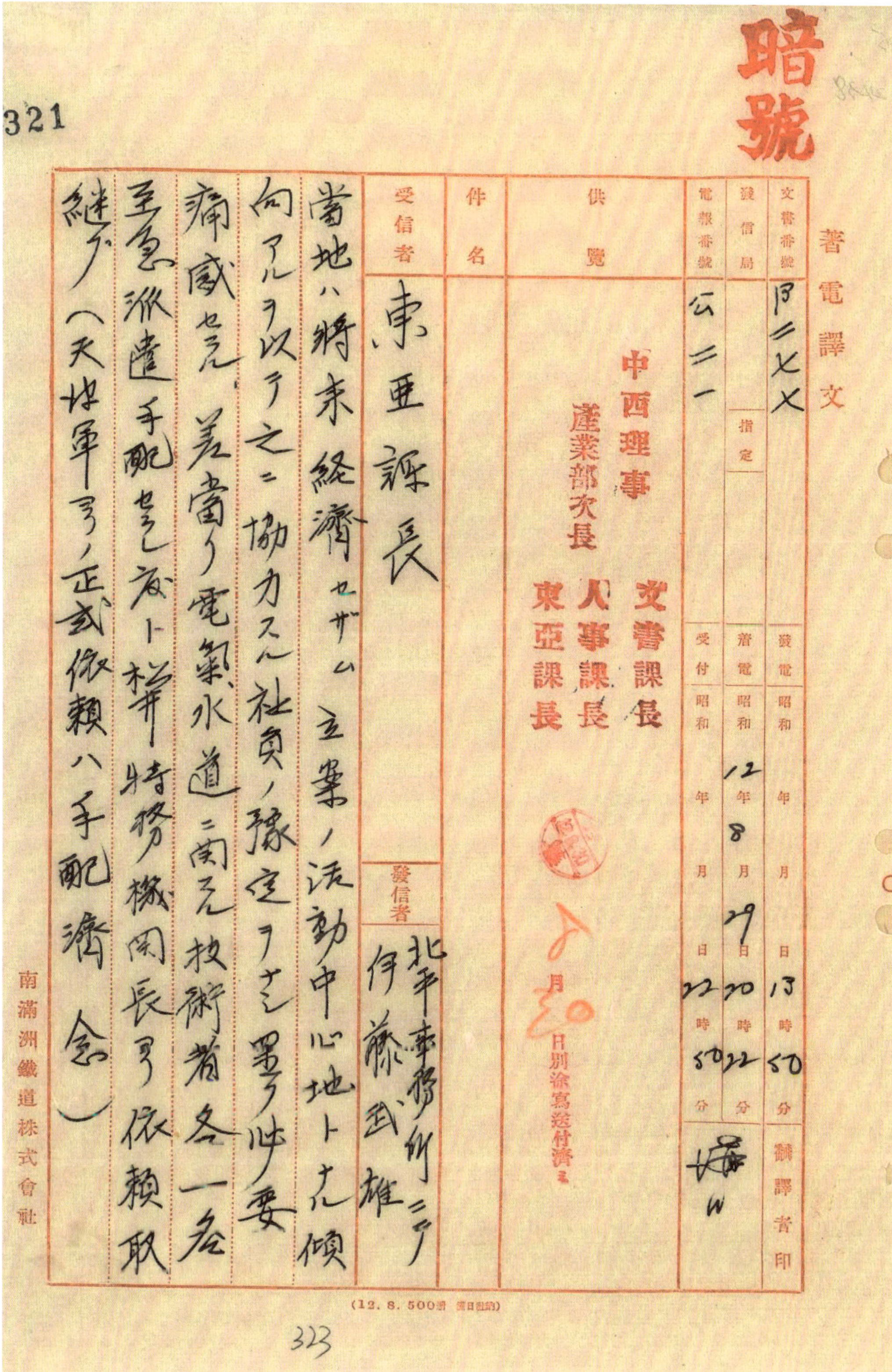
321

暗號

著電譯文

文書番號 門二七七

發信局

電報番號 公二一

指定

發電 昭和 年 月 13日 時 50分

着電 昭和12年8月29日20時22分

受付 昭和 年 月 日22時50分

翻譯者印

供覧 中西理事 產業部次長 文書課長 人事課長 東亞課長

8月30日 別途寫送付濟ミ

件名

受信者 東亞課長

發信者 北平事務所 伊藤武雄

當地ハ特ニ未經濟セザル立案ノ活動中心地トナル傾向アルヲ以テ之ニ協力スル社員ノ豫定ヲナシ置クノ必要痛感セル、差當リ電氣、水道ニ関スル技術者各一名至急派遣手配セラレ度ト桜井特務機関長ヨリ依頼アリ取継ク（天津軍ヨリノ正式依頼ハ手配濟 念）

南滿洲鐵道株式會社

(12. 8. 500冊)

323

北平事务所长关于请紧急配备无线电事致总裁室东亚课长的电文（一九三七年九月三日）

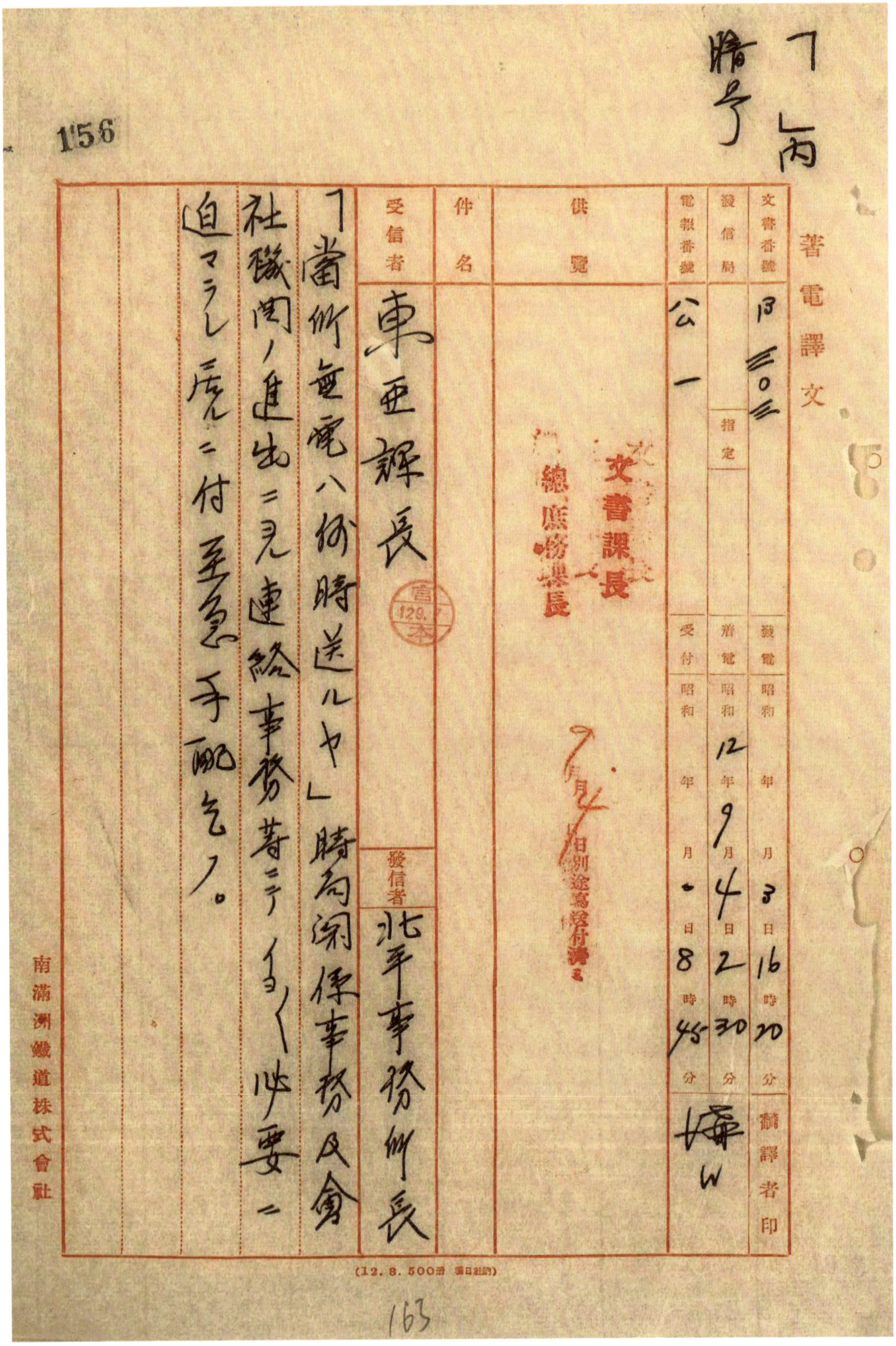
156

丁 丙 緒了

著電譯文

文書番號 13三〇三
發信局
電報番號 公一
指定

發電 昭和　年　月 3 日 16 時 20 分
着電 昭和 12 年 9 月 4 日 2 時 30 分
受付 昭和　年　月 4 日 8 時 45 分
飜譯者印

供覽
件名
受信者 東亜課長
發信者 北平事務所長

「當所無電ハ何時送ルヤ」時局関係事務及會社職員ノ進出ニ見ル連絡事務等ニテ愈々必要ニ迫マラレ居ルニ付至急手配乞フ。

文書課長　總庶務課長
9月4日 別途寫送付濟

南滿洲鐵道株式會社
（12. 8. 500冊）
163

五、青岛驻在员

青岛在勤员关于请送武器事致总裁室东亚课长的函（一九三七年八月十五日）

380

青駐庶三七第七四號

昭和十二年八月十五日

東亜課長殿

總東庶37第2號ノ180

青島在勤員

武器送付方依賴ニ關スル件

當地時局切迫ニ来リタルニ付、事務所設付用トシテ左ノ如ク適當ノ方法ニテ至急御送付相成度

一、モーゼル　二挺　二丁

　　仝　　　三挺　二丁

一、彈丸　相當數

總庶務課長

東亜課長

別途

別途

南滿洲鐵道株式會社

ヨー0002　B列5　(11. 10. 15,000冊　)

388

青岛驻在员与总裁室东亚课长、天津事务所长关于请求筹备无线电及安排相关技术人员的往来电文

青岛住勤员致总裁室东亚课长电（一九三七年八月十五日）

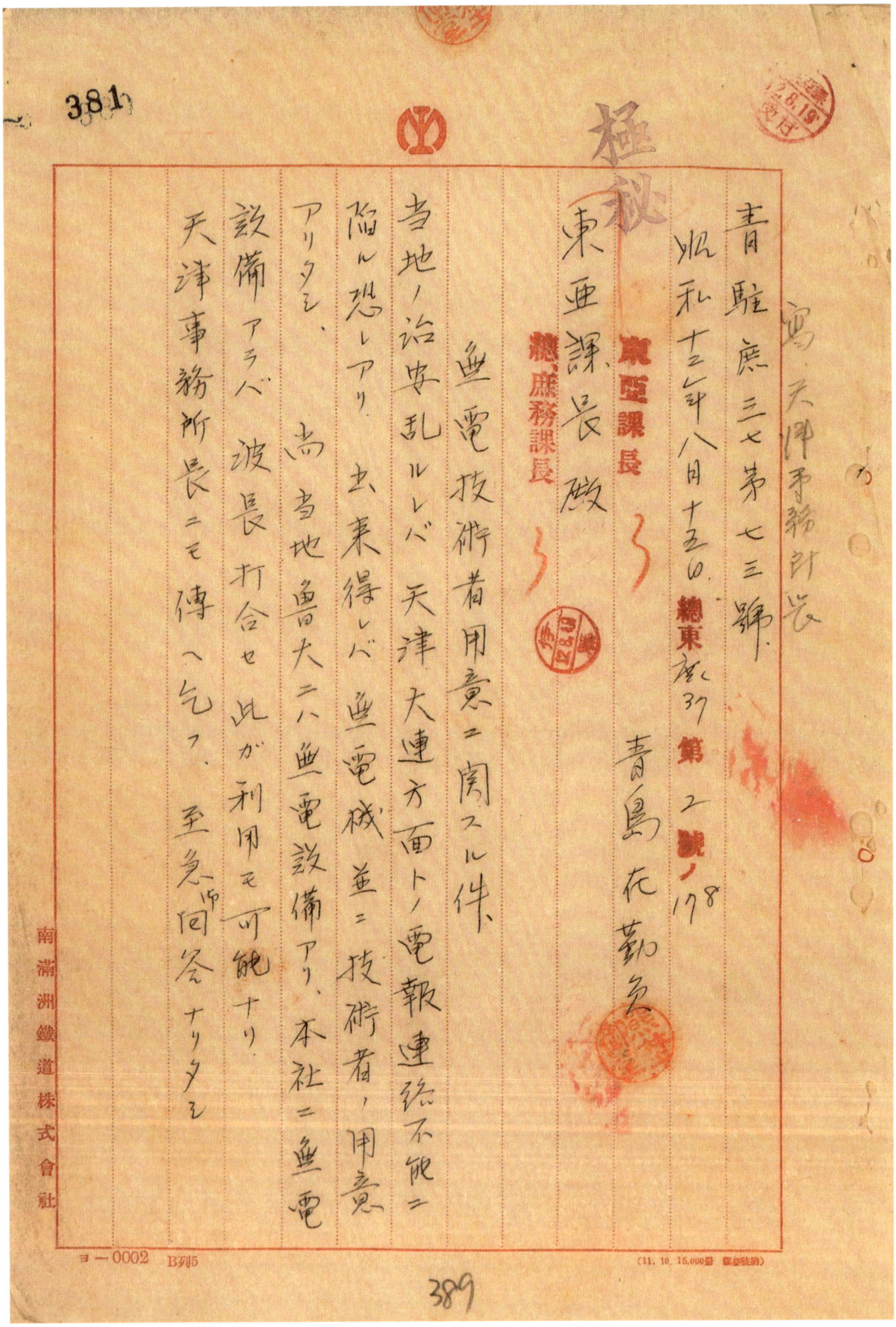

381

12.8.19 交付

極秘

青駐庶三七第七三號

昭和十二年八月十五日

總東庶37第2號ノ178

青島在勤員

寫 天津事務所長

東亜課長殿

東亜課長

總、庶務課長

無電技術者用意ニ関スル件

當地ノ治安乱ルレバ天津大連方面トノ電報連絡不能ニ陥ル恐レアリ、出来得レバ無電機並ニ技術者ノ用意アリタシ、

尚当地魯大ニハ無電設備アリ、本社ニ無電設備アラバ波長打合セ此ガ利用モ可能ナリ。

天津事務所長ニモ傳ヘ乞フ、

至急御回答ナリタシ

南滿洲鐵道株式會社

ヨ—0002 B列5 (11.10.15,000冊)

389

总裁室东亚课长致青岛在勤员等电（一九三七年八月十七日）

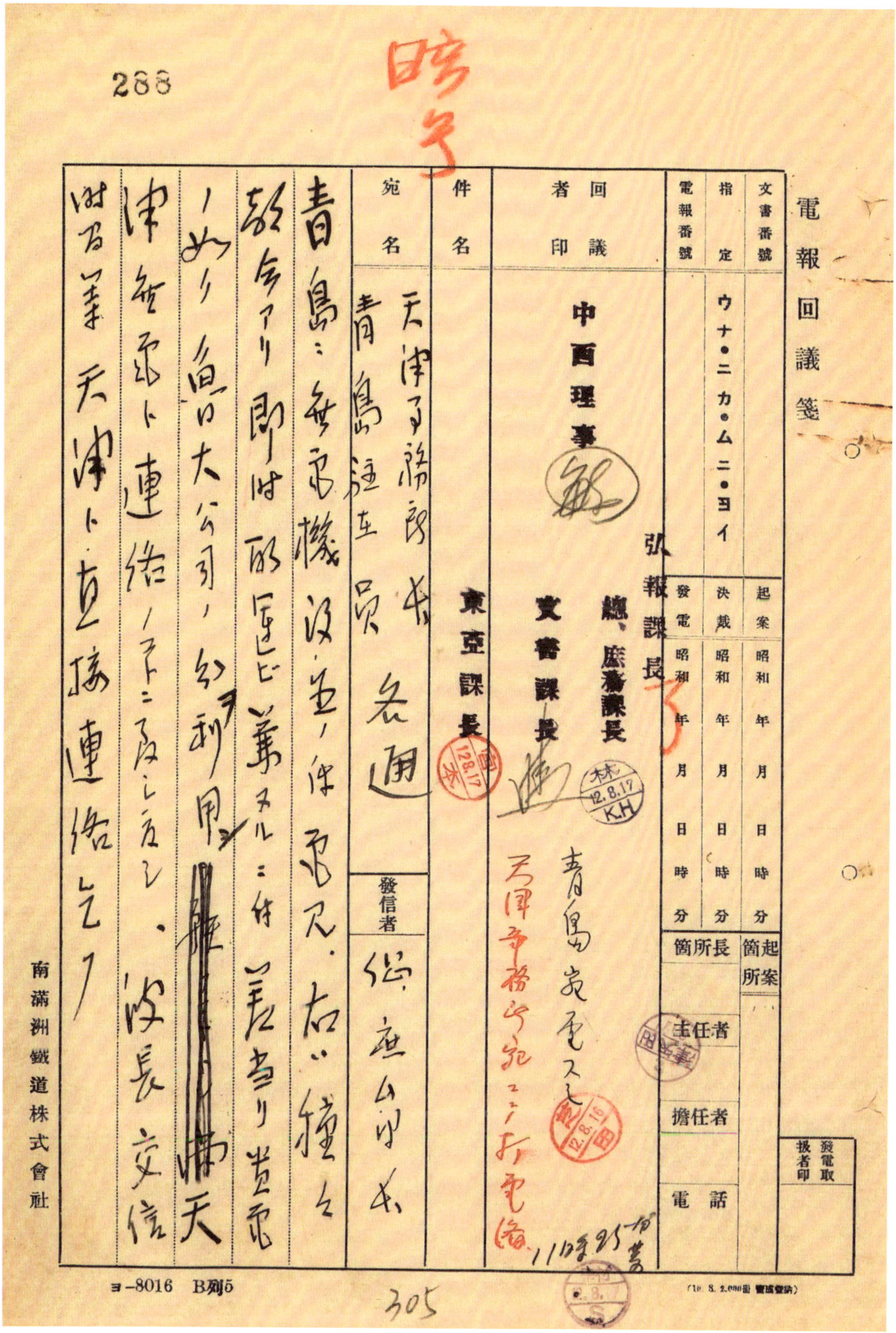
288

暗号

電報回議箋

文書番號	指定	電報番號
	ウナ・ニカ・ム ニ・ヨイ	
起案 昭和 年 月 日 時 分	決裁 昭和 年 月 日 時 分	發電 昭和 年 月 日 時 分

回議者印：中西理事　弘報課長　總、庶務課長　文書課長　東亞課長

件名：各通

宛名：天津事務所長　青島駐在員

發信者：総裁室東亞課長

青島ニ無電機設置ノ件電見ル、右ハ種々故障アリ即時取運ビ兼ヌルニ付善處アリ度電ノ如ク當方ハ大公司ノ無電ヲ利用シ[illegible]天津無電ト連絡ノ下ニ取リ直シ、隊長交信附言ス 天津ト直接連絡セシ

天津事務所宛ニ打電済　青島宛電スミ　11時25分發

箇所長　起案箇所　主任者　擔任者　電話　發電取扱者印

南滿洲鐵道株式會社

ヨ-8016　B列5

305

青岛驻在员关于报告青岛驻在员办公地点事致总裁室东亚课长的电文（一九三七年八月十五日）

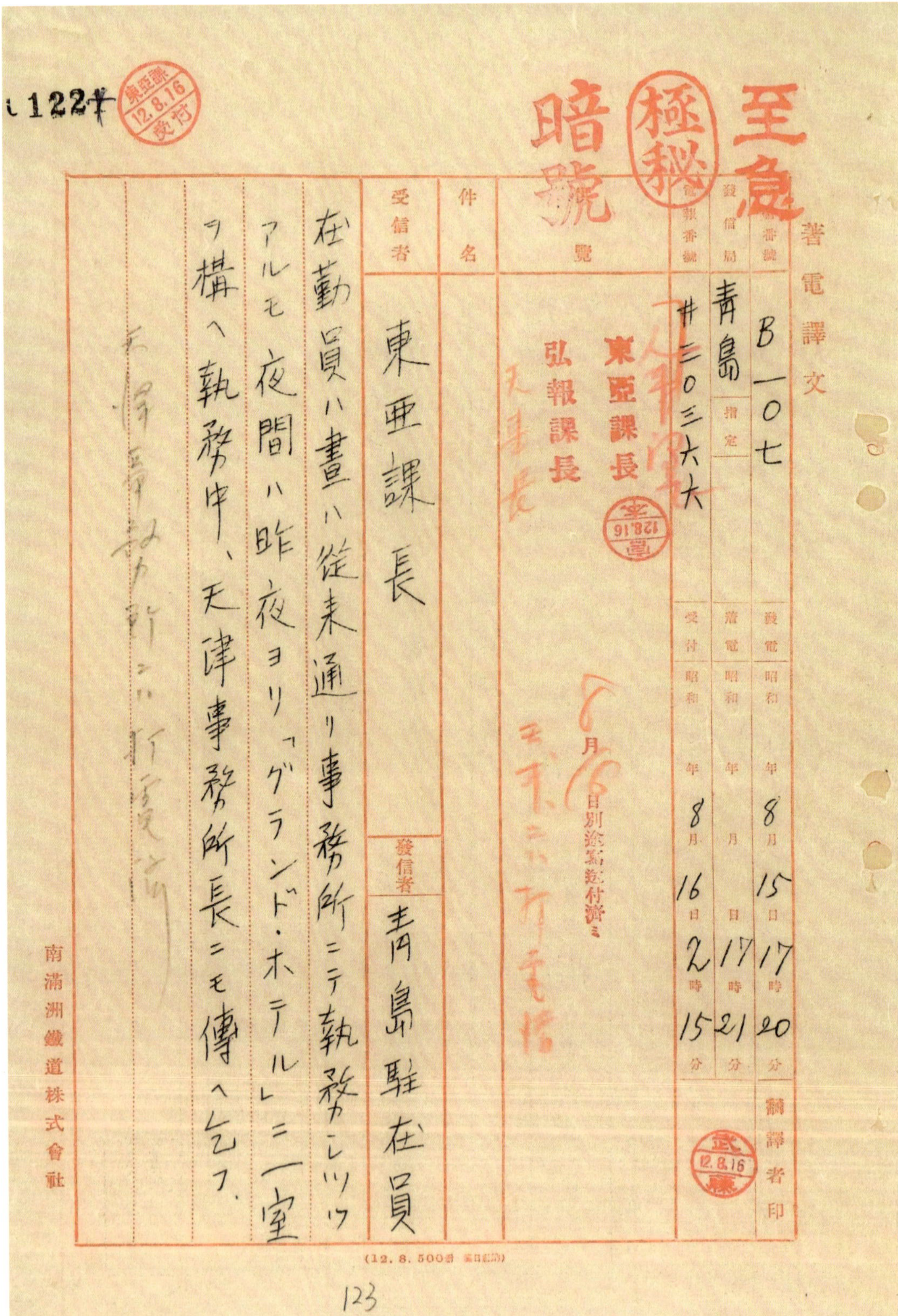
1224

至急
極秘
暗號

着電譯文

番號 B一〇七
發信局 青島
電報番號 #三〇三六大

東亞課長
弘報課長

受信者 東亞課長
件名
發信者 青島駐在員

發電 昭和 年 8月 15日 17時 20分
着電 昭和 年 月 日 17時 21分
受付 昭和 年 8月 16日 2時 15分

在勤員ハ晝ハ從来通リ事務所ニテ執務シツツアルモ夜間ハ昨夜ヨリ「グランド・ホテル」ニ一室ヲ構ヘ執務中、天津事務所長ニモ傳ヘ乞フ

南滿洲鐵道株式會社

(12. 8. 500冊)

123

青岛驻在员关于总领事请求援助山东居留民撤退事致总裁室东亚课长、福祉课长的电文（一九三七年八月十六日）

129

寫

著電譯文

文書番號	發信局	電報番號	指定
13 一一三		青陸公九三	至急

	昭和	年	月	日	時	分
發電				16		一
着電	12		8	16	18	37
受付				21	15	

翻譯者印

供覽：總務課長　東亞課長　庶務課　八月十七日別途報告済

件名：

受信者：東亜課長、福祉課長

發信者：青島駐在員

總領事ヨリ、山東方面居留民ニシテ大連経由内地ニ引揚ゲル者ヲ満鉄、大連市等ニテ適當ナ世話願ヒ度シトノ申出アリ至急何分ノ返電乞フ。

南滿洲鐵道株式會社

(12. 8. 500冊)

130

青岛驻在员关于申请免除借用货车使用费事致总裁室东亚课长的电文（一九三七年八月十八日）

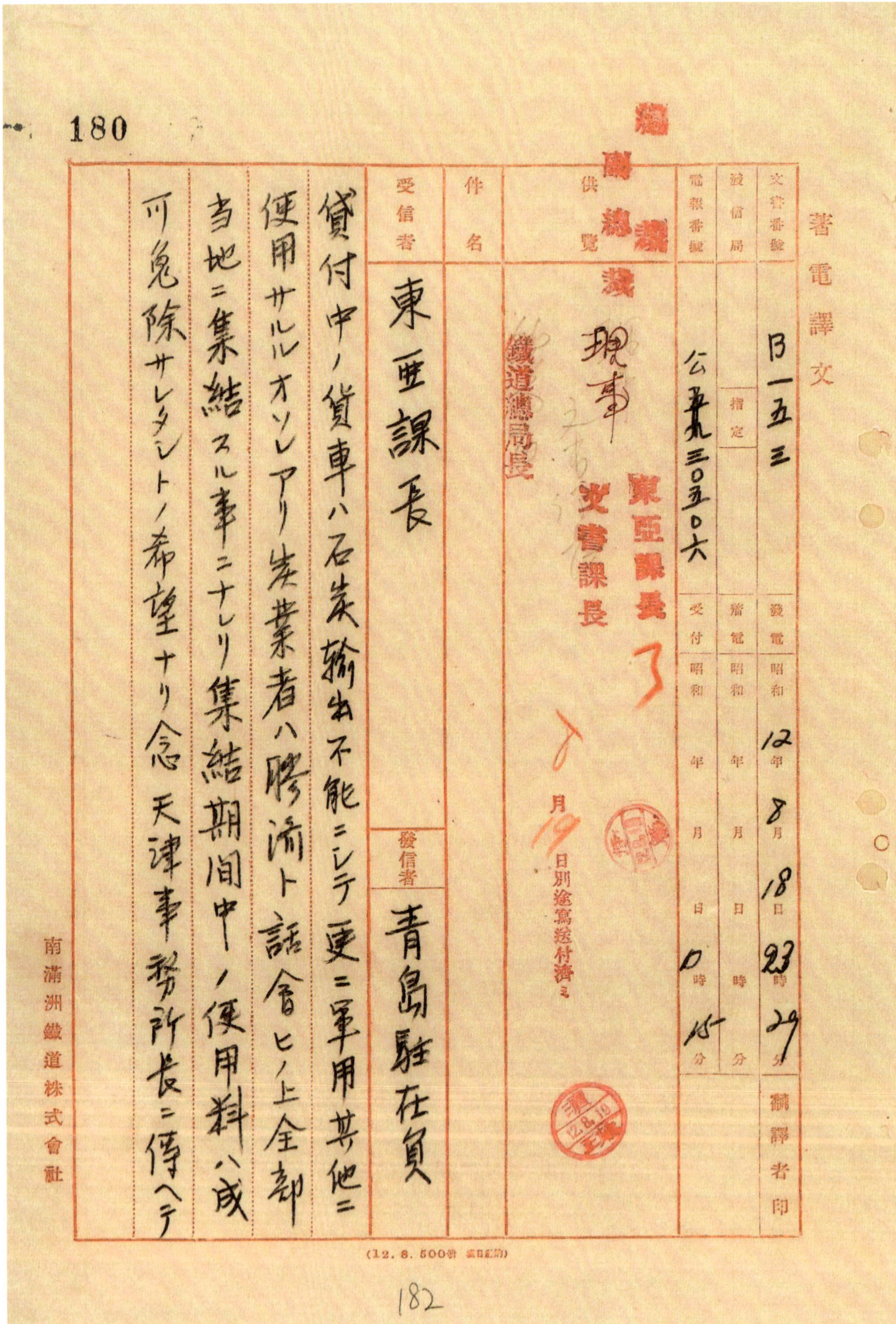

180

著電譯文

文書番號 B一五三

發信局

指定

電報番號 公第九三〇五〇六

發電 昭和12年8月18日23時29分

着電 昭和 年 月 日 時 分

受付 昭和 年 月 日0時15分

翻譯者印

供覽 總裁 總務 理事 東亞課長 文書課長 鐵道總局長

8月19日別途寫送付濟ミ

件名

受信者 東亞課長

發信者 青島駐在員

貸付中ノ貨車ハ石炭輸出不能ニシテ更ニ軍用其他ニ使用サルルオソレアリ炭業者ハ膠濟ト話合ヒノ上全部当地ニ集結スル事ニナレリ集結期間中ノ使用料ハ成可免除サレタシトノ希望ナリ念 天津事務所長ニ傳ヘテ

南滿洲鐵道株式會社

(12. 8. 500冊)

182

青岛驻在员关于撤走淄川以及旭华煤矿的日本工作人员交给中国方面经营事致总裁室东亚课长的电文（一九三七年八月十九日）

695

東亞課 12.8.20 受付

著電譯文

文書番號	B六六二
發信局	
電報番號	公、三〇五九二
供覧	總裁 副總裁 中西理事 阪谷理事 文書課長 監理課長 東亞課長 主計課長
件名	
受信者	東亞課長
發信者	駐青島駐在員
發電	昭和12年8月19日14時 分
着電	昭和 年 月20日11時55分
受付	昭和 年 月 日13時20分
飜譯者印	

十七日其筋ノ命ニ依リ淄川及旭華炭礦邦人従業員全部青島ニ引揚ヲ了セリ事業ハ支那側重役ニ於テ責任ヲ持チ現場維持経営スルコトニシ支那側事務以下社員ハ家族共全部山元ニ住込ム事ニセリ両炭坑共平穏経営上何等ノ支障無シ

南滿洲鐵道株式會社

74

696

レドモ只販路ノ杜絶ト銀行ノ「モラトリアム」ニヨリ金融ドウ
ニモナラズ苦心中ナリ詳細文．

南滿洲鐵道株式會社

ヨ-0003　B列5　(12. 3. 15.000冊 滿日納)

712

青岛驻在员关于事务所迁移事致总裁室东亚课长的电文（一九三七年八月十九日）

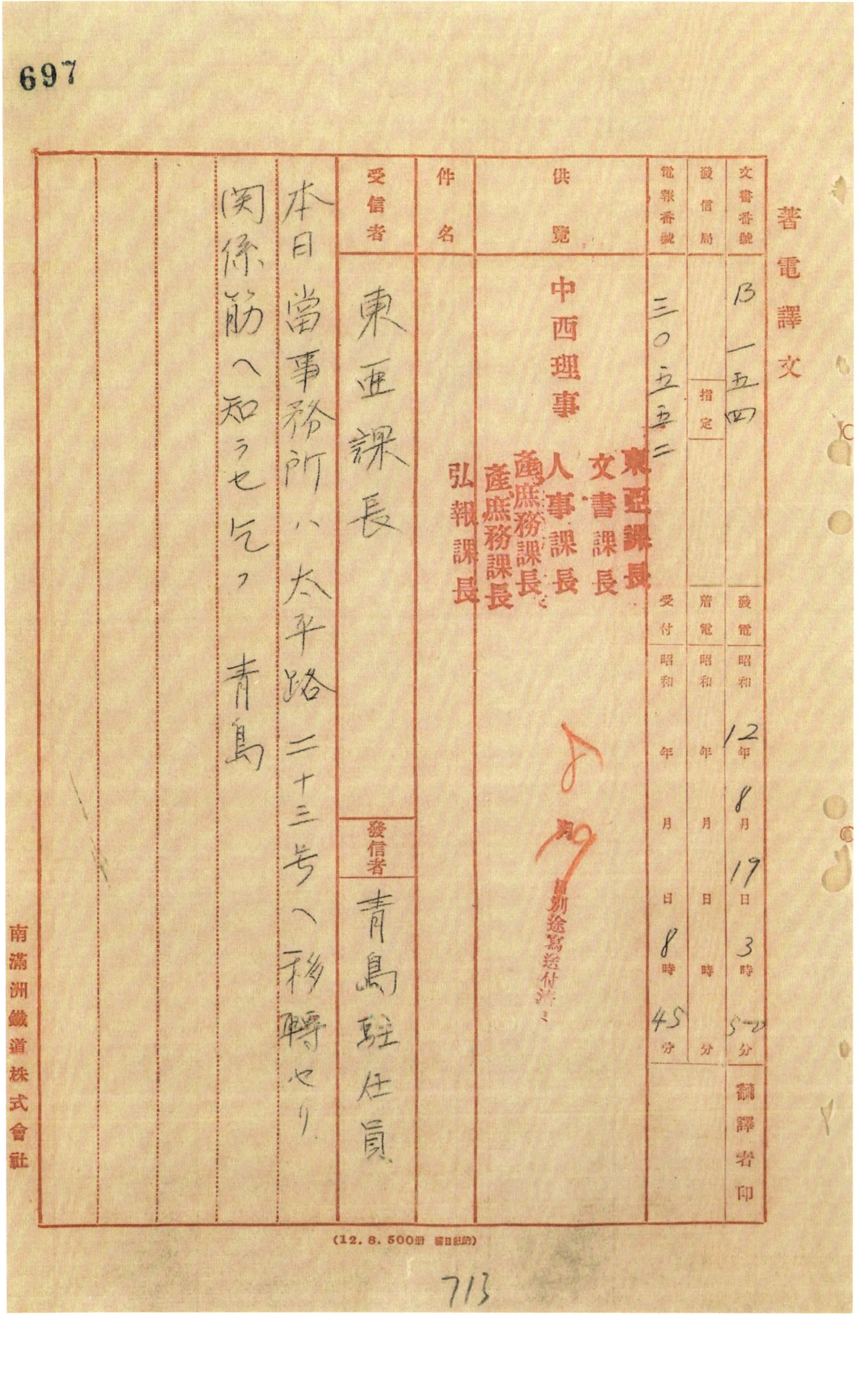
697

著電譯文

文書番號 13一五四
發信局
電報番號 三〇五五二
指定

供覽 中西理事
東亜課長
文書課長
人事課長
總庶務課長
產庶務課長
弘報課長

件名

受信者 東亜課長

發信者 青島駐在員

發電 昭和12年8月19日3時52分
着電 昭和 年 月 日 時 分
受付 昭和 年 月 日8時45分

飜譯者印

本日當事務所ハ太平路二十三号ヘ移轉セリ
関係筋ヘ知ラセ乞フ 青島

8 9
別途寫送付済ミ

南滿洲鐵道株式會社

（12. 8. 500冊 滿日納）

713

青岛驻在员关于此番向山东出兵是满铁进驻山东的最佳时机事致总裁室东亚课长的电文（一九三七年八月二十日）

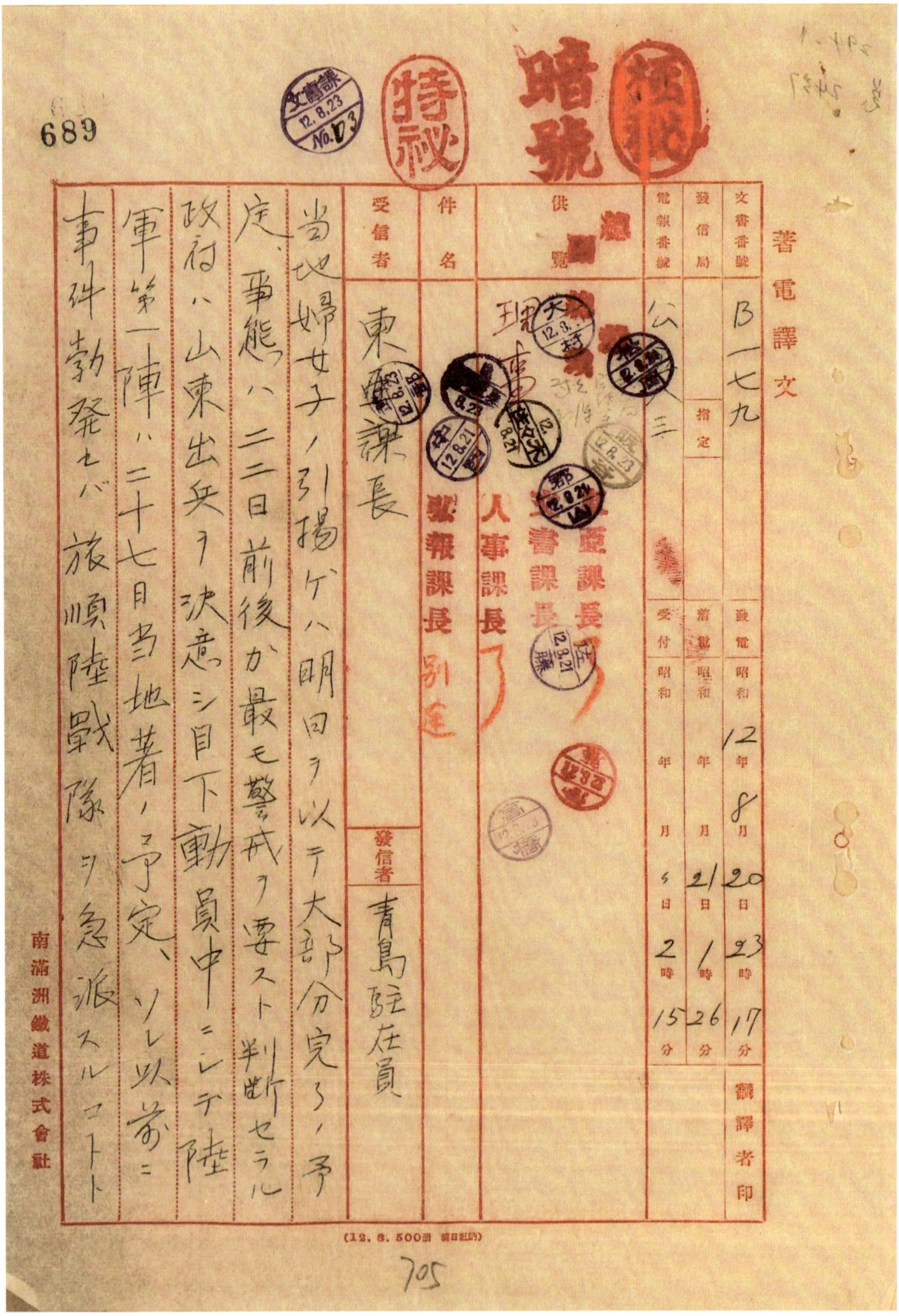
689

暗號　極秘　特秘

著電譯文

文書番號	發信局	電報番號	供覽	件名	受信者
B一七九		公三	文書課長　人事課長　弘報課長		東亞課長

發信者：青島駐在員

發電：昭和12年8月20日23時17分

着信：昭和 年 月21日1時26分

受付：昭和 年 月 日2時15分

当地婦女子ノ引揚ゲハ明日ヲ以テ大部分完了ノ予定、事態ハ二二日前後ガ最モ警戒ヲ要スト判断セラル
政府ハ山東出兵ヲ決意シ目下動員中ニシテ陸軍第一陣ハ二十七日当地着ノ予定、ソレ以前ニ事件勃発セバ旅順陸戦隊ヲ急派スルコトト

南滿洲鐵道株式會社

705

690

ナルヘシ、今回ノ山東出兵ハ從來ノ山東出兵ト異リ滿鉄トシテハ山東進出ノ好機ニシテコノ機會ヲ逸スヘカラスト思料セラルルニ付貴方ニ於テモ充分準備ノ上當地方ニ連絡アリタシ

南満洲鉄道株式会社

青岛驻在员关于请转告天津借与胶济线路的货车已于青岛集结事致总裁室东亚课长的电文（一九三七年八月二十日）

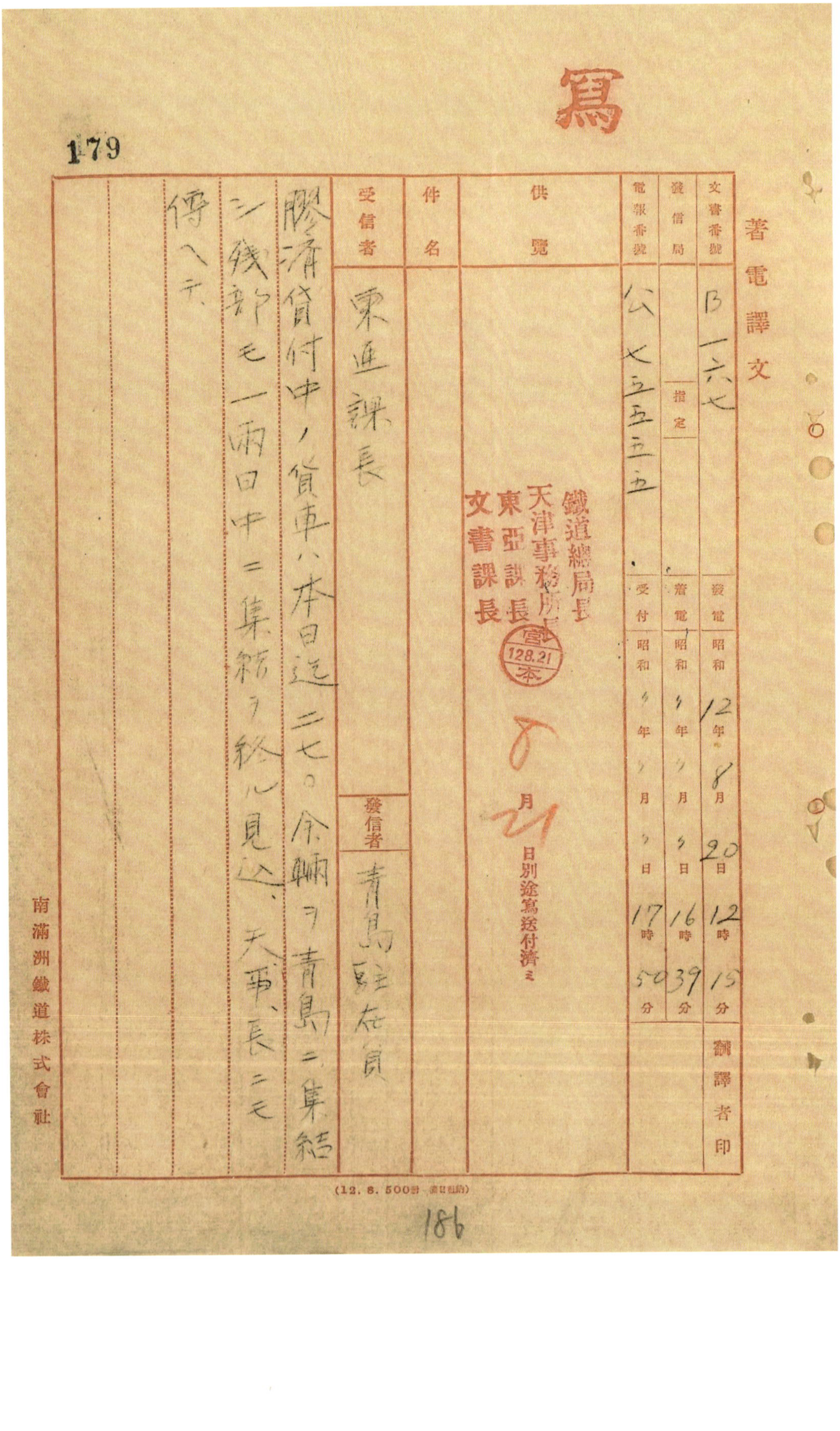
寫

179

著電譯文

文書番號	發信局	電報番號
B一六七		公七三五五三五

指定

	發電	着電	受付
昭和	12年8月20日	年 月 日	年 月 日
時分	12時15分	16時39分	17時50分

翻譯者印

供覽：鐵道總局長　天津事務所長　東亞課長　文書課長

宮 12.8.21 本

8月21日　別途寫送付濟

件名：

受信者：東亞課長

發信者：青島駐在員

膠濟貸付中ノ貨車ハ本日迄ニ七〇余輛ヲ青島ニ集結シ残部モ一兩日中ニ集結ヲ終ル見込、天事、長ニモ傳ヘテ。

南滿洲鐵道株式會社

(12. 8. 500冊)

186

青岛驻在员、总裁室东亚课长关于请求运送汽车并派遣日本人驾驶员的相关电文

青岛驻在员致总裁室东亚课长电（一九三七年八月二十日）

208

寫

秘

著電譯文

文書番號	發信局	電報番號
B一七八		公五八二

指定

	發電	着電	受付
昭和	12年	年	年
月	8月	月	月
日	20日	21日	5日
時	23時	1時	2時
分	15分	18分	15分

供覧：中西理事　文書課長　東亜課長　人事課長　總務課長

月21日別途寫送付濟

件名：

受信者：東亜課長

發信者：青島駐在員

自動車一台及日人運轉手二名最近便ニテ送レ絶對必要至急返乞フ　青島

飜譯者印

南滿洲鐵道株式會社

210

青岛驻在员致总裁室东亚课长电（一九三七年八月二十四日）

372

寫

着電譯文

文書番號	發信局	電報番號	指定
B二二一		三	

發電	着電	受付
昭和12年8月24日16時10分	昭和年月日17時32分	昭和年月日19時50分

翻譯者印

供覽：人事課長　總務課長　庶務課長

月　日別途寫送付濟

受信者：東亜課長

件名：

發信者：青島駐在員

魯大ノ運転手当地ニテ見ツカル見込ニ付森北先
ノ依托ハ一應取消ス

南滿洲鐵道株式會社

(12. 8. 500冊 當日紅詰)

381

青岛在勤员致总裁室东亚课长电（一九三七年八月二十五日）

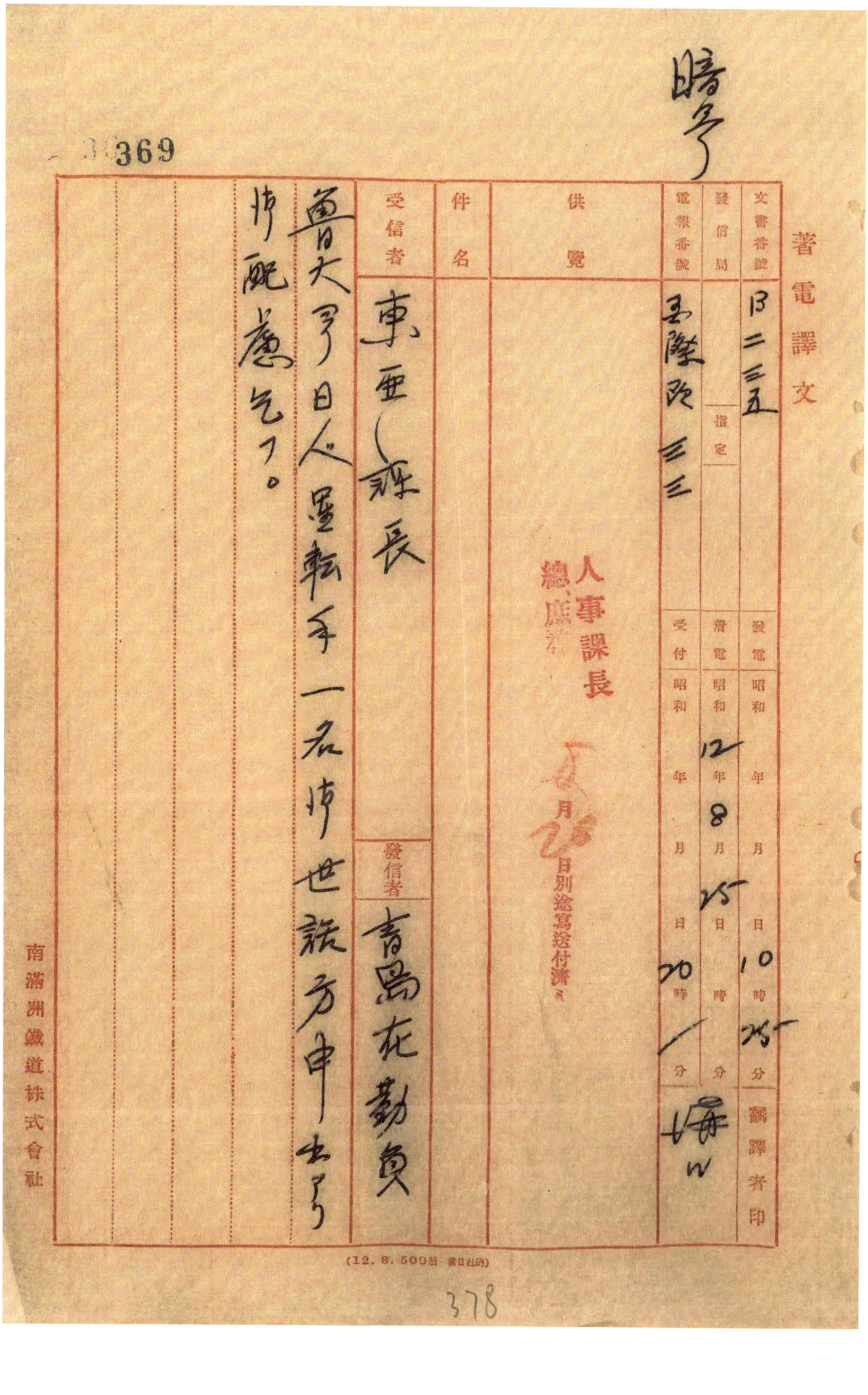

369

著電譯文

文書番號 13235

電報番號

發信局

指定

受信者 東亜課長

件名

供覽

發信者 青島在勤員

曾大尉日人運転手一名御世話方申出アリ

御配慮乞フ。

發電 昭和 年 月 日 10時 25分

着電 昭和 12年 8月 25日 時 分

受付 昭和 年 月 日 20時 1分

飜譯者印

人事課長

總、庶、

月26日

別途寫送付濟ミ

南滿洲鐵道株式會社

(12. 8. 500冊)

378

青岛驻在员关于催促筹备无线电及安排相关技术人员事致总裁室东亚课长的电文（一九三七年八月二十一日）

1174

暗號 極秘

著電譯文

文書番號	發信局	電報番號	供覧	件名	受信者
		公四四	總、庶務課長 東亞課長		東亜課長

	發電	著電	受付
昭和 年		12	
月		8	
日		21	
時	10	13	15
分	15	52	1

指定

發信者 青島駐在員

無電ノ件（ケリ）天津事務所ニ連絡アルモ何等返無シ。目下當地天津事務所向ノ電六。三日ヲ要スル状態ニ付貴方ヨリ連絡ノ上督促方乞フ

飜譯者印

南滿洲鐵道株式會社

ヨ－8017 B列5

(12. 1. 15 □□ 審査發為)

181

青岛驻在员关于请支给事变花费五千日元事致总裁室东亚课长的电文（一九三七年八月二十一日）

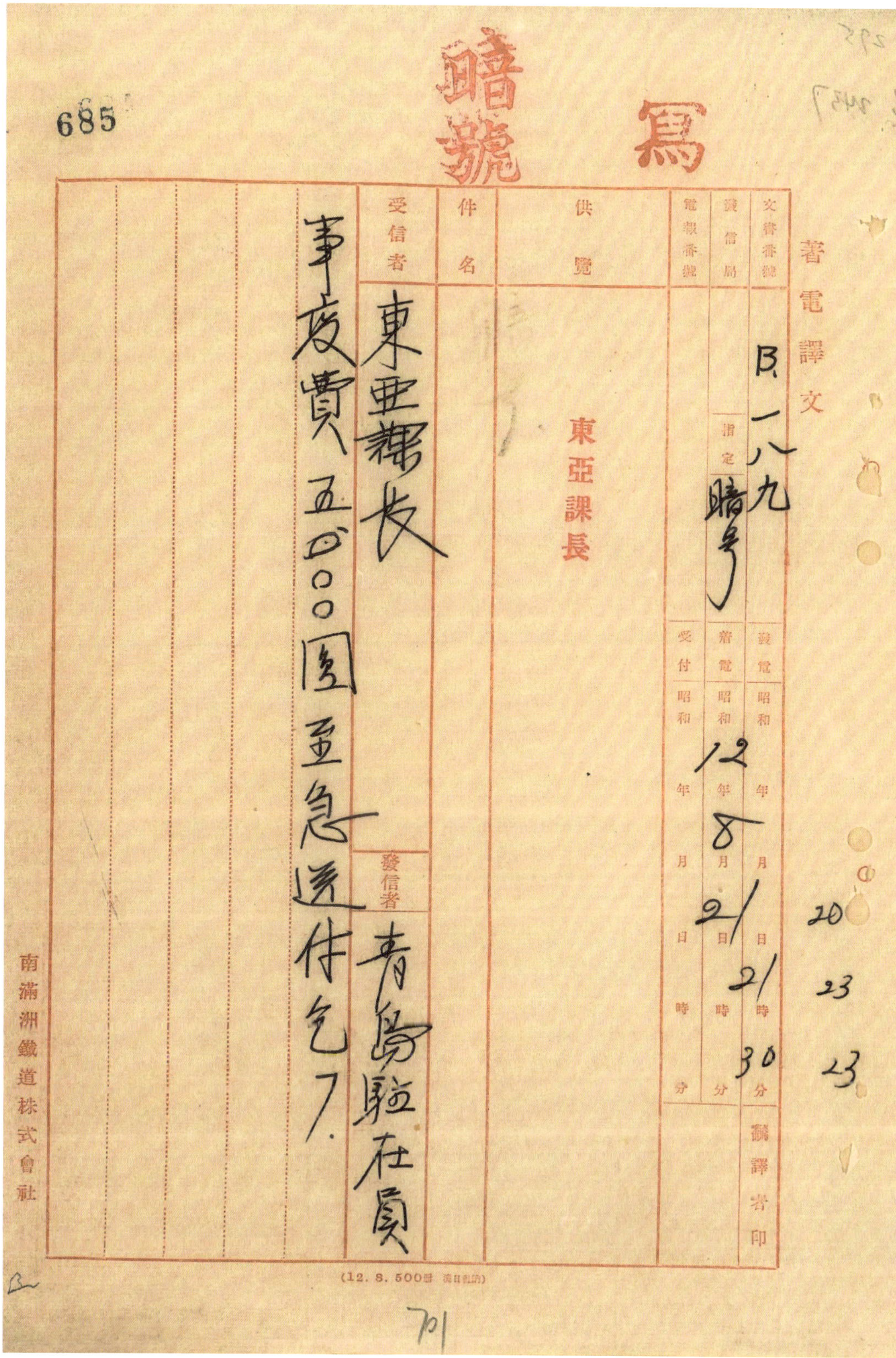
暗號　寫

685

着電譯文

文書番號 B一八九

發信局

電報番號

指定 暗号

受信者 東亜課長

件名

供覧 東亜課長

事変費五〇〇〇圓至急送付乞フ

發信者 青島駐在員

發電 昭和　年　月　日　時　分

着電 昭和12年8月21日21時30分

受付 昭和　年　月　日　時　分

20 23 23

飜譯者印

南滿洲鐵道株式會社

(12. 8. 500冊)

701

青岛在勤员关于对山东时局之意见事致总裁室东亚课长的信（一九三七年八月二十二日）

97

秘

私信

昭和十二年八月廿二日

總裁室東亜課長殿

青島在勤員

山東ノ時局ハイヅレ重大化スルモノト思ハルヽガ當地ニハ邦人多数居住シ更ニ邦人側商社ノ調査立案機関モ充實シテヰルニ反シ独リ満鉄ハ極メテ手不足ナル関係上一旦緩急アル場合ニハ上述各機関ガ急速ニ進出スル可能性アリ。カクテハ満鉄ハ機ヲ逸シテ山東ニ対スル発言権ヲ失フ恐レアリ悔ヲ千載ニ残サザル様當方トシテハ充分注意シ常ニ貴方ト連絡スルモ貴方ニ於テモ機ヲ失セザル様左ノ諸点ニ付内々用意ノ上今後

南滿洲鐵道株式會社

110

98

ハ電報一本ニテ即座ニ應シ得ル様手配置
カレタシ、
一、今ノ所何ヲ立案スルヤ明瞭ナラサルモ十三地
ニ関スル諸方面ノ事項ニ関シ拙速主義
ニテ迅速ニ立案ヲナスニ十分壮社員ヲ取
敢ヘ三、四名用意サレタシ
一、陸軍来青ノ節ハイヅレ鉄道聯隊ノ出動ヲ
見、軍需輸送ソノ他ニハ之ヲ充当スルヤモ
知レサルモ之ガ後方勤務ニハ満鉄社員ヲ
要シ山東ノ鉄道、港湾ノ経営ハ挙
ゲテ満鉄ヲシテ為サシムル様当地特務機
関長トモ諒解スミニテ結局鉄道港
湾ハ満鉄進出ヲ要スヘキ件ニ就キ多少ノ

99

用意アリタシ

一、四方ノ鉄道修理工場ハ事変中最モ頻繁ニ利用セラルヽニ就キ之ガ充実ヲ要シコレガ人員ノ補充ヲ考ヘラレタシ

以上

追而数日来電報ニテ依頼シアル諸懸案例ヘバ自動車運転手ノ件、資金ノ件、無電電池ノ件ソノ他ニ関シテハ至急當方ノ申出通リ取リ運ビ方御配慮ヲ乞フ

南満洲鐵道株式會社

ヲ—0002 B列5

112

天津无线电转青岛关于收到手枪四把事致总裁室东亚课长的电文（一九三七年八月二十三日）

暗號

245

著電譯文

文書番號 B二〇七

發信局

電報番號 社一九〇

指定

發電 昭和12年8月23日16時30分

着電 昭和　年　月　日21時01分

受付 昭和　年　月　日22時50分

翻譯者印

供覽 東亞課長 總、庶務課長 用、總、庶務課長

日別途寫送付濟ミ

作名

受信者 東亞課長

發信者 天津無電

下記青島ヨリ轉電ス

拳銃四ケ今日着イタ

南滿洲鐵道株式會社

(12. 8. 500冊)

247

青岛在勤员关于送交资料事致田中海军武官、谷荻陆军武官的函（一九三七年八月二十四日）

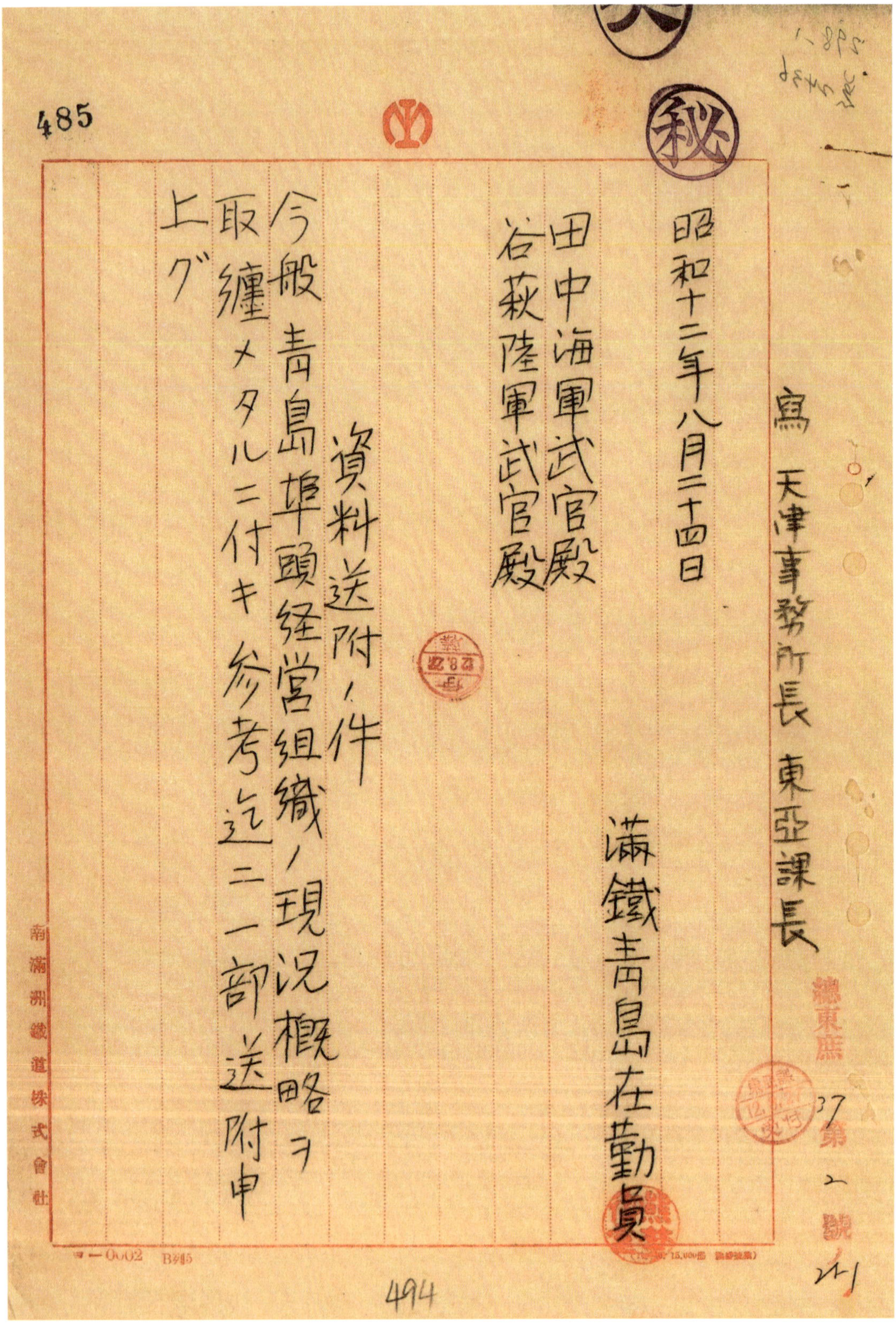
485

秘

写 天津事務所長 東亞課長

昭和十二年八月二十四日

田中海軍武官殿
谷荻陸軍武官殿

満鐵青島在勤員

資料送附ノ件

今般青島埠頭経営組織ノ現況概略ヲ取纏メタルニ付キ参考迄ニ一部送附申上グ

總東庶 37 第2號

南満洲鐵道株式會社

494

昭和十二年八月二十四日

時局参考資料ソノ一

青島埠頭経営組織ノ現況

滿鐵青島在勤員

487

目次

序
一、港務局組織一覧表
二、港務局各機関業務内容
三、港務局職員ニ関スル表

南滿洲鐵道株式會社

ヨ—0002 B列5 (11. 10. 15,000冊 滿道大阪)

496

序

青島埠頭ハ青島市政府ノ経営ニ屬スルガ故ニ埠頭収益ハ青島市政府ニトリテハ最モ有利ナル財源ナリ。サレドソノ反面埠頭収益ハ徒ラニ市政府赤字財政ノ補塡、ニ充当セラレ埠頭構内設備等ニ於テハ、遺憾ナル点少ナカラズ。山東還付條約ヲ蹂躙セル第一埠頭ノ未竣工、又艀船、起重機、倉庫、浚渫設備、ノ幼稚貧困等、ソノ最モ尤ナルモノトシテ指摘セラレル。

同時ニ鐵道及港湾両者ハ唇歯輔車ノ関係ニアリテ密切不可分ナルハ今更喋々ヲ要セズ。当市ノ如ク両者ガ全ク別個ノ経営ニ屬セザル為、相互ノ連絡ニ種々齟齬ヲ来タスコト少ナカラザルハ最モ忌ムベキ所ニシテ之ガ改善ハ方ニ当面ノ急務ナリトス。故ニ適当ナル機会ニ於テ、嘗テ日本軍政時代ニ於ケ

ルガ如ク鐵道及埠頭ノ綜合的一貫經營ニ還元スルハ即チ
最モ策ヲ得タルモノトイフベシ
次ニ当市埠頭經營組織ノ概畧ニ就キ記述ス。

490

一、青島港務局組織一覧表

當地埠頭ハ市政府港務局ノ管轄ニ属シ、ソノ組織ヲ表示スレバ次ノ如シ

- 局長
  - 副局長
  - 顧問
  - 秘書
  - 第一科（総務）
    - 文書股
    - 会計股
    - 統計股
  - 第二科（海務）
    - 航事股
    - 標識股
    - 繫船股
    - 核渡股
  - 第三科（営業）
    - 営業股
    - 倉庫股
    - 計算股
  - 第四科（工務）
    - 土木股
    - 船舶股
  - 碼頭運輸管理處

499

二、港務局各機關業務内容

ソノ業務内容概略次ノ如シ

(一)第一科(總務)

庶務、會計、文書及統計ノ編纂

1.文書股

文書ノ受發保管

職員ノ任免

2.會計股

現金出納事務

豫算決算ノ編成

會計帳簿ノ管理

3統計班

492

(二)

出入船舶及旅客ノ記録
統計年月報ノ編纂及發行

第二科(海務)
船舶出入港ノ許可、水先案内、検疫、標識事務

1. 航事股
船舶ノ出入ノ許可
船舶ノ國籍證書噸數及航海日誌ノ査驗
水先案内
船舶ノ取締リ及救難
信號所及ヒ小港ノ管理
其他航事ニ関スル事項

2. 標識股

南滿洲鐵道株式會社

ヨー0002 B列5 (11. 10. 15,000冊 …)

501

493

（三）

第三科（業務）

航路標識及霧警笛ノ管理
航路ノ修正及港内ノ測量
3. 繫船股
船舶ノ繫離
船位費ノ計算
所属小汽船ノ管理
4. 檢疫股
船舶ノ檢疫及消毒
入港船舶乗客人數ノ報告
使用職工ノ治療
檢疫停留所ノ管理

南滿洲鐵道株式會社

ヨ—0002　B列5

502

494

入港船舶繫留地位ノ決定、埠頭構内作業及倉庫野積所ノ管理

1. 營業股

船位ノ決定

倉庫及野積地ノ賃並ニ貨物寄託事業

積置場ノ管理

貨物ノ積卸及運搬ノ支配

構内作業器具ノ管理及作業費ノ計算

臨時作業ノ認可

2. 倉庫股

貨物ノ受出シ支配 検量及管理

貨物留置及競賣

貨物損害ノ証明

3. 計算股

南滿洲鐵道株式會社

ヨ－0002 B列5

(11. 10. 15,000冊 威廣號)

495

11-298-11
B2496

（四）

碼頭費ノ計算
貨物及証票ノ查驗
聯運貨物ノ取扱

第四科（工務）
岸壁倉庫ソノ他ノ建築及修理船舶及機械ノ修理、浚渫
1.土木股
港湾一般ノ設計建築修繕、浚渫、潛水工作及部分品修理
土木事業ノ豫決算ノ作成
2.船舶股
船機事業ノ檢查設計製圖及添置
工場ノ管理
船台、機械工具ノ管理修理及賃借

南滿洲鐵道株式會社

ヨー0002 B列5 (11.10.15,000冊 [illegible])

504

(五.)

土木事業ニ使用スル鐵器工具及浮橋ノ修製

碼頭運輸管理處

埠頭貨物ノ積卸シ

埠頭區内貨物ノ運搬

運搬夫ノ支配及管理

運輸費ノ支拂ヒ

港務局ノ直屬機關トシテ埠頭運輸管理處ヲ設ケ埠頭構内ニ働ク苦力ヲ他機關ノ請負ニ任セズ自ラ直營シツツアルハ注意スヘキ組織トス

505

三、青島市政府港務局職員ニ関スル表

◎局長一、
　顧問三、（内日本人二）　秘書一、

◎第一科（總務）計四二
　科長一

○文書股（計一二）
　主任一、科員五、辦事員五、

○會計股（計一八）
　主任一、科員六、辦事員九、

○統計股（計一二）
　書記一、雇員一

主任一、科員八、辦事員三

◎第二科（海務）計八八。

科長一、科員一、辦事員一、雇員一、（内日本人一）

舵手一、無線電員一、水先案内四、（内日本人一）

○航事股（計一七）

主任一、科員二、辦事員六、雇員一

青島・大港・小港各信號所七、

○標識股（計二七）

主任一、科員三、雇員二、

燈台五ヶ所一九　天王號乗組員二、

○繫船股（計一九）

主任一、科員三、辦事員二、雇員三

507

飛鯨號 金星號 木星號 李村號 水星號

各船舶ノ運轉及機関手各一 計一〇

○検疫股（計十）

主任一、科員一、雇員三、辦事員二、

土星號 乗組員二、ドック管理室一、

◎第三科（業務）計五八

科長一、科員一、辦事員一、

○営業股（計一六）

主任一、科員三、辦事員一一、雇員一

○推桟股（計二七）

主任一、科員六、辦事員一五 雇員五

○計算股（計一二）

500

主任一、科員三、辦事員七、雇員一、

◎第四科（工務）計三八

科長一、技正二、科員二、辦事員五

○土木股（計七）

主任（技士）一、技士四、辦事員四、雇員二、

山東山西號 趙村號 張村號 小計六

○船機股（計一二）

主任（技士四）一、技士三、技佐二、辦事員四、雇員一、

◎碼頭運輸管理處（計一〇四）

主任一、科員五、辦事員六五 雇員二九

監工員二 雜貨部視察員（日本人一）

南滿洲鐵道株式會社

509

501

298—19

以上總計　三三〇名

内譯　局長　一

顧問　三

（内副局長二）

科長　四

主任　一三

科員　四九

辦事員　一四一

雇員　五〇

技正　二

技士　七

技佐　二

水先案内　四

南滿洲鐵道株式會社

マ—0002　B列5　（11. 10. 15,000冊　監線濱版）

510

502

燈台守　一九
信號所　七
船舶運轉及機関員　二一
秘書　一
雜　六

以上

ヲ－0002　B列5　(11. 10. 15,000冊　聯合印刷)

51

青岛驻在员关于经由朝鲜银行汇款事致总裁室东亚课长、会计课长的电文（一九三七年八月二十四日）

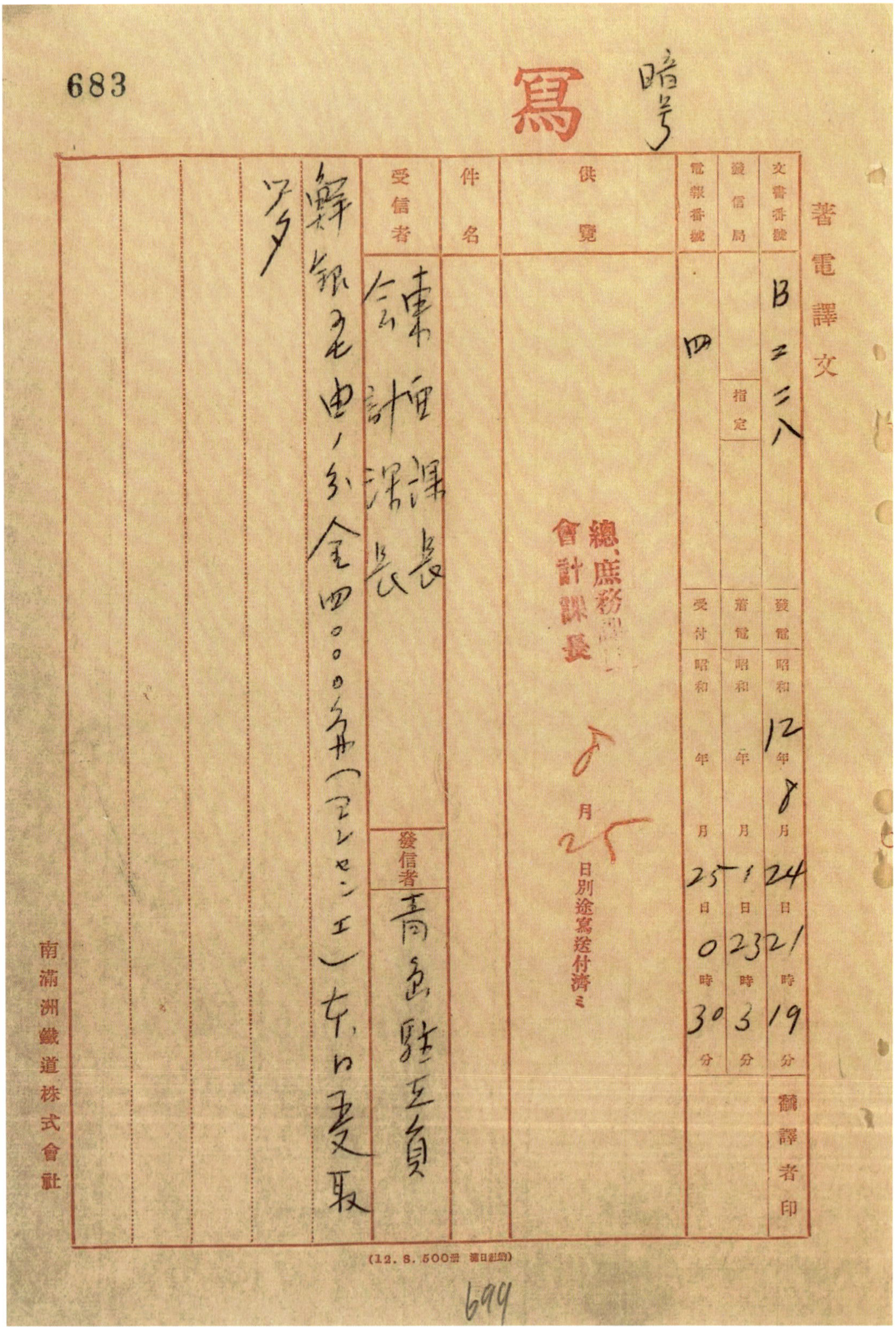

683

寫

暗号

著電譯文

文書番號	發信局	電報番號
B二二八		四

指定

	發電	着電	受付
昭和	12年8月24日21時19分	年 月1日23時3分	年 月25日0時30分

飜譯者印

受信者：東亜課長、会計課長

件名：

供覽：總、庶務課、會計課長

8月25日別途寫送付濟ミ

發信者：青島駐在員

鮮銀ヲ経由シ金四〇〇〇円（ヨンセンエン）本日受取リタ

南滿洲鐵道株式會社

（12. 8. 500冊 滿日印刷）

694

天津无线电转青岛驻在员关于特务机关长通告要求日本男子一律撤离事致总裁空东亚课长的电文（一九三七年八月二十五日）

299

682

著電譯文

文書番號 B二三九
發信局
電報番號 社一三一
指定

供覽 總裁 中西理事

文書課長 人事課長 弘報課長 總、庶務課長

8月26日

日別輸寫返付濟ミ

件名

受信者 東亜課長

發信者 天津無電

	昭和	年	月	日	時	分
發電	昭和	年	月	日	22	40
着電	昭和	12	8	25	0	27
受付	昭和	年	月	26	8	15

飜譯者印 七葉口

下記青島駐在員ヨリ電アリ
本日特務機関長ハ満鉄、悪通、大東公司等軍関係
會社ヲ機関ニ招致シ当地日本男子ノ引揚ケヲ
決定セルニ付、四、五日中ニ引揚ケ得ル様用意ア
リタシトノ注意アリタリ

南滿洲鐵道株式會社

(12.8.500冊)

698

青岛驻在员关于请求寄送干电池事致总裁室东亚课长的电文（一九三七年八月二十五日）

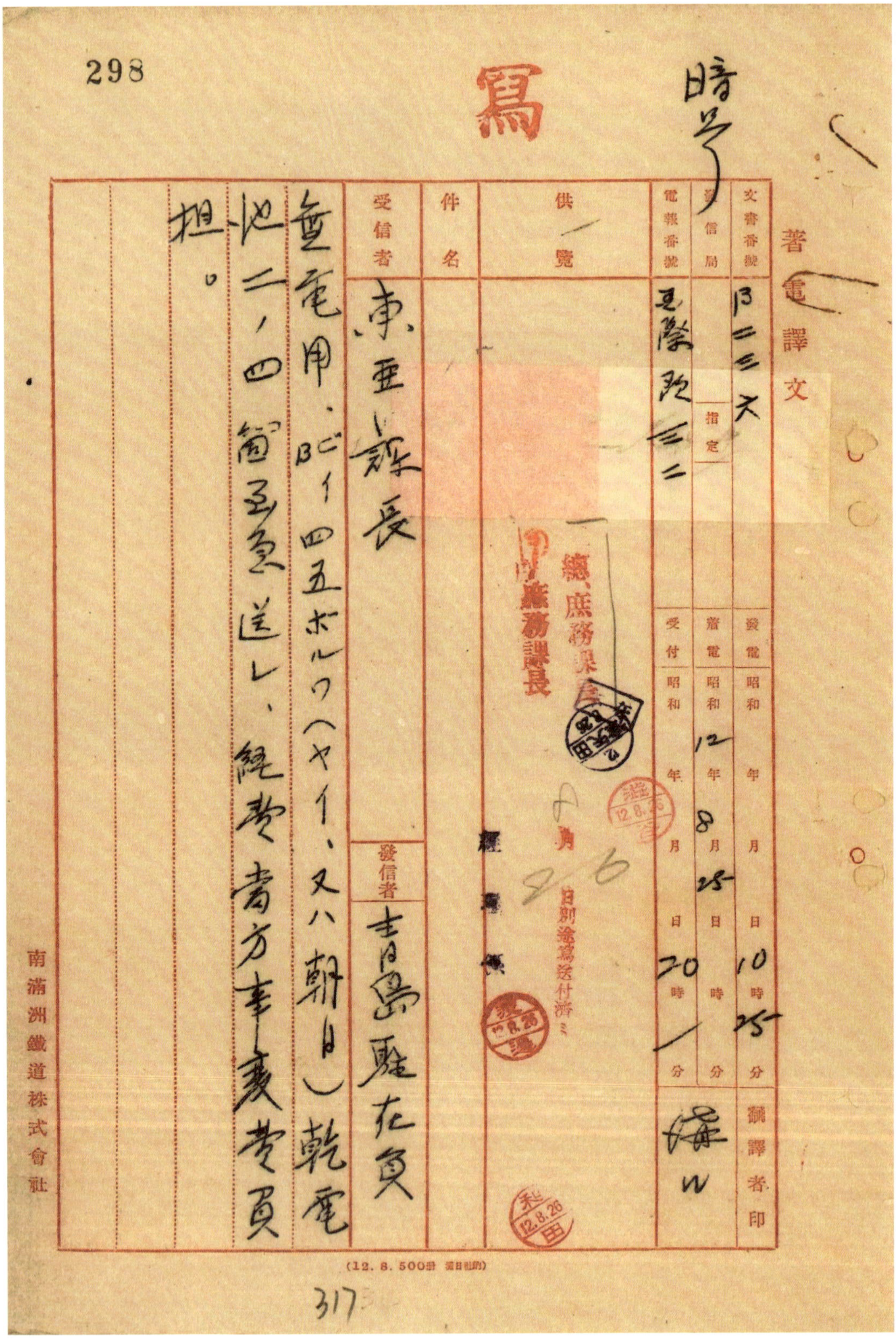

298

寫

暗号

著電譯文

文書番號	發信局	電報番號	供覽	件名	受信者
门二三六		三陸路三二	總、庶務課長		東亜課長

發電	着電	受付
昭和　年　月　日10時25分	昭和12年8月25日20時　分	昭和　年　月　日　時　分

翻譯者印

發信者：青島駐在員

無電用、Bバイ四五ボルワ（ヤイ、又ハ朝日）乾電池二〇四個至急送レ、経費當方事業費負担。

日別途写送付済ミ

南滿洲鐵道株式會社

(12. 8. 500冊)

317

青岛驻在员关于委托介绍日本人司机请速回电事致总裁室东亚课长的电文（一九三七年八月二十五日）

370

暗号

著電譯文

文書番號	發信局	電報番號
13二三七		至隊既 三五

指定

	發電	著電	受付
昭和	年 月 日 13時 40分	12年 8月 25日 20時 分	年 月 日 時 分

飜譯者印

供覽

人事課長
總、庶務課長

8月26日

件名

受信者　東亜課長

發信者　青島駐在員

當所用運転手ノ件至急返電乞フ。

南滿洲鐵道株式會社

（12. 8. 500冊 ……）

379

青岛驻在员关于青岛居留民撤离事致总裁室东亚课长的电文（一九三七年八月二十八日）

674

著電譯文

文書番號	B二七六
發信局	
電報番號	三一〇五三
指定	
發電	昭和12年8月28日16時0分
着電	昭和　年　月　日　時　分
受付	昭和　年　月29日14時30分
翻譯者印	
供覽	中西理事
件名	
受信者	東亞課長
發信者	青島

人事課
文書課長
弘報課長

8月29日別途寫送付濟

全居留民ハ三十日迄ニ引揚ゲル様命令サレ居ルモ陸海外其他膠済鉄道K。。電気及支那側官庁等ニ勤務中ノ邦人ニシテ特ニ総領事ヨリ指名サレタル者ハ目下ノ処残ルコトトナレリ当事務所ハ三十日ノ大連行最終便ニテ引揚ゲル予定天、事、長ニモ傳ヘテ

南滿洲鐵道株式會社

(12. 8. 500冊)

690

六、上海事务所

上海事务所长关于汇报共产党等领导的上海市各界抗日后援会之详细情况致总裁室弘报课长的函（一九三七年七月二十九日）

236

秘

寫 東亞課長

上庶弘三七第七七號

昭和十二年七月二十九日

上海事務所長

弘報課長殿

上海市各界抗敵後援會ノ内情

(一) 組織經過事情

北支事變ニ對スル支那側民衆後援運動ノ總元締タル上海市各界抗敵後援會ハ去ル七月廿三日午前十時ヨリ上海共同租界河南路ノ上海市商會ニ於イテ成立大會ヲ開催シ正式ニ組織サレタカ同會ノ内情ハ探聞スル所ニ依レハ、次ノ如クテアル。

即チ、北支事變發生以來激烈ナル民衆運動カ上海ヲ中心ニ擡頭シ機ヲ覗ツテ居ツタ人民戰線派乃至共產黨分子カ之ヲ指導シ抗敵救國

243

237

ナル「スローガン」ノ下ニ各種ノ團体組織ヲナシ、中央ノ政策遂行ヲ阻害セントノ事態ヲ重視シタ蔣軍事委員長ハ、篤實ナル上海財界有力者ヲシテ之ヲ指導其過激運動ヲ緩和セシメントシ杜月笙、王曉籟、虞洽卿、錢新之等浙江財閥有力者ニ使者ヲ派遣シ緩衝團体ノ組織方ヲ要請セル所彼等ハ民衆ノ反感並ニ表面的ニ抗敵ヲ「スローガン」トスル之種團体組織カ日本側ヨリ睨マルヲ恐レ一度ハ躊躇セルカ、其ノ間民衆運動ハ猶豫ヲ許サザル程激化シ上海方面ノ治安紊亂サル恐レアツタ事及ヒ蔣委員長再三ノ要請ニ依リ遂ニ意ヲ決シ上海市各界抗敵後援會ヲシテ激烈ナル民衆運動ノ「安全瓣」タラシムヘク、遂ニ之ニ參加セルノテアル。

(二)會ノ構成内容

同會ハ上海市商會、地方協會、總工會ヲ始メ上海ノ五百余團体ヲ以テ組織サレ

代表大會ニ於テ執行委員百廿一人、監察委員廿五名ヲ選擧シ、執行委員ヨリ卅五人乃至四十五人(事實ハ卅五人)ノ常務委員ヲ選擧、

244

常務委員會ヲ組織シ會務ヲ處理シ更ニ卅五人ノ常務委員中ヨリ大會開催ノ場合九人ノ主席團員ヲ選擧スル事トナッテ居リ、又常務委員會ノ下ニハ秘書長カ任命サレテ居ル。コノ外籌募、供應、救濟、宣傳、交通、糧食、技術、防護、救護ノ專門委員會カ組織サレテ居ル。

右ノ如ク同會ハ頗ル大規模ナモノテアルカ會ノ事實上ノ指導權ハ第一回大會當時選擧サレタ九人ノ主席團員及ヒ秘書長ニアルカ右主席團員トシテハ

杜月笙（地方協會長、浙江財閥ノ有力者） 虞洽卿（航業公會長、同上） 周雍能、陶百川（上海市黨部常務委員） 汪伯奇（新聞報經理） 王曉籟（上海市商會主席、浙江財閥大立物） 錢新之（四行儲畜會總經理、同上） 張壽鏞（交通銀行董事、同上） 陸京士（上海市黨部常務委員）

カ擧ケラレテ居リ、又、秘書長ニハ陶百川カ任命サルル等同會ノ幹部ハ浙江財閥有力者及ヒ國民黨上海市黨部ノ委員ニ依ッテ占メラレテ居リ其ノ内財閥代表者カ安全弁タル役割ヲ圖ッテ居ルノテアル。

239

(三)C、C、團員ノ策動警戒サル

然シ玆ニ注目スヘキハ右掲ノ如ク同會主席團員中ニモ國民黨上海市黨部常務委員タル陶百川、陸京士カ掲ケラレ然モ陶百川ハ事實上ノ執行機關タル秘書長ノ重職ニ任命サレ居ルヲ始メ、卅五人ノ常務委員中ニハ上海市政府社會局長／潘公展、市黨部常務委員ノ童行白等カ顏ヲ出シテ居リ之等ノ市黨部關係者ハ、イツレモ對日主戰論ヲ强調セルC、C、團（陳立夫、陳果夫ヲ中心トスル强力結社）ノ上海方面ニ於ケル指導者テアル點テアル。夫カ爲本月廿二日ノ成立大會當日財界代表委員トノ間ニ彼等ハ會ノ運用方法論ニ關シ激烈ナル論爭ヲナシタ事實アリ加之財界側委員ノ自重論ハ公開ノ席上、下手ニ喋レハ漢奸扱ヒサレル倶レアル爲、其發言ハ牽制サレ、決ヲ採ルカ如キ會議テハ敗レル懸念アルノテ、トコマテ安全辨タル工作カ奏效スルヤニモ相當注目ヲ要スルノテアル。市黨部系統ノ者ニハ斯ル過激論者カ居ルカサリトテ支部ニ於ケル公式ナ民衆運動遂行ニ國民黨員ヲ除外スルカ如キハ全ク不可能ナルハ言ウマテモナイ。

246

240

（四）安全辦ノ役割カトコ迄果タセルカ

之ヲ要スルニ上海市各界抗議後援者ノ現情ハ共產黨乃至ハ人民戰線派程ノ尖鋭サハ無キニシテモ抗日主戰論ヲ强調スル市黨部一派ノ策動ノ目付役トシテ財界人ヲ据ヘシ体形ノ下ニ、目下ノ所ハ抗敵ノ糧食整備救濟等ノ工作遂行ノ種便機關ト見ル事カ出來ルカ前述ノ如キ過健論者ノ言論、行動カ封セラル危險多分ニアル故、會內ノ〇、〇、國系人物ノ策動ト共ニコノ點ハ注目ヲ要スル。

尙、目下同會ニハ共產黨乃至人民戰線派分子ノ表面的加入無ク、一方中央テハ之等分子ノ策動嚴戒ノ爲、租界外ハ淞滬警備司令部及上海市警察局ヲ、租界內ニハ藍衣社員ノ特務員ヲ動員シテ居リ、又同會ノ外ニハ如何ナル名義ヲ用ウモ救國會的團体ノ組織ヲ許サヌ方針テアリ（同計畫ハ同會成立大會當日會ノ提案第七項トシテモ決議サレテ居ル）更ニコノ種後援會ヲ全國各地ニ組織セシメ之ヲ聯合シ全國各界抗敵後援會ヲ成立シ民衆運動ヲ統制セント計畫シテ居ル。右ノ如キ事實ヨリ

247

241

シテ同會ハ成立當初猛烈ナ抗日一戰論強調ノ宣言文、通電等ヲ發シテ居ルカ夫等ハ全ク主戰論ノ民衆運動ヘノ安全辨的「ゼスチユアー」テアリ、新聞テ報導スルカ如キ過激ナ機關テハ無イト、現在マテノ所前述ノ如キ財界人ノ參加ニ依リ、觀得ルノテアル。

248

上海事务所长关于报送华北战况的特别报道事致总裁室弘报课长的函（一九三七年八月三日）

245

東亞課
12.8.9
受付

寫

東亞課長

上情三七第七九號

昭和十二年八月三日

總東 弘 37 第 2 號ノ131

上海事務所長

東亞課長

弘報課長殿

北支戰況ノ

別紙ノ八月二日ノノース・チャイナ紙特報ノ首題ハ現下ノ南京情勢ヲ如實ニ示現シアルモノト思ハルルニ付御參考迄ニ送付ス

252

附：华北战况的特别报道

246

北支戰況ノ「ノースチャイナ」紙特報八月二日

蔣介石ノ悲慘ナ「ディレムマ」

南京ハ果シテ戰フカ、日本軍ノ進出ニ對スル悲觀

蔣介石ノ發表ト政府ノ對北支事態處理ノ方法トノ明白ナル錯誤ハ一般民衆ノ非難ヲ增大シ、日本軍ノ進軍ヲ好マヌ支那人ヲ一層焦慮サセテ居ル。一般ニ數ハ少クトモ日本軍カ其訓練ト裝備ニ於テ優秀テ其タメニ二十九軍ハ敗レタコトヲ支那側ハ承認シテ居ル。第三十七師（第三十八師）ハ甚シキ損害ヲ受ケ其將率ハ日軍カ平津ヲ取ルヲ阻止シ得ヌコトヲ觀念シテ居タ。彼等ハ現ニ永定河西岸ニアリ、日軍ハ河ヲ渡ツテ長辛店ヲ占據シタ。一方宋哲元ハ二十九軍殘部ヲ纏メテ保定ニ在リ、全地ニハ又中央軍カ集結シ、確證ヲ得サルモ其一部ハ既ニ保定ヨリ北進シ日軍ヲ攻擊セントシテ居ルト稱セラレル。右ノ報ニシテ確實ナラハ日軍ハ機械化部隊ヲ含ム援軍日本ヨリ到着ヲ俟ツテ保定ニ強擊ヲ加フルニ至ルテアラウ。而シテ保定カ必シモ其南ノ端テナイ隴海線ノ鄭州、徐州ニ支

253

247

那カ大部隊集結ヲ日本側ハ云々シテ居ル故此等ノ要地ニモ攻撃ヲ加フルハ必定テアル、以上カ七月三十一日現在ノ情勢テアツテ盧溝橋事件發生シテヨリ三週間以上、蔣介石カ盧山テ其所謂最低限度ノ主張四點ヲ擧ケ對日抵抗ヲ公表シテヨリ二週間ヲ經テ居ル。

「支那側ノ不用意」

日本側テハ蔣介石ノ二名ノ重要軍事顧問トモ云フヘキ兵事經驗家ノ何應欽ト程潛トカ蔣介石ニ此際日本側ノ要求ヲ容レテ退位シ、訓練不充分ノ支那軍隊ヲ日軍ノ前ニ出シテ潰滅ニ歸セシウルヲ避ケコト斷然進言シタトノ消息ヲ傳ヘテ居ルカ、他ノ方面カラノ消息テ南京政府自體カ全部何程ト全一意見テハナイト云フ想像ハ成リ立ツ。

又中央ノ對日抵抗將サニ開始サレントスト報セラルルニ係ハラス、或ル派ノ人々ノ考ハ介石ハ依然彌縫的テ日本軍ノ能力ヲ熟知セルモノカラ丁度、何、程兩人ノ如ク抵抗ハ單ニ華軍ノ現代的防備ヲ危殆ニ陷レ又軍隊カ訓練裝備ノ不完全カラ日軍ト一戰ヲ交フルコト全然

254

248

不可能ナルコトノタメ逡巡シテ居ルモノト見做シテ居ル。茲ニ介石ハ最近ノ日軍々事行動ニ對シ若シ中國ノ國土ニ此上侵略カ加ヘラルルナラハコレト戰フト誓ツタ手前直ニ其誓ヲ履行セネハナラヌト云フ苦シイ立場ニ立ツニ至ツタ。然カモ彼ハ二週間前ニ完全ナル國民ノ後援ヲ訴ヘタカ、其ノ訴ヘカ效果ヲ擧ケタト云フ些ノ證左モ見ラレナカツタ。而シテ、南京ヘ來テ或ハ態度カ變ツタカモ知レヌカ韓復渠ハ山東ヲ紛亂ノ外ニ置カント焦慮シテ居リ、白崇禧ハ又以前ノ如ク廣西軍ノ北上ヲ提言シタカ、ソンナコトヲスレハ夫レコソ日本側ノ直接反對ヲ買ヒ、假令長江岸ニ廣西軍ノ北進カ達シタトシテモ其渡河北上ハ阻止サレ、タメニ南京ハ更ラニ困難ナ立場ニ置カレ中央軍ヲ北ニ增援セネハナラヌ事ニ立至ルテアラウシ又、山西テハ閻錫山カ韓復渠ヲ眞似テ動カス、結局中央軍ハ北上スルニモ山東ト山西ニ挾マレタ狹隘ナ一路ヲ辿ルヲ餘儀ナクサレルテアラウ。

255

249

「實在論者ノ議識」

玆ニ又蔣介石ノ統率ノ力ヲ完全ニ信頼スル一部ノ人々ハ現在ノ情勢ヲ承認シテ之レニ邁進セントスレハ日本ト抗戰シテ全然見込ノ無イ戰ニ支那軍ヲ破壞シ國防上ノ損失、經濟建設ヲ數年間遲ラセルコト第二ニ介石ノ再三繰返シタ國民ヘノ自重、一致協力ノ要望ノタメ困難ナル政治問題ヲ殘スコトトナルヲ知ツテ居ル。カクシテ此ノ悲慘ナ「ディレムマ」ニ陷ツタ介石カ非常ニマツイ事ヲ國民ニ知ラセルヲ躊躇シ又政府ノ地位ヲ危殆ナラシメスニ日本側ト解決スル如キ方法ヲ發見スルタメニ時ヲ遷延シテ居ルノハ不自然テハナイカ然カモ日本軍ノ北支占據ト云フ此ノ不吉ナ事實ニヨリ河北カ察哈爾及綏遠ト共ニ中央政府ノ手カラ遂ニ離レルト云フコトハ中國ノ政治上ノ意見ヲ沸騰セシムルコト甚シク介石ハ日本ニ對シテハ夫レ程テナイトシテモ彼ノ政策ニ對スル物凄イ國內カラノ反對ニ直面スルニ至ラウ軍隊配置ノ秘密ハ守リ得テモ動員抗戰ノ樣子カ全然見エヌコトカラ

256

250

南京ニハ抵抗ノ意思ナシト断セシムルモノテ、實際上此ノ戰爭ヲ回避シ日本トノ爭ヲ出來ルタケ好條件テ彌縫シ、南京政府及在外使節ヲ通シテ決然トナサレタル宣言ナトハ關ハヌト云フノカ支那ノタメニハ最上ノ方法テアラウ。個性ヲ完全ニ喪失スルヨリハ屈辱ノ方カヨイ而シテ支那ハ待ツコトカ出來ル。時ハ支那側ニ加擔シテ居ル。然シ若シモ實際的常識上ノ觀測カ力ノアルモノトスレハ、コレ迄三週間ノ南京側ノ言辭ト外交部ノ日本側トノ外交的接觸ハ著シク不評判テアツタ。

257

「機會主義」

兎ニ角好カレ惡カレ中國ノ民衆ハ南京カ日本軍ト抗戰スルタメ奮起スル迄ハ待テト申渡サレテ居ルモノテ然カモ其ノ日本ニ對スル挑戰テ勝利ヲ得ルモノトハ申渡サレテ居ラス唯將來ニ於テ日本ノ侵略ヲ支那兵カ斷然或ル程度テ喰止メルコトカ出來ルテアロウト云フコトヲ暗示サレテ居ルノミテアル。

其處テ若シ支那側ノ對日抗戰カ撤回サレ又例ノ隱忍シテ時ノ至ルヲ待テト申渡サレタトシタラ實在論者ハ喝采スルテアロウカ來ル十一月ニハ國民全體會議ヲ開ク南京政府トシテハ其言行不一致ノ錯誤ヲ如何ニ説明スヘキテアルカ。

此ノ隱忍主義ハ他ニ滿足ナ辦法ナク又中國再建ノタメニハ役立ツタモノテ此上共コレテ行クヘキモノト見做サレルカラ現在ノ政府ヲ支持スヘキテアルト考ヘル人達カ持ツ意見テアツテ更ラニ皮肉ナ觀察ヲスル一派ノ人々モソウ云フニ相違ナイ。卽チ中國軍隊ノ現代化ノタメ國民カラノ寄附テ買ツタ多クノ飛行機ヲ加フル空軍ヲ設立シタコトカ現政府ヲ其地

位ニ居据ハラセル重要要素ヲ構成スルモノテアルカラ此ノ空軍ハ日本ト戰ツテ毀損スヘキテナク廣西或ハ其他ニ現ハレル反南京團結ヲ防クニ用ヒラルヘキモノテアルト。

右ニ對スル南京側ノ返事如何？現在判斷カツカヌカ技巧的修辭學上カラハコレニ對シテ肯定ト否定ノ二途ノ判斷カ行ハレル。万全ノ準備ノタメ中央軍ノ卽時進出ヲ可ト信スルモノカ肯定テ否定スルモノハ平津地區ニ援軍ヲ送ルコトヲシナカツタノハ送ツテ却ツテ日本軍ニ粉碎ノ機會ヲ與ヘルニ過キヌト云フ戰略的困難カアルヲ理由トシ更ラニ日本側ノ策謀ニカカリ能率ト團結ヲ失ツタ二十九軍ニ對シテハ援軍ヲ送ル如キハ莫迦氣タ話テアルトナスモノテアル。

「抗戰ノ計畫ハ如何」

トコロカ二十九軍ハ日本側カ自家藥籠中ノモノト考ヘテ居タ第三十八師ヲモ加ヘテ將校間ノ不和ヤ裝備不完全ニモ拘ラス各所ニ頑强ナル抵抗ヲナシタコトニ所謂懷疑派ノ議論モ一部分眞實性カアツタ譯テアル。又中央政府ハ介石ノ國民ニ對スル統一ノ熱意アル叫ヒニ具體的ニ呼應シ詳細

259

ナル計畫ヲ建テヤウトスル程無邪氣テハナイト云フコトモ指摘サレル。白崇禧ノ態度ハ中國ノ一致協力ヲ主張スルモノテアルカコレヲ好イ加減ナ曖昧ナ言辭ト見做スコトモ出來ヌ場合テアル。即チ中央政府ハ將サニ日本ト一戰ヲ交ヘントシ居リ白ノ協同出兵ノ提言ハ彼自身ノ口カラ出タ確言テアルカラコレヲ信シヌワケニハ行カヌ場合テアリ山西山東ニツイテモ仝樣テアル。而シテ韓復渠ノ南京來訪ハ其顯著ナル例證トサレテ居ル。斯クシテ中央軍愈戰場ニ臨メハ山東、山西ハ完全ナル援助ヲナシ河北ヘノ通路ヲ中央軍ノタメニ自カラ案内シ日本ノ侵略者ニ抗戰スルヤ疑ヲ容レヌトコロテアル。

然シコレトテモ中央軍カ確カニ大軍ヲ排列シテ立ツノ必要ナル手配カ完了スル迄ハ蔣介石ノ意途ヲ華々シク發表スルコトハ未タ出來ナイ。

孰レニセヨ中央政府ノ徹底抗戰ノ覺悟ハ具體的證據ヲ見セラレル迄ハ承認出來ヌハ明白テ其證據カ眞實見ラレルモノナラハ永ク待ツ譯ニハ往カヌ。日本ハ次ノ二週間內ニハ保定及更ラニ南方ヲモ攻撃スルコトカ出來ルタロウカラ其以前ニ蔣介石ハ日本ノ中國主權侵害ニ對シ武力抗爭ヲ

260

254

ナシ得ルモノト信スルカ或ハ國軍カ裝備ヲ完了シ防備可能トナル迄忍耐シテ待ツコトヲ今一度國民ニ請フカ確タル決定ヲナサネハナラヌ。其處ニ謎カアル。

261

上海事务所长关于中国政府正在斡旋购买汽油事致总裁室弘报课的电文（一九三七年八月三日）

243

寫

上情三七第八一號

昭和十二年八月三日

上海事務所長

弘報課長殿

國民政府ノガソリン購入ニ就テ

國民政府ハガソリン、鐵條網等ノ軍需品買入レニ努力シアリ、支那側ノ需要スル軍需材料ヲ減少セシムル意味ヲ以テ當地三井洋行カガソリン買入レノ申込ヲ爲シタル所數日前國民政府ハ急ニテキサス・スタンダート及ヒアジアノ三社トEmergency Order Contractナルモノヲ締結シ飛行機用及自動車用ガソリン各二百万ガロンヲ用意セシメタリ。其後天津方面ノ戰鬪アリタル爲メテキサス及ヒスタンダートハ現金拂ヲ必要トスル旨主張シ初メ支那側ハ現金拂ヲ爲ササル代リニ現今外人

250

244

ノ所有ヲ禁止シ居ル土地ヲ擔保トスル旨ヲ申出テタリ。右ハ黃浦江岸ノ土地ニシテ外人ノ唾涎スル所ヲ以テ誘ヒタルモノナルヘシ。

英國ハ是レノ支拂ニ團匪賠償金ヲ以テ流用シ得ルモノノ如ク特ニ現金拂ノ主張ヲ爲サス。

251

上海事务所长关于报告各地驻在员撤离完毕事致总裁室东亚课长的电文（一九三七年八月五日）

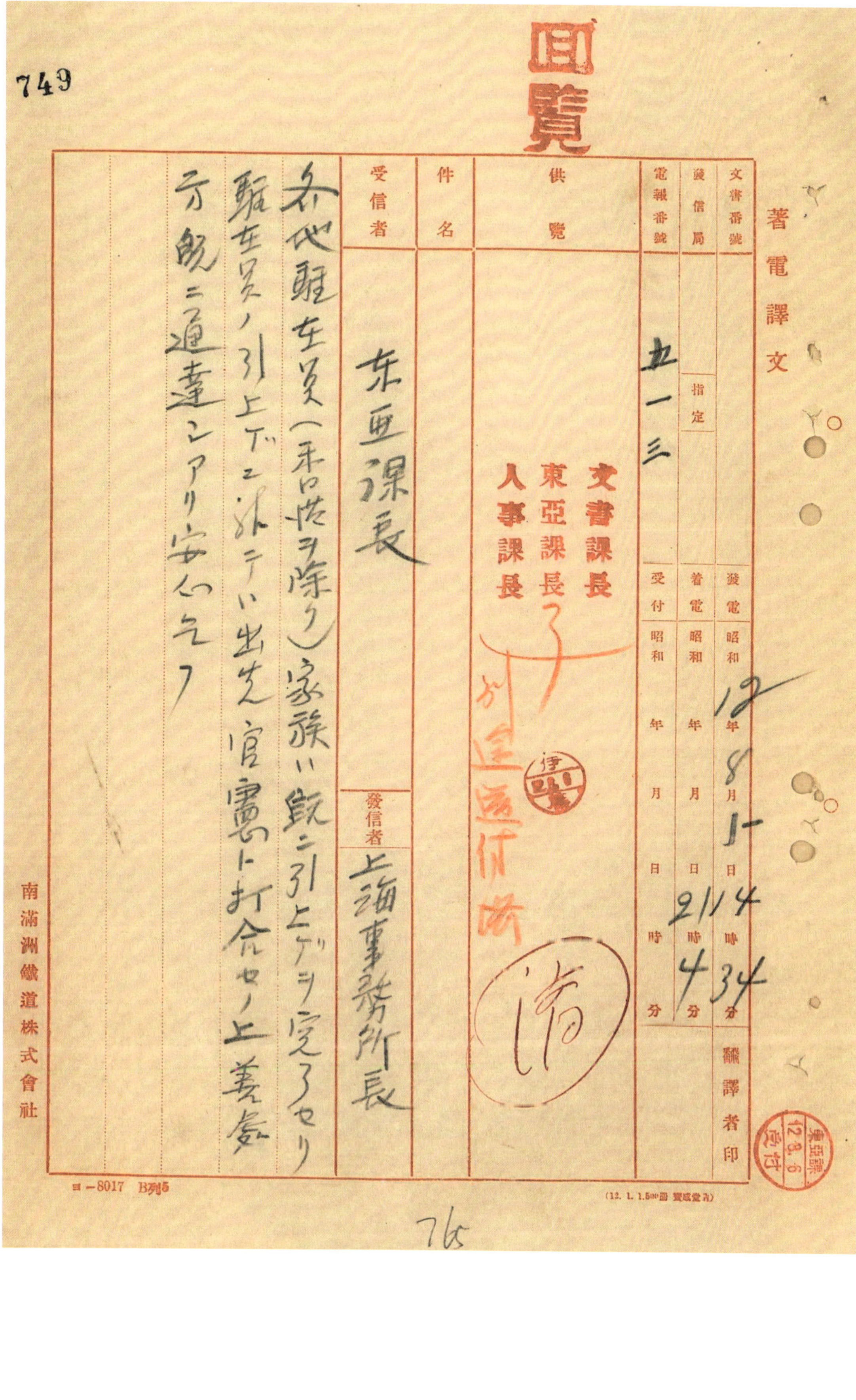
749

回覧

著電譯文

文書番號

發信局

電報番號 五一三

指定

供覧

文書課長

東亞課長 了

人事課長

受信者 東亜課長

件名

發信者 上海事務所長

各地駐在員（寧波ヲ除ク）家族ハ既ニ引上ゲヲ完了セリ駐在員ノ引上ゲニ就テハ出先官憲ト打合セノ上善處方既ニ通達シアリ安心乞フ

發電 昭和12年8月1日14時34分

着電 昭和 年 月 日21時4分

受付 昭和 年 月 日 時 分

飜譯者印

東亞課 12.8.6 受付

南滿洲鐵道株式會社

ヨ－8017 B列5

76

上海事务所长关于各地驻在员撤离后之安置事致总裁室东亚课长的电文（一九三七年八月六日）

745

寫　極秘

著電譯文

文書番號	發信局	電報番號
		公四五
	指定	

發電	着電	受付
昭和　年　月　日16時55分	昭和12年8月6日23時28分	昭和　年　月7日0時30分

飜譯者印　東亞課 12.8.7 受付

受信者：東亜課長

件名：

供覧：東亞課長　人事課長　文書課長

發信者：上海事務所長

漢口情勢悪化ノ爲本日河野駐在員ニ對シ引揚方電セリ。小島職員当地ニ出張中。尚今後各地駐在員引揚ゲル如キ場合ニ立到ルヤモシレザルニ付引揚後ノ處置ニツキ貴見通知乞フ。河野參事ハ北支方面ニ活動シタキ希望アリ。念

南滿洲鐵道株式會社

ヨ－8017　B列5

761

上海事务所长关于撤离职员家属事致总裁室东亚课长、人事课长的电文（一九三七年八月七日）

741

暗號 極秘 寫

著電譯文

文書番號	發信局	電報番號	供覧	件名	受信者
公九一			中西理事		東亞課長、人事課長

指定

	發電	着電	受付
昭和	12年	〃年	〃年
月	8	〃	〃
日	7	〃	8
時	12	23	〃
分	50	31	20

文書課長 人事課長 東亞課長 弘報課

八月九日別途寫送付濟

發信者：上海事務所長

時局ハ當分解決セザルベク周圍ノ狀勢及ビ所員ノ活動等ヲ考慮シ本日ヨリ家族ハ適宜引揚ゲシムルコトヽセリ

飜譯者印

南滿洲鐵道株式會社

日-8017 B列5

757

上海事务所长关于汉口、南京两地撤侨事致总裁室东亚课长的电文（一九三七年八月七日）

744

著電譯文

文書番號	
發信局	
電報番號	公九〇
指定	
發電	昭和12年8月7日12時49分
着電	昭和〃年〃月〃日23時30分
受付	昭和〃年〃月8日0時25分
飜譯者印	

供覧：総裁　副総裁　文書課長　人事課長　東亞課長　弘報課長　總、庶務課長　理事

1月九日別途寫送付済

受信者：東亜課長

件名：

發信者：上海事務所長

漢口南京引揚ゲニ決シタ 関係箇所ニ然ルベク傳ヘ乞フ

南滿洲鐵道株式會社

ヨ-8017 B列5　（12.1.15 寶成堂）

760

上海事务所长关于汉口、南京驻在员到达上海事致总裁室东亚课长、福祉课长的电文（一九三七年八月十日）

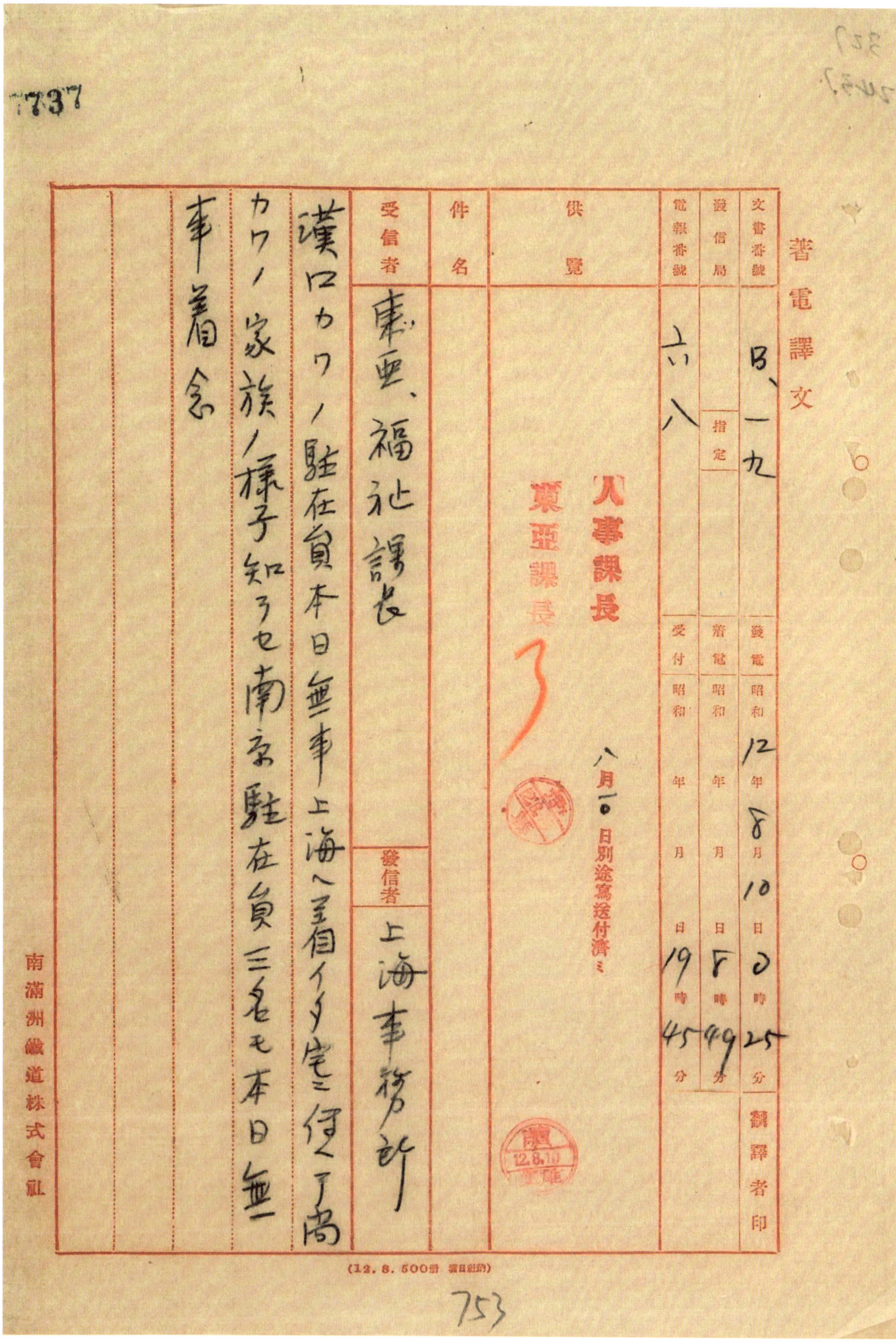
7737

著電譯文

文書番號 B、一九
發信局
電報番號 六八
指定

發電 昭和12年8月10日0時25分
着電 昭和年月日8時49分
受付 昭和年月日19時45分
翻譯者印

供覽
人事課長
東亞課長
八月10日別途寫送付濟ミ

件名

受信者 東亞、福祉課長

發信者 上海事務所

漢口カワノ駐在員本日無事上海ヘ着イタ宅ニ伝ヘ了尚カワノ家族ノ様子知ラセ南京駐在員三名モ本日無事着ス

南滿洲鐵道株式會社

(12. 8. 500冊)

753

上海事务所长关于闸北日本人墓地附近枪声频繁市内便衣队屡次活动事致总裁室东亚课长、人事课长的电文（一九三七年八月十三日）

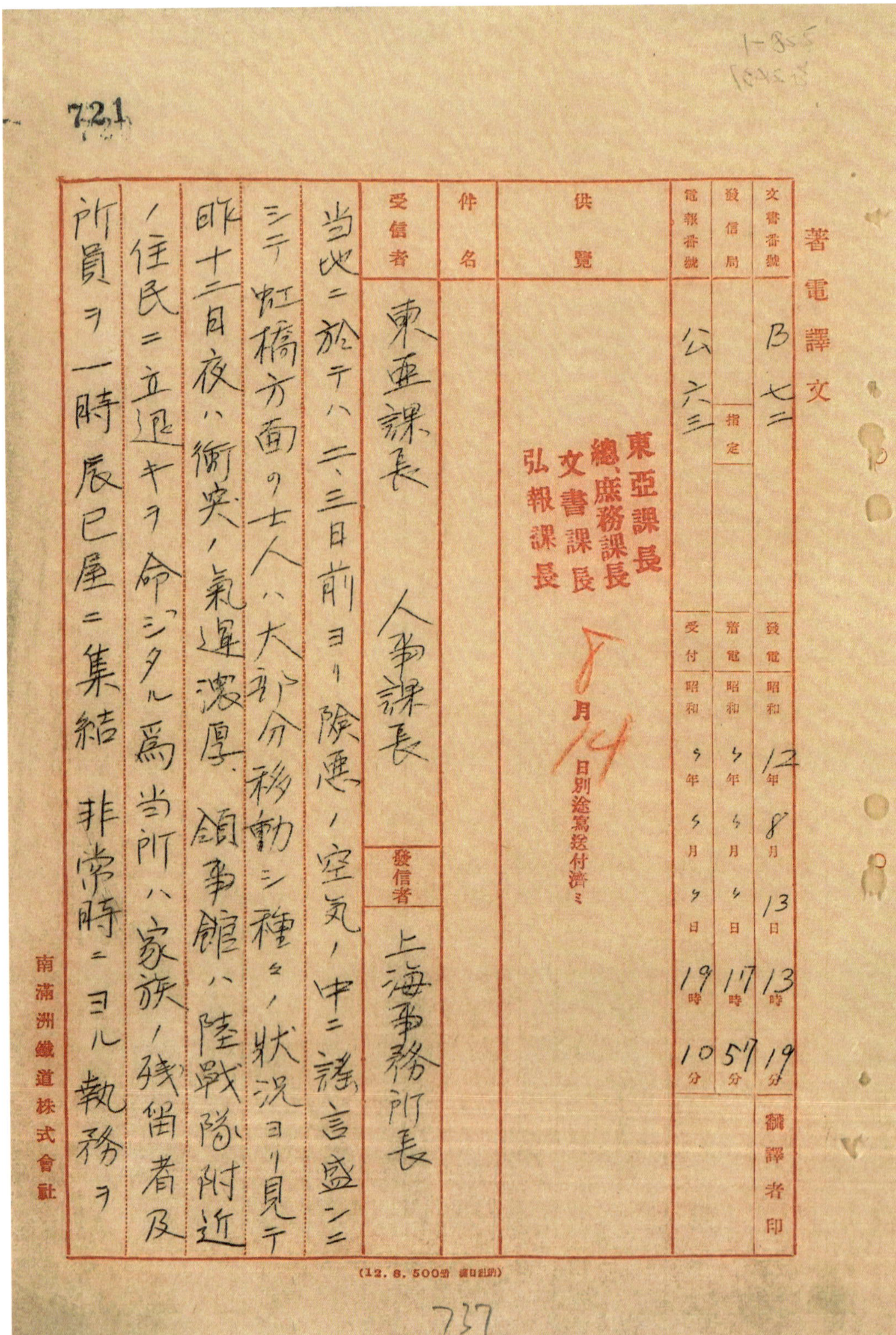

721

著電譯文

文書番號	B七二
發信局	
電報番號	公六三
指定	
發電	昭和12年8月13日13時19分
着電	昭和〃年〃月〃日17時57分
受付	昭和〃年〃月〃日19時10分
飜譯者印	

供覽：東亞課長　總、庶務課長　文書課長　弘報課長

8月14日別途寫送付濟ミ

件名：

受信者：東亞課長　人事課長

發信者：上海事務所長

当地ニ於テハ二、三日前ヨリ險悪ノ空気ノ中ニ謠言盛ンニシテ虹橋方面ノ支人ハ大部分移動シ種々ノ状況ヨリ見テ昨十二日夜ハ衝突ノ氣運濃厚、領事館ハ陸戰隊附近ノ住民ニ立退キヲ命ジタル爲当所ハ家族ノ残留者及所員ヲ一時辰巳屋ニ集結　非常時ニヨル執務ヲ

南滿洲鐵道株式會社

(12. 8. 500冊)

737

722

ナス、家族ノ大部ハ内地及大連ニ避難ヲ完了ス、本日ハ

事務所ニ於テ執務ス、閘北日本人墓地附近ニ銃聲盛ン、

市中ハ便衣隊活動シ北四川路附近死ノ街ト化ス

南滿洲鐵道株式會社

ヨ－0002　B列5

738

上海事务所长关于报告七七事变给上海经济界带来的影响事致产业部长的函（一九三七年八月十三日）

328

總東庶 37 第 2 號ノ245

寫 東亞課長、弘報課長、天津事務所長

上調產三七第八一號ノ一

昭和十二年八月十三日

上海事務所長

產業部長殿

北支事變ノ上海經濟界ニ及ホセル影響（第一）

首題ノ件ニ關シ左ノ如ク報告ス

336

329

北支事變ノ上海經濟界ニ及ホセル影響（第一報）

第一、工業關係

◎北支事變勃發後今日迄ニ支那工業、特ニ紡績業ニ及ホシタル影響、並ニ今後事變ノ推移ニ伴ヒ豫想セラルル諸影響。

七月初旬ニ勃發セル今次ノ北支事變ハ、ソノ後逐日事態惡化シ、終ニハ當上海ニ於テモ重大ナル破局ノ必至カ豫想サレルニ至リ、日支共ニ人心騷然トシテキルカ、玆ニ當地工業界ニ於ケル今次事變ノ諸影響ハ㈠操業狀態、㈡市況、㈢排日貨運動、㈣將來豫想セラルヘキ影響、ノ項目ノ下ニ日支別々ニ觀察シテミル。

一、操業狀態

(イ)日本紡績

支那ニ於ケル「事變」ニ際シテ、毎次最モ懸念セラルルモノハ、日本紡績ニ於ケル工人ノ向背如何テアルカ、今次ノ事變ニ於テハ種々ノ取沙汰ノ行ハレテキルニモ拘ハラス、日本紡績ニ於ケル操業狀態ハ今迄ノ所―八月初旬―殆ント何等ノ影響ハ蒙ラナカツタト言ツテ

337

330

差仕ヘナイ。新聞紙ニハ操業五％減ト報道スル向モアツタカ、事實ニ於テ日本紡績ノ操業狀態ハ九〇％運轉ハ續ケテキル。而モ此ハ夏季ニ於ケル例年ノ狀態テ特ニ北支事變ノ影響ト見ルハ當ラナイ尤モ以上ハ八月九日以前ノ狀勢テ、「虹橋事件」發生後ニ於テハ、事態ノ緊迫ニヨツテ工人中歸國スル者多數アリ、出勤率ハ低下シ、爾日來操業狀態ハ相當惡化シテキル模樣。

(ロ)支那紡績

後述スル如ク今次事變ノ勃發ハ排日貨運動ハ激化シ日本糸ノ商內皆無ニシテ「日本糸安、支那糸高」ノ現象ハ生シテキルカ此カ爲ニ支那紡績ハ好況ハ呈シテ居リ、操業狀態モ恐ラク全運轉シテキルモノト推測サレル。

(ハ)各種工業

事變ノ勃發以來、日支ノ間カ愈危機ハ深メ行クニ連レテ、排日貨運動ハ激化シ、日本品ニ對スル商內ハ殆ント皆無ノ狀態ニアルカ日本側各工場ハ、相當憂慮スヘキ狀態ニ置カレテキル。

338

此ニ反シ、支那側ニ於テハ相當ノ活氣ヲ呈シツツアルコト紡績ノ場合ト同シ。

第二、市況

(一)綿糸

事變ノ發生後、海外材料ノ如何ヨリモ、市場ハ一ニ北支狀勢如何ニ左右サレ、七月廿日及廿一日ニハ事態危機ニ陷リシ感カアツタカ、廿二日午後ヨリ日支兩軍協定成立ノ報道ニ市場小康狀態トナリ、廿六日來時局再ヒ惡化、廿九日ニ至リ天津事件テ商内皆無、荷物ノ取引取殆ト皆無トナツタ。

次ニ邦紡製品ト華紡製品トヲ對照スルニ、日本紡製品ハ沙布交易所整理ニ續キ、北支事變勃發テ天津等ノ轉賣、各地積出手控等ノタメ貧商狀ヲ呈シ賣行全ク杜絕セルニ反シ、支那紡製品（現物）ハ相場强調、金融逼迫ニ拘ラス、七月下旬中每日一千俵近クアリ、コレカ爲ニ日本品ハ安ク支那品ハ高ク、兩者ノ値鞘カ左ノ如ク擴大スルニ至ツタ。

332

	七月廿四日	同 廿九日	
二〇手藍鳳（邦糸）	二七一元	二六六元	五元安
金城（支那糸）	二八四・五元	二八八元	三・五元高
値鞘	一三・五元	二二元	八・五元増
三二手藍鳳（邦糸）	三三〇元	三二〇元	一〇・元安
金城（支那糸）	三五〇元	三五〇元	不変
値鞘	二〇元	三〇元	一〇元増
四二手立馬（邦糸）	四三〇元	四一八元	一二元安
金城（支那糸）	四六五元	四六五元	不変
値鞘	三五元	四七元	一二元増

八月ニ入ッテハ、愈々日貨排斥實行ノ噂アリ、交易所相場暴落、期近二四〇元、先限二三七元六〇ノ新安値ニ叩キ込マレタカ、交易所相場ハ現物相場ニ比シ行過ノ觀アリ、且ツ南支方面華商紡製品ニ對シ買氣ヲ見セ現物賣行アリ、交易所倉庫在荷一八、七〇〇ヲ算シ、前週ヨリ約四千　ノ減少ニ交易所相場漸騰、米棉高ト相俟チ、八、

340

九元ノ反騰ヲ示シタ。邦人紡績製品ハ買行者無、八日ニ入ッテハ荷動及新商内共殆ント杜絶シタ。従ッテ日華糸ノ値鞘ハ益々擴大シタカソレハ專ラノミナル相場テアル。

（因ミニ漢口ハ邦人紡製品商内及荷卸共完全杜絶、邦商ハ同地在庫品綿糸布約三千五反ヲ上海へ積戻シツツアツタカ、ソノ後、八月中旬ニ入ッテ遂ニ工場拋棄ノ止ムナキニ至ッタ。

相場、	七月廿九日、	八月五日	
二〇手藍鳳	二六六元	二六〇元	六元安
金城	二八八元	二九二元五〇	四元五〇高
三二手藍鳳	三二〇元	三〇五元	一五元安
金城	三五〇元	三五〇元	不變
四二手立馬	四一八元	四〇五元	一三元安
金城	四六五元	四八〇元	一五元
交易所八月限	二五四元一〇	二四九元五〇	四元六〇安
十二月限	二五二元六〇	二四五元四〇	七元二〇安

341

334

(二)加工綿布

新規商内ハ時局ノ推移ヲ警戒シテ出来ス、七月廿二日前好轉ノ模様カ見エタカ、廿八日頃ヨリ荷動カ目立ツテ悪化シタ。相場ハ七月廿二日ニ於テ六月上旬ニ比シ、無地五枚四綾テ一梱約五十元、捺染モノテ同シテ約壹十元低落ヲ示現シタカ七月卅日ニハ更ニ約廿四元低落シタ。八月二日カラハ全然停頓ニ陥リ、商内ハ商内ハ全然無シ相場モ各品トモノミナニ過キナクナツタ。従ツテ支那品トキ値開キモハツキリハ分ラナイカ、大体一箱最大七十二弗カラ最小廿四弗ニ達スル模様。

支那品ノ荷動ハ詳カナラサルカ、コレマタ余リ動イテキナイモノノ様。

(三)各種工業（紡績以外）

各工場共業積一般ニ悪化シタ。雑貨類ノ工場ハ端境閑散季ナル為コレ迄ノ處打撃比較的軽微ナル模様テアルカ前途ノ豫想ツカス、消極的商策ニヨリ事態ヲ靜観中。邦人筋ヲ　筋トスル印刷及鐵工業ハ未タ著シキ影響ナキ模様ナルモ先行不安ハ増大シツツアリ最モ覿面ニ影響ヲ受ケタモノハ　取線香工場テ商内ハ作年ノ十分ノ二ニ過キヌ旨。

342

三、排日貨運動

事変発生後、無論排日貨運動は激化して居るが最近に於て吾人の注目を惹いて居るものとしては

(イ)支那新聞が邦人新薬及び売薬の広告掲載を停止

申報及び新聞報は七月十五日以降、日本人新薬及び売薬の広告掲載を停止した。

(ロ)銭荘が日本人の担保を拒絶

之は独り日本人のみならず、金融逼迫の激化から貸付を警戒する次第と見る向きもある。

(ハ)福州帮が南支向積出に日本船をボイコット

在上海福州帮は、南支向の雑穀積出には日本船を使用せざる旨決議し七月廿七日以後

336

出帆の盛京丸より実施した。

(ニ)綿糸ブローカーの出来値表から邦人紡糸を除外、

上海綿糸ブローカー組合出来値表に、日本人紡糸の出来値を掲載しない。

(ホ)綿布交易所の糸花商登記に邦商なし、

綿布交易所綿糸棉花商登記に対し実業部交易所監理員より、第一次、第二次の登記承認発表を見たが邦人商の登記承認発表を見ない。

(ヘ)、紙業公會が非公式に日貨取扱者暗殺を決議。

上海の紙業公會は七月廿八日、日本紙取扱者

南滿洲鐵道株式會社

ヲ—0002 B列5

344

337

を暗殺する旨を申合せると共に、上海市紙業抗敵後援會を組織し、北支の抗日軍に対し十萬元醵出の件を決議した。

その他邦商出入の支那人に対する脅迫が行はれ、邦人傭用の支那人に怠業空気が看取せられる。

338

四、予想

現在迄の所、北支に於ける沸き返る事態にも拘らず、大体に於てさしたる波瀾なしに来た。上海も、いよいよ「破局」に直面せんとして居る。在華日本紡績同業會総務理事船津辰一郎氏談として新聞に傳へらるる所によれば事態の推移如何では工場閉鎖も止むをなしとの事である。此に対し或る向きに於ては日本紡績に於ては荷動皆無にしてストックの山積する今日、工場が兵火の危険に瀕する事なしとするも、操業困難であらう、と批判するものもある様であるが然し棉花としてストックするも綿糸としてストックするも、さしたる相違なき以上、当地戦局行先の拡大せざる場合には、手持原綿の存する限り、操業を

南滿洲鐵道株式會社

ヨー0002 B列5　(11. 10. 15,000冊 [illegible])

346

339

続けるのではあるまいか。但し、虹橋事件により、当地当地に於ける戦争行為の必至が予想せられて居るが、其の場合には当然工場閉鎖は余儀なきものと考へられる。要するに紡績其の他の工場共戦争不安による取引皆無、対日感情悪化による対日取引廻避、上海に於ける直接戦禍等々何れの点よりするも事変の解決まで前途暗澹たるは謂ふまでもない。

南滿洲鐵道株式會社

ヨ－0002　B列5

347

340

後記、

八月十三日に至って、当上海に於ても遂に戦闘行為が開始され、東華紡、公大紗廠を始めとして邦人紡各工場は異常なる危険に曝され、各工場共操業を停止し、土嚢を築いて防戦設備に大童になって居る。今の處復工の期日は全然見透しつかない。

支那側工場に就ては、戦争地区にあるものは無論停工と推測するも、其の他のものは一切不明。

南滿洲鐵道株式會社

ヨ—0002 B列5

348

1.

北支事変の對支貿易上への影響

事変突発後或る前後に於ては當面深刻なる影響を認めざるも漸次濃厚に執拗に全面的に排日貨的傾向を出るものと推断せられ各邦人工場の必然的ロックアウト排日暴動化の危険を懸念せらる。

一般に市面平静を保ちつゝも新規取引は時局前途懸念濃厚と救国風潮に押され八日事変突発と仝時に殆ど皆無の状態となり僅かに契約品の積出し急ぎと在庫品の整理引取りに奔走せる程度にして表面は上海事変當時の如く党部、市商會等の排日貨に對する具体的な強制的り動は見られざりしも裏面潜行的な行動は深酷化しつゝあり。

次に貿易各商品に就き大略動静を見るに

一、海産物に就ては全く気乗薄となり在荷の消化極度に不良を告げ支那軍隊の奥地輸送による運輸上の不便は商品の保存上の

2.

品質低下等の懸念を生み塩鱒昆布等等しく暴落を来たし且豊台府攻戦誤勝報を入れてより更に人氣の悪化を来たし此の種商品の性質上影響は頗る急速且大なるものあり．

二、工業薬品に就て　硫黄、硫酸等爆薬原料品は既に輸出禁止制あり、華商邦商は勿論華商に於ける手形の不渡りの増加は時局悪化を反映するものを見る可く契約品の荷渋しも直ちに季節不需要期なる為一層不活溌にて又時局を口実として契約品の市價下落による負担を軽からしむる等華商の邦商に対する態度益々露骨なるを見る．

今月七、八日三井、三菱の商内自発的の中止は華商に對し一層時局悪化を認識させしもの如し．

尚一部商品（當地在留邦工場経営製産品）の如きは工場会人の遠慮と、日貨排斥空気の濃厚とより独逸品の入荷を見たる

343

3.

ものもあり独逸品は輸入原價勿論割高なるも、上海事變前の極端なる排日貨の経験者が之を行ひつゝあるものならん。

三、毛織物に就ては幾分閑散期ながら原料関係上契約破棄を有利とするものありし處、事變勃發を奇貨として契約履行を肯んぜず、商談流り新規契約絶無到着品もボンドに入れる有様にて影響相當大なり、各商品ともボンド入れ商品多く既に倉庫餘裕無く積止め手配多く内地仕入元も當然低相場下落による餘波を受くるものと思はる。

四、砂糖に就て外國品も事變勃發影響による金融梗塞より来る不味は同様なれども六月初旬の邦糖契約相當ありし(約三十万俵見當か)七月より順調なる歩みを續けたるも金融関係にて滞貨勝ちながら他商品に比し商談流り事變影響薄く幾分の弱含みの程度なり。只新規契約は同様皆無契約品の

351

4.

順調なる荷役し懸念されまる位と見らる、
以上時局重大化し数字的に見る余裕なき遺憾とす最後に
N.Y.K.船積状態より見て稍ま緒ぶ.
当地邦商先行き不安なりしも案外市場一般静なりし為め
積出し急ぐ者多き有り割合積荷及在庫品の荷出し旺た
りしも漸次不活発となり且時局影響にて配船の減少とな
り七月二十日以後の時局急悪化に拍車をかけ急激なる沈静
状態に入りたり.
当輸出方面は輸入品と比較し割合順調なりしも今後買入れ
に不便を感じつゝあり、漢口の悪化より当地も極度に不調と
なれり。輸出禁止指定せらるゝ商品積出も悪材料の主なる一つ
なりし。八月十日迄

以上、

上海事务所长关于通告时局事致总裁室东亚课长、人事课长的电文（一九三七年八月十三日）

86

著電譯文

文書番號	B七二
發信局	
電報番號	公六三
指定	
發電	昭和12年8月13日13時19分
着電	昭和 年 月 日 17時57分
受付	昭和 年 月 日 19時10分
飜譯者印	

供覽：東亞課長　總、庶務課長　文書　弘報課　8月14日　別途寫送付濟

件名：

受信者：東亞課長　人事課長

發信者：上海事務所長

当地ニ於テハ二、三日前ヨリ険悪ノ空気ノ中ニ謡言盛ンニシテ虹橋方面ノ士人ハ大部分移動シ種々ノ状況ヨリ見テ昨十二日夜ハ衝突ノ氣運濃厚、領事館ハ陸戦隊附近ノ住民ニ立退キヲ命ジタル爲当所ハ家族ノ残留者及所員ヲ一時辰巳屋ニ集結　非常時ニヨル執務ヲ

南滿洲鐵道株式會社

(12. 8. 500冊)

87

87

ナス、家族ノ大部ハ内地及大連ニ避難ヲ完了ス．本日ハ
事務所ニ於テ執務ス．閘北日本人墓地附近ニ銃聲盛ンニ、
市中ハ便衣隊活動シ北四川路附近死ノ街ト化ス

南滿洲鐵道株式會社

ヨ－0002 B列5

88

天津无线电转上海事务所关于正金银行附近遭到猛烈空袭所员全员安全事致铁道总局长、总裁室东亚课长的电文（一九三七年八月十四日）

108

寫

著電譯文

文書番號	ろ九。
發信局	
電報番號	一一五
指定	ウナヨイ
發電	昭和12年8月14日23時30分
着電	昭和　年　月15日4時18分
受付	昭和　年　月　日5時45分
飜譯者印	

供覽

總、庶務課長
人事課長
鐵、庶務課長
文書課長

8月16日別途寫送付済ミ

受信者：鉄道總局長　東亞課長

件名：

上海事務所ヨリ上海大阪毎日ヲ通ジ下記無電アリタリ

正金銀行附近ニ猛烈ナル空爆ヲ受ケタルモ損害ナク所員全部正金ビルニ集結避難中ニシテ全員無事ナリ

尚関係ノ向キニ連絡乞フ

發信者：天津無電

南滿洲鐵道株式會社

（12. 8. 500冊）

109

上海事务所长关于报告便衣队遭到包围袭击及空袭后所员全员安全事致总裁室庶务课长的电文（一九三七年八月十四日）

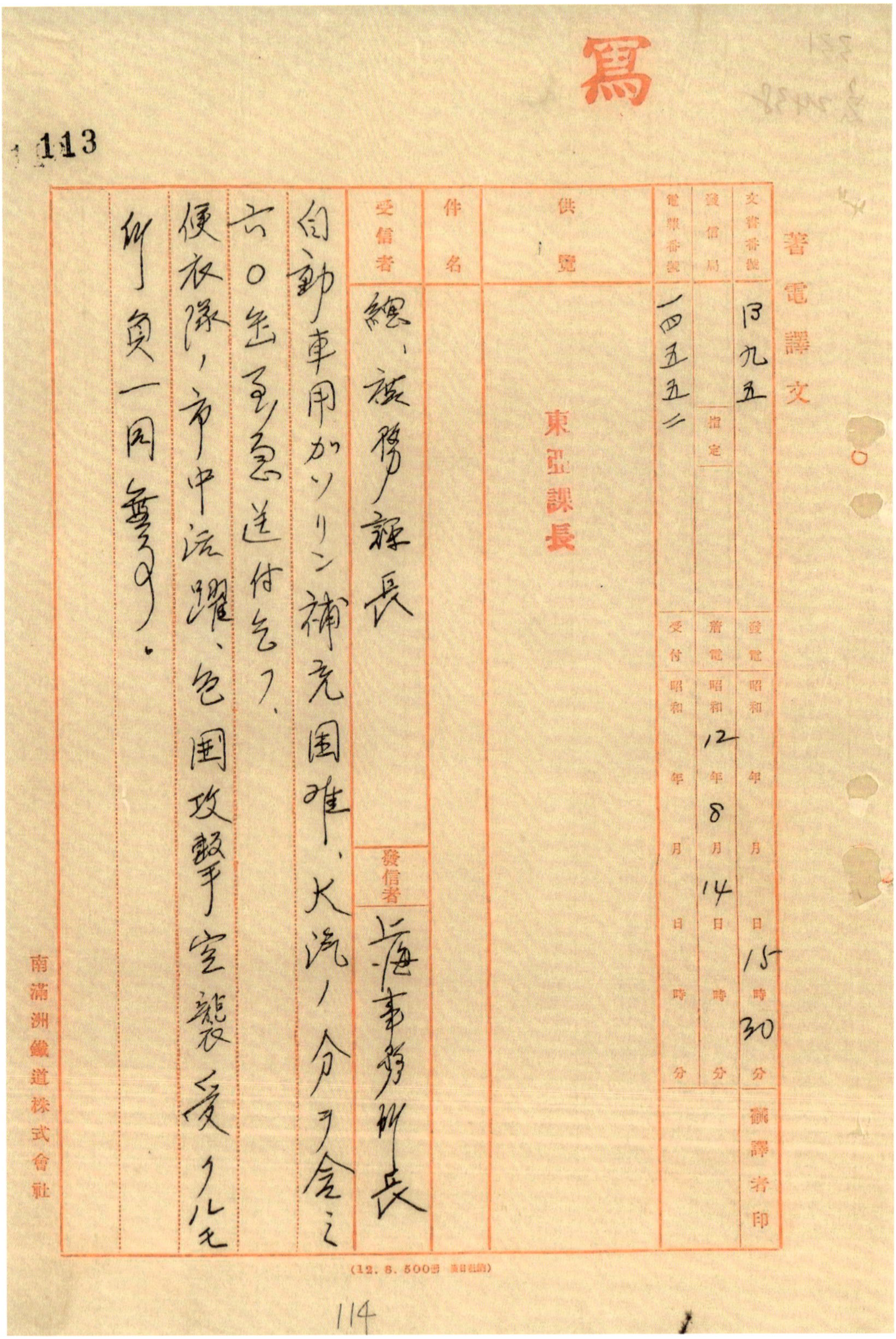

寫

113

着電譯文

文書番號	13九五
發信局	
電報番號	一四五五二
指定	
發電	昭和 年 月 日 15 時 30 分
着電	昭和 12 年 8 月 14 日 時 分
受付	昭和 年 月 日 時 分
飜譯者印	
供覽	東亞課長
件名	
受信者	總、庶務課長
發信者	上海事務所長

自動車用ガソリン補充困難、大流ノ分ヲ含ミ
六〇缶至急送付乞フ、
便衣隊ノ市中活躍、包囲攻撃空襲受クルモ
所員一同無事。

南滿洲鐵道株式會社

(12. 8. 500冊)

114

上海事务所长与总裁室东亚课长、庶务课长等关于请求急运自卫用手枪弹药的一组电文

上海事务所长致总裁室东亚课长、庶务课长电（一九三七年八月十六日）

130

著電譯文

文書番號	發信局	電報番號
13 一一四	上海公	二三九

指定：至急

發電：昭和12年8月16日16時5分
着電：昭和12年8月16日21時29分
受付：昭和　年　月　日23時30分

受信者：東亞課長、總、庶務課長

發信者：上海事務所長

所員一同十三日事務所ニ籠城以來絶ヘザル空襲ト便衣隊ノ活躍及租界ニ逃避セル群衆ノ暴動化ニ備ヘ昇シ加フルニ食料欠乏ノ為困難ニ遭遇シ居ルモ意氣日ニ益盛ナリ「周囲ノ情況事務所ヲ自衛スルノ外途ナキ

8月17日別途寫送付濟ミ

中西理事 參與 參與

南滿洲鐵道株式會社

(12. 8. 500冊)

131

131

拳銃十相當数ノ彈丸及襲撃防御ノ為鉄条網其他防御器具及白米ヲ付早便ニテ送附乞フ。

南滿洲鐵道株式會社

132

用度部购买课长致上海事务所长电（一九三七年八月十八日）

28

上海事務所長殿

用度部購買課長 代

昭和十二年八月十八日午後十時半

拳銃及拳銃實包送付ノ件

貴方ヨリノ請依頼ニ依リ大連丸船長ニ托シ首題品左記ノ通リ請送付致シマス

記

一、拳銃モーゼル二号型　一〇挺（サック入）

一、拳銃實包　二、〇〇〇個

一、全拳銃實包弾薬庫バンド共　一〇組

右ハ上海領事館警察ヨリノ輸入許可証書ガナケレバ普通購入出来ナイモノデアリマスガ急ヲ要スルナメ便宜大連警察署ニ於テ

受 12.8.18 311

南滿洲鐵道株式會社

ヨー0002 B列5

30

29

今封火薬類譲受許可証ノ発行ヲ受ケ購入済送付致シマスカラ到来貴地着ノ上ハ貴地領事館警察署ニテ正規ノ手続ヲトラレ右大連警察署ノ許可証ハ二通共当課宛返送被下度 決シテ紛失セザル様特ニ御注意願ヒ度

池上

31

27

○期限延長ノ件ハ大連ニ返戻ノ上[illegible]

銃器火薬類輸出許可願

種類	數量	輸出先
拳銃	壱○挺	上海黄浦灘路二四、正金ビル 南満洲鉄道株式会社上海事務所
實包	弐〇〇〇個	

輸出ノ目的	社員警備用
調達方法	
輸出期日	御許可ノ日ヨリ一ヶ月
輸出方法	

右輸出仕度候條御許可相成度此段奉願候也

昭和十二年八月十八日

本籍地
現住所　南満洲鉄道株式会社
理事　中西敏憲　㊞

大連警察署長　久下昭英殿

(14・7・1000)

29

上海事务所长关于报告前往出云号军舰三名社员安危状况事致总裁室弘报课长的函（一九三七年八月十七日）

141

著電譯文

文書番號 B、一二五四

發信局

電報番號

指定

發電 昭和 年 月 日 時 分

着電 昭和 年 月 日 時 分

受付 昭和 年 月 日 時 分

飜譯者印

供覧

件名

受信者 弘報課長

發信者 上海事務所長

十一時四十分敵機七、八機盛ンニ軍艦出雲ヲ爆撃シ折カラ所要ノ為同艦ニ出向中ノ社員三名中曽根負傷（ナレト輕傷）外二名ハ無事

南滿洲鐵道株式會社

142

上海事务所长关于慰问负伤所员事致总裁室东亚课长的电文（一九三七年八月十八日）

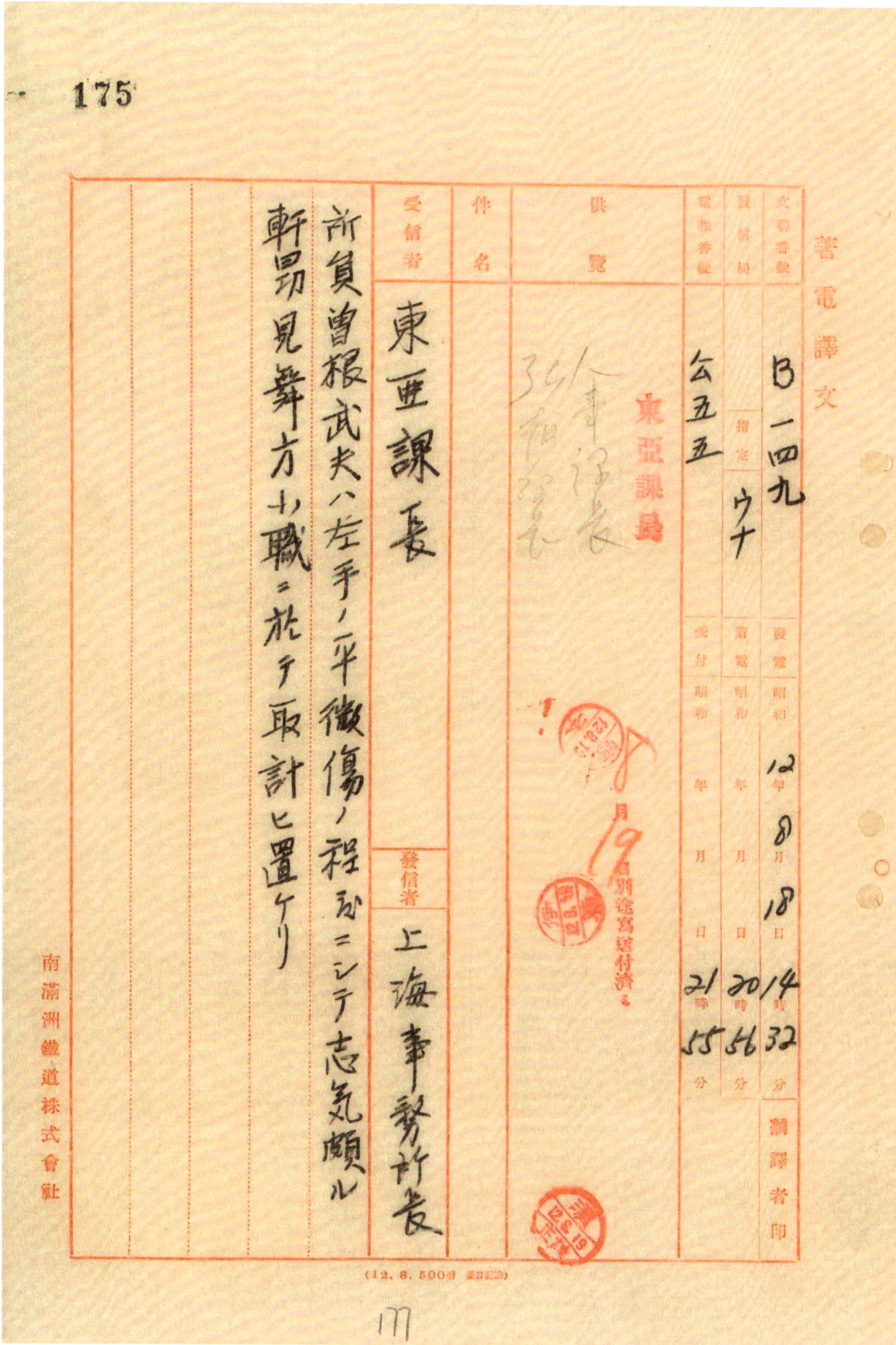

175

著電譯文

文書番號 B一四九

發信局

電報番號 公五五

指定 ウナ

發電 昭和12年8月18日14時32分

着電 昭和 年 月 日20時56分

受付 昭和 年 月 日21時55分

飜譯者印

供覽

東亞課員

月19日別途寫送付濟

受信者 東亞課長

件名

發信者 上海事務所長

所員曾根武夫ハ左手ノ平微傷ノ程度ニシテ志気頗ル軒昂切見舞方ハ職ニ於テ取計ヒ置ケリ

南滿洲鐵道株式會社

(12. 6. 500冊)

177

上海事务所长关于报告所员撤离事致总裁室东亚课长、人事课长的函（一九三七年八月十九日）

434

上庶庶三七第一〇號K一八

昭和十二年八月十九日

上海事務所長

總東庶 37第2號ノ265

東亞課 12.8.30 受付

總裁室 東亞課長殿

總裁室 人事課長殿

所員引揚報告ノ件

邦人避難區域ニ危険迫レル爲總領事館ヨリ第二次婦女子引揚勸告アリタルニ付當所婦人社員ニモ引揚ヲ許可シ左記四名家族ト共ニ夫々引揚ヲ了セルニ付御報告ス

記

上海事務所庶務課

甲傭　打字手　青木ヒロ

甲傭　交換手　土田芳枝

〃　事務手　黑澤光子

准傭　事務手　中臺喜久子

443

435

尙現在事務所ニ籠城中ノ傭員打字手喜野美惠子、森テル、森董子、准傭松岡政乃ノ五名ハ引續キ當事務所内ニ籠城ヲ申出執務中ニ付爲念報告ス

444

上海事务所长与总裁室东亚课长、庶务课长关于当地无法购买无线电设备的往来电文

上海事务所长致总裁室弘报课长电（一九三七年八月二十日）

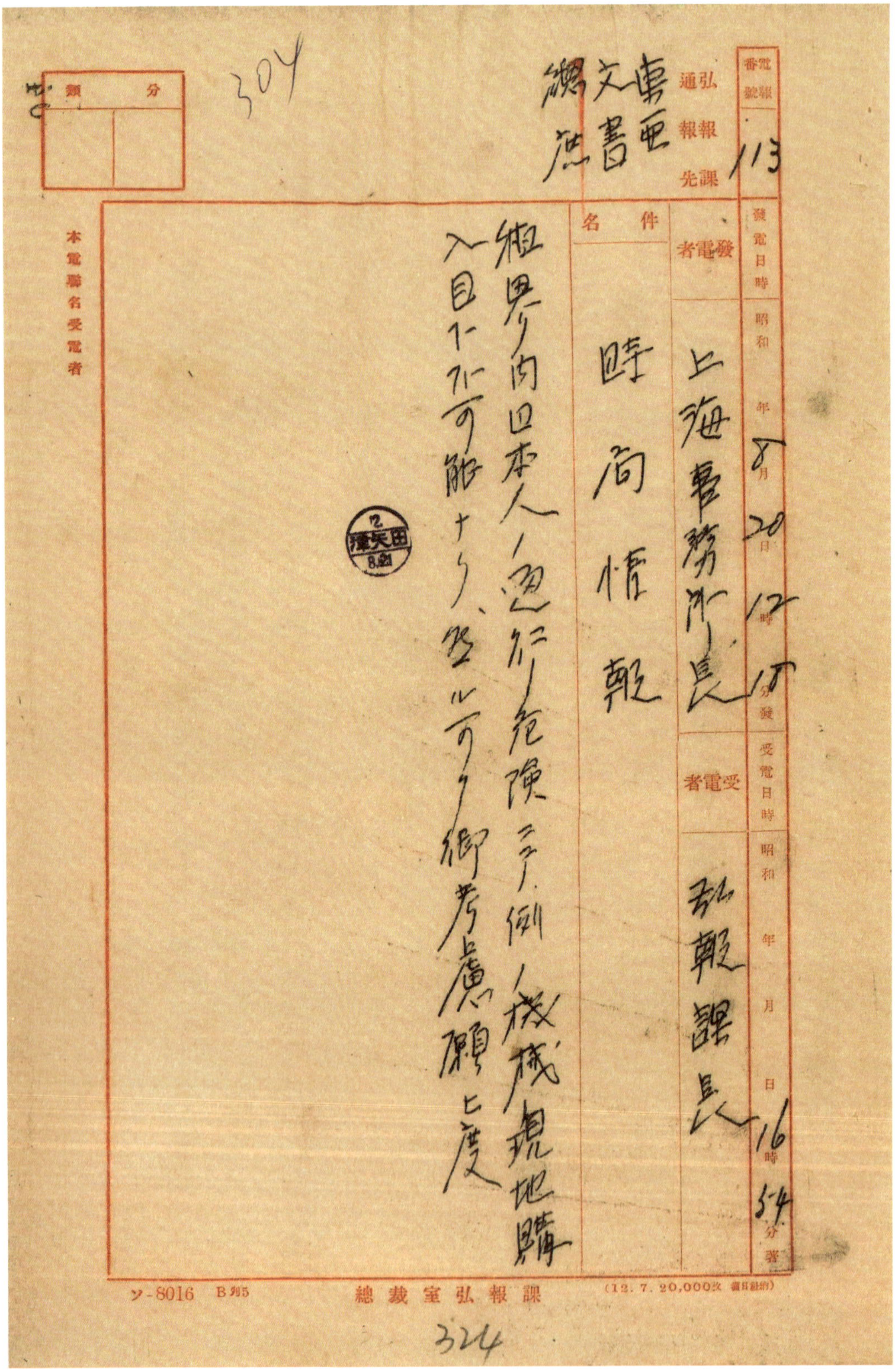

304

分類

弘報課通報先：東亜、文書、總庶

電報番號：113

發電日時：昭和年8月20日12時18分發

發電者：上海事務所長

受電者：弘報課長

受電日時：昭和年月日16時54分著

件名：時局情報

租界内日本人ノ通行ハ危険ニテ例ノ機械現地購入目下不可能ナリ、然ルベク御考慮願ヒ度

本電聯名受電者

ソ-8016　B列5　總裁室弘報課　(12.7.20,000枚)

324

总裁室庶务课长致上海事务所长电（一九三七年八月二十六日）

301

電報回議箋

文書番號	指定	電報番號
	ウナ・ニカ・ムニ・ヨイ	

起案	決裁	發電
昭和 年 月 日 時 分	昭和 年 月 日 時 分	昭和12年8月26日11時 分

回議者印：中西理事　東亞課長　文書課長　總、庶務課長　弘報課長

起案箇所：箇所長　主任者　擔任者　電話

發電取扱者印

件名：

宛名：上海事務所長

發信者：總、庶務課長

無電設置ノ件當地ニテ購入ノ便宜アリトスルモ貴電ノ事情アレハ當地鐵道總局ニ在庫ノモノヲ送附ヲ決定シ船便ヲ待チツツアリ船便アリ次第送附スヘキモ右無電設置ニ付國軍ノ承認（鐵道總局ヨリ）手配スヘキモ上海軍

南滿洲鐵道株式會社

ヨ－8016　B列5

321

总裁室庶务课长致总局电气课长电（一九三七年八月二十六日）

302

（暗号）

ノ諒解ハ貴方ニテ取付ケラレ度何分ノ電返

案ノ二

総庶務課長

発電スミ
十四時三〇分

12.8.26

総局電気課長宛

貴電ニ依リ依頼セシ上海ニ無電設置ノ件現地
ニテ機械据付ハ不可能ナル旨同意アリタルニ付
貴方計画ノ通リ鉄道研究所ニ於テ東京ノ
モノ送附取計ハレ度尚目下上海
トノ船便開通ヲ待チツツアリ然レ共今回上海
軍ヨリ社用船一隻上海ニ回漕方要求シアリ
右決定セバ同船ニ積込ミ技術員モ同船送附

南滿洲鐵道株式會社

ヨ-0003 B列5 (12. 3. 15,000冊 満日社印)

322

取付ノ発言　尚上海軍ノ意向ハ上海ヨリ中央ヨリノ諒解ヲ求ムルコトニ付手配中ナルモ関東軍側ノ諒解ハ貴方ニテノ手配セラレ度、通信経路ヲ上海大連間トスヘキヤ或ハ天津ヲ経由スヘキヤ其迄貴方ニテ研究ノ上至急電乞フ

总裁室庶务课长致上海事务所长电（一九三七年八月二十六日）

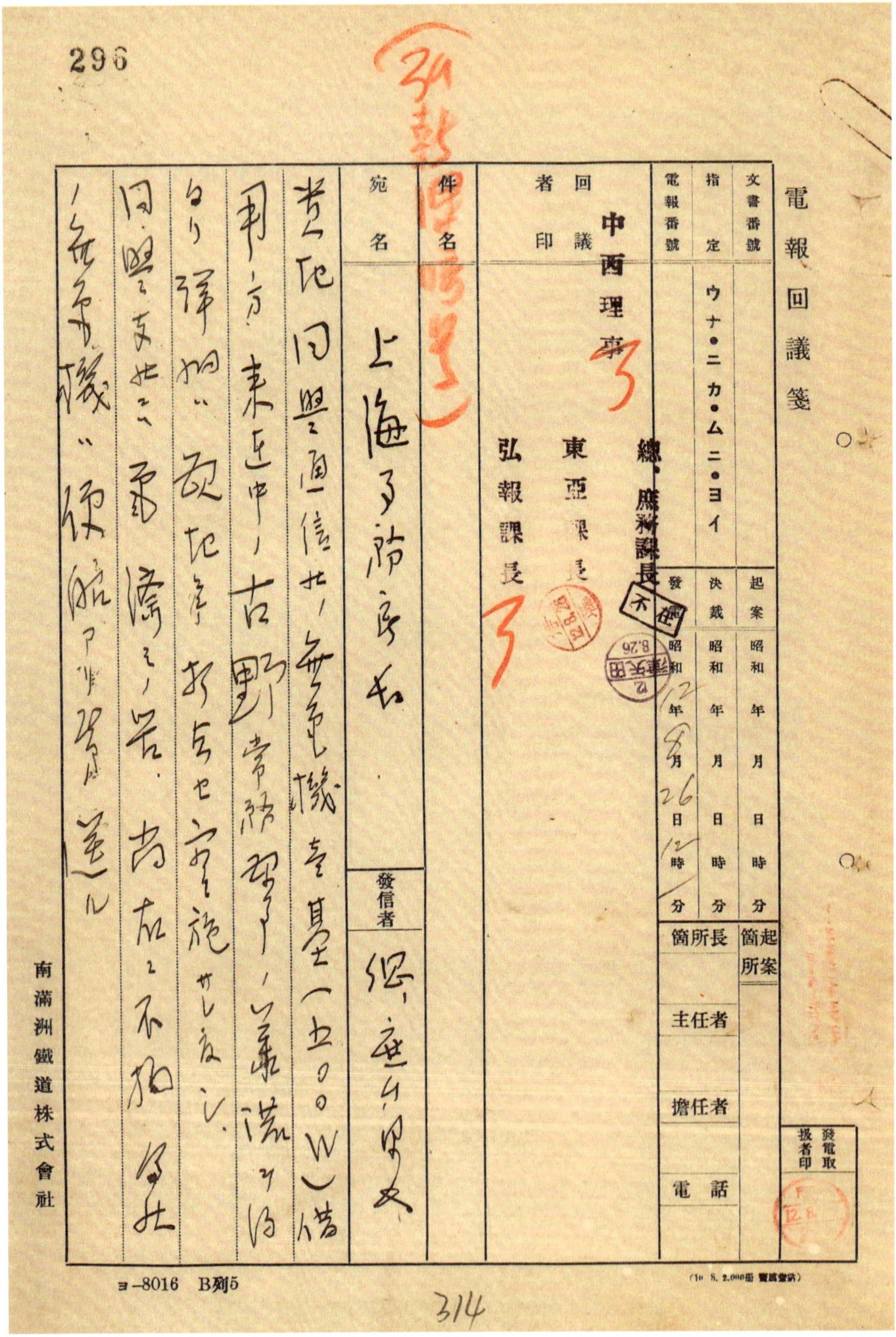

上海事务所庶务课长关于通知职员赴任事致总裁室东亚课长的电文（一九三七年八月二十一日）

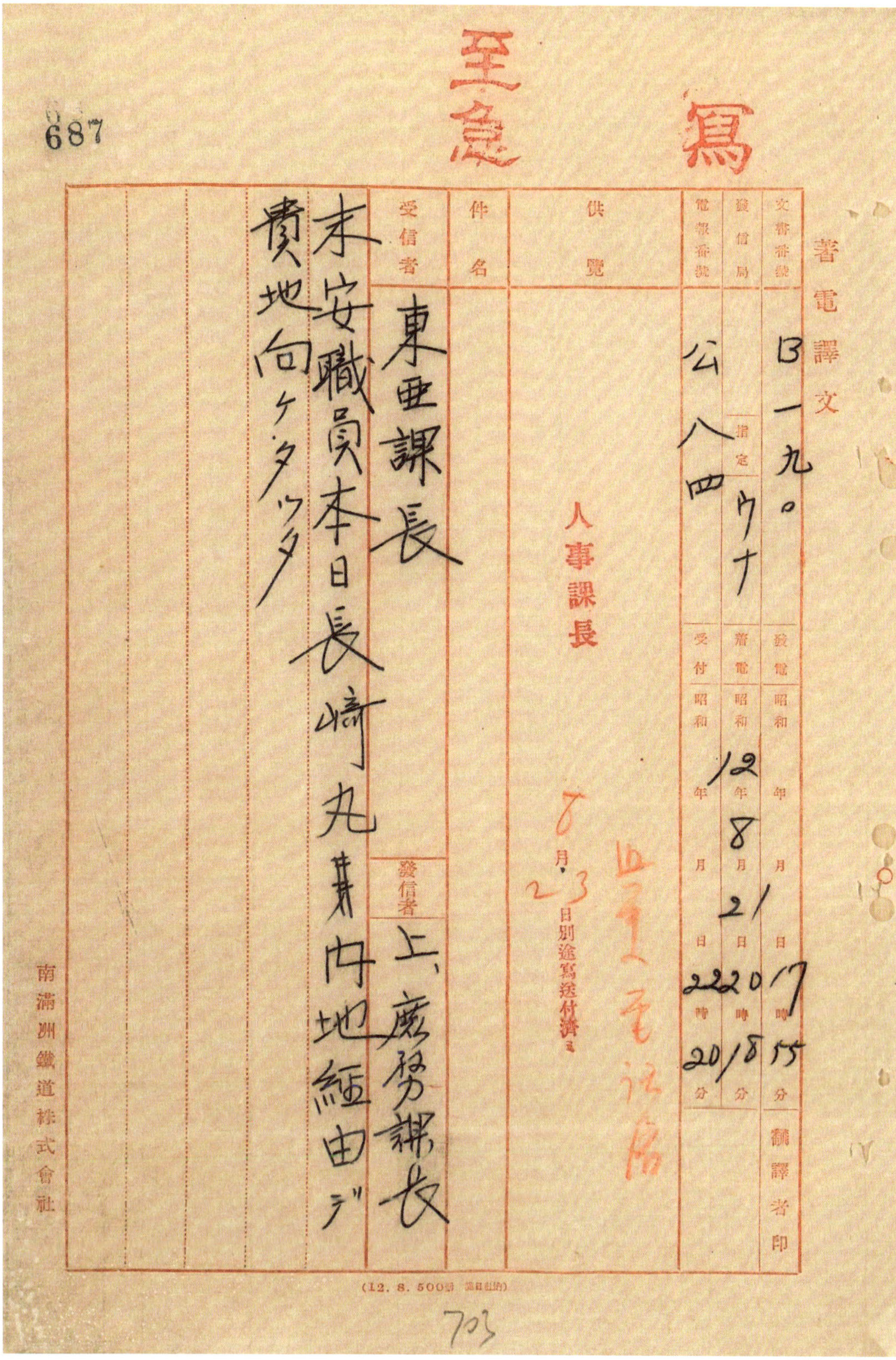
至急　寫

687

着電譯文

文書番號	發信局	電報番號
13一九〇	指定 ウナ	公八四

發電	着電	受付
昭和　年　月　日 17時 15分	昭和 12年 8月 21日 20時 18分	昭和　年　月　日 22時 20分

供覧：人事課長

8月23日別途寫送付濟

受信者：東亜課長

發信者：上、庶務課長

末安職員本日長崎丸ニテ内地經由ヂ貴地向ケタツタ

飜譯者印

南滿洲鐵道株式會社

(12. 8. 500冊)

703

上海事务所长关于中止派遣司机事致总裁室东亚课长、庶务课长的电文（一九三七年八月二十一日）

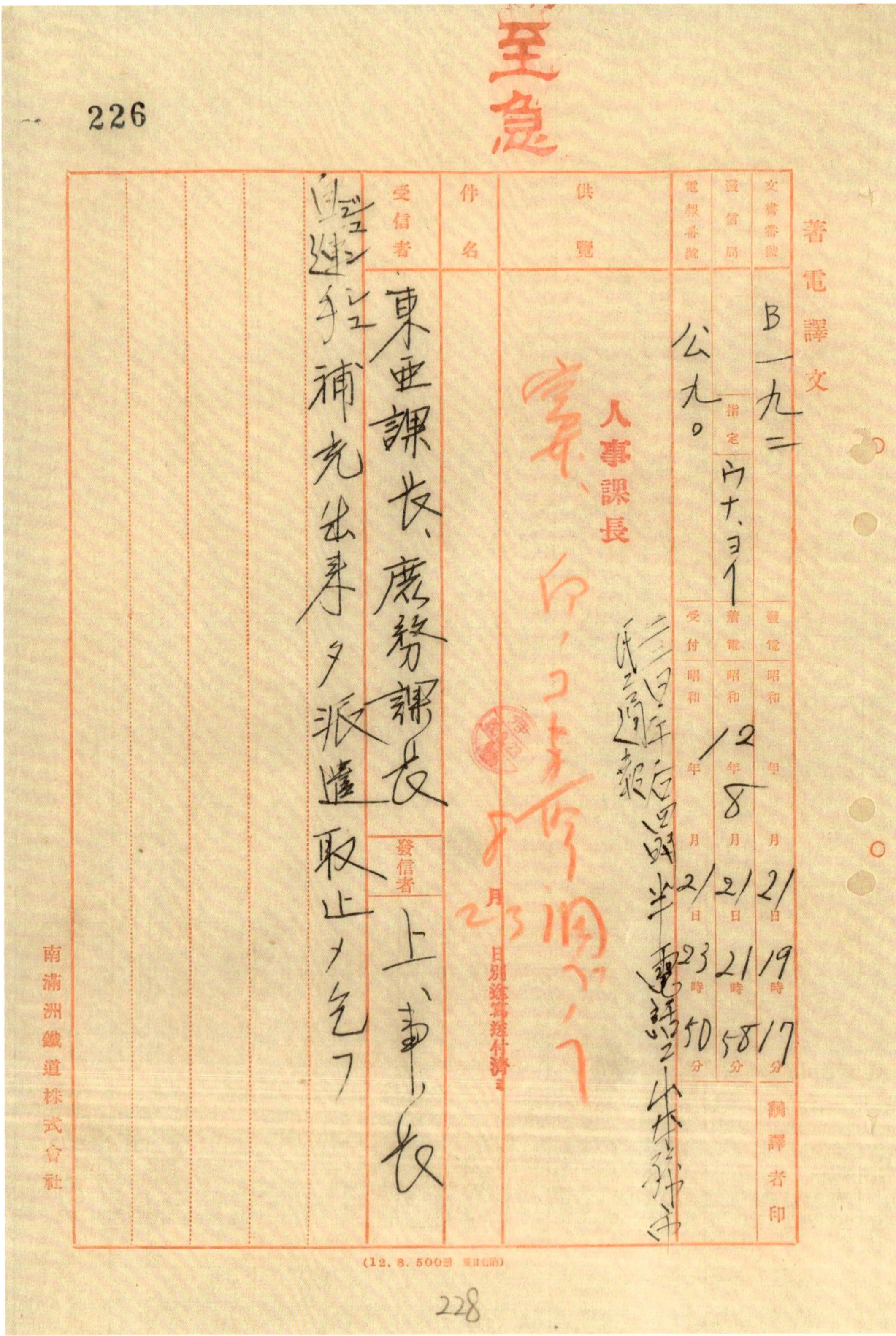

至急

226

著電譯文

文書番號 B一九二

發信局 公九。

指定 ウナ、ヨイ

發信 昭和12年8月21日19時17分

着電 昭和12年8月21日21時58分

受付 昭和 年 月 21日23時50分

受信者 東亜課長、庶務課長

發信者 上、事、長

人事課長

臨時運転手補充出来タ派遣取止メ乞フ

南滿洲鐵道株式會社

(12. 8. 500冊)

228

上海事务所长关于报告大连号平安到达事致总裁室东亚课长、大连埠头长的电文（一九三七年八月二十二日）

176

寫

著電譯文

文書番號	發信局	電報番號
B一九五		公二〇
	指定 シナ	
發電 昭和12年8月22日15時13分	着電 昭和〃年〃月〃日17時55分	受付 昭和〃年〃月〃日18時45分
飜譯者印		

供覽：文書課長　東亞課長

8月23日別途寫送付濟ミ

埠頭長宛

件名：

受信者：東亞課長　大連埠頭長

發信者：上海事務所長

大連丸本日午前九時四十五分無事着イタ
御配慮感謝ニ堪エズ

南滿洲鐵道株式會社

（12. 8. 500冊 [illegible]）

183

上海事务所长关于委托回送拖船事致总裁室东亚课长的电文（一九三七年八月二十四日）

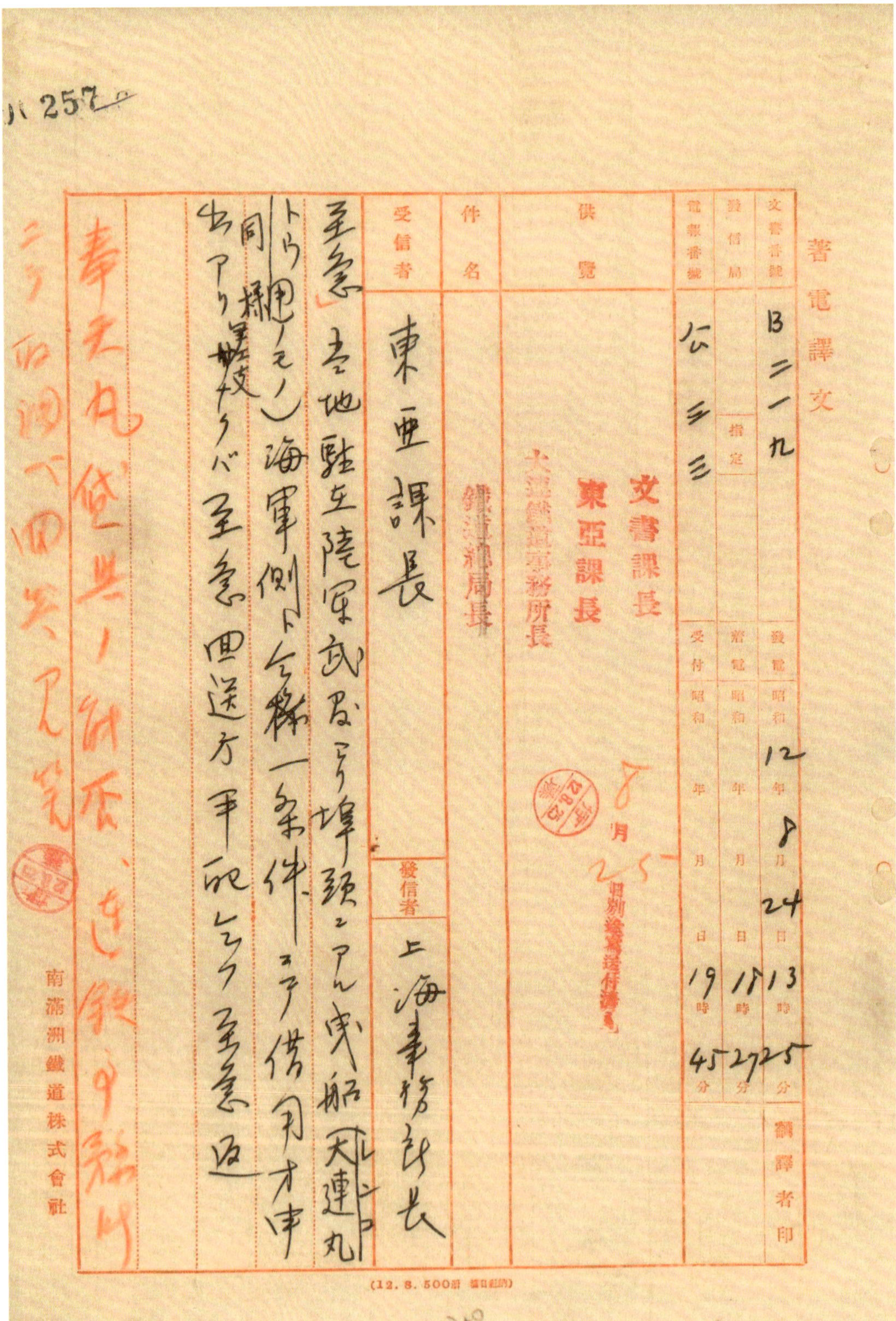

八257

著電譯文

文書番號 B二一九

發信局

電報番號 公三三

指定

供覽 文書課長 東亞課長 大連鐵道事務所長 鐵道總局長

發電 昭和12年8月24日13時25分

着電 昭和 年 月 日15時27分

受付 昭和 年 月 日19時45分

8月25日 別途寫送付濟

翻譯者印

件名

受信者 東亜課長

發信者 上海事務所長

至急 当地駐在陸軍武官ヨリ埠頭ニアル曳船（大連丸トトラ丸ノ二隻ノ）海軍側ト合議ノ条件ニテ借用方申出アリ差支ナクバ至急回送方手配ヲ乞フ至急返

南滿洲鐵道株式會社

（12.8.500冊）

259

上海事务所长关于向与七七事变相关的各机关派遣社员事致总裁室东亚课长、人事课长的电文（一九三七年八月二十五日）

515

上庶庶三七第一〇號K／二〇

昭和十二年八月二十五日

上海事務所長

總裁室東亞課長殿

總裁室人事課長殿

東亞課長

總東庶37第2號ノ323

事變關係各機關ニ社員派遣ノ件

第二次上海事變勃發以來各所ノ依頼ニ依リ隨時所員ヲ應援ニ派遣セル外左記ノ者夫々關係當局ノ依頼ニ依リ本務又ハ兼務者トシテ派遣致シタルニ付報告ス

記

本務者

職員　高岡重利　　長谷川柰造

雇員　飯塚昌平

524

516

囑託　丸　巖　計四名

●八月十八日ヨリ時局委員會後援部詰トシテ派遣ス

職員　大津文夫　大津田義夫　計二名

●八月十九日ヨリ時局委員會情報連絡部詰トシテ派遣ス

參事　安盛松之助

職員　松岡　功　大塚令三　計三名

●八月十九日ヨリ陸軍武官室調査班詰（安盛、松岡）亜宣撫工作班（大塚）詰トシテ派遣ス

職員　中西正雄　計一名

●八月二十日ヨリ時局委員會後援部ノ依囑ニ依リ第三艦隊司令部詰トシテ派遣ス

傭員　曾根武夫　神嶋鐵夫　（打子手）林　テル

計三名

●八月二十日ヨリ沖野海軍武官ノ依囑ニ依リ海軍武官室詰トシテ派

525

遣ス

傭員（打字手）菅野美惠子　計一名

●二十一日ヨリ陸軍武官室詰トシテ派遣ス

職員　大野元之助　數村吉之助

雇員　丸山　進　計三名

●八月二十四日ヨリ上海派遣軍司令部詰松井大將附トシテ派遣ス

兼務者

囑託　金井　清

參事　中川喜久松　安盛松之助

職員　山下靖信　松岡　功　計五名

●事變當初ヨリ時局委員會委員ヲ依囑セラレ同委員會並後援會ニ出務ス

以上

526

上海事务所七七事变委员会记录（一九三七年八月二十六日）

364

中西理事

報告第貳号

上海事務所事変委員會記録班

八月十七日（火）曇天、烈風依然タリ、午后ヨリ晴ル。

一、病気静養中ノ白黒雇員ヲ除キ一同何レモ元気。

一、終日爆音ト砲聲ヲ聞ク、午后四時我カ飛行機拾数台編隊シテ閘北及浦東ヲ爆撃ス、正金ビルニ籠城中ノ一同観呼ス。

一、大連汽船支店社員正金ビルニ避難シ来ル、通商係室ニ収容セリ。

一、黒澤傭員亦、爆弾ノ為軽傷ヲ負フ。

一、便衣隊来襲ノ噂頻々タリ、夜警強化ニ付打合、弘報係員モ亦夜警ニ参加スルコトヽナル。

一、便船アリ次第婦人社員ヲ内地ヘ帰還セシムルニ決定。

八月十八日（水）、快晴（漸ク天候恢復）。

一、朝食（九時半握飯）、中食（一時パン）、夕食（七時握飯）。

一、早暁、我軍浦東ヲ爆撃ス。

一、婦人社員中台、土田、正午出帆ノ上海丸ニテ内地ヘ帰還ス。

一、橘嘱託諏訪丸ニテ内地経由天津ヘ赴ク。

一、東亜課長、社員會幹事長、日満商事社長ヨリ見舞激励電アリ。

一、總裁ヨリ曽根雇員宛見舞電アリ。

391

365

一、本日ヨリ交替ニテ辰巳屋ヘ赴キ、入浴休憩ヲナス。
一、佛租界ニテパン購入ニ赴クル日人二名支那暴徒ニ襲ハレテ死亡セリト。
一、時局後援會ヘ派遣（丸、長谷川、高岡、飯塚）。

八月十九日（木）、晴

一、天津阪谷理事ヨリ見舞激勵電来ル。
一、高柳嘱託陸戦隊附近ニテ負傷ス（軽傷也）。
一、電車及バス一部漸ク開通ス。
一、内地ヨリノ郵便始メテ到着ス。
一、本日モ亦握飯、湯呑ニテ茶漬ヲナスモノアリ。
一、夜ニ入リテ迫撃砲、重砲ノ音殷々トシテ眠リヲ妨ク。
一、本日ヨリ時局委員會情報連絡部ヘ派遣（大津、津田義）。

八月廿日（金）快晴、

一、籠城以来既ニ週貳餘、毎日砲聲、爆音ヲ聞ク、而モ食事極メテ不自由ナルモ、一同幸ニ健在。

392

366

一、早朝ヨリ南洋煙草會社燒ケ、午后ニ入リ敵機ノ爆彈ニテ正金ビルノ對岸浦东ニ火災起リ、夜ニ入ルモ火焰消ヘス。

一、共同租界及佛租界内ニ米ノ廉賣處四十四ケ所設ケラレタリト言フ。食糧不足ヨリ來ル避難支那人ノ暴動ヲ警戒セルニ因ル。

一、本日ヨリ第三艦隊司令部ヘ派遣（中西正雄）。

附記

一、十三日避難家族ノ内左記ヲ加フ。
上海丸（桑原、代々木）

一、金井清、時局委員會委員ニ囑託サル。

一、事變委員會中左記ヲ脱落セリ。
庶務係（末安儀一、森董子）

393

368

No.1

中西理事　總、庶務課長

（印：總務部 12.8.30 受付）（印：篠田 8.30）（印：高橋 12.8.30）

上海事務所事変委員會記録抄

報告第三号、

八月二十一日（土）、　快晴

一、早曉敵機二回ニ亘リテ襲来、虹口ニモ爆彈落下シ死傷者出ヅ、（所員ニ被害ナシ）。

一、陸軍武官室ニ派遣（喜野）。

一、海軍武官室ニ派遣（曽根・押鴨・森テル）。

一、陸軍宣撫工作班ニ派遣（安盛、大塚）。

一、松岡（政）父負傷ス（二十日）。

一、工部局ハ支那人ノ黄浦灘通行ヲ禁止シ、英國義勇隊警戒警備ニ就ク。

一、楊樹浦一帶ノ火焰尚消ヘズ。

一、國際運輸社員一同正金ビル内ニ避難シ来ル。（傍系會社員全部集結）。

一、長崎丸三時出帆（徐夫人乘船、コレニテ社員家族全部避難セリ、同船ニテ來安赴任）。

一、事務所内ニラヂオ受信ノ設備ナル。

395

369
No.2-一

八月二十二日(日)、快晴ヤヤ暑シ。
一、早暁公和祥碼頭火ヲ発ス(砲火頻々タリ)。
一、大連ヨリ曳船大連丸到着(運転手二名ト共ニ食糧多数到着、但シ菰冠ナシ)。
一、黒澤歸國。
一、清潔班新設(班長天野)。
一、北四川路筋邦人居住区域ハ立入禁止トナル(海軍憲兵隊共同命令)。
一、黄浦灘ニ於ケル工部局ノ警備ニ鑑ミ、我警ヲ減員ス。
一、秋風、我ハ冷気ヲ感ズ。蟲鳴ク音繁シ。何日ニナツタラ家ヘ歸レルヤラ!

八月二十三日(月)、快晴。
一、早朝陸軍部隊上陸セリトノ公報発表サレ、虹口一帯俄然明朗トナル。
一、浦東攻撃ノ砲聲殷々タリ。
一、大連ヨリノ慰問品ヲ砲聲下ニ陸揚ス(黄浦碼頭)。

396

一、外国銀行漸ク本日ヨリ開店。
一、民團ヨリノ慰問品到来（南瓜、冬瓜其ノ他）。夕食ノ南瓜仲々評判好シ。
一、南京路ニ爆弾飛来。先施公司ニ落下、死傷五百餘名。支那ノモノナリ。
一、陸軍武宮室調査班ニ派遣（安盛、松岡）。

八月二十四日（火）　快晴ナレバ残暑劇シ。

一、砲聲ヤノ方ヘ、久振リニテ落付ケル気分ナリ。虹口ニ赴ク者多シ。
一、陸軍ヘ派遣（天野、藪村、丸山）。
一、中食ニ慰問品ノ梨配布サル。
一、所員一同健在。
一

371

報告第一號　昭和十二年八月十七日　上海事務所事變委員會記錄班

八月十二日以來ノ經過次ノ如シ。

一、八月十二日、木曜、曇

午后七時半、北四川路以西居住區域在住ノ邦人ニ對シ日本總領事館ヨリ避難命令アリ、各自家族ヲ伴ヒ辰巳屋ヘ移ル。尙狄思威路施高塔路方面モ危險ヲ顧慮シテ避難ス。

一、十三日、日本ヘ向フ上海丸、長崎丸ニ夜中ヨリ乘込許可サレタルヲ以テ會社自動車ヲ以テ運搬乘船ヲ了セル避難社員家族次ノ如シ。

上海丸ー天野、和田、下田、刈屋、洪、勝谷、山上、中西、高岡

長崎丸ー山下、大塚、的場

一、十三日午前十一時出帆ノ奉天丸モ夜中乘込ヲ交涉シ左記社員家族ヲ乘船セシメタリ。

奉天丸ー渡瀨、數村、小川

一、安盛以下北部方面居住大部分ノ社員ハ同夜辰巳屋ニ避難宿泊セリ。一部ハ中部小學校其他ヘ避難セリ。

398

八月十三日　金曜　曇、後雨トナル、風強シ。

一、午前八時上海丸、午前九時長崎丸出帆、午前十一時奉天丸出帆。
一、平常通リ會社業務ヲ行ヘルモ、銃砲聲間斷ナク聞ユ。
一、支那側銀行今明日休業、商賈閉店スルモノ多シ、市中沈靜。
一、午後ニ至リ施高塔路、狄思威路方面モ在住邦人ニ避難命令出ツ。
一、退社後辰巳屋ニ集結、時變委員會ノ役割ヲ次ノ如ク變更セリ。

委員長　金井、　副委員長　中川、安盛

總務班　庶務（山下、長谷川、河上、小島、飯塚、林、武宮、新[illegible]、婦人社員）
自動車（和田、渡瀨、佐々木、酒勾、馬淵）
住宅（爽石、洪、澤田（六）、石橋、桑原）

情報班　社外連絡（松岡、玉置、坪川、大津、數村、立木、馬淵）
諜報（中西、橫田、熊谷）
電信（白仁田、松下、植村）
外字紙（大形、鷲野、長澤、植村）
支那紙（天野、山上、川瀨、丸山、徐）

經理班　（勝谷、永野、枚田、野間、原、目黑、安東）

記錄班　（大塚、下田、高岡、山上、前島、逸見、杉原、津田、曾根、押鴨、淵屋）

一、辰巳屋ニ合宿避難セリ、終夜銃砲聲聞ユ。
一、日軍八字橋方面及滬江大學附近ヲ砲擊、火災夜ヲ徹ス。

401

374

八月十四日　土曜　天候依然恢復セス、風尚强烈。

一、午前十一時敵機編隊シテ黄浦口上ニ現ハレ、旗艦出雲ニ爆弾ヲ投ス、幸ニ命中セス水中ニ落下シ一弾ハ公和祥碼頭ニ墜ツ。第一回

一、午后四時三十分敵機十臺飛來、正金前河中、南京路パレスホテル前、愛多亜路大世界前等ニ爆弾落下外人十數名ノ死傷者ト共ニ八百餘名ノ死傷者ヲ出セリ。公共租界ヘノ爆弾投下外交関ノ問題トナル。日機ハ僅ニ艦載水上機二臺飛躍セルノミ。

一、北四川路陸戦隊本部附近モ亦敵機ノ爆弾ニ見舞ハル。北部方面陸上ノ戦闘激烈トナル。

一、北部方面水道不通トナル。

一、支那側午后七時ヲ期シ虹口側ノ爆撃ヲ行フ旨ラジオニテ放送シ外交関ヘモ通告セル旨ノ情報アリ。全員正金ビル内事務所ニ集結遂ニ徹夜籠城（全員七四名）佛租界モ物情騒然タルヲ以テ居住社員ノ事務所集結ヲ行フ。尚辰巳屋ノ女中七名ヲモ收容セリ（婦人社員五名ヲ含ム）

一、全員交互ニ夜警ヲ行フ。（警備班組織、責任者、勝谷、大塚）

402

375

八月十五日　日曜　暴風時々雨

一、空中爆撃ナキモ敵機屡々飛來シ、之ヲ迎撃スル出雲、川内ノ高射砲凄シ。

一、昨夜台灣ノ我飛行隊南昌、杭州、廣德ノ敵飛行場ヲ爆撃ノ報傳ハル。

一、食料不足トナリ住宅係專ラ之カ對策ニ應ス。

一、虹口側居住外人ニ對シ各國領事ヨリ立退命令出ツ。

一、便衣隊正金ビル襲撃ノ報アリ、警備班強化、夜警用ノ劇藥品購入。

一、龍田丸漸ク午后十一時匯山碼頭ニ入港、安盛夫人、市原夫人等乘船歸國。

一、虹口側午后十時ヨリ戒嚴令、通行禁止、用務ノ爲虹口ニ赴ケル社員十二名ハ辰巳屋ニ宿泊セリ。

一、時局委員會ノ要求ニ依リ避難民輸送（龍田丸）手傳ノ爲、杉原、曾根、津田幾、應援ニ赴ク。

一、支那民衆人氣惡化シ蘇州川以南共同租界及佛蘭西租界内ノ日本人歩行頗ル危險。

以上

403

376

八月十六日　月曜　天候恢復セルモ風尚強シ、午后ニ入リテ凪ル

一、龍田丸朝六時出帆。
一、昨夜十一時黄浦碼頭ニ到達セル樂陽丸ハ十一時出帆（目黒夫人乗船）
一、崑山路ニ砲彈落下、邦人二名負傷、虹口側ニ對スル停止ノ箇所アリ。
一、避難民輸送手傳ノ爲、郡枚田、飯塚、森田、林、石橋、民團ヘ赴ク。
一、昨夜ヨリ毎朝五時迄公共租界内ニ戒嚴令布カル（工部局）
一、事務所内ノ晝間警備ヲ開始。
一、出雲附近、ブロードウエー爆彈ニ見舞ハル（曾根左手ニ輕傷ヲ負フ）
一、日機爆撃隊シテ飛來シ浦東ニ爆彈ヲ投下ス
一、日本向ケ電報ハ至急報ニ限リ受付ラル。
一、十三日出帆ノ長崎丸午后二時半、上海丸四時漸ク長崎入港（ラジオ放送）
一、夜ニ入リ北四川路方面ニテ激戰ト、ノ報アリ。
一、午后九時事務所附近ニ大音響アリ、魚雷爆破トノ説。
一、十時半頃ヨリ〆我海軍浦東ヲ砲撃ス、火線ト共ニ砲聲事務所ニモ響キ壯烈。陸戰隊高橋虹江碼頭對面ヨリ浦東側ヘ上陸、敵ヲ追撃セリト。
一、食糧不足、本日ハ朝パン、晝、夕食ハ握飯三箇宛。所員一同健在。
一、外字及支那紙ノ翻譯速報ヲ軍方面其他ニ通報（外字及支那紙係活動）

以上

404

上海事务所长关于粮食分配事致总裁室东亚课长的电文（一九三七年八月二十六日）

523

寫 用度部長

上庶 庶三七第一〇號Kノ二四

昭和十二年八月二十六日

上海事務所長

總東庶37第　號ノ308

總裁室東亞課長殿

東亞課 12.9.6 受付

食糧品分配ニ關スル件

大連丸便ニテ御送付ヲ受ケタル食糧品別紙明細ノ通興中公司出張所ニ分配致シタルニ付報告ス

日滿商事出張所員ニ對シテハ當所員ト共ニ避難集結シ共同炊事ト致シ居ル爲分配セサリシニ付籠城中ノ各社別員數八月二十五日現在御參考迄ニ左記御報告ス

尚左記員數中ニハ事變關係ニ依リ臨時雇傭者ヲモ含ムモノニ付爲念申添フ

記

滿鐵社員　七十二名

532

524

興中出張所員　九名
日滿商事出張所員　五名
別ニ本正金ビル内ニ籠城中ノ國際運輸社員六名ニ對シテモ別紙ノ通若干ノ分配ヲ爲セリ

533

525

興中公司分配食糧品明細書

一、白米 三斗入 二叺
一、澤庵 四斗入 半樽
一、梅干 一斗入 一樽
一、食鹽 三斤
一、白砂糖 一五斤
一、味噌 三貫
一、醬油 一斗
一、煎子 五袋
一、福神漬（大罐） 一打
一、イカ及野菜煮 半打
一、パインアップル 三打
一、角砂糖 一箱
一、罐切 二個
一、馬鈴薯 三貫
一、玉葱 一貫

一、大和煮 一打
一、貝及野菜 一打
一、赤貝串燒 半打
一、アサリ 半打
一、アゲ捲 半打
一、彌生煮 一打
一、マテ貝 半打
一、柳川煮 半打
一、鮭 一打
一、日本紅茶 一罐
一、味ノ素 一個
一、正喜撰 一個
一、割箸 五〃

以上

534

附二：国际运输粮食分配明细书

526

國際運輸分配食糧品明細書

一、白米　三斗入　一叺
一、澤庵　三十本
一、梅干　一斗入　半樽
一、食鹽　二斤
一、白砂糖　一〇斤
一、福神漬（小）　一打
一、パインアプル　一打
一、日本紅茶　一個
一、馬鈴薯　三貫
一、玉葱　一貫

以上

535

上海事务所长关于请派摄影摄像人员事致总裁室东亚课长的电文（一九三七年八月二十七日）

暗號 （）丙 寫

367

著電譯文

文書番號	發信局	電報番號	供覽	件名	受信者
B二六〇		五八	東亞課長 總、庶務課長 弘報課長		東亜課長
指定 少ナ					

發電 昭和12年8月27日12時19分
着電 昭和　年　月　日　時　分
受付 昭和　年　11月19日　時　分

日別途寫送付濟

發信者 上海事務所長

寫眞及活動撮影者派遣ノ余地ナキヤ（陸軍宣傳班）ヨリ依頼ノ関係モアリ至急返待ツ

南滿洲鐵道株式會社

(12. 8. 500冊)

376

上海事务所长关于委托寄送金井家内手枪及子弹事致总裁室东亚课长的电文（一九三七年八月二十七日）

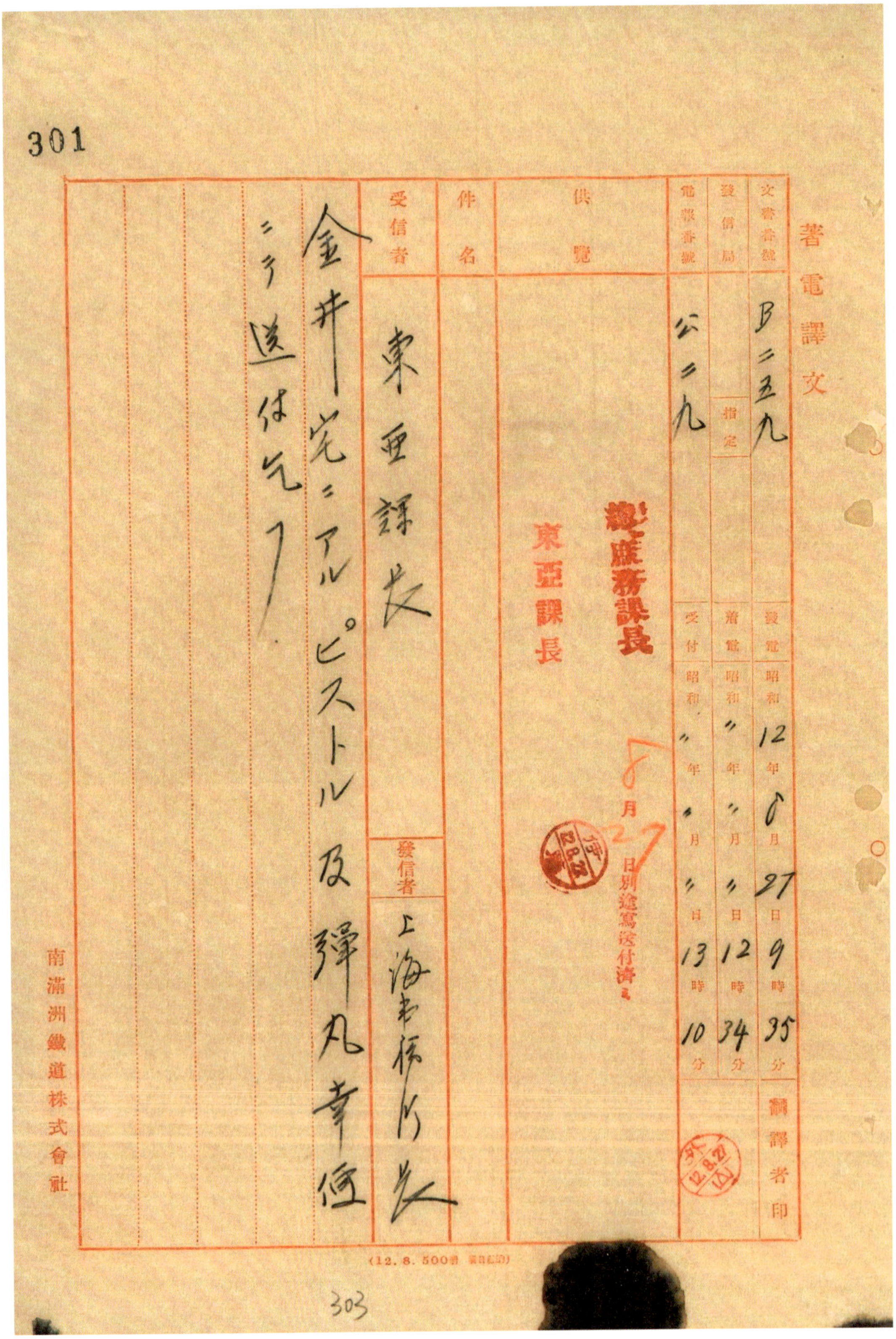

301

著電譯文

文書番號	發信局	電報番號
B二五九		公二九

指定

	發電	着電	受付
昭和	12年	〃年	〃年
月	8	〃	〃
日	27	〃	〃
時	9	12	13
分	35	34	10

翻譯者印

供覽：總庶務課長　東亞課長

8月27日別途寫送付濟ミ

件名：

受信者：東亜課長

發信者：上海事務所長

金井宅ニアルピストル及弾丸幸便ニテ送付乞フ

南滿洲鐵道株式會社

（12. 8. 500冊）

303

上海事务所长关于请求回复「光录号」旅顺出港时间事致总裁室东亚课长的电文（一九三七年八月二十八日）

164

暗号

著電譯文

文書番號	B、二七一
發信局	
電報番號	公二三
指定	山下
發電	昭和12年8月28日10時23分
着電	昭和　年　月　日　時　分
受付	昭和　年　月　日15時0分
翻譯者印	
供覽	東亞課長
件名	
受信者	東亞課長
發信者	上海事務所長

當地陸軍側ニ貸與ノ光録丸旅順ニ避難後何時着セリヤ至急返信乞フ

南滿洲鐵道株式會社

(12. 8. 500冊 ……)

171

上海事务所长关于询问经「大连号」派遣的汽车司机工资情况事致总裁室东亚课长、庶务课长的电文（一九三七年八月二十九日）

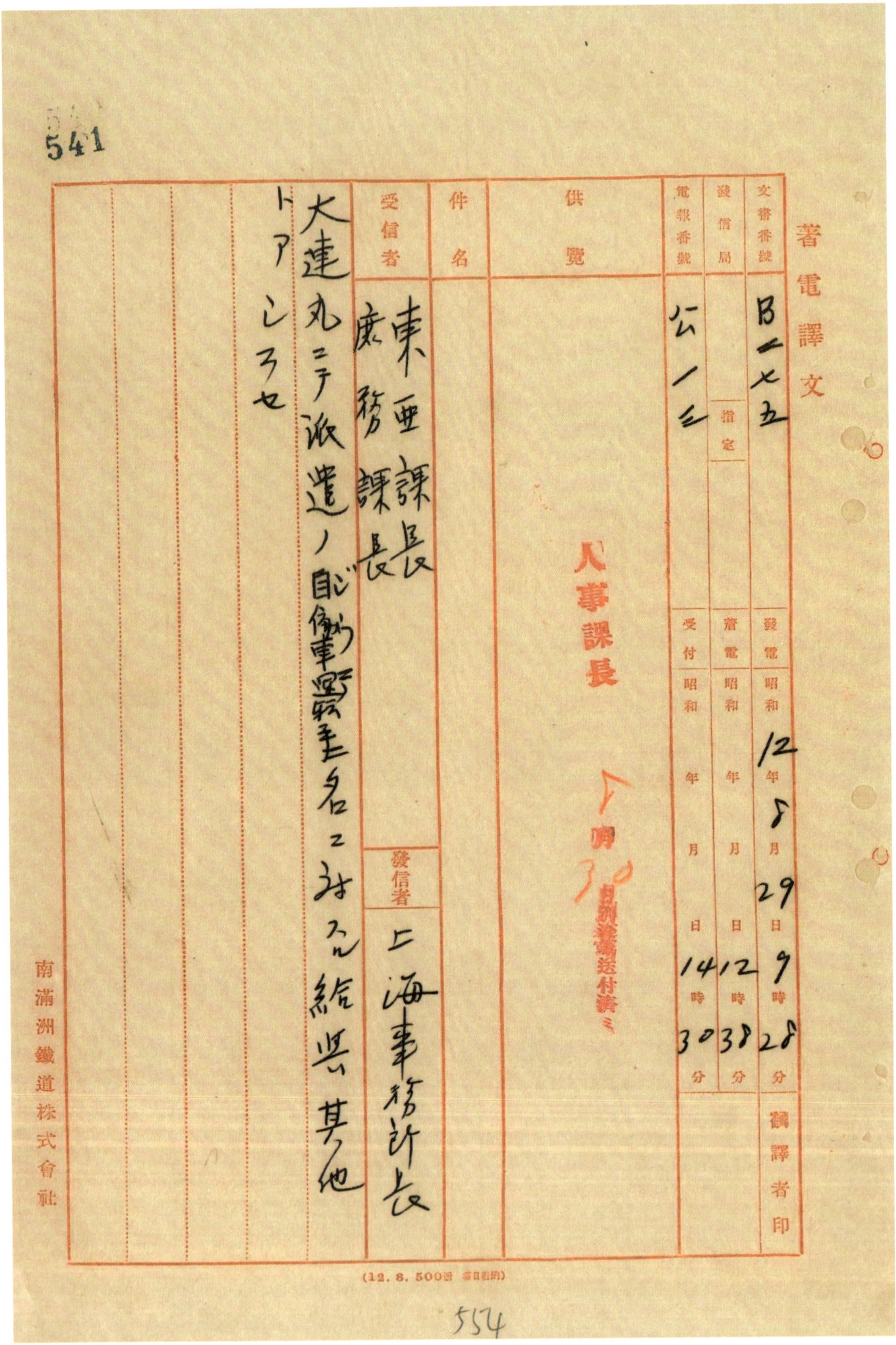

541

著電譯文

文書番號	發信局	電報番號	供覽	件名	受信者
B一七五		公一三			東亜課長 庶務課長

發信者：上海事務所長

大連丸ニテ派遣ノ自働車運轉手名ニ對スル給與其他ドアシラセ

發電 昭和12年8月29日9時28分

着電 昭和 年 月 日12時38分

受付 昭和 年 月 日14時30分

飜譯者印

人事課長

日附送付済

南滿洲鐵道株式會社

(12. 8. 500冊)

554

上海事务所前岛正道关于七七事变后的金融状况以及发展前景的展望（要点）（一九三七年八月）

345

事変後ノ
金融状勢並ニ前途ノ見透
（要領）

満鉄上海事務所
前島正道

南滿洲鐵道株式會社

ヨ－0002 B列5

353

346/

第一　七月七日—八月十二日

一、為替

七月七日ノ事変以来支那通貨ノ前途ニ不安ヲ感ジ、在留外人ノ資金引揚ノミナラズ支那人大手筋ノ資本逃避ガ行ハレタタメ、中央、中国、交通ノ政府系三銀行ニ外貨買ガ殺到セルガ、政府系銀行ハヨク賣應ジタタメ、為替相場ハ七月上旬ノ一志二片13/32ヨリヤヤ軟化シタガ統制賣相場タル一志二片1/4（対米廿九弗半、対日百一円3/4）ハ維持セラレタ。然レドモ右ハ近物ノ相場ニシテ政府系銀行ノ乗換賣買ハ一ケ月以上ノ先物ハ行ハレヌタメ、先物ハ著シク低落シ十月物一志二片トナリコレヲ年利ニスレバ一割数分ノ高利ニ達シ、一昨年ノ幣制改革前

南満洲鐵道株式會社

ヨ—0002　B列5

354

347
ん

二劣ラヌ通貨ノ前途ニ対スル不安ヲ示シタ。シカモコノタメ過去一ヶ月間ニ売却シタル外貨ハ五百万鎊（八千五百万元）（ソノ中七月末迄三百万鎊五千一百万元、八月七日マデ二百万鎊三千四百万元）ニ達シ政府ノ在外正貨推定額四億元（事変後香港ニ送付セル三千万元等モ含ム、従ツテ政府銀行所有ノ国内正貨ハ北支ヲ除外殆ンド皆無シト見ルベキデアル）ノ四分ノ一ヲ早クモ消失セルワケデアル。政府系銀行ハコノ巨額ノ資本逃避ニ対シ、~~更ニモ~~支那銀行ヨリノ預金引出ヲ制限スルコトニヨツテノ間接ニ防止スル以外策ノ施ス所ガナカツタガ、一ツハナシ得ル限リ為替ヲ維持シ英国ヨリ援助ヲ得ル余地ヲ残シテ置カントセルモノト推定セラルル次第デアル。シカレドモ英国ト既ニ成立セル七百万鎊ノ鉄道借款

348
了

モ事変安定後ナラズバ資金ヲ入手スル能ハズ、マタ二千万鎊ノ対英借款、二億法ノ対佛借款モ単ナル浮説ニ止リ実現ノ可能性ハ極メテ乏シト見ラルベキデアル。

二、金融

七月中ニ於テ発券銀行タル中央、中国、交通ノ三銀行ヨリ五千一百万元ニ相当スル外貨ノ売却ヲ見タルコトハ、ソレダケ三銀行ノ紙幣発行額ノ減少ヲ齎ラスベキモノデアル。然ルニ事実ハ六月末ヨリ七月末ニ至ル一ケ月間ノ間ニ三銀行並ニ中国農民銀行、七商業銀行ノ紙幣発行高合計十四億七千七百卅万二千元ヨリ十五億一千四百九十一万六千元ト逆ニ約三千七百万元ヲ増加シタ。即チ実質上ニ於テハ七月末マデニ五千一百万元ニ加ヘルニ三千七百万元合計八千八百万元ノ通貨膨脹ヲ

南満洲鐵道株式會社

ヨ—0002 B列5

(11. 10. 15,000冊 満鐵印刷)

356

349

4

見テヰル次第デアル。シカレドモ右ハ内輪ノ計算デ既ニ
政府系銀行ハ紙幣ノ現物ニ不足シ漢口ヨリ取寄セテ
ヰルトノコトデアル。八月ニ入ツテ賣却シタル外貨二百万鎊
（三千四百万元）ニヨツテ引揚ゲル紙幣モ既ニ再ビ発行シ
テ居ルベク、カレコレ綜合スル時ハ一億数千万元以上ノ
実質的通貨膨脹ヲ見テヰルコトハ明デアル。コノ通貨
膨脹ノ理由ハ主トシテ直接ノ軍費、各将領ノ買收費
ニ使用セラレテ居ルデアラウガ公債ノ低落買支資金
三千万元ヲ始メ銀行ニ対スル貸出等財界救済資金
ニ少ナカラズ使用セラレテヰルコトハ明カデアル。右ノ如ク巨
額ノ政府並ニ政府系銀行ノ資金ノ支出ガアツタニモ
拘ラズコレハ大部分外貨買ニヨツテ又銀行ニ回收セラレ
タモノヲ還流セシメタニ過ギズ、新規ノ紙幣発行高ハ

南滿洲鐵道株式會社

ヨー0002 B列5

357

350
5

タダ三千七百万元デアルカラ預金引出ニヨル手許資金ノ不足、信用取引ノ減退等ニヨッテ金融ハ異常ニ逼迫シタ。外国銀行会社ハ早クヨリ銭荘ノ手形受入レヲ拒否シタタメ事態ノ進行ト共ニ信用取引ハマスマス減少シタ。コノタメ銀行間ノ貸借ハ表面上ハ年利四分ニ止ッテヰルガ実際ハ七分ニ達シテヰルト云ハレタ。シカシ銀行ノ休業ガ大康銀行ホカ一行他ニ銭荘ニ三ニ止ッタノハ政府系銀行ノ救済貸出ガ行ハレテヰルト共ニアル程度マデノ預金引出ニ対スル制限ガ実施サレテヰルコトニヨルモノデ次ギノ公債相場ノ維持ト共ニ或ル程度マデ政府ノ統制可能ナルモノデアル。

三、公債

公債市価ハ八月十二日以来暴落セルヲ以テ政府系三銀

358

6

行ハ三千万元ノ資金ヲ放出シ仲買人ヲ通ジテ防戦買ヲ行ッタガ及バズ八月二日以来統一公債ノ最低価格ヲ戊丁七十元、丙七十一元五角、乙七十三元五角、甲七十六元ト定メコレ以下ノ相場ニヨル売買ヲ禁止シタ。コノ相場デ政府系銀行ハ貸出シ若シクハ買入レルトノコトデアッタガ極ク少量実行セルダケデ中止シタ。従ッテ右ノ相場ハ單ナル名目的ナモノデアッテ実質ハ遙カニコレ以下ナルコトハ明瞭デアルガ前回ノ上海事変ノ際ニ額面ノ二割マデノ低落シタルニ対シ今回ハトモカク七八割台ニ止マレルハ政府ノ統制経緒ガアル程度マデ実行サレテヰルコトヲ示スモノデアル。

南満洲鐵道株式會社

ヨ—0002 B列5

359

362
ク

第二 八月十三日 — 八月十七日

一、為替

十三日当地ニ戦端勃発スルヤ外国銀行ハ支那銀行同様中途ニシテ営業ヲ中止シ、直ニ外国為替銀行組合委員会及総会ヲ開キ十四日ハ営業ニ決定十六日ヨリ営業スルヤ否ヤハ十五日決定スルコトニナッタガ、十五日ハソノ打合セモナク漸ク十七日ニ至ッテ爾後休業ニ決定コレト共ニ日本銀行ヲ除キ続々事務所ヲ佛租界若シクハ共同租界西部ニ移シタ。銀行ハ十三日以後銀行間ノ為替売買並ニ一般業務ヲ中止シテ居ルガタダ顧客ノ便宜上外国紙幣ト、交換及ビ信用状ノ発行ヲ行ッテ居ル。従ッテ為替相場ノ真ノ地位ハ全ク不明デアルガ、十四日対日百ニ円見当ト十二日ヨリ反ッテ高イ

360

8

相場デ取引ガ出来タ。コレハ支那ノ通貨ガ極度ニ不足シテヰルタメ、一時的ニ生ジタ奇現象デアル。マタ外国紙幣準トノ交換ハ日本側銀行ハ百円対百元デ行ツテヰルガ外国銀行ハ一志二片3/4卅九卅半ト従来ノ為替相場ト同値デ交換シテヰル模様デアル。

二、金融及ビ公債

支那銀行ハ十三日一度営業シタガ預金払出制限令ノ発布ト共ニ二日間ノ休業ヲ宣シ午前十時半ヨリ休業シタ。シカシテ十五日政府ハ十三日ノ預金引出制限令ヲ訂正シ金融安定辦法七ケ條ヲ公布シタノデ十五日午前銀行公会ハ会員銀行、非会員銀行ノ聯席会議ヲ開キ十六日ヨリ開業ヲ決議シタ。シカシテ十七日実際ニ開業シタノハ既ニ事務所ヲ他ニ移

361

354

9

転セル中央、中国、交通、中国農民ノ四行ハ確実デアルガ其ノ他ハ必ズシモ明瞭デナイ。シカシテ金融安定辦法ノ主要ナ点ハ当座預金ノ引出ヲ毎週預金額ノ百分ノ五、シカモ百五十元ヲ超過スルコトヲ得ズト規定セルコト、定期預金ノ期限前支払ヲ許可セヌコトデアル。金融安定辦法ニ対シ銀銭業公会ハ補助辦法四ケ条ヲ定メ財政部ノ批准ヲ経タガ、マタ同会ノ組織スル聯合準備庫及ビ手形交換所ハ政府ノ令ニヨリ三銀行ノ監理下ニ置クコトニナッタ。補助辦法ノ要点ハ銀行及ビ銭荘ノ手形ヲ手形交換ノ決済ニ使用セシメ金融ノ流通ヲ計ルト共ニコレガ法幣及外貨ニ転化シ為替相場ニ脅威ヲ与ヘヌヤウニスルニアル。即チ従来上海ニ存在セシ過剰ナル帳簿上通貨ノ制度ヲ強化シ商取引

ヨ—0002 B列5

362

355

10

二必要ナル程度ニ於テ通貨ヲ造出スルト共ニインフレーションノ悪影響ヲ来サザルコトヲ期シタモノデアル。次ギ政府ハ十五日救国公債五億元ノ発行ヲ決定シタガ其ノ要点ハ次ノ如クデアル。第一応募者ハ現金ノミナラズ有価ノ物品ヲ以テ応募スルコトガ出来ル。第二額面発行デアツテ従来ノ如キ割引発行デナイ。第三戦争終了後三年目ヨリ国庫ヨリ基金ヲ支出シ二十ケ年ニ償還スル。

南満洲鐵道株式會社

ヨ―0002 B列5

363

356

11

第三　前途ニ対スル見透

一、通貨ノ前途

上述スル所ニヨリ明ナル如ク現在ノ為替相場ハ全ク政府ノ統制賣ニヨツテ維持セラレテヰル。従ツテ政府ガ統制賣ヲ中止スレバ為替相場ハ直チニ低落スル可能性ガアルトモ云ヘル。而シナガラ元来通貨ノ不足シテヰル上、今回ノ金融安定辦法ニヨリ預金ノ引出ハ極メテ制限セラレタカラ為替市場ヲ閉市シテモ外貨トナツテ現ハルベキ通貨ガ多額ニ存在シテヰルガドウカ疑ル疑問デアル。従ツテ為替市場ノ閉市ト共ニ政府系銀行ハ極端ナル制限ヲ加ヘルデアラウガ統制賣ハ依然続行スルモノト考ヘラル。サレバ将来ハトモカク目前為替相場ハ低落シナイト見ルノガ至當デアラウ。而シテ将来低落スル場合ヲ考ヘルニ次ノ二ツノ場合ガアル。

南満洲鐵道株式會社

ヲ—0002　B列5

(11. 10. 15,000冊　瀧屋納)

364

357
12

(一)外国ヨリ軍器ヲ輸入スルコトニヨリテ直接在外正貨ノ減少ゼシメ統制売ヲ中止スル場合

(二)国内ニ於ケル通貨ノ発行増加ヲソレガ外貨買トナリ間接ニ在外正貨ヲ減少ゼシメ統制売ヲ中止スル場合

コノ内ノ(一)ノ可能性ヲ考フルニ在外正貨ノ皆無トナルマデ戦争ヲ継続スルトハ考ヘラレズ。従ツテ此ノ場合ニハ在外正貨ノ減少ト云フ客観的条件ガ発生スル前ニ政府ノ決定如何デ統制売ガ中止セラレルデアラウ。即支那政府ハ在外正貨ヲ以テ必要ナル軍器ヲ輸入スル為ニハ経済活動ニ今重大ナル障害ヲ與ヘテモ差支ヘナシト決意スル場合ニ早クモ統制売ヲ中止シ為替相場ニ対シ放任政策ヲ採用スルデアラウ。シカシ政府ニカクノ如キ決意ヲ生ゼシムル程度マデノ軍器ノ輸入ガ可能ナリヤ否ヤ疑問デアル。此レハ交通

南滿洲鐵道株式會社

ヨー0002 B列5

365

358
13

階ノ問題デ結局戦局ノ発展如何デ決定サルベキモノデアルが日本ヨリノ封鎖ヲ考慮ニ入レレバ多量ナル武器ノ輸入サレ得ナイト見ルベキデアル。従ッテ(一)ノ可能性ハ少ナイ。(二)ハ所謂悪性インフレーションノ問題デ軍費ニ供セラレルタメ通貨ノ供給ガ増加スレバ物価ハ騰貴シ輸出ハ減少、輸入ハ増加シ結局新シキ貨幣価値ノ下ニ経済ヲ再組織セナケレバ如何トモシ難キ状態トナルノデアル。シカシコレハ長期ニ観察セル場合デ短期間ニ就イテ見レバ戦時ノドイツノ如ク為替相場ノ維持ハ不可能デナイ。シカシコレヲ可能ナラシメルタメニ必要ナル條件ヲ考フルニ

(一)在外正貨ノ補充ニ積極的

(イ)外国ヨリノ借款若シクハクレヂット設定

(ロ)支那人所有ノ外貨及外国証券ヲ政府ガ強制買上ヲ行フ

南満洲鐵道株式會社

タ—0002 B列5

366

359

14

(ハ)華僑ヨリ外貨公債ヲ募集スル

(二)インフレーションノ防止ハ消極的

(イ)公債ノ発行

(ロ)為替管理

(一)ノ積極的條件ヲ考フルニ(ロ)ハ外貨所有者ハ愛国心全ミ外富豪デアルカラ全ク絶望デアラウ。(イ)ハヨリ少成功スルカモ知レナイガ世界ノ状勢カラ見テ極メテ少額デアラウ。(ハ)ヲ見ルニ一ケ年送金額三四億元ニ達スル送金額ヲ有スル華僑ノ実力ハ不問ニ付スルコトハ出来ナイガ結局ハ愛国心ト実力如何ニヨッテ決定スル。シカシテ大部分ハ一ケ年ノ収入ノ(余剰ノ)全部ヲ送金スル労働者デ大ナル期待ヲ持ツコトハ不可能デアラウ。以上見ル如ク積極的條件ハ比較的微弱デアルガ消極的條件ハ支那ハ

南満洲鉄道株式会社

ヨ—0002 B列5

367

独特ノ強ミヲ持ツテ井ルカラ案外強イト考ヘル。(二)ノ(イ)ニ就テハ次節デ述ベルガ民間銀行ノ公債引受能力ハ期待ヲ得ラレヌ。マタ事変後ノ資本逃避ヨリ見ラルル如ク(ロ)ノ為替管理モ強固タリトイフコトハ出来ヌ。シカモ支那ハ尚独特ノ強ミヲ持ツ。ソレハ支那ノ通貨ガ元来不足シテ井ルコトト国内ニ於ケル通貨ノ増発ガ為替ニ影響スルマデ時日ヲ要スルコトデアル。支那紙幣発行額ハ四政府七商業銀行十五億元省市立銀行ノ五億元合計二十億元、支那ノ人口四億トスレバ一人当リ五元デアルガコレハ支那ノ民度ニ比シ少ナ過ギルトイフコトガ出来ル。昨年六月以来本年六月末マデニ民間所有銀ノ回収ハ殆ンド行ハレテ井ナイニモ拘ラズ四政府銀行七商業銀行ノ発行額ハ十億元ヨリ十五

361

16

億元ヘト五億元増加シテヰル。コレハ(一)未曾有ノ豊年ニヨル経済活動ノ増加(二)信用取引ノ変化等ノ特殊事情モアルガ支那ノ通貨ガ経済活動ニ比シテ多現在尚経済活動ニ対スル通貨量ノ適合期ニアルノガ主因デアルト考ヘラレル。サレバ数字的検討ハ次節デ解カレルコトトシ、トモカク五億元程度ノ通貨増発デハソレガ直接軍器ノ輸入ニ便用セラレヌ限リ—ソレノ不可能ハ前ニ述ベタ—為替ノ低落ヲ齎ラストハ考ヘラレヌ。コノ際預金ノ支払制限ニヨル通貨ノ凍結モ考慮ニ入レナクテハナラヌ。従ッテ(二)ノ場合ニ甚ク為替ノ低落モ一應樂觀サレルノデアルガコレハ結局程度ノ問題デアリ戦争ガ長期ニ続ク限リコノ点ヨリ為替ハ低落スルモノト見ナケレバナラヌ。ソノ数

369

362
17

字的検討ニ就イテハ可能ナ限リ次節デ述ベル。
二、公債ノ発行
軍費ノ調達ハ
(一)増税
(二)公債
(三)紙幣ノ増発
以上ノ三者ヲ出デナイガ収入ノ大部分ガ関税、統税、塩税等常璘場及ビ沿海ニ於テ徴収スベキモノヨリ成ル支那ニ於テハ税収入ノ減少コソ問題デアル。トナルガ増税ハ問題タリ得ナイ。マタ公債及ビ紙幣ノ増発ハ結局一ツノ問題デアル。即チ紙幣ノ増発ガ物価ヲ通ジテ為替ヘ若シクハ為替ヲ通ジテ物価ヘ如何ナル影響ヲ與ヘルカトユフ問題デアル。従ツテ此ノ問題ノ実質的

南満洲鐵道株式會社
ヲー0002 B列5 (11. 10. 15,000冊 [illegible])

370

363
18

ナルモノハ為替問題トシテ前節ニ於テ述ベタ。故ニ本節ニ於テハ補足的ニ且若干数字的ニ取扱フコトトスル。所有有価証券ニ就イテ廿三年度末ト廿五年度末ヲ比較スルニ、ソノ内政府系四銀行ノ発行保証準備ガ約三億元増加シテヰルノミデアル。コレガ全部公債デ且七掛デ評価シテアルモノトスレバ額面ハ四億三千万元トナルガ恐ラクコレハ復興公債三億四千万元ヲ始メ鉄路建設公債、四川善後公債等新規発行ノ公債ヨリナルト見ラレル。即チ新規発行ノ公債ハ主トシテ保証準備ノ増額トシテ消化セラレタノデアッテ公債ノ発行ハソレト共ニ巨額ノ通貨ノ増発ヲ伴ッテヰルトコロ極メテ不健全ナ現象ヲ見ル。換言スレバ民間ノ公債消化力ハ殆ンド皆無デアリ従ッテ公債ヲ発行シソレヲ準備トシテ通貨ヲ増発スルニ稍

371

364
19

類似セル状態ニ置カレテヰル。タダ公債ヲ発行シテコレヲ準備トシテ通貨ヲ発行スル場合ニハ公債ノ償還財源ノ制限ガアル相違ガアル。モツトモ六割正貨四割保証準備ノ規則ガ厳守サレテヰル場合ニハソレニモ亦大イナル相違ガアルガ正貨準備ノ内容ガ不明ナル限リコノ点ハ無視シテ好イ。今回発行ノ救国公債ハ償還財源不明ナル点ニ於テ更ニ一段ト無準備デ通貨ヲ発行スル場合ト類似セルワケデアル。次ニ公債ノ民間ニ於ケル消化能力ハ従来デハ殆ンド皆無デアツタガコレハ一ツハ遊資ガ缺乏セルタメデ今後軍費ノ支出ノ場合増加ト共ニ遊資ガ増加シ民間ノ公債買入レガ増加スルカ若シクハ発券銀行タル三銀行ヘノ預金ガ増加シ公債ノ消化ト同様ナル効果ヲ齎ラスヤモ知レヌ次第デアル。更ニマタ今回

372

365
20

ノ公債ガ有價物デ應募ヲ得ン旨規定セン点ハ注目
スベクコレニヨツテ物品ノ支拂ニ充當セシメテ通貨ノ增發
ニヨツテ起ルベキ危險ヲ避ケンコトヲ期シタモノデアル。コノ方法
ノ成功スルヤ否ヤ不明デアルガコレニヨル公債ノ發行能力ノ
增大ハ否定ヲ得ラレナイ。從ツテ救國公債五億
元程度ノモノハ為替政策ニ破綻ヲ來タスコト大体可能
デアラウガ十億元程度ニ至ルト為替ニ深刻ナル影
響ヲ與ヘズシテ發行可能ナリヤ否ヤ疑問デアル。況ンヤ
卅億元ノ公債發行ノ如キ紙幣流通量モ公債現
在額モイヅレモ卅億元程度ノ点ヨリ見テ借款、華僑
ノ外貨債、應募等ニヨリ巨額ナル在外正貨ノ增加デ
モナキ限リ全ク不可能デアラウ。以上述ベタ所ハ全ク
金融為替的立場ニ立チ償還財源等ノ財政的立場ヲ

南滿洲鐵道株式會社

ヨ—0002 B列5

373

無視シタカ救国公債ノ例ノ如ク戦時経済ニ於テハコレガ正シイ方法ト信ズル。

金融安定辦法

(一) 八月十六日ヨリ銀行錢莊ノ各種當座預金ニシテ、若シ既ニ預金シアル銀行錢ノ莊カラ其ノ預金ヲ引出サントスル場合ハ、毎口座ノ預金残額ニ照シテ毎週百分ノ五ヲノミ引出シ得ルモノトス。但シ毎口座ニ毎週引出最大額ハ法幣一百五十元ヲ以テ限度トス。

(二) 八月十六日ヨリ後凡ソ法幣ヲ以テ銀行錢莊ニ交付シ預金ヲ継続又ハ新タニ口座ヲ設ケ（法幣ヲ）組入ルルモノハ随時所定数額（法幣ヲ）支払又ハ引出スルヲ得制限ヲ加ヘズ

(三) 定期預金ノ期限未満ノモノハ、融通シ引出スコトヲ得ズ。期限満了後若シ再ビ定期トスルヲ欲セザルモノハ、諸期（當座）預金トナスベシ。但シ之ハ當座預金ノ銀行

368

銭荘ニ限ル。尚本辦法第一條ノ規定ニヨリ辦理ス。

(四)定期貯金ノ期限未到前ニ預金者ガ銀行銭荘ト商議シ抵當ノ同意ヲ経タルハ毎口座〇法幣一千元ヲ最大額トシ、其ノ預金額二千元未満ノモノニアリテハ五掛ヲ以テ抵當トス。但シ一回限リトス。

(五)工場、公司、商店及機関ノ貯金ニシテ賃銀仕払或ハ軍事ニ関係アリテ法幣ヲ必要トスル場合ハ別ニ商議スルコトヲ得。

(六)同業或ハ顧客ノ為替送金ニハ総テ法幣ヲ以テ攴支ス

(七)本辦法ハ軍事ノ結了セル時ニ之ヲ停止ス。

ヨー0002 B列5

—2—

376

補之辦法

(一) 銀錢同業ノ発行セル本票ハ総テ同業匯劃（同業手形）ノ印ヲ捺ス。此ノ種ノ票據ハ只上海ニ於ケル同業匯劃ニ限リ許可シ、法幣ヲ支払ハズ、外国為替ヲ購入セズ。

(二) 預金者ガ取引セル銀錢同業ノ本年八月十二日以前ニ払出シタル本票（銀行ノ小切手）ト支票（小切手）モ亦同業匯劃票據ト做ス

(三) 銀行銭荘ノ各項当座預金ハ財政部ノ規定セル辦法ニヨリ法幣ヲ支払フ以外ハ、商業部ノ当座預金ニアツテハ、商業上ノ需要ニヨリ、余額アルモノハ、同業匯劃ヲ以テ之ヲ支払フ。

(四) 凡ソ預金ニ対シテハ、ソノ新規タルト否トヲ問ハズ、銀

370

行及銀莊ハ該預金カ法幣ナリヤ匯劃ナリヤヲ
区別シテ記帳スベキコトヲ請求シ、支払ニ際シテハ
夫々法幣或ハ匯劃ニ分ツテ之ヲ支払フ。

南滿洲鐵道株式會社

ヨー0002 B列5

—4—

378

上海事务所长关于枪支运入许可证事致总裁室东亚课长的函（一九三七年九月一日）

27

26

寫　用度部購買課長

上庶庶三七第一〇號K二八

昭和十二年九月一日

上海事務所長

總裁室東亜課長殿

拳銃輸入許可證ニ關スル件

大連丸便ニ依リ御送付ヲ受ケタル拳銃（モーゼル二號型）十挺並實包二〇〇〇個ニ對スル上海領事館警察ヨリノ輸入許可證ハ再三交渉セルモ領事館警察ニテハ輸入許可證ハ發行セラレサル由ニシテ所員ノ携帶許可證ノミヲ認可下附セラレタルニ付テハ取敢ヘス大連警察署發行ノ銃包讓受許可證同封御返送ス

以上

28

上海事务所长关于通知职员归任日期事致总裁室东亚课长的电文（一九三七年九月一日）

161

着電譯文

文書番號	發信局	電報番號	指定
B二八九		公四	

發電	着電	受付
昭和12年9月1日9時25分	昭和　年　月1日4時51分	昭和　年　月2日9時0分

飜譯者印

供覧：東亞課長　總、庶務課長

9月2日別途寫送付濟ミ

近鉄船舶係ヘ通知済

受信者：東亜課長

件名：

發信者：上海事務所長

能錄丸三十一日午後六時無事着イタ本日ケイゴ松永及無電技師ハ三日発内地経由帰任ノ予定

南滿洲鐵道株式會社

(12. 8. 500冊)

168

上海事务所长关于询问弘报课派遣社员到达时间事致总裁室东亚课长的电文（一九三七年九月二日）

531

著電譯文

文書番號 B二九八
發信局
電報番號 公二七
指定

發電 昭和 年 月 日 11時 1分
着電 昭和12年9月2日15時23分
受付 昭和 年 月 日15時50分
飜譯者印 隅田

供覽
人事課長
總、庶務課長
弘報課長
9月2日別途寫送付濟

件名

受信者 東亜課長

發信者 上海事務所長

弘報課ヨリ派遣ノ寫眞技師活動撮影者ハ何時頃當地着ノ予定ナリヤ。

南滿洲鐵道株式會社

日－8017 B列5

（12. 1. 1 500冊 管城堂納）

544

上海事务所长经天津发出关于栗屋参事提出申请事致总裁室东亚课长的电文（一九三七年九月七日）

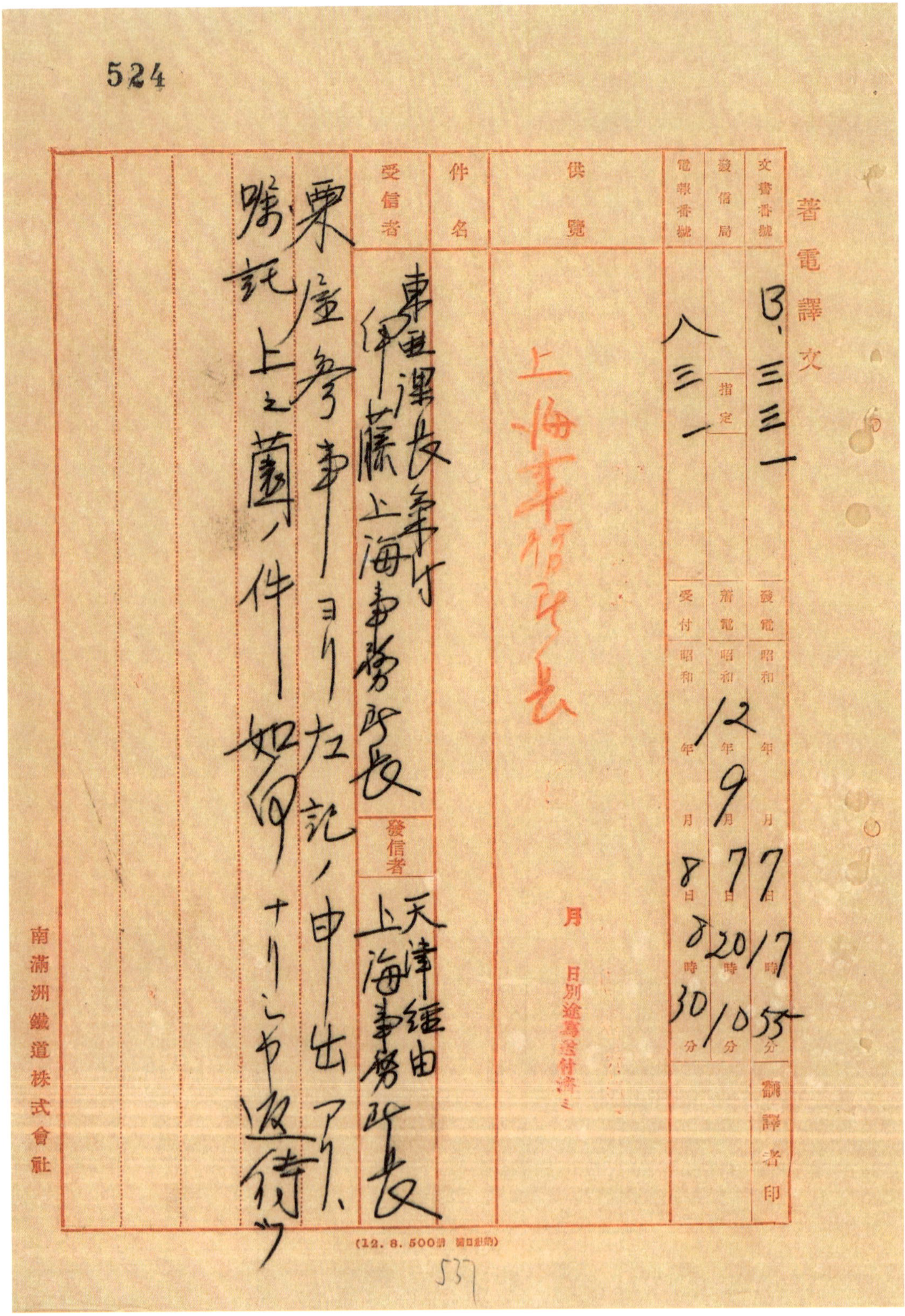
524

着電譯文

文書番號	B、三三一
發信局	
電報番號	八三一
指定	
發電	昭和12年9月7日17時55分
着電	昭和 年9月7日20時10分
受付	昭和 年 月8日8時30分
翻譯者印	
供覧	上海事務所長
件名	
受信者	東亜課長 筆付 伊藤上海事務所長
發信者	天津経由 上海事務所長

栗屋参事ヨリ左記ノ申出アリ、嘱託上ノ薗ノ件如何ナリヤ返待ツ

月日別途寫送付濟ミ

南満洲鐵道株式會社

(12. 8. 500冊)

537

上海事务所长代理关于商谈事务申请出差大连、东京事致总裁室东亚课长、人事课长的电文（一九三七年九月七日）

526

著電譯文

文書番號：阝、三三五

發信局

電報番號：公二

指定

發電 昭和　年　月7日7時　分

着電 昭和12年9月8日8時40分

受付 昭和　年　月8日8時40分

飜譯者印

供覽：中西理事　文書課長

9月8日別途寫送付濟

件名

受信者：東亜課長　人事課長

發信者：上海事長代理

伊藤所長ノ赴任途中事務打合セノ為大連東京ヘ一ケ月出張承認乞フ

（12. 8. 500冊）

南滿洲鐵道株式會社

539

上海事务所长关于弘报课员来沪赴任事致总裁室东亚课长的电文（一九三七年九月十二日）

234

著電譯文

文書番號	B.三六六
發信局	
電報番號	公一〇
指定	ウナ
發電	昭和　年　月 12日 11時 23分
着電	昭和 12年 9月 12日 13時 15分
受付	昭和　年　月 13日 8時　分
飜譯者印	
供覧	東亜課長　弘報課長
件名	
受信者	東亜課長
發信者	上海事務所長

弘報課員、菅野、一色十二日来滬陸軍武官室嘱託トナレリ、尚北支、宣撫工作関係写真取揃ヘ送付乞フ。右弘報課長ヘ連絡乞フ

9月13日別途写送付済ミ

南滿洲鐵道株式會社

(12. 8. 500冊 [illegible])

242

上海事务所长关于购入毛毯事致总裁室东亚课长的电文（一九三七年九月十二日）

235

著電譯文

文書番號：B三六七
發信局：
電報番號：二二
指定：

發電：昭和12年9月12日18時33分
着電：昭和12年9月12日20時15分
受付：昭和12年9月13日8時20分

翻譯者印：立石

供覽：庶務課長　東亞課長

9月13日　別途寫送付濟

件名：

受信者：東亜課長

八月二一日電報ニテ毛布三〇枚送付依頼シオケルガ未着ナリ　發送前ナラバ、当地ニテ購入スルニ付　至急返事乞フ

上海事務所長

發信者：上海事務所長

南滿洲鐵道株式會社

(12. 8. 500冊 ……)

243

上海事务所长关于报告三井、三菱会社捐赠状况事致总裁室东亚课长的电文（一九三七年九月十七日）

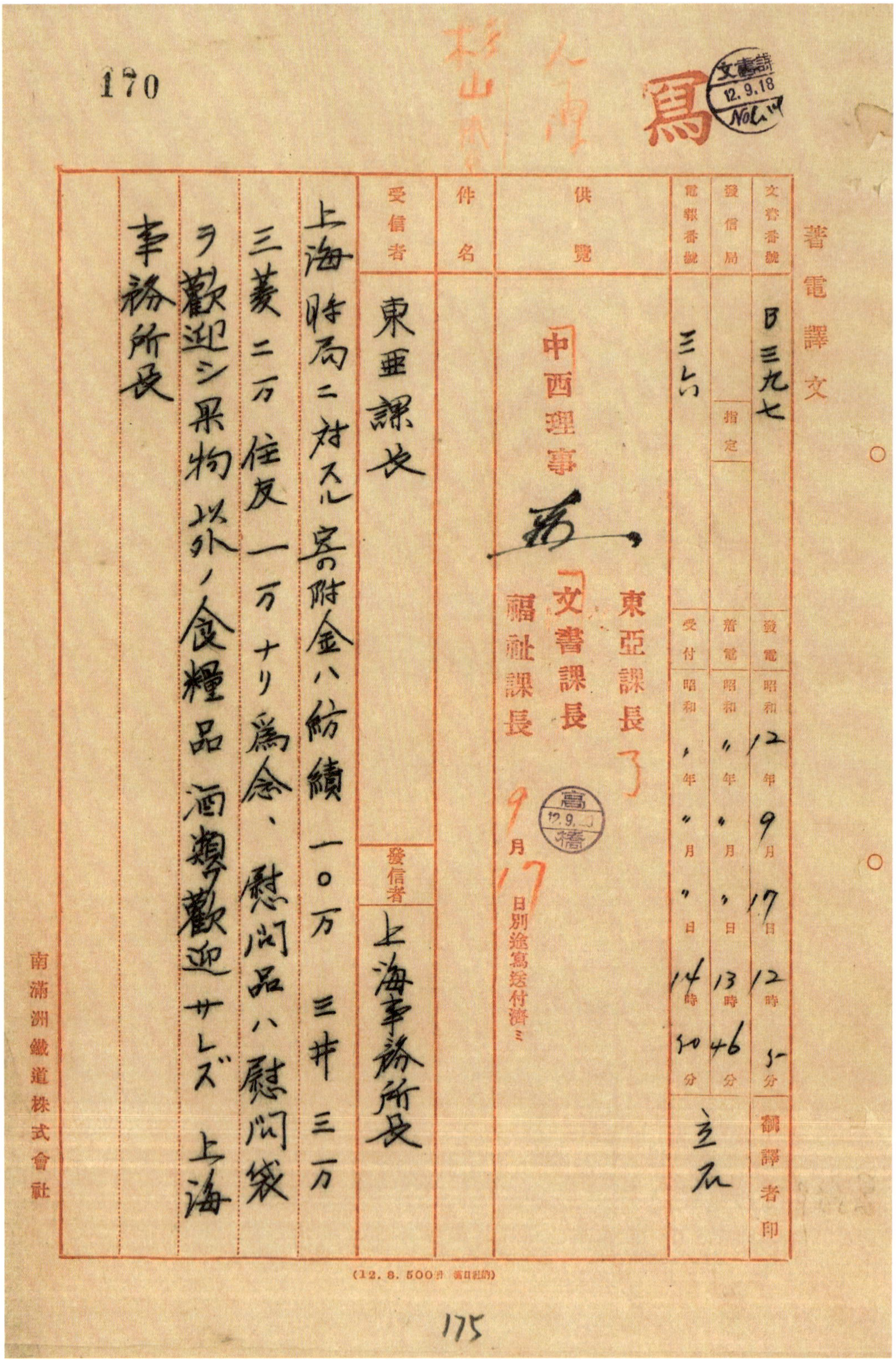

170

寫

文書課 12.9.18

著電譯文

文書番號 B三九七

電報番號 三六

供覧

中西理事

東亞課長

文書課長

福祉課長

9月17日 別途寫送付濟ミ

受信者 東亜課長

發信者 上海事務所長

發電 昭和12年9月17日12時5分

着電 昭和〃年〃月〃日13時46分

受付 昭和〃年〃月〃日14時30分

翻譯者印 立石

上海時局ニ対スル寄附金ハ紡績一〇万 三井三万 三菱二万 住友一万ナリ爲念、慰問品ハ慰問袋ヲ歡迎シ果物以外ノ食糧品 酒類歡迎サレズ 上海事務所長

南滿洲鐵道株式會社

175

上海事务所长与总裁室东亚课长、庶务课长等关于建议满铁向民团捐款的往来电文

上海事务所长致总裁室东亚课长电（一九三七年九月二十四日）

169

寫　至急

著電譯文

文書番號 B四三三

發信局

電報番號 公一四

指定 至急

發電 昭和12年9月24日9時43分

着電 昭和　年　月　日12時20分

受付 昭和　年　月　日14時0分

飜譯者印

供覽

作名

受信者 東亜課長

發信者 上海事務所長

曩ニ電セル通リ民團ニ対シ各方面ヨリ寄附アリ社ヨリモ理事慰問ノ節何分ノ寄附ヲ爲シ置ク事適当ト思ハルヽニ付銀一万弗支出方承認願度尚中西理事共諒済　上海事務所長

南滿洲鐵道株式會社

(12. 8. 500冊 [illegible])

174

总裁室东亚课长等致上海事务所长电（一九三七年九月二十四日）

166

電報回議箋

文書番號	總庶庶9第1號ノ203
指定	ウナ・ミ カ・ム ニ・ヨイ
電報番號	
總裁	
回議者印	總、庶務課長　會計課長　經理係
起案	昭和12年9月24日　時　分
決裁	昭和　年　月　日　時　分
發電	昭和　年〃月〃日17時20分
件名	
宛名	上海事務所庶務課長
發信者	總、庶務課長　總、會計課長

民團ヘ銀壹万弗寄附決定アリタ支拂支ナシ

（總、庶務課假拂金）

起案箇所　箇所長　擔任者

擔任者　電話

發電取扱者印

南滿洲鐵道株式會社

ヨ-8016　B列5

172

暗号

寫

著電譯文

文書番號	發信局	電報番號	供覽	件名	受信者
B. [illegible] 四五五		一〇二二	東亞課長 總務課長 文書課長 人事課長		東亞課長

發電	着電	受付
昭和12年9月27日11時55分	昭和12年9月27日13時37分	昭和12年9月27日15時1分

發信者：上海事務所長

中西理事、軍司令官、第三艦隊司令長官、駐支大使、民團ソノ他關係方面ノ慰問ヲ昨日ヲ以テ終ヘ、本日上海丸ニテ予定通リ出發セラル、尚軍司令官訪問ノ事ハ特秘トセラレタシ

翻譯者印

南滿洲鐵道株式會社

(12.8.500冊)

177

上海事务所长关于制作七七事变相关影像资料事致总裁室东亚课长的函（一九三七年十月一日）

寫映畫製作所長

上調資三七第一〇九號ノ六十

昭和十二年十月一日

上海事務所長

總裁室東亞課長殿

支那事變活動寫眞製作ニ關スル件

曩ニ上海派遣軍報道部ヨリ依頼アリタル當地ヲ中心トスル支那事變關係活動寫眞撮影ノ件ハ左記要綱ニ依リ進捗ノコトニ軍報道部ト打合セタルニ付御了知相成度

記

一、撮影ニ關シテハ軍報道部員タルノ資格ヲ以テ特別ノ便宜供與並ニ指導ヲ與ヘラルルモノトス（現地出張撮影者ハ軍報道部囑託トス）

602

二、撮影、現像、編輯、錄音等凡テ滿鐵ニテ行フ、ソノ費用滿鐵負擔。（大連ニテ現像完了次第直チニ一本ヲ上海へ送リ、軍報道部ノ檢閲ヲ受ケルコト、尚東京P・C・Lニテ錄音完成前後ニ陸軍省新聞班ノ檢閲ヲ受ケルコト）

三、記錄映畫ヲ趣旨トスルモ、或ル程度筋書アルモノトスルカ否カハ滿鐵ノ裁量ニ委ス（右ニ基キ金丸弘報課員又ハ高原映畫製作所員上海派遣方九月三十日打電セリ）

若川氏ニ意見アラン

四、發表ハ滿鐵ノ名儀ニテ爲ス（軍報道部指導ノタイトル挿入）

五、撮影ニ要スル現地諸費用（但シ旅費ヲ除ク）ハ軍報道部ニテ負擔ス。

以上

611

上海事务所长关于请求发送无线电机事致总裁室弘报课长的电文（一九三七年十月三十日）

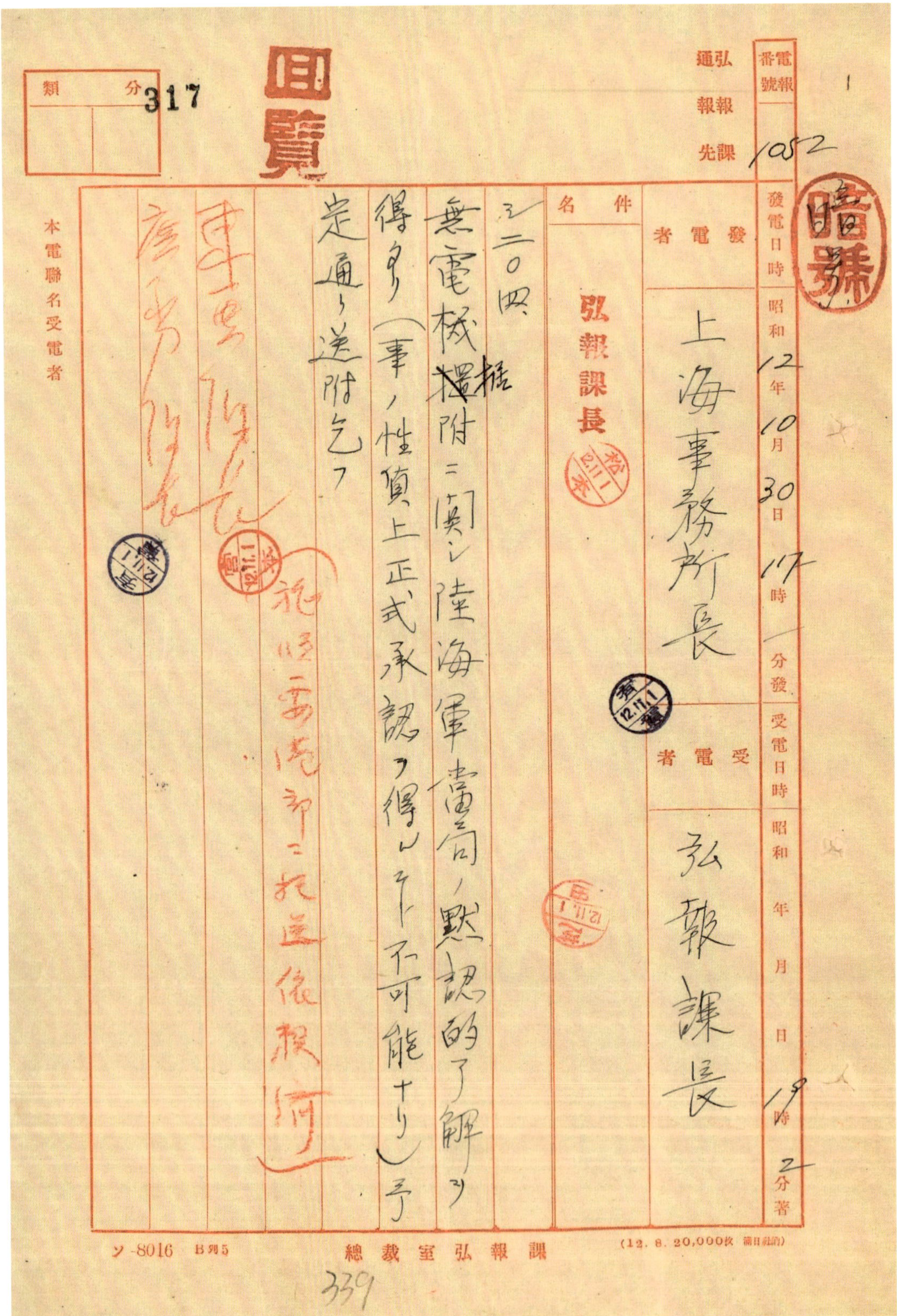
回覧

類 分 317

弘報課 通報先 1052

電報番號 1

暗號

件名 弘報課長

發電者 上海事務所長

發電日時 昭和12年10月30日17時 分發

受電者 弘報課長

受電日時 昭和 年 月 日 19時 2分著

本電聯名受電者

三二〇四

無電機据附ニ関シ陸海軍當局ノ默認的了解ヲ得タリ（事ノ性質上正式承認ヲ得ルコト不可能ナリ）予定通リ送附乞フ

ソ-8016 B列5 總裁室弘報課 (12. 8. 20,000枚 滿日謹納)

339

上海事务所长与总裁室东亚课长关于委托购买并运送一万包烟草的相关公文

上海事务所长致总裁室东亚课长电（一九三七年十一月五日）

547

寫

著電譯文

文書番號	發信局	電報番號	指定
C一八三		八五五	

發電	着電	受付
昭和12年11月5日17時20分	昭和　年　月5日21時28分	昭和　年　月6日9時0分

飜譯者印（立石 12.11.6）

供覧：東亞課長　總務課長（9.11.12）　南融課長　11月6日別途寫送付濟ミ

件名：

受信者：東亜課長

發信者：上海事務所長

二九日電ノ便船出帆前ナラバ傷兵慰問煙草リヴアイヴアー一〇本入リノモノ一万個今船ニテ送附方手配乞フ

10本入リナレ

20本入りか

南滿洲鐵道株式會社

ヨ－8017　B列5　(12. 1. 1,500冊 實道堂印刷)

2208　　591

总裁室庶务课长致上海事务所长电（一九三七年十一月六日）

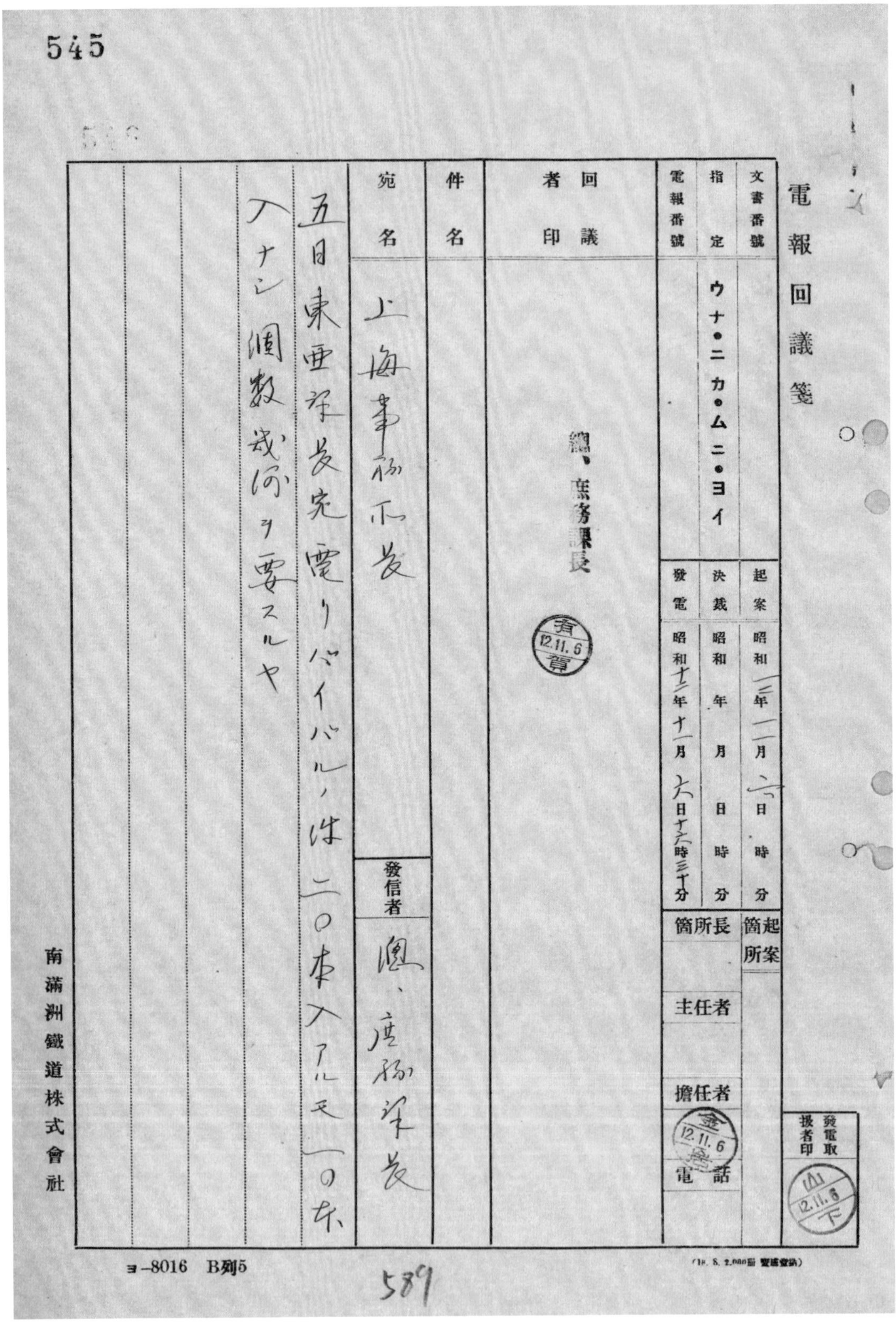

545

電報回議箋

文書番號

指定 ウナ・ニカ・ムニ・ヨイ

電報番號

起案 昭和十二年十一月六日 時 分

決裁 昭和 年 月 日 時 分

發電 昭和十二年十一月六日十六時三十分

回議者印 總、庶務課長

件名

宛名 上海事務所長

發信者 總、庶務課長

五日東亜課長宛電リバイバルハ注二〇本入アルモ一〇本入ナシ個数識別ヲ要スルヤ

起案箇所

箇所長

主任者

擔任者

電話

發電取扱者印

南滿洲鐵道株式會社

ヨ-8016 B列5

589

上海事务所长致总裁室东亚课长电（一九三七年十一月七日）

546

寫

著電譯文

文書番號	C二〇四
發信局	
電報番號	公一八
指定	
供覧	東亜課長、總、庶務課長
件名	
受信者	東亜課長
發信者	上海事務所長
發電	昭和　年　月7日15時40分
着電	昭和12年11月7日17時16分
受付	昭和　年　月8日9時30分
翻譯者印	

リバイバル一萬個購入送付セヨ。

單價　二〇本入　五仙八厘

一箱　一、二五〇個入　七二弗五〇仙

八箱　一〇、〇〇〇個　五八〇弗

南滿洲鐵道株式會社

(12. 8. 500冊)

590

总裁室庶务课稿（一九三七年十一月八日）

543

回議箋（乙號）

會社番號

發議番號 總庶庶37第7號ノ208

起案 昭和12年11月8日

決裁 昭和 年 月 日

發送 昭和 年 月 日

起案箇所

箇所長

擔任者

電話

發送取扱者

回議者及印

中西理事

總、庶務課長

東亞課長

經理係

事後回議者及印

件名 戰傷兵慰問煙草寄贈ノ件

案

上海事務所長ヨリ同方面戰傷兵慰問ノ爲リバイバル二〇本入一萬個贈呈シ度旨別途申請アリタルニ付テハ右承認上海事務所長ヲ通シ寄贈相成可然哉

南滿洲鐵道株式會社

受付印

12. 11.12 總庶C1470 ∕5815

ヨ-8012 B列5

（12.5.3,000冊 松浦謄納）

581

544

備考

一、單價　二〇本入　五糎八厘

一、一箱　一、二五〇個入　七二糎五〇糎

一、八箱　一〇、〇〇〇個　五八〇糎

一、事變費支辨ノコト

南滿洲鐵道株式會社

ヨ-0003　B列5　(12.3.15,000冊 滿日納)

588

上海事务所庶务课长致总裁室东亚课长电（一九三七年十一月十二日）

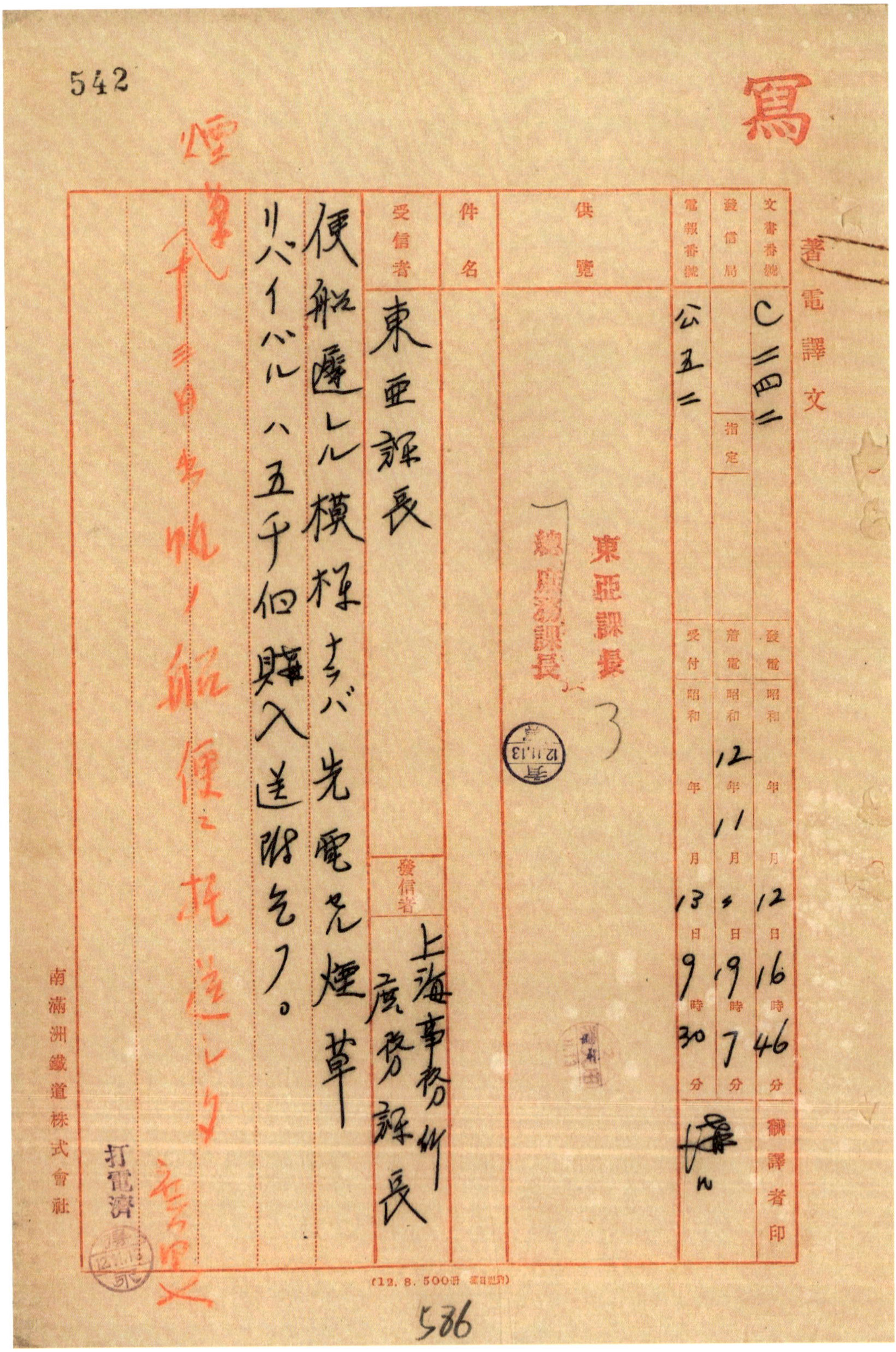
542

寫

著電譯文

文書番號	發信局	電報番號
C二四二		公五二

	昭和	年	月	日	時	分
發信		12	11	12	16	46
着電		12	11	13	9	7
受付				13	9	30

供覽：東亞課長　總庶務課長

受信者：東亞課長

件名：

發信者：上海事務所庶務課長

便船遲レル模樣ナレバ先電ノ煙草リバイバルハ五千個購入送附乞フ。

煙草（十一月十三日出帆ノ船便ニ托送レリ）

打電濟

南滿洲鐵道株式會社

(12. 8. 500冊)

586

上海事务所长致总裁室庶务课长电（一九三七年十二月一日）

540

著電譯文

文書番號	發信局	電報番號

指定

	發電	着電	受付
昭和 年	12	〃	〃
月	12	12	〃
日	1	〃	2
時	20	22	9
分	7	13	10

飜譯者印

供覽：總、庶務課長 庶務係

受信者：總 庶務課長

發信者：上海事務所長

件名：

リバイバル七竹相受ケタ貴方發送數量至急知ラセ

返電案

リバイバル八箱~~（一箱二百本入二五百箱入）~~送付セリ 確カ

船積ミ未遣ナシ

發信係

南滿洲鐵道株式會社

ヨ－8017 B列5

(12. 1. 1.500冊 齊藤登載)

584

上海事务所长关于埠头扩大保有问题事致总裁室弘报课长的电文（一九三七年十一月七日）

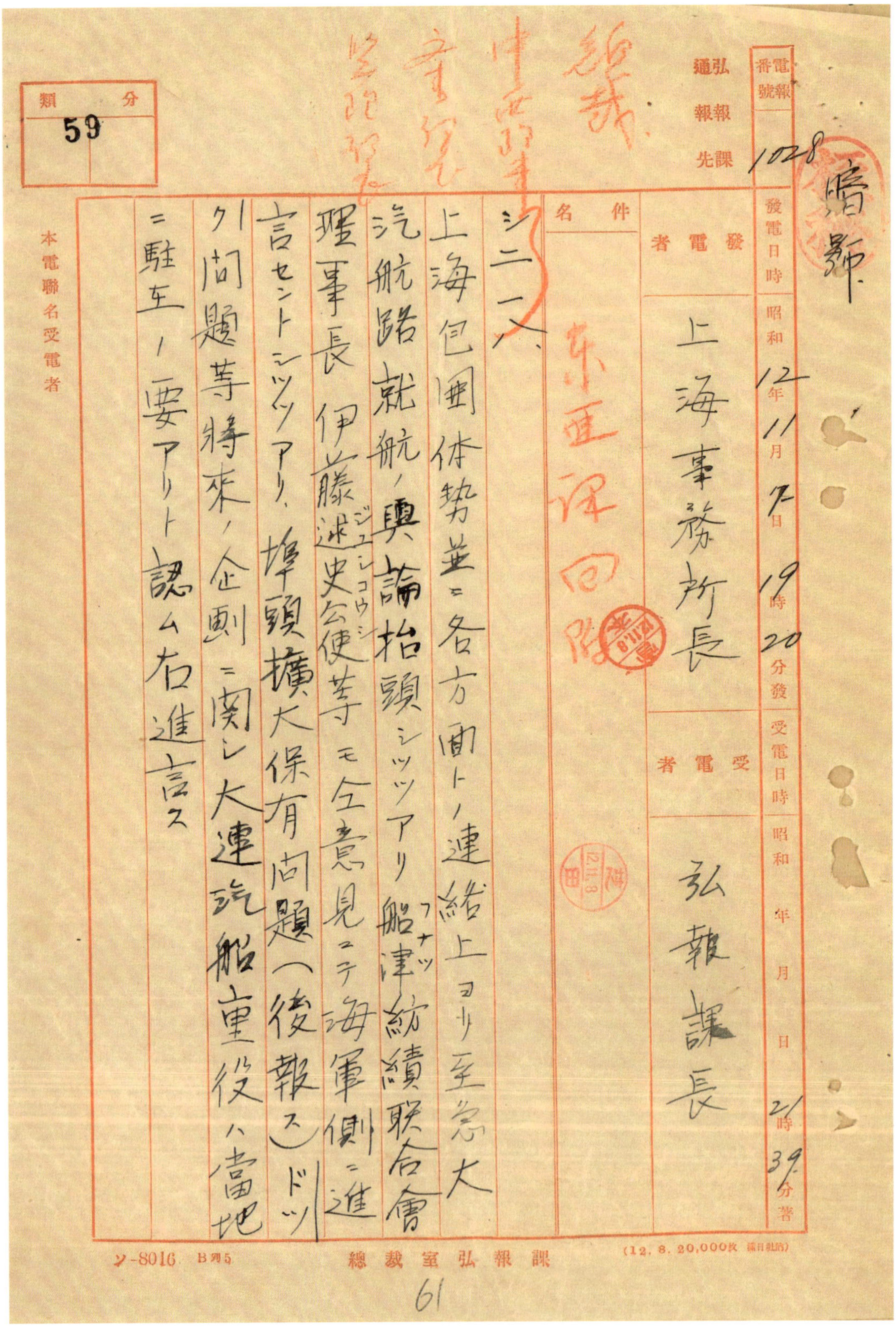
暗號

電報番號	1028
弘報課通報先	
發電者	上海事務所長
發電日時	昭和12年11月7日19時20分發
受電者	弘報課長
受電日時	昭和　年　月　日21時39分著
件名	東亜課回附
分類	59
本電聯名受電者	

シ二一八

上海包囲体勢並ニ各方面トノ連絡上ヨリ至急大汽航路就航ノ輿論抬頭シツツアリ船津紡績聯合會理事長伊藤述史公使等モ仝意見ニテ海軍側ニ進言セントシツツアリ、埠頭擴大保有問題（後報ス）ドツクノ問題等將來ノ企劃ニ関シ大連汽船重役ハ當地ニ駐在ノ要アリト認ム右進言ス

ソ-8016　B列5　總裁室弘報課　（12.8.20,000枚）

61

上海事务所长关于要员驻沪必要性致总裁室弘报课长的电文（一九三七年十一月九日）

極秘

電報番號	弘報課通報先	分類
1076		60

發電日時	昭和12年11月9日（~~10~~）21時15分發
發電者	上海事務所長
受電日時	昭和　月10日0時5分著
受電者	弘報課長
件名	東亜課 原物回附．

本電聯名受電者

シ二二七

電見、重役駐滬ノ必要ハ單ナル就航ノ件ニアラズシテ必然的ニ發展スベキ當地事態ニ對スル會社ノ權益經綸如何ノ問題トス、老婆心迄デニ注意ヲ喚起スル所以ナリ、爲念、

ソ-8016　B列5　總裁室弘報課　（12.8.20,000枚）

62

上海事务所庶务课长关于向因七七事变分居职员家属发放居住金事致总裁室东亚课长的函（一九三七年十一月二十四日）

寫 總裁室庶務課長

上庶庶三七第一〇號Kノ五六

昭和十二年十一月二十四日

上海事務所 庶務課長

總裁室 東亞課長殿

總東庶37第1號ノ448

事變ニ伴フ別居家族ニ對スル住宅料支給ニ關スル件

嚢ニ貴課勤務ヲ命セラレタル左記二名ニ對スル事變ニ伴フ家族別居住宅料及別居手當ハ赴任出發ノ前日迄日割計算ヲ以テ夫々支給致シタルニ付御通知ス

記

一、職員 玉置 章

發令月日 昭和十二年十月十三日

赴任月日 昭和十二年十月十八日

家族別居住所 大牟田市正山通

251

327

252

家族內容　妻　玉置トネ
長男〃　悌助
母〃　イチ

一、職員　大津文夫
發令月日　昭和十二年十月十三日
赴任月日　昭和十二年十一月十七日
家族別居住所　大連市眞金町五九ノ三
家族內容　妻　大津誠子
追而家族居住地迄ノ家族ニ對スル旅費ハ當方ニ於テ支給ス可キニ付御承知乞フ

328

上海事务所长产关于购买手枪事致总裁室东亚课长的电文（一九三七年十二月十一日）

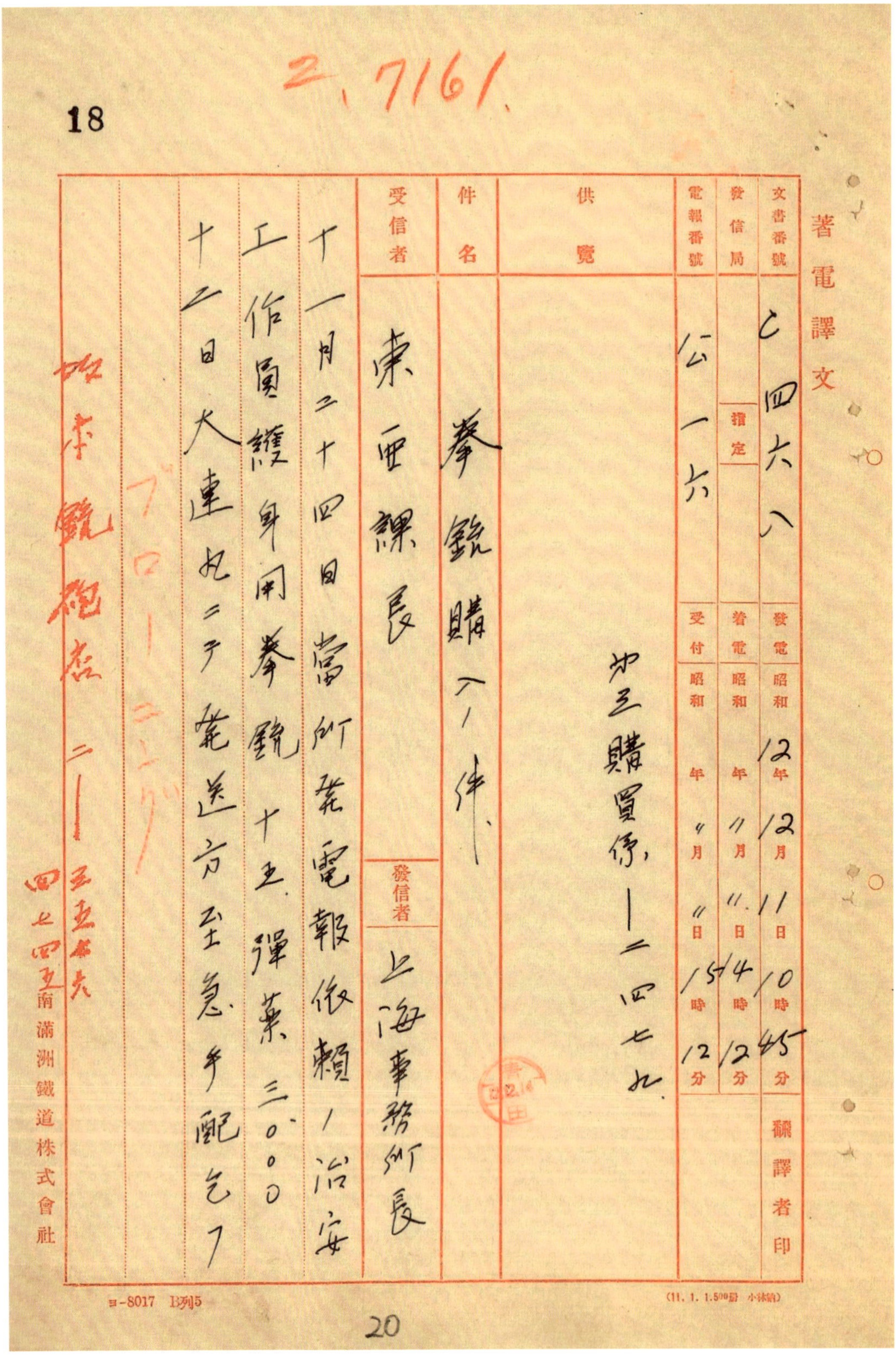
2,7161

18

著電譯文

文書番號 乙四六八
發信局
電報番號 公一六
指定
發電 昭和12年12月11日10時45分
着電 昭和 年11月11日14時12分
受付 昭和 年4月11日15時12分

供覽 [illegible]三購買係　一二四七九

件名 拳銃購入ノ件

受信者 東亜課長

發信者 上海事務所長

十一月二十四日當所発電報依頼ノ治安工作員護身用拳銃十五、彈薬三〇〇〇十二日大連丸ニテ発送方至急手配乞フ

坂本銃砲店　二一五五番　大
ブローニング
四七四五

南滿洲鐵道株式會社

ヨ-8017　B列5　(11. 1. 1.500冊 小林納)

20

上海事务所长关于请求急运卡车事致总裁室东亚课长的电文（一九三七年十二月十二日）

157

寫

著電譯文

文書番號：e四七二
發信局：
電報番號：公三
指定：

發電：昭和12年12月12日17時30分
着電：昭和12年12月13日4時27分
受付：昭和 年 月 日9時30分

飜譯者印：糸、美

供覽：東亞課長　庶務課長　總、庶務課長

件名：

受信者：东亜課長

發信者：上海事務所長

當所現有トラック二台ニテハ宣撫工作其ノ他ニ関シ軍ノ要求ニ応ジ難キニ付更ニトラック二台（社名社紋入リ）急送方手配願度。手持無ケレバ一台六〇〇〇弗程度ニテ現地購入致シ度

电報　形式

南滿洲鐵道株式會社

(12.8.500冊)

172

上海事务所长关于发放一九三七年度上半期奖金事致总裁室东亚课长的函（一九三七年十二月二十日）

秘

上庶人三七第二四號B／一七

昭和十二年十二月二十日

上海事務所長

總裁室東亞課長殿

總東庶 37 第1號ノ501

昭和十二年度上半期賞與金支給方ノ件

曩ニ貴所勤務ヲ命セラレタル元當所職員玉置章、大津文男ニ對スル今期賞與金左記ノ通同封爲替手形ヲ以テ送付致スニ付夫々本人ニ御手交相願度

記

一、手形番號二七六　受取人　玉置章
額面　金貳百七拾四圓〇五錢也（銀二七〇弗）

一、手形番號二七七　受取人　大津文男
額面　金貳百四拾參圓六拾錢也（銀二四〇弗）

338

上海事务所长关于通知开始无线电通讯时间事致总裁室庶务课长的电文（一九三七年十二月二十日）

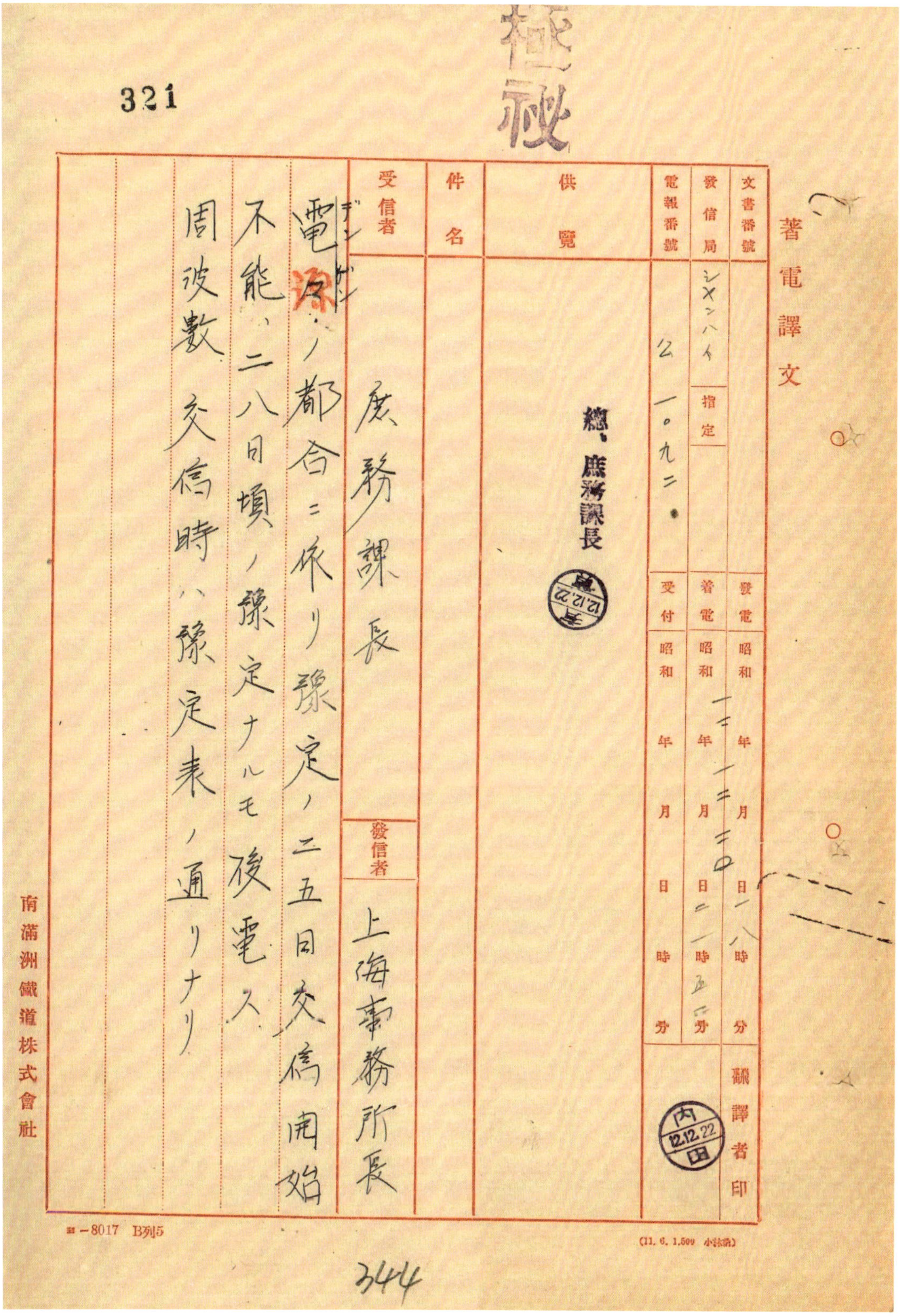

極秘

321

著電譯文

文書番號	發信局	電報番號	供覽	件名	受信者
	シャンハイ	公一〇九二	總、庶務課長		庶務課長

指定

發電 昭和 年 月 日一八時 分

着電 昭和一二年一二月二〇日二一時五〇分

受付 昭和 年 月 日 時 分

發信者 上海事務所長

電源ノ都合ニ依リ豫定ノ二五日交信開始不能、二八日頃ノ豫定ナルモ後電ス

周波數交信時ハ豫定表ノ通リナリ

飜譯者印

南滿洲鐵道株式會社

ヨ-8017 B列5

(11.6.1.500 小林印)

344

上海事务所长关于收到社员护身用手枪事致总裁室东亚课长的电文（一九三七年十二月二十四日）

33

上庶庶三七第一〇號Kノ一〇三

昭和十二年十二月二十四日　上海事務所長

總裁室　東亞課長殿

總東庶 37第2號ノ541

社員護身用拳銃ニ關スル件

十二月十七日附總東庶三七第二號ノ五一八ヲ以テ通知ノ拳銃（ブローニング二號型）十五挺竝實砲三、〇〇〇發ハ二十日受領シ別紙寫ノ通拳銃携帯許可相成タルニ依リ銃砲火藥類輸出許可證及用度部倉庫課物品假受領證同封添附送付ス

尚大連警察署發行拳銃番號中「四〇九〇五七」ハ「四〇九〇三七」總東庶三七第二號ノ五一八中拳銃番號中「四一四七三一」ハ「四一四七三九」「四〇九〇五七」ハ「四〇九〇三七」カ正ナルニ付大連警察署ニハ訂正方説明願度

35

上海事务所长关于无线电通讯运行试验时间另行通知事致总裁室庶务课长的电文（一九三七年十二月二十八日）

322

著電譯文

文書番號	發信局	電報番號	供覧	件名	受信者
		六二	總、庶務課長		總裁室庶務課長ニ

指定

發電	着電	受付
昭和12年12月29日16時38分	昭和12年12月29日21時18分	昭和12年12月29日9時30分

飜譯者印

發信者：上海事務所長

當所（タイホテテン）ノ無線行進試驗ハ電力工事ノ都合ニヨリ一月五日頃マデ開始出來サルニ付承知乞フ。尚開始ニ日程公電ス。

南滿洲鐵道株式會社

三-8017 B列5

（12.1. 1,500冊）

345

上海事务所长关于通知进行无线电通讯运行试验日期致总裁室东亚课长的电文（一九三八年一月五日）

586

著電譯文

文書番號	發信局	電報番號	供覽	件名	受信者
	上海	公一〇二四	總〃庶務課長		總裁室庶務課長

發電	着電	受付
昭和　年　月　日一一時三三分	昭和一三年一月三日二時一三分	昭和　年　月　日　時　分

發信者　上海事務所長

飜譯者印

當庶務電

交信試驗七日ヨリ豫定表通リ實施ス承知アレ

南滿洲鐵道株式會社

ロ－8017 B列5　　12. 1. 1.560冊 (審成舘納)

634

上海事务所长关于通知无线联络试验正式开始事致总裁室庶务课长的电文（一九三八年一月七日）

325

著電譯文

文書番號	
發信局	
指定	二カ
電報番號	五
發電	昭和十三年一月七日十二時三十分
着電	昭和〃年〃月〃日十五時四九分
受付	昭和十三年一月八日九時三五分
飜譯者印	（印：山 13.1.8 下）
供覧	
件名	
受信者	總裁室庶務課長
發信者	上海事務所長

七日ヨリ豫定表ニヨリ連絡試驗開始ス成績アト電

南滿洲鐵道株式會社

ヨ-8017 B列5　　(11. 1. 1.5冊番 小林活)

348

上海事务所长关于委托购买并运送宣抚班特务机关派遣社员护身用手枪事致总裁室东亚课长的电文
（一九三八年一月八日）

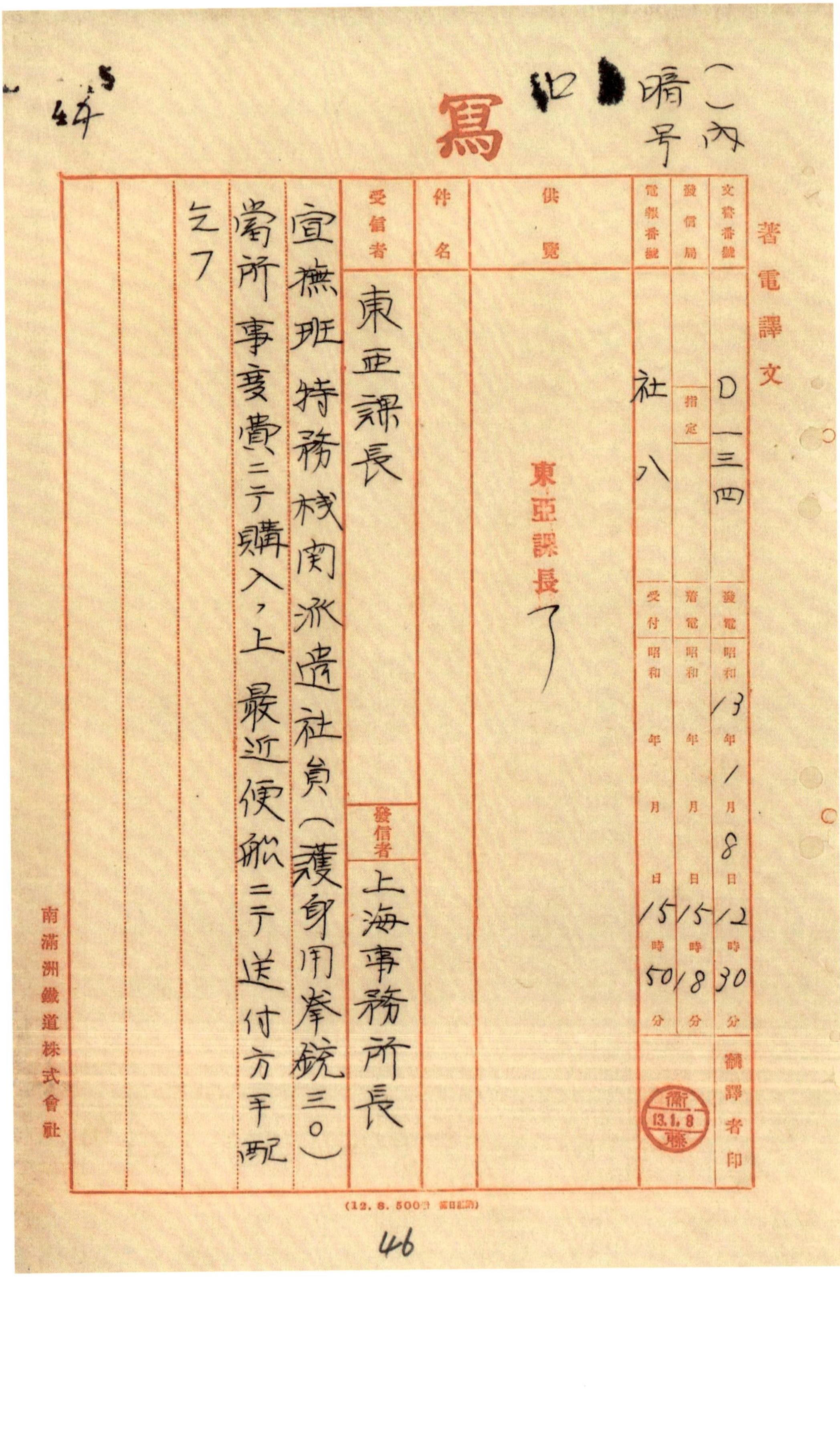
寫

著電譯文

文書番號：D一三四
發信局：社八
發電：昭和13年1月8日12時30分
着電：昭和 年 月 日15時18分
受付：昭和 年 月 日15時50分

供覧：東亞課長 了

受信者：東亜課長

發信者：上海事務所長

宣撫班特務機関派遣社員（護身用拳銃三〇）當所事変費ニテ購入ノ上最近便船ニテ送付方手配乞フ

翻譯者印：衛藤 13.1.8

南滿洲鐵道株式會社

(12.8.500冊)

46

上海事务所长关于通知无线通讯代码事致总裁室庶务课长的电文（一九三八年一月十二日）

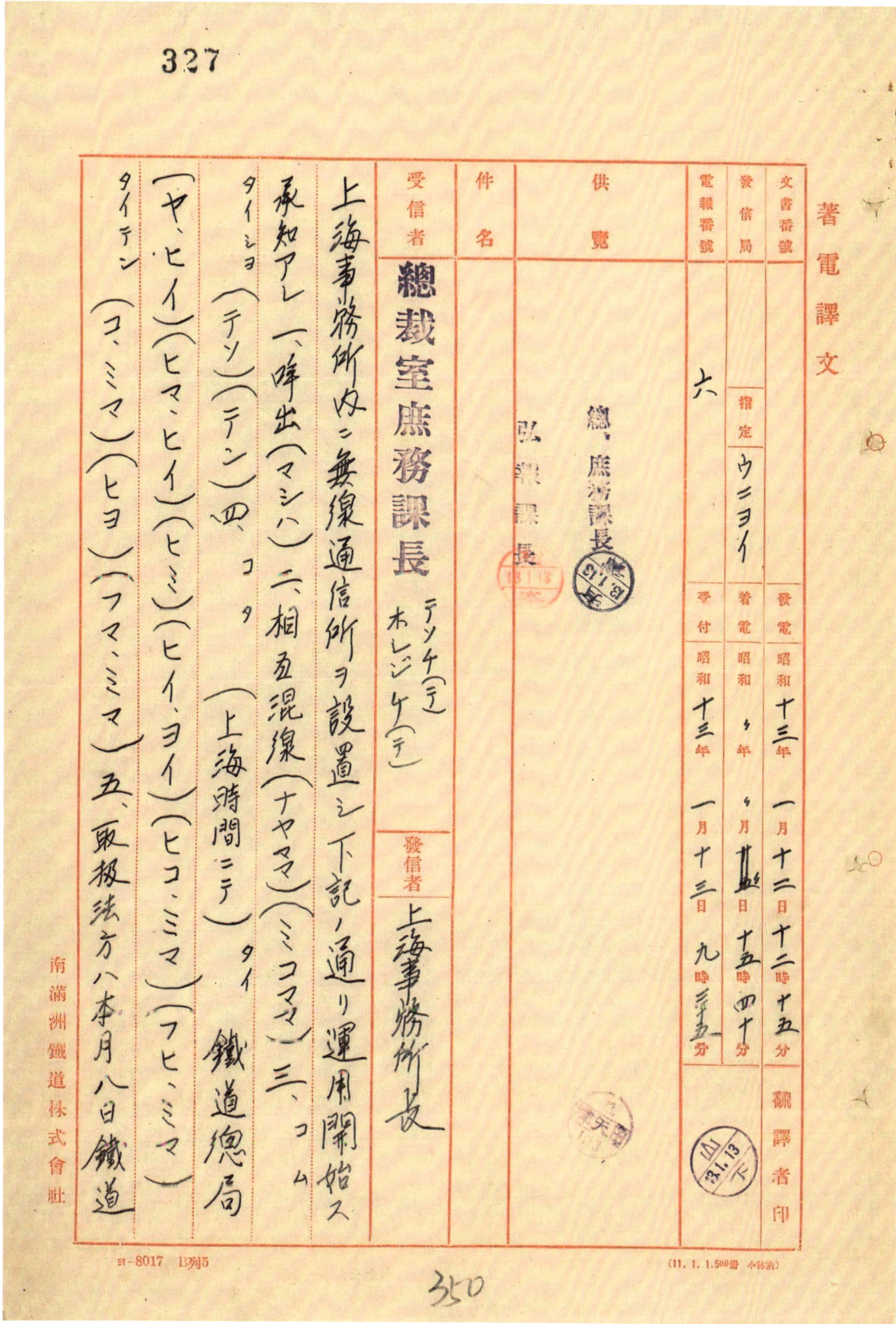

327

著電譯文

文書番號

發信局

電報番號 六

指定 ウニヨイ

發電 昭和十三年一月十二日十二時十五分

着電 昭和〃年〃月[illegible]日十五時四十分

受付 昭和十三年一月十三日九時三十五分

飜譯者印

供覽 總、庶務課長　弘報課長

件名

受信者 總裁室庶務課長 テソチ（テ） ホレジケ（テ）

發信者 上海事務所長

上海事務所内ニ無線通信所ヲ設置シ下記ノ通リ運用開始ス承知アレ（一、呼出（マシハ）二、相互混線（ナヤママ）（ミコママ）三、コム タイショ（テソ）（テン）四、コタ（上海時間ニテ）タイ 鐵道總局（ヤ、ヒイ）（ヒマ、ヒイ）（ヒミ）（ヒイ、ヨイ）（ヒコ、ミマ）（フヒ、ミマ）タイテン（コ、ミマ）（ヒヨ）（フマ、ミマ）五、取扱法方ハ本月八日鐵道

南滿洲鐵道株式會社

ヨ-8017 B列5　(11. 1. 1.500冊 小林寫)

350

328

總局長發二十四号電報ニヨル（本文暗號ニ関シ鐵道總局工務局電氣課長ハ總裁室庶務課長ニ通知セリ

南滿洲鐵道株式會社

ヨ-0003 B列5 (12.3.15,000冊 滿日納)

351

上海事务所长关于委托购买无线电相关器材事致总裁室东亚课长、铁道研究所长的电文（一九三八年一月二十二日）

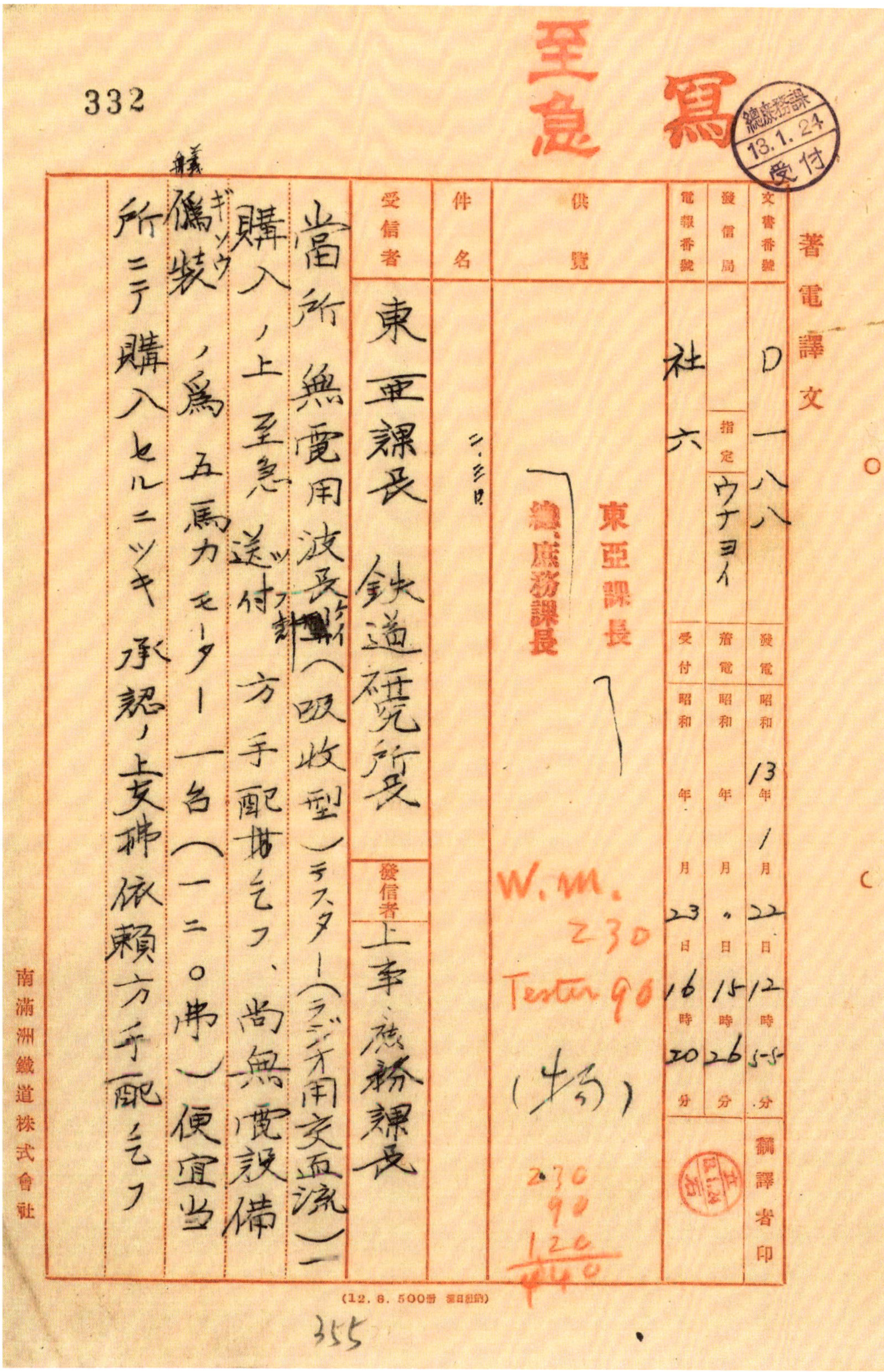
至急　寫

332

總庶務課 13.1.24 受付

著電譯文

文書番號	發信局	電報番號
D一八八	社六	
	指定 ウナヨイ	

發電	着電	受付
昭和13年1月22日12時55分	昭和　年　月　日15時26分	昭和　年　月23日16時20分

供覽：東亞課長　總、庶務課長

件名：二、三日

受信者：東亞課長　鉄道研究所長

發信者：上事、庶務課長

當所無電用波長計（吸收型）テスター（ラジオ用交直流）一購入ノ上至急送付方手配相成度、尚無電設備艤装ノ為五馬力モーター一台（一二〇弗）便宜当所ニテ購入セルニツキ承認ノ上支拂依頼方手配相成度

W.M. 230
Tester 90
（出納）
230
90
120
440

南滿洲鐵道株式會社

（12.8.500冊）

355

上海事务所长关于发放派遣津贴事致财务部长的电文（一九三八年二月十八日）

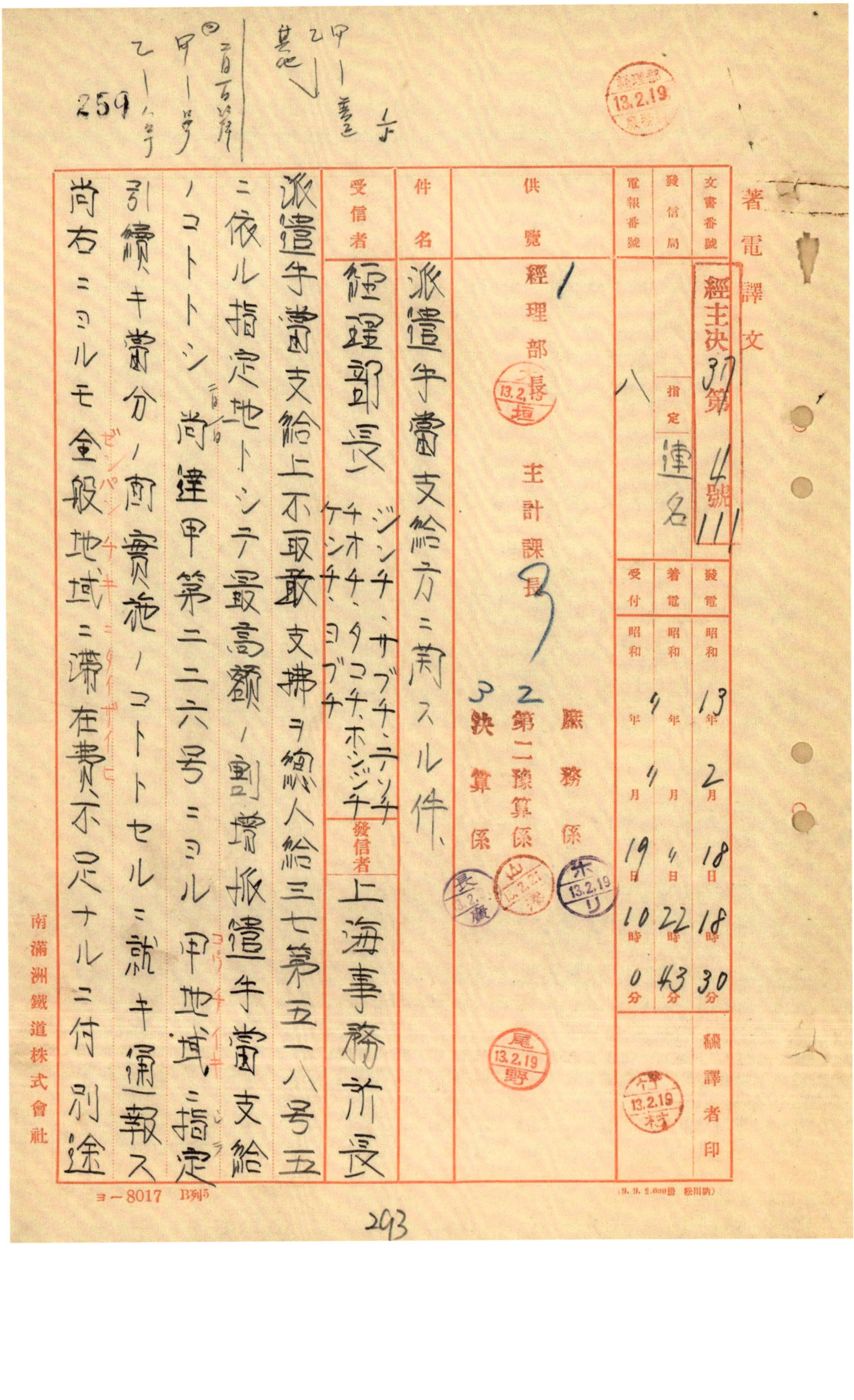
著電譯文

文書番號 經主決37第4號111

指定 連名

發電 昭和13年2月18日18時30分

着電 昭和 年 月 日22時43分

受付 昭和 年 月19日10時0分

飜譯者印

供覧 經理部長 主計課長 庶務係 第二豫算係 決算係

件名 派遣手當支給方ニ関スル件

受信者 經理部長

發信者 上海事務所長

派遣手當支給上不取敢支拂ヲ總人給三七第五一八号五ニ依ル指定地トシテ最高額ノ割増派遣手當支給ノコトトシ尚達甲第二二六号ニヨル甲地域ニ指定ノコトトセルニ就キ承認報ス引續キ當分ノ間實施ノコトトセルニ就キ承認報ス尚右ニヨルモ全般地域ニ滞在費不足ナルニ付別途

南滿洲鐵道株式會社

ヨ－8017 B列5

260

補給方申請中（三月九日上秀々三七第一〇号經一四三参照請フ）

南滿洲鐵道株式會社

ヨ-0003　B列5　(12. 12. 20,000冊 滿日印刷)

294

上海事务所长关于寄送兴亚院华中联络部长发来之感谢信事致满铁总裁大村的函（一九四一年二月三日）

607

写 佐々木副総裁 岡田理事 調査部長 総、庶務課長 総、文書課長
総、人事課長 総、弘報課長

上海文四〇第五五號一ノ六八
昭和十六年二月三日

上海事務所長

大村総裁殿

興亜院華中連絡部長ヨリノ感謝状送付ノ件

二月一日附九號電ヲ以テ御通知申上タル首題感謝状受領セルニ付茲許御送付申上ク
追而本感謝状ハ当所ニ於テ保管致度ニ付御一覧ノ上ハ返送方御取計願度御依頼申上ク

總、庶務課長

661

608

感謝状

今次事変勃發以來貴社上海事務所ハ克ク其ノ國家的使命ヲ自覺シ率先シテ廣汎且複雜ナル中支ノ調査情報業務ニ從事シ幾多有效ナル成果ヲ舉ケ以テ皇國ノ對支諸工作ノ進展ニ貢獻セリ

特ニ中支經濟建設資料及重慶抗戰力ノ調査ニハ其ノ全機能ヲ發揮シ尚中支調査機關聯合會及中支建設資料整備委員會ノ成立ヲ見ルヤ富ニ其ノ中核トナリ所期ノ目的達成ニ努力シ以テ當連絡部ノ諸施策遂行ニ偉大ナル功績ヲ致セリ之偏ニ貴社ノ完備セル組織ト所員ノ至誠報國心ノ發露トニ係ルモノニシテ茲ニ其ノ業績ニ對シ絶大ナル敬意ト深甚ナル感謝ノ意ヲ表ス

昭和十六年一月二十八日

興亞院華中連絡部長官　海軍中將　津田靜枝　印

南滿洲鐵道株式會社

總裁　大村卓一　殿

662